Rethinking
Reconstructing
Reproducing

*

―――――

"精神译丛"
在汉语的国土
展望世界
致力于
当代精神生活的
反思、重建与再生产

―――――

*

Labor of Dionysus
A Critique of the State-Form

Michael Hardt
Antonio Negri

精神译丛·徐晔 陈越 主编

[美]迈克尔·哈特 [意]安东尼奥·奈格里 著　王行坤 译

狄俄尼索斯的劳动：
对国家—形式的批判

西北大学出版社

·西安·

迈克尔·哈特(右)和安东尼奥·奈格里

照片由迈克尔·哈特教授提供

献给菲力克斯·瓜塔里(Félix Guattari)

目　录

致谢　/　1

自序:酒神狄俄尼索斯　/　3

第一篇　/　5

第一章　作为批判的共产主义　/　7

恐龙　/　9

共产主义　/　11

劳动　/　15

主体　/　22

后现代　/　27

诸马克思主义　/　30

诸转变　/　33

第二章　凯恩斯和资本主义的国家理论　/　37

1929 年:现代国家分期的一个关键环节　/　41

凯恩斯与 1917—1929:理解十月革命对资本主义结构的冲击　/　49

凯恩斯从政治到科学的转变:1929 年和资本之内的工人阶级　/　64

资本主义的重构与社会国家　/　76

第三章　宪法中的劳动　/　89

第一节　引入难题　/　93

第二节　劳动宪法化的过程　/　123

第三节　劳动宪法化的模式　/　165

第四节　资本主义权威理论模式批判　/　193

第二篇　/　211

第四章　共产主义国家理论　/　213

修正主义传统及其关于国家的概念　/　217

定位问题：马克思主义的方法　/　223

当下的理论状态：新葛兰西主义变体　/　229

重提问题：从分配到生产　/　235

对国家结构性分析的发展：组织的机制　/　241

对国家结构性分析的发展：危机理论中的国家　/　249

补充内容：资产阶级理论的诡辩、影射和自我批评　/　257

重提问题：国家、阶级斗争和向共产主义过渡　/　264

第五章　国家与公共支出　/　273

作为整体的难题：阐释的条件和真实的状况　/　277

第一种分析方法：社会对生产性劳动统合趋势的评估性
要素　/　284

第二种分析方法：论社会积累、国家管理和资本主义正
当性基础的矛盾　/　291

意大利公共支出的危机　/　297

危机与重构时期新的无产阶级主体　/　303

对公共支出积累与正当化功能的进一步考量　/　310

体制性工人运动在意识形态上的破产：改良主义与
　　压制 ／ 316

新战略的旧战术 ／ 321

第三篇 ／ 329

第六章　后现代法律与市民社会的消亡 ／ 331

罗尔斯与革命 ／ 334

后现代法律和宪法中劳动的幽灵 ／ 340

体系的天才：反思与平衡 ／ 350

弱主体与回避的政治 ／ 358

新自由主义的强势国家：20世纪80年代的危机与
　　革命 ／ 367

共同善与社会主体 ／ 375

国家的自主：道德福利 ／ 388

国家对社会的实质吸纳 ／ 396

第七章　创构力量的潜能 ／ 403

现实存在的社会主义的危机：自由的空间 ／ 405

后现代国家的悖论 ／ 413

后现代国家的社会基础和共产主义的现有前提 ／ 417

对现代性内部另类选择的反思 ／ 430

本体论与创构 ／ 434

从实践出发对暴力的批判 ／ 440

后现代国家在规范方面的发展和巩固 ／ 448

法律改良主义的幻象 ／ 455

创构性主体的谱系 ／ 467

参考文献 / 474

索引 / 513

译后记 / 525

致 谢

我们要感谢苏林(Kenneth Surin)、瑞恩(Michael Ryan)和维斯福特(Nick Witheford)对本书手稿所作出的评论。本书第二章《凯恩斯和资本主义的国家理论》的英译参考了收录在奈格里《被找回的革命:论马克思、凯恩斯、资本主义危机以及新的社会主体(1967—1983)》[*Revolution Retrieved*:*Writings on Marx*,*Keynes*,*Capitalist Crisis and New Social Subjects*(*1967—1983*),London:Red Notes,1988]中的译文。我们感谢红色笔记(Red Notes)出版社所提供的慷慨支持。

自序：酒神狄俄尼索斯

本书的目标是提出愉悦的实践（a practice of joy）——我们所说的愉悦意味着一个成长的社会主体不断增强的力量（power）。这个主体的活劳动就是其愉悦，是对其自身力量的确证。"劳动是活的、塑造形象的火，"马克思这样写道，"是物的易逝性、物的暂时性，这种易逝性和暂时性表现为这些物通过活的时间而被赋予形式"（《大纲》[Grundrisse]，第361页）。① 从这个意义来说，对劳动的确证就是对生命本身的肯定。

然而我们清楚地认识到，我们在当下社会所面对的夜以继日的工作很少令人愉悦，常常让人感到无聊和单调，甚至痛苦和折磨。资本主义社会的工作日复一日地重复，像是奴役我们力量的监狱，它偷走我们的时间，余下的闲暇时间似乎只让我们感到消极和无力。我们所肯定的劳动必须在另外一种不同的平面

---

① 中译文见《马克思恩格斯全集》第2版第30卷，北京：人民出版社，1995年，第329页。《大纲》全称为《政治经济学批判（1857—1858年手稿）》，一般简称为《大纲》。另，本书正文括号中的注释皆为原作者所加，脚注除特别说明之外，也是原作者所加。原文斜体部分，翻译成中文时用黑体。——译注

和时间进行理解。活劳动在超越工作日与非工作日划分的时间中,在资本主义工作的监狱及其工资关系的内部与外部,在工作与非工作的领域内,生产生命并构成/创构(constitute)社会。这是掩埋在大雪之下的种子,或者更准确地说,这是在充满活力的协作网络中、在社会的生产与再生产中总是非常活跃的生命力,是在资本所决定时间的内部与外部穿行的生命力。狄俄尼索斯是活劳动之神,而活劳动是其自身时间的造物。在本书的研究中,资本成功圈占和驯服活劳动的野性能量从而让其老实工作,其所凭借的不断演化的实践和有效理论将成为我们关注的焦点。然而,我们对国家控制与剥削所采纳的无所不用其极的实践与理论装置的分析,不是想要让读者对其完美部署赞叹不已,而是想清楚地认识颠覆旧秩序并且提出激进另类秩序的力量。当下的资本主义关系制造出了越来越强大和隐蔽的奴役,但活劳动也变得日益强大,而且不断表示,自己最终要摆脱统治。"资产阶级的生产关系和交换关系,资产阶级的所有制关系,这个曾经仿佛用法术创造了如此庞大的生产资料和交换手段的现代资产阶级社会,现在像一个魔法师一样不能再支配自己用法术呼唤出的来自地下世界的力量了。"[①](《共产党宣言》,第39页)我们的工作就是服务于来自地下世界的创造性的、狄俄尼索斯式的力量。

[①] 中译文见《马克思恩格斯选集》第3版第1卷,北京:人民出版社,2012年,第405-406页。译文根据英语翻译和上下文有所改动。——译注

第一篇

Part One

第一章

作为批判的共产主义

Communism as Critique

恐龙

在接下来的内容中——也许会让某些读者感到吃惊或沮丧——我们不仅会讨论劳动、剥削和资本主义,而且还会探讨阶级冲突、无产阶级的斗争,甚至还有共产主义未来。地球上还有恐龙吗?!我们使用这些术语贯穿全书,不是出于冥顽不灵或者自居正统的心态,而是因为在我们看来,如果重新审视这些术语,并且将它们与我们的欲望和我们对当下世界的阐释联系起来,我们就会发现,这些术语是政治和社会分析中最为有效的范畴。

这些术语上的问题由来已久。很多年以前,本书的其中一位作者[1]——那时他是一位活跃的马克思主义激进分子——与欧洲重要的自由民主理论家之间就是否存在马克思主义的国家理论,展开了争论,但这个争论很快就变质了。[2] 无论是对参与双方来说,对旁观者来说,还是对双方的支持者来说,问题在于辩论对象并不相同。对诺伯托·博比奥(Norberto Bobbio)来说,马克思主

---

[1] 此处指的是奈格里。——译注
[2] 见博比奥,《何种社会主义》(Which Socialism?),其中收录了奈格里的回应,《是否存在马克思主义的国家学说》("Is There a Marxist Doctrine of the State?")。

义的国家理论只能从对马克思本人作品的细读中得出,但他一无所获。但是对这位激进的马克思主义者来说,马克思主义的国家理论是从革命运动的角度对法和国家机构所进行的实践性批判,这种实践与马克思主义文献毫无关系,而是与马克思主义对革命主体及其力量表达的阐释紧密相关。对博比奥来说,并不存在马克思主义的法与国家理论,曾经在这个旗号下流行的只是一种由"现实存在的社会主义",即由苏联和东欧社会主义国家生产出来的折中、平庸的作品。但另一位作者则在马克思那里发现了对法和国家展开激进批判的基础,这种批判长久以来是由革命进程中的工人运动发展而来的,而且在现实中,在苏联和"现实存在的社会主义"的法典编撰和宪法中被压抑了。

如果说 15 年前这种认识上的莫衷一是让讨论无果而终,如果说论战中的术语所引起的争论让讨论变得难以为继,读者和我们自己都应该很容易认识到,今天从共产主义的视角来处理法和国家的主题,似乎已经成为不可能完成的任务。事实上在今天,马克思主义、社会主义和共产主义等术语完全湮没在幽暗的历史中,似乎根本就不可能将它们从论战性的还原思维中拯救出来,任何想要重新激活这些语词、重新发现这些术语或者发展新理论的努力都显得像是精神错乱。超越意识形态宣传的阴影和特定历史时期的噩梦的研究有可能产生至关重要的成果,这在历史上——甚至最近的历史上——绝非第一次。最终说来,如果说博比奥和他的对话者之间存在任何共同之处的话,那就是双方都认为现实存在的社会主义在很大程度上与马克思的思想存在距离:将马克思主义还原为现实存在的社会主义毫无意义。将无产阶级——从 1789 年的巴黎起义到柏林墙的倒塌这段漫长的历史时期内——反对资本主义工作、法律和国家的解放斗争化约为现实存在的社会主义的历史和语义学,这同样毫无意义。

这些问题,以及超越知识偶像进行探索的欲望,就是本书的基础——这本书由尝试建构法律**共产主义**(juridical communism)理论的系列文本所构成。这种尝试与苏联的法律**社会主义**毫不相干,但是与马克思及其所发展的对资本主义的批判非常相关,另外更与工人阶级和全人类两个多世纪以来反对资本主义剥削的斗争所表现出的共产主义欲望紧密相关。这种共产主义或许就是一只恐龙——从这个词的希腊语词源上来说,即一头令人恐惧的怪兽——但这种怪物并未灭绝,而是在我们现代与后现代的历史中不断表现出自己的力量。

共产主义

法律共产主义的理论将共产主义作为国家—形式批判的出发点和终点。很多人——其中包括博比奥——都指出,对国家—形式进行马克思主义的分析,即对支撑、构成国家的法律与经济机器综合体进行分析,是完全不可能的,因为马克思几乎很少关注国家,并没有发展出国家理论。的确,马克思并没有提出关于国家及其法律的**肯定性**(positive)理论。但这并不意味着马克思主义分析对国家问题毫无发言权;这其实意味着,马克思主义对国家批判的出发点应该是否定性的。马克思写道:"我们所称为共产主义的是那种消灭现存状况的现实的运动。"[1]这就是我们说作

---

[1]《马克思恩格斯选集》第 3 版第 1 卷,前引,第 166 页。——译注

为出发点的共产主义时,所要表达的意思。

从马克思的这句话,可以推导出关于共产主义理论实践的两个紧密相关的要素。首先是对"现存状况"的分析,或者在我们这里,是对**有效存在的**(effectively existent)法律和国家的理论的分析。这些都是与对劳动进行组织的规训性形象和劳动的社会分工的强制性形式相适应的统治理论,无论这些理论是资本主义还是社会主义性质的,它们的用途就是帮助这些形式所表达的专制主义剥夺公民和工人的脑力和体力。为了实现这个目标,我们会考察诸如凯恩斯、汉斯·凯尔森、约翰·罗尔斯、理查德·罗蒂、尼克拉斯·卢曼等作者,从而说明他们如何将当下统治的实践与形象进行理论化。我们以马克思处理亚当·斯密、李嘉图和亨利·凯里(Henry Carey)的方式去对待这些作者,因为我们认为在某些方面,这些作者的著作把握住了当下的统治状况,而且与统治状况也有关联。

马克思主义方法的第二个要素,除了认识到事物的现存状况之外,就是把握住了马克思所称的"消灭现存状况的现实的运动"。换句话说,马克思主义对国家的批判必须抓住破坏和颠覆统治结构与机制的运动中所出现的真实的社会力量。我们和马克思一样,将活劳动的观念和经验作为批判的基础,这种活劳动总是被压制,但总是处于自我解放的过程。活劳动内在于资本,它被封锁在生产出自己的机构中,但却总是具有摧毁这些机构的能力。这种批判必须达到对抗和革命主体性的层级,从而不断定义这些主体性处于变化中的形象,并且昭示它们的运动和进步性转变如何不断与新的法律和国家规划相冲突,并最终摧毁后者。这些就是将共产主义——"消灭现存状况的现实的运动"——作为出发点,从而对国家—形式进行批判的两张面孔。我们可以提出第一个假说,那就是将法律共产主义视为一种思维方法,这种方法外在于法律和国家的工具理性的所有维度,而且会摧毁这种理性。

然而,否定性的方法还不够。批判必须树立一个筹划。必须将共产主义视为尼采意义上的全面批判:不只是对现有价值的毁灭,而且也是对新价值的创造;不只是对现存事物的否定,而且也是对将来事物的肯定。对国家—形式的批判意味着提出一个有效的另类方案。马克思主义批判的肯定性方面必须将活劳动的观念与经验作为其基础。活劳动是一种内在的力量,不仅坚持不懈地颠覆资本主义生产过程,而且还能建构出另类的秩序。换言之,活劳动不仅拒绝其在资本主义价值增殖和剩余价值生产过程中被抽象的命运,而且还会提出增殖的另类图式,即劳动的自我价值增殖(self-valorization)①。因此活劳动是一种不仅进行否定,

---

① 这是奈格里等意大利自治主义者经常使用的一个术语,指的是与资本增殖相对立的、奠基于生产共同体的集体需求与欲望之上的另类社会价值的结构。在意大利,这个概念也用来描述独立于资本主义生产关系和国家控制之外的、在地化和扎根于共同体的社会组织与福利的实践活动。另外,在更为哲学的框架内,也可以将自我价值增殖理解为构成另类且自主的集体性主体性的社会进程,这个进程内在于资本主义社会,同时又与之相对立。见维尔诺与哈特(Paolo Virno and Michael Hardt)编,《意大利激进思想》(*Radical Thought in Italy*), Minneapolis:University of Minnesota Press,1996,第 263 页。另外,这个词在中译版翻译为"价值自行增殖",原文为 Selbstverwertung,原本指的是"既包括预先存在的价值的保存,也包括这一价值的倍增"。见《马克思恩格斯全集》第 2 版第 30 卷,前引,第 270 页。本文翻译为自我价值增殖。——译注

而且也进行肯定的积极力量。在活劳动的自我价值增殖过程中所生产出的主体性是能够创造出另类社会性的能动主体/当事人（agents）（在第七章我们会考察当下社会已经存在的我们所称的"共产主义的现有前提"）。集体性即诸众力量的表达和肯定行为——它们表现为对劳动的社会组织和确保其有效性的规范进行永不停歇的现实改造运动——是法律共产主义先验图式中富有生气的力（force）①。这种图式是先验性的。也就是说，它不是形式性的，而是本体性的，不是目的论的而是实用性的；它并没有指向任何必然性，也不信任任何过渡，而是预先假定了新的斗争进程、新的生产力配置以及对创构力量（constituent power）②的新的表达。如前所述，在其否定性方面，对国家—形式的批判将共产主义作为出发点，但现在在其肯定性的方面，这种批判认识到共产主义是其终点。

法律共产主义被视为一种整体的批判，同时也应被视为内在性的批判。我们希望用马克思主义批判方法所掌握的这个同时具有毁灭性和创造性的机器，与社会斗争的实在层次和革命主体性的构成性质所决定的机器是完全一样的。我们的意思是，首先，法律和国家只能被视为一种关系、一个持续敞开的领域，这种关系当然受

---

① 我们一般将 force 翻译为"力"，以区别于 power 所代表的"力量"和"权能"的含义。——译注

② constituent power 在法理学上一般翻译为"制宪权"，与"宪定权"（constituted power）相对立，但在奈格里的思想中，前者是源自诸众的本体性力量（potenza），因此将其翻译为创构/构成力量或权能，将后者翻译成被构成的权力。——译注

到过度决定,但其本质总是而且现在也是被带回到社会主体之间力量关系的互动和现象之中的。其次,我们的意思是,在法律和国家的领域,从最为绝对的内在性平面中什么也抽取不出来——既没有始基,也没有自然权利的法典或者意识形态图式,甚至连宪政范式都没有。与货币一样,法律(在资本主义体系中重复了货币所呈现出的某些形象)并不具有自身内在的价值,只是携带资本主义社会再生产中的社会冲突与必要因素、资本主义劳动分工和剥削每天所生产出的价值。法律和国家的意识形态功能的恒定要素总是没有构成其当下的一贯性(consistency)和持续的偶然性的可变要素那样真实。在这个意义上说,它是完全非现实的(unreal)。共产主义批判的任务就是要揭示这种非现实,并且澄清那些肯定性和生产性的形象,这些形象在这种虚空的边界上、在两个阶级的斗争中、在统治和追求解放的欲望的斗争中连绵不绝地出现。

劳动

近些年来,劳动的概念不仅在哲学讨论中销声匿迹,就是在法学理论、政治学甚至是经济学中也不见踪影。劳动总是被狭隘地限定在否定快感和欲望的资本主义工作伦理的框架内。我们的分析需要扩展社会生产光谱内劳动的概念,甚至要将马克思所定义的非工作[1]也包纳进生产性劳动范

---

[1] 在马克思看来,在雇佣劳动范围之外的劳动如家务劳动等都属于非工作,因为不被资本所雇佣,所以是非生产性的。但在哈特和奈格里看来,这些非生产性的非工作其实也是生产性的,也应该算作工作。——译注

畴。① 这个概念的扩展不是通过简单诉诸马克思主义传统中的用法就能完成的,必须求助于其他资源,努力去把握生产社会主体性、社会性以及社会本身的当代进程。

劳动的概念首要指向的是价值问题。事实上在我们的用法中,劳动和价值相互包含:我们将劳动理解为创造价值的实践。在这个意义上,劳动起到社会分析的作用,用经济和文化的术语来阐释整个社会光谱内价值的生产。劳动的概念应该首先与当下的某些尝试区分开来,例如将"表演"(performance)或者"述行"(performativity)作为社会分析和社会实践的范式:尽管表演强调了**表意或者话语实践**(*signifying or discursive practices*)的社会重要性,但我们用劳动来聚焦**创造价值的活动**。②

但是,劳动与价值之间的关系问题可以用其他方式提出。在资本主义社会,劳动指向一个首要且激进的替代选择:这个替代选择不仅使得对劳动的分析成为反抗资本主义社会的毁灭性力量,而且也使其成为对新社会的构想或肯定。因此,在马克思那

---

① 阿伦特试图区分"劳动""工作"和"行动"这三个概念。劳动主要与自然和必然性相关,工作与人工制造相关,而行动则与多元性或社会性相关。见《人的境况》(*The Human Condition*),尤其是第 7 页及其后。但在我们看来,这种术语上的区分并无多大用处,因为一般来说,社会实践已经同时贯穿了这三个方面。也就是说,自然与人工、公共与私人等区分不再稳定,而是处于不断的流变之中。因此,我们在本书中所使用的劳动概念可以同时指涉"自然"需求、"人为"欲望和社会关系。

② 将述行作为社会实践模型的提议,见巴特勒(Judith Butler),《性别麻烦》(*Gender Trouble*),尤其是第 128－149 页。很多聚焦表意或者话语实践的分析似乎都受到拉克劳和穆夫的启发,最终说来是受到了德里达别样阐释的启发。

里存在两种形式的劳动价值论,存在两个视角——一个是否定性的,一个是肯定性的。第一个视角始于抽象劳动的理论。马克思接受同时代主流经济学思想,认识到劳动存在于所有商品之中,而且是所有生产活动都具有的实体。从这个角度来看,所有劳动都可以追溯到抽象劳动,这让我们能够超越劳动在具体情境下所呈现出的特殊形式,把握住那个根据社会需求可以从一种有用性转变成另外一种有用性的具有全面性的社会劳动力。马克思围绕着对劳动价值进行度量的问题,从质的视野转向了量的视野。价值量表现了某一商品和用于生产这种商品所必需的社会劳动时间之间的现有关系。这个理论所提出的核心任务是考察决定劳动力在社会生产各个部门中进行分配的社会和经济法则,从而搞清楚资本主义的价值增殖过程。这个价值规律的一个核心功能就是解释清楚在商品生产者社会,尽管没有中央管理或规划,但是却存在进行社会选择的手段——总是存在秩序。价值规律揭示了,虽然资本家在市场中盲目行动,但是背后却存在理性。因此它要努力去解释不定期的动荡中所存在的对社会均衡的维持。在第一种劳动价值论中,马克思从根本上发展和优化了同时代资产阶级经济学家的分析。

然而在马克思的著作中,还存在另外一种形式的劳动价值论,这种理论彻底与资产阶级理论相决裂,并且不仅聚焦资本主义的价值增殖过程,而且也关注自我价值增殖过程。①在这种形式

---

① 马克思对自我价值增殖过程的分析主要见于《大纲》。在本书中,我们会不断回到这个概念。对《大纲》中自我价值增殖过程的详细探讨,见奈格里,《超越马克思的马克思》(*Marx Beyond Marx*)。

中,马克思不是将劳动力的价值视为均衡的形象,而是看作对抗的形象,视为动态性的摧毁体系的主体。因此可以把劳动力的概念视为生产过程中增殖的要素,相对独立于资本主义价值规律的运作。这就意味着,价值的统一性首先在其与"必要劳动"的关系中而得到认识,后者并非恒定的量,而是体系中动态的要素。必要劳动由工人阶级反抗雇佣劳动、从而改造劳动本身的斗争所历史性地决定。这就意味着,在第一个理论中,尽管价值固定在资本的结构中,但在第二个理论中,劳动与价值都是可变的要素。

因此,劳动与价值的关系并非单向的。正如许多学者在过去30年中所认识到的,将劳动的经济结构作为价值的文化性上层建筑的根源,这种看法难以自圆其说;这种经济基础和上层建筑的学说必须要推翻。如果说劳动是价值的基础,那么价值同样也是劳动的基础。① 什么算作劳动或者创造价值的活动?这总是决定于既定社会与历史语境中的现有价值观;换句话说,不能简单将劳动定义为活动或任何一种活动,而是要将其视为在社会中被承认为生产价值的具体活动。到底哪些活动构成劳动,这并非给定或者固定的,而是在历史中和社会中得到规定的,因此定义本身也就构成了流动性的社会对抗场所。例如,某些女性主义探索和实践将对劳动的性别分工所进行的分析作为出发点,让人们注意

---

① 戴安·艾尔森(Diane Elson)对马克思著作中的"价值劳动论"给出了详细的说明:"我的看法是,马克思价值理论的**对象**是劳动。因此问题不是去解释为何价格会是这样并且找到答案就是劳动,而是要去搞清楚,为何劳动会表现出现在的形式,其政治后果是什么。"(《价值劳动论》["The Value Theory of Labour"],第123页)。

到传统上被定义为妇女工作的情感劳动、照看劳动(caring labor)或者亲属工作(kin work)①等不同形式。② 这些研究揭示了这些活动形式如何生产社会网络并生产社会本身。这些努力所造成的后果是,今天这些创造价值的活动能够而且必须被同等地视为劳动。这里的关键依然是,劳动的概念并非固定不变的,而是在历史上通过对抗而得到定义的。从这个意义来说,劳动价值论同时也是价值劳动论。

从第二个视角来利用劳动这个范畴展开批判,我们必须习惯于根据当下出现的社会历史事实而不断进行调整。我们在近些年见证的劳动转变所表现出的最为重要的普遍现象就是我们所称的向工厂—社会(factory-society)的过渡。工厂不再是劳动或生产的范式性场所或集中地了;劳动过程已经越出了工厂的高墙,并蔓延至整个社会。换言之,作为生产场所的工厂的明显衰落并不意味着工厂生产体制和规训的衰落,而是意味着它不再局限于社会中某个特定的场所。工厂生产体制和规训已经像病毒一样,渗透进所有形式的社会生产。整个社会都被工厂体制所彻底渗透,也就是说,被资本主义生产关系所特有的法则所掌控。如果接受这种认识,那么马克思主义所作出的一系列区分都要重新对

---

① 在人类学中主要指妇女为了维系夫家与亲属家庭之间关系而从事的各种各样的活动。——译注

② 见南希·哈索克(Nancy Hartsock),《金钱、性与权力》(*Money, Sex and Power*),第234—240页;希拉里·罗斯(Hilary Rose),《手、脑、心》(*Hand, Brain, and Heart*);以及米凯拉·迪·莱奥纳多(Micaela Di Leonardo),《贺卡和节日中的女性世界:女性、家庭以及亲属工作》("The Female World of Cards and Holidays: Women, Families, and the Work of Kinship")。

待和考察。例如,在工厂—社会中,生产性劳动与非生产性劳动、生产与再生产之间的传统概念区分——这些区分在其他时代的有效性也存疑——在今天已经过时了。①

与工厂体制的普遍化相伴随的,是劳动过程本质和性质的变化。从更广泛的层面来说,在我们的社会中,劳动正在变成非物质劳动,其中包括智识劳动、情感劳动、科技劳动以及赛博格劳动。劳动协作网络日益复杂,照看劳动被整合进生产的光谱,还有劳动过程在各个方面都在经历计算机化,所有这些都体现了劳动本质在当下的转变。马克思试图用"普遍智能"(General Intellect)来把握这种转变,但我们应该认清,虽然存在这种向非物质转变的趋势,虽然劳动是智识性的,但同时也是肉身性的(corporeal)。控制论的附肢安装在机械化的身体上,成为其本质的一部

---

① 我们可以看到,对女性劳动和家务劳动的研究也证明了马克思对生产性劳动和非生产性劳动的区分不再适用。例如可见齐拉·艾森斯坦(Zillah Eisenstein),《资本主义家长制与社会主义女性主义理论之探索》("Developing a Theory of Capitalist Patriarchy and Socialist Feminism"),以及科斯塔(Mariarosa dalla Costa),《妇女与社会的颠覆》("Women and the Subversion of the Community")。我们会在第五章《第一种分析方法》("First Analytical Approach")部分考察围绕马克思的"生产性劳动"范畴而展开的辩论,尤其是英国经济学家的讨论。莱博维奇(Michael Lebowitz)在《超越〈资本论〉》第100-103页对生产性劳动的相关讨论的"单面性"(one-sidedness)进行了非常清晰的总结。最后,在当下社会境况的语境下,有必要对马克思分析所利用的某些核心范畴进行考察,相关论述见奈格里,《对当下阶级境况的阐释:方法论方面》("Interpretation of the Class Situation Today: Methodological Aspects"),第78页及其后。

分。这些新的劳动形式直接就具有社会性,因为它们直接决定了那些创造和再造社会的生产性协作所构成的网络。

似乎劳动的概念在主流话语中被边缘化的同时,又成为谈论的中心。产业工人阶级在社会中失去了中心的位置,劳动的性质和境况都经历了深刻的变化,甚至我们认定为劳动的活动也经历了巨大的变化,所有这些都一目了然。然而这些转变远没有让劳动的概念边缘化,而是再度申明了其中心地位。第一种劳动—价值法则试图以无产阶级劳动中心地位的名义,以及这种劳动随着资本主义发展而在量上得到削减的境况,去理解历史,这个努力虽然彻底破产了,但是并没有否定一系列的事实、规定和历史中的一贯性,例如下面的事实:国家的组织及其法律在很大程度上与建构一个奠基于劳动之上的社会再生产秩序的必要性紧密相关;国家的形式及其法律也因为劳动性质的变化而相应得到修订。货币的、象征的和政治的视野作为社会纽带的构成要素偶尔会取代价值规律,它们的确将劳动驱逐出了理论的领域,但无法将其驱逐出现实之外。事实上,在后工业时代,在资本主义体系的全球化时代,在工厂—社会的时代,以及在计算机化的生产取得胜利的阶段,劳动彻底处于生活的中心,而社会协作也彻底扩展至社会的各个场所。这就将我们引向一个悖论:就在理论无法看到劳动之时,劳动无处不在,并且在所有地方成为**唯一**共同的实体(the common substance)。理论上对劳动视而不见,而劳动在全球范围内演变为人类行动的实体,这两个事实之间存在对应关系。很明显的是,在这个考察总体中——考虑到不可能将劳动视为真正(或者只是在概念上)具有超验性——价值规律爆炸了,同样明显的是,劳动的无所不在不仅构成了经济学和政治学的根本问题,同时也构成了哲学的根本问题。世界就是劳动。当马克思将劳动作为人类历史的实体时,他的问题不是走得太远,而是走得还不够远。

主体

在回应当代社会最近所出现的巨变时,很多作者(通常将这样的群体称为后现代主义者)论述说,我们应该抛弃社会主体的理论,即便承认主体性,那也只是从纯粹个人主义视角来看待主体性!在我们看来,这些论述虽然可能认识到真正的转变,但是却从中得出了错误的结论。换言之,资本主义筹划的胜利和资本对社会的实质吸纳(real subsumption)的确让资本的统治及其各种形式的剥削遍及一切角落,压迫性地限定了真实可能性的边界,封闭了规训与管控的世界,以及正如福柯或许会说的,让社会成为"没有外部"(sans dehors)的体系。然而,同样的事实将主体性和批判思想引向新的任务:将自身建构为肯定性地生产存在的新机器,这些机器没有表现的手段,而是有着新的构成,有着激进的革命。社会主义的危机、现代性的危机以及价值规律的危机并没有否定主体性的社会价值增殖和构成的进程,也没有让这些进程(以不可宽恕的虚伪)陷入被剥削的独特命运。真实的情况是,这些转变带来了新的主体构成的进程——不是外在于,而是**内在于**我们所经历的**危机**,也就是对旧的主体性进行组织时所遭遇的危机。在这种新的批判性与反思性的空间内,新的主体性理论就有了表达的空间,而这种对主体性的新定义同时也是对共产主义设计所进行的伟大的理论创新。

事实上马克思的作品从未涉及主体性的问题。马克思对历史中定型的阶级构成的进程进行了理论阐释。在他主要的作品中,如《资本论》和《大纲》,他对于主体性的兴趣在很大程度上受到两种需要的影响:首先,需要强调主体性进程的客观必然性;其次,作为前者的后果,需要将一切乌托邦思想都排除在无产阶级行动的范围之外。然而,在实际上,这两种需要泄露了一个贯穿于马克思思考的悖论:将革命主体性解放的希望寄托在"无主体的过程"。似乎马克思最后的结论是,革命主体性的诞生与发展以及共产主义的到来是某种"资本的自然历史"的产物。很明显的是,这种马克思式分析的推导存在错误之处。事实上,将反抗超验(transcendence)和异化的斗争视为自己哲学的起源,将人类历史的运动视为反对一切剥削的斗争的马克思,同时也会将历史置于科学实证主义的形象中,置于经济—自然主义(economico-naturalistic)必然性中。因此哲学中作为绝对内在主义的唯物主义被否定了,而这正是现代哲学的尊严与基础。

我们必须根据激发主体性生产的社会进程来理解主体性。正如福柯所明确认识到的,主体既是产品,同时也具有生产性,既在社会劳动的巨大网络中得到构成,同时也主动构成这些网络。劳动既是臣服过程(subjection)同时也是主体化过程(subjectivation)——自我对自我的劳作(le travail de soi sur soi)——从这个角度来看,无论是关于主体的自由意志论还是决定论,这些观念都应该被抛弃。主体性同时且同等地由其生产性和被生产性、其能生产和被生产的特质所规定。

当我们观察社会中劳动过程所呈现出的新特质,并且考察以不同形式所表现出的非物质劳动和社会协作的案例时,我们开始认识到从这些进程涌现出的社会价值增殖和新的主体性的另类路线。我们可以用一些案例来进行说明。在法国,基于女工最近在医院和其他医疗机构展开的政治斗争所进行的一系列研究,许多作者开始论述"女性劳动特有的使用价值"。① 这些分析展示了很大程度上由妇女在医院和公共援助机构中所承担的劳动,如何预设、创造并且再生产特有的价值——或者换一种表达方式,对这种类型劳动的关注强调了某一块价值生产的领域,在这块领域,她们工作的技术和情感要素对社会的生产和再生产来说,是至关重要且不可替代的。在她们斗争的过程中,护士们不仅提出工作环境的问题,而且还讨论了她们劳动的性质,既关注自己劳动与病人的关系(满足面对疾病与死亡的病人的需求),也关注与社会的关系(提供现代医疗所需要的技术服务)。令人惊叹的是,在护士们斗争的过程中,这些特有的劳动形式以及增殖的领域生产出了新的自我组织形式以及全新的主体形象:"协调"(coordinations)。护士劳动形式的特定表现,如情感和科技劳动,远非自我封闭,而是昭示了劳动过程如何构成了主体性的生产。

与艾滋病相关的斗争也进入了这个领域。美国的"行动起来"(ACT-UP)②以及艾滋运动的其他团体不仅批判与艾滋病的

---

① 例如,见丹尼埃尔·凯尔高(Danièle Kergoat),《进行协调的护士》("L'infirmière coordonnée")。关于法国女工斗争的具体性更为一般的论述,"她们实践的内在逻辑"以及"她们所树立的主体性形象",见凯尔高,《工人》(Les Ouvrières),特别是第四部分《工人的社会实践》("Les Pratiques Sociales des Ouvrières"),第107 - 131页。

② 这个词的全文是 AIDS Coalition to Unleash Power,字面意思是"艾滋病人联合起来,释放力量",是一个旨在维护艾滋病患者权益的组织。——译注

研究和治疗相关的科学和医疗机构的活动，而且也直接介入技术领域并参与到科学研究中。斯蒂芬·爱泼斯坦（Steven Epstein）写道，"他们不仅从外部施加压力，从而改良科学研究，而且还直接参与到科学内部，进行科学研究。他们不仅质疑科学的**使用**和对科学的**控制**，而且有时甚至质疑科学的**内容**以及科学知识生产的**过程**"（《民主的科学？艾滋病行动主义和遭到挑战的知识建构》["Democratic Science? AIDS Activism and the Contested Construction of Knowledge"]，第37页）。艾滋病运动中很大一部分群体都成为与这种疾病相关的科学和医学事宜与流程专家，以至于他们不仅可以准确地检查自己的身体，而且还可以坚持要求评估某些具体的治疗方案，要求医院提供某些药物，甚至要求在预防、治疗和处理疾病的复杂过程中应用某些特定的手术。这场运动中涌现了超高水平的科技劳动，这种劳动也开启了新的主体形象的空间，这种主体性不仅发展了对抗疾病和照顾他人所需要的情感能力，而且也将发达的科技能力吸纳进自身的形象中。当人们认识到劳动变成非物质的、高度科学化的、情感性的和协作性的（换句话说，当其与实存和生命形式的关系得到揭示，并且当其被视为共同体的社会功能时），我们可以看到，紧随劳动过程的，是对社会价值增殖网络和另类主体性生产的具体阐述。

主体性的生产总是杂交和越界的过程，在当下历史中，这种主体性的杂交体是在人类与机器的界面而不断产生的。今天，主体性被剥去了所有看似有机的特质，从工厂中涌出来，成为智能的技术配置体（assemblage）。穆齐尔（Robert Musil）在数十年之前写道，"在过去某个时间，人们自然地生长进入早已等待他们的境地，那就是成为自我的可靠方式。但是现在，事物分崩离析，当一切事物都脱离自己生长的土地,甚至于在与心灵的生产相关的地方,我们真是应该用某种与机器和工厂相契合的智能来取代传统的手工艺"(《没有个性的人》第2卷,第367页)。机器是主体不可或缺的一部分,并非只是一个附件,或是某种义肢——而是像主体的其他特质一样;其实,从本质和根本来说,主体既具有人性,也具有机器性。艾滋病运动所具有的高科技特征以及社会劳动日益具备的非物质特征都指向了贯穿我们身体的新的人性。赛博格是当下唯一适用于对主体性进行理论化的模型。①没有器官的身体,没有本质的人类,赛博格:这些就是当下在地平线被生产出同时又能够主动生产的主体形象,是在当下有能力建设共产主义的主体形象。

事实上,抓住真实的历史进程才可以将我们从"主体消失"的幻象中解放出来。当资本完全将社会吸纳进自身,当现代资本的历史走向终结,是主体性通过劳动成为改造世界的动力,并且也成为昭示存在的力量在本体论层面的强弱指数,并且大声告诉我们历史并未终结。或者可以换一种方式表达,当主体性穿越实质吸纳的荒芜领域,并且经历后现代主义或玩世不恭或焦虑不安的着魔状态,同时认识到它们并非不可逾越的界线,而是通过主体性的方式重新激活存在力量不可或缺的通道,主体性的理论将这个边界与革命紧密地、不容置疑地联结在一起。

---

① 很多学者已经从各种各样的角度对哈拉维(Donna Haraway)的《赛博格宣言》作出回应。其中一例见奥拉基亚加(Celeste Olalquiaga)的《大都会》(*Megalopolis*),特别是第10—17页。我们会在第七章《后现代国家的社会基础和共产主义的现有前提》部分阐述赛博格和社会工人之间的关联。

后现代

现在几乎所有人都认识到,无论"支持"或是"反对",关于后现代主义的讨论已变得毫无意义,就好像我们已站在新时代的门槛,还要选择是否踏入大门一样。我们身不由己,都是新时代的一分子,如果我们想要批判现存状态或者提出不同于现存状态的另类计划,就必须从内部攻破堡垒。后现代时期——或无论以什么样的词汇来称呼我们所处的时代——的确存在,尽管这段时期也和之前时期存在共同之处。关于后现代主义的讨论产生了太多的含混不清,我们认为,这部分是因为太多的理论家(甚至那些对资本主义形态的变迁进行分析的理论家)没有将自己的分析置于对抗以及决定这种对抗的阶级冲突的语境中。当我们认识到后现代就是现存状态,我们不仅应该关注新的统治和剥削形式,而且也应注意到新的对抗形式,这些新形式拒绝剥削,而且积极地提出另类的社会组织形式。这意味着认识到在当下构成主导性劳动过程中所涌现出的对抗,并且将这些对抗引向另类的筹划。通常的情况是,有些作者会认为,在现代时期,社会和政治的分析将文化从属于经济(上层建筑从属于经济基础),而作为某种补偿,后现代时期要求我们颠倒这种关系,将经济从属于文化。这既误解了现代性,也误解了后现代性。我们认为,要关注生产价值的活动和价值增殖过程,因为这可以打破社会、经济、法律和政治之间的边界,并且避免一开始就提出错误的问题。

我们首先要认识到,后现代资本主义用马克思的术语来说,就是资本对社会的实质吸纳阶段。在之前的时期(资本对社会的形式吸纳），资本对社会生产行使领导权，但是依然还存在很多作为前资本主义残余物的、外在于资本的生产过程。资本在形式上将这些外在过程吸纳进自身，将它们置于资本主义关系的统治之下。在实质吸纳阶段，资本不再有外部，也就是说，这些外在的生产进程消失不见了。所有的生产过程都源自于资本内部，因此整个社会的生产与再生产都在资本内部进行。在工厂内发展出来的资本主义生产关系的统治以及资本主义剥削已经越过了工厂的围墙，渗透进所有社会关系，同时也规定着所有社会关系，在这个意义上我们提出如下观点：应该将当下社会视为工厂—社会（我们会在第六章的《后现代法律和宪法中劳动的幽灵》部分回到实质吸纳及其对法和国家理论的相关性）。

在后现代时期，资本主义生产关系好像是社会中的先验存在物。资本似乎没有他者。社会资本不再只是协调者，而是好像真正成了社会生产领域中的生产者。资本一直梦想取得自主性，从而一劳永逸地让自己摆脱劳动。特龙蒂（Mario Tronti）在20世纪60年代初写道，"资本的政治史就是资本试图从阶级关系中脱离的历史，"或者更准确地说，"是资产阶级以对工人阶级各种政治统治形式为工具，试图摆脱无产阶级的历史"（《拒绝的策略》["Strategy of Refusal"]，第32页）。在后现代时期，在资本对劳动的实质吸纳阶段，资本似乎实现了梦寐以求的独立。随着其生产基地在第三世界的扩张、某些种类的生产从全球北方转向南方、市场无处不在、货币流通顺畅无阻，资本真正变得全球化了。然而资本主义关系在后现代的普遍化还有另外一副面孔。随着特定的资本主义剥削形式越出工厂的高墙，并贯穿所有形式的社会生产，对这种剥削的拒绝也在社会领域内同等地普遍化了。虽然后现代时期带来了全球范围内的资本主义管控社会,但同时也带来了反抗这些生产关系的活劳动的对抗以及扩张至前所未有边界的共产主义潜能。这些新的对抗形式以及相应带来的另类选择就是我们研究的主题。

然而,我们绝非要对后现代进行一般性的分析,而是要将我们的关注点聚焦在当下国家—形式的法律结构上(见第六、七章)。在后现代时期,法律实践所描绘出的是马克思对自由国家的定义即"人权"的"极权主义政体"的漫画版。后现代主义的法律理论在很大程度上是这一主题的变体。另一方面,我们的任务是认清劳动过程和主体性生产之间的紧密关系,这种关系促成了两者的不断变化,并且表征了统治它们的权力结构的转变。我们说过,应该以总体批判的形式来考察这个任务。换言之,我们认为,通过批判当下世界的悲惨境况——这个世界被法和国家的结构所肯定和过度决定,我们可以在批判的过程中,释放有能力开启共产主义的智识和伦理能量。而我们所理解的共产主义是彻底民主的政治体制,是斯宾诺莎所说的绝对的民主政体。这种批判也开启了构成新的主体的进程;批判是对自由空间的建构——这个空间由新的主体所栖居,因为资本主义的成熟与危机而得以可能——并提出最终消灭资本主义统治的问题。

当然,认识到后现代主义就是现存状态并不意味着,所有的现代实践与思想都已穷途末路,毫无用处。我们会论证如下说法更为准确和有益:市民社会而非现代社会消解了,因此我们可以将当下的世界称为后市民社会,而非后现代社会(见第六章《国家对社会的实质吸纳》部分)。无论如何,只要现代性依然受到西方思想潮流的影响——这种思想直至今天依然提出激进民主的观念来对抗高歌猛进的资本主义,它在今天就依然是开放的,具有活力的。这种激进民主的思想脉络在现代是从马基雅维利和斯宾诺莎到马克思,在当代则是从尼采到海德格尔、福柯和德勒兹。这并非文献学的索引,而是对批判和构成性思想的另类领地的肯定:正是在这块领地上,主体性形成了,这些主体性有能力施行彻底的民主,并且通过劳动,具备了实现共产主义的能力。

诸马克思主义

我们从共产主义的视角出发,提及现代和当代思想中的另类思潮,目的并非只是为了文献学上的光鲜靓丽。我们这么做是因为我们相信,共产主义不只是可以通过马克思主义的术语而得到定义,换句话说,马克思主义只是定义共产主义的一个主张,尽管是一个非常有效的主张,这个主张阐述了贯穿人类历史的那个根深蒂固且不可抗拒的欲望。当我们在这里提到共产主义时,我们主要指的是唯物主义方法。当然,唯物主义也并非仅限于马克思主义。在从恩格斯开始的马克思主义传统或者说诸马克思主义传统中,我们可以发现,正好相反,很多思维形式和研究方法在我们看来都与内在性唯物主义和共产主义思想关系不大,这并非偶然(之后我们会考察由"Diamat"①所代表的对唯物主义的骇人误解或扭曲,所谓"Diamat"是由斯大林时代苏联官方生产和推广的唯物主义的辩证法版本。见第四章《修正主义传统及其关于国家

---

① "Diamat",这种"唯物辩证法"的缩写或简称形式通常指苏联时期对马克思主义唯物辩证法的教条化、庸俗化表述。——译注

的概念》部分)。因此我们希望将我们自己的马克思主义和共产主义置于现代唯物主义批判的伟大思潮中。

在我们看来,没有必要因为有人自称马克思主义者,就去参考他们的作品。或者说,我们只对那些从事批判现存状态的作者感兴趣,在本书中,我们主要关注对国家—形式的批判。不厌其烦地追溯马克思主义理论传统的发展,或者就其他马克思主义者关于某些问题的看法表明立场,这些并非我们的兴趣所在。在经院哲学传统,尤其是所有教条的经院哲学传统中,**争论**(*Quaestiones*)一个接一个,无聊但又自成一体;每个作者都必须回应这些问题,而他们思想的价值就取决于这些思想与之前答案所确立的逻辑关系。马克思主义国家理论的传统似乎很容易陷入这样毫无结果的程序中。尽管如此,当我们试图让自己摆脱这些正统的问题时,我们并非要说,我们轻而易举地抛弃了在19世纪和20世纪所发展出的马克思主义对国家所作出的反思,这些反思构成了马克思主义的传统。对我们以及读者来说,毋庸多言的是,我们深切受惠于马克思主义传统中的许多思想家,虽然我们并没有直接提及他们。例如,我们吸纳并发展了帕舒卡尼斯(E. B. Pashukanis)①的思想和他"权利等于市场"(right equals market)的公式;我们吸收了葛兰西的一系列思想,如结构和上层结构/建筑的关系,对领导权②概念的改写以及对"消极革命"的反思;尽管我们具体

---

① 帕舒卡尼斯(1891—1937),苏联马克思主义法学家,代表作《法的一般理论与马克思主义》已有中文版。——译注

② 本书中我们一般将 hegemony 翻译为"领导权",将 hegemonic 翻译为"统领性的",以区别于 dominant(主导性的)。——译注

来说拒绝阿尔都塞"意识形态国家机器"理论,但是在后现代时代试图就国家对意识形态的利用问题提出定义和批判的时候,我们会复活这个理论;当我们论及市民社会概念的危机时,我们会接受并同时批判普兰查斯(Nicos Poulantzas)的某些概念区分和特龙蒂关于"政治的自主性"的论说;如此等等。

然而,所有这些思想并不会让我们特别想要去做传统的守护者,而当有人想让我们将自己归入传统时,我们不会掩饰自己的不自在。我们认为自己属于唯物主义批判的传统、绝对内在主义的传统以及共产主义的传统。我们更想做的是批判"现存状况"。我们的方法完全只限于攻击事物的本质,即攻击国家—形式,而非攻击其他马克思主义者所论述的国家—形式。甚至于当我们在第四章和第五章明确论及马克思主义的理论思潮时,我们感兴趣的并非是与各类马克思主义者进行比较并提出我们自身的看法,而是通过集体性的批判所涌现出的现存状况以及更为具体地说,国家—形式的新形象。简言之,我们认为,协同努力去把握和批判我们研究的对象,而非纠结我们的理论与其他理论之间的关系,会让我们更有收获。

在此语境中,我们更加关注资产阶级的国家理论家,看起来就不那么突兀了。本书所批判的凯恩斯、罗尔斯以及其他资产阶级思想家会从内部就资产阶级国家生活的关键环节给我们带来启发。马克思主义传统有时会对研究的对象进行抹平和分类(这个传统在空洞的升华方面的确非常强大),而资产阶级理论家对他们热爱对象的投入以及在统领性文化中的浸淫,让我们能够从内部去理解这些现象。马克思曾经说过,关于革命,反动派教给我们的比革命者还要多。反动派会告诉我们他们所热爱对象的真相,无论是凯恩斯所热爱的印度事务部①或英格兰银行,还是罗尔斯所热爱的宪法学。他们的批判揭开了现实的面纱,这样批判理性就可以理解并颠覆现实。像凯恩斯和罗尔斯这样的作者是革命批判对象不可或缺的组成部分。马克思的方法也是如此。对马克思来说,亚当·斯密和市场,李嘉图和谷物生意,图克、富拉顿和银行,凯里和美国工业,这些并无根本不同。对这些作者的研究让马克思发现了他们的思想中存在的矛盾,这些矛盾同时也是事物本身的矛盾。唯物主义者总是充满了对事物的热爱,而真正的思想只是名义上的(nominal)思想,是事物的组成部分,像事物一样具体。从这个意义上说,批判不是切割概念,而是切入事物。

如果说这本书想要传达什么信息或发出什么呼吁的话,那就是:让我们谈论事物,让我们谈论作为事物组成部分的理论;让我们进入语言领域,但要拒绝语言游戏,而是要去看看语言能够把握多少现实。

诸转变

本书所收文章之间的跨度长达 30 年。尽管如此,各篇文章之间的统一性却是一目了然的:将活劳动的力量从国家和权利为了剥削而建造的监狱中解放出来。贯穿这些文章的一个关键概念就是对如下关系的批判,这是既勾连同时又分离劳动与政治的

---

① 凯恩斯曾供职于此,并写作了他的第一部著作:《印度通货与金融》。——译注

关系,既具有创造性又非常怪异,既充满活力又具有压迫性。我们的根本思路虽然有时并没有那么一目了然但却非常清晰,那就是要生产出批判性和实质性论述,从而让我们最终可以写出《资本论》的另外两章——这两章的思想在《大纲》中有所论述但却并没有明确写出:一章是关于工资的主体动力(作为工人阶级的存在模式),另一章是关于国家(作为阶级冲突的场所)。

如果说这本书的统一性对读者来说一目了然,那么同样应该清楚的是,话语的轨道因为历史的发展和本体性革命而得到说明,同时也为后者所割裂。在写作本书所经历30年过程中,我们见证了20世纪最为关键的转变:60年代的革命以及从这种革命的展开到苏联在1989年的解体①。换言之,在本书中,我们见证了从"大众工人"(mass worker)向"社会工人"(social worker)的转变,从福特制社会向电脑化和自动化社会的转变,从被规划的劳动向自主和协作性劳动、非物质和创造性劳动的转变。在体系总生产力的组成中,正是这种转变生产出了新的主体性,规定了新的文化与政治关系,并最终规定了历史轨迹的转变。现代性历史中的彻底断裂以及新的后现代性范式的幽灵是本书的核心,并且决定了本书所要处理的主题。本书随着唯物主义革命性方法论所处理的客体和主体性规定的转型而展开。

第一篇的第二、三章是奈格里在20世纪60年代的作品。这两篇作品对代表性的资产阶级经济和法学理论家进行解读,从而试图去定义现代国家—形式的首要因素以及国家—形式奠基于其上的资本与劳动之间的辩证关系。第二篇的章节是奈格里在

---

① 作者在这里指的是东欧剧变。苏联在1991年解体。——译注

70年代的作品,主要考察的是现代国家危机的本质,特别是从公共支出问题所涉及的国家的合法化和积累机制的角度来进行考察。这些文章聚焦于对国家所进行的形形色色的马克思主义和共产主义阐释,以及对国家提出实际批判的社会运动。第三篇是两位作者在过去三年①合作的成果。这些最后的章节意在通过详细阐明后现代资本主义的逻辑和结构,同时分析在新的领域出现的、外在于国家框架的另类社会表达形式的潜能,来考察本书所提出的转变。

在这一系列文章中,我们试图采用唯物主义的方法来分析现代性的转变,这种方式与现代性开端时所提出和发展的唯物主义方法存在对应关系。我们不应该将唯物主义与现代性的发展相混淆;唯物主义在现代性发展的过程中一直作为另类筹划而存在——不断受到压制,但百折不挠。文艺复兴发现了劳动(即生命力 vis viva)的自由:唯物主义阐释这种生命力,而资本主义现代性则奴役这种生命力。今天对雇佣劳动的拒绝以及智性生产力的发展再度提出这个在现代性的黎明就受到压制和排挤的另类筹划。另类于资本主义唯心主义和唯灵论(spiritualism)统治的唯物主义的生命力并没有被消灭殆尽。当居于统治地位的资产阶级所具有的诸后现代意识形态——这些意识形态刚出现就已经穷途末路——试图编织新的统治网络,去围困新出现的对抗性主体性以及生产性劳动的大众智性时,这个另类筹划在今天更加难于消灭。活劳动,即自由与共产主义不屈的狄俄尼索斯,拒绝这个游戏。如果说劳动形式变得越来越具有非物质性,如果生产的

---

① 本书英文版出版于1994年。——译注

世界现在可以用马克思的"普遍智能"来描述,那么活劳动承诺的就是从政治上对对抗进行重组的空间。为什么不夺回活劳动的非物质性?为什么不将生产资料的私人占有称为盗窃——这要一再强调,因为私人占有原则也用在非物质劳动上,用在人类最为深刻且不屈的本性上?为什么不在这个层面科学地运作,将统治的机制以及国家和法律的具体运作,重构为已死之物的荒诞且可悲阴谋的功能?在当今的境况下,用吸血鬼和僵尸来形容资本的统治再合适不过了。

通过对唯物主义方法一以贯之的应用,我们将考察经历这些历史转变的对象,批判资本的世界,这个世界试图在后现代时期复活现代时期所利用的统治。我们对后现代、后工业以及后福特国家的批判一直以来都是共产主义式的批判,即总体性的、肯定性的和狄俄尼索斯式的批判,将来也会如此。共产主义是唯一的狄俄尼索斯式的造物主。

第二章

凯恩斯和资本主义的国家理论

Keynes and the Capitalist Theory of the State

本文作者是奈格里,写于1967年,在后来的岁月中一直都是意大利及欧洲各地政治团体的关键性参考文献,这些团体都将"工人主义"(workersim)作为他们的革命运动的理论立场(相关的历史背景,见布当[Yann Moulier Boutang]为奈格里《颠覆的政治》[*The Politics of Subversion*]所写的导言)。这些团体所作的经济、制度和政治分析都源于一个核心命题:资本的发展取决于工人阶级的斗争,并且随着工人阶级斗争的变化而变化。这个分析性的论断包含如下内容,在本体论层面肯定集体性主体性的力量,将这种力量不仅视为历史发展的关键,而且最为重要的,也视为所有制度具体运作的关键。因此,可以将政治视为社会活动的产物,或者更进一步说,视为社会斗争的产物。因此可以自下而上地、从革命的角度来解读制度和社会结构。很明显,这个立场与"正统的"工人运动的立场相龃龉,尤其是与后者最为极端的制度性信念相龃龉,如有必要通过议会手段来进行改良的论断。对凯恩斯思想和美国新政背后的政治所进行的分析表明——这些超越了资产阶级代表的荒唐断言,改良的确可以实现,但为了实现改良,必须为革命而斗争。①

---

① 本书第二、三、四、五章都是奈格里个人于20世纪60年代和70年代所写就的,原文为意大利文,由哈特翻译成英文,开头的说明性文字也出自哈特。我们在将这些说明性文字翻译成汉语时使用的字体是楷体。——译注

1929年:现代国家分期的一个关键环节

1917年的十月革命事件已经过去50年了。该事件是始于1848年6月巴黎街头起义这一历史性运动的巅峰,现代产业无产阶级也是在1848年首次发现了他们的阶级自主性及其与资本主义制度的独立对抗性。此后具有决定性的转折点再现巴黎,这就是1871年的巴黎公社,这次革命的失败让政党的口号被广为接受,并且让无产阶级认识到需要在政治上对阶级自主性加以组织。

从1848年到1871年,再从1871年到1917年:这一分期看上去为构建现代国家理论提供了唯一恰切的分析框架。对分期的这一界定必须将阶级权力关系的整体变化纳入考量,这种变化主要在19世纪下半叶的革命危机中表现出来。1848年的阶级挑战为政治思想和行动所提出的问题让人们对工人阶级在资本主义制度中所占据的核心地位产生了新的批判意识——虽然这种意识或多或少也被神秘化了。除非我们理解了资本和国家转型背后的阶级决定因素,否则我们就会一直受困于资产阶级的理论;我们最终得到的,不过是一种将资本与动态的阶级关系相割裂的某种形式化的"政治"领域。我们必须超越对"工业化进程"的陈腐描述。我们的起点是认清资本主义的长期阶段,在这个阶段内剥削的辩证法(即雇佣劳动关系内部所固有的从属对抗)被社会化,并延伸至当代国家政治和制度关系的全部结构中。任何对现代国家的定义如果没有取得这些认识,那就会像黑格尔所说的"让所有牛都成为黑色的黑夜"。

1917年是这一进程的一个关键断裂点:自此之后,历史变成了当代史。在资本主义发展过程中,工人阶级可以作为一个自变量,甚至可能实现自身的政治自主性,这一早在1848年得到证明的真理现在已经彻底成为现实,并取得了突破(Durchbruch ins Freie)。在苏维埃,工人阶级的对抗现在已经以独立的国家形式变为现实。如此一来,它已经成为国际工人阶级获取内在政治认同的焦点,因为这是一个当下的、直接具有现实性的、客观的阶级可能性。在这里,社会主义从乌托邦变成了现实。从现在开始,国家理论除了考虑剥削进一步的社会化所牵涉的问题,还得去面对业已取得政治认同、并且通过自身努力成为历史主角的工人阶级。国家现在必须面对一系列阶级运动所具有的颠覆性潜能,而这些运动的现实内容已经具备了革命内涵。换言之,工人阶级世界革命的第一次飞跃所表现出的巨大政治潜能已经内化在现有的阶级构成(composition)①中了。在资本主义组织的各个层级上都出现了一个日益深化且越来越具有威胁性和对立性的工人阶

---

① "阶级构成"是意大利"工人主义"的核心概念之一,源自马克思所说的"资本构成",分为无产阶级的"技术构成"和"政治构成",前者指的是资本把劳动人口组织起来并加以利用的方式,后者指的是工人阶级将"技术构成"转化为武器,以对抗资本的方式。考虑到"资本构成"已是固定译法,因此将class composition也翻译成"阶级构成",与constitute(构成/创构)有所不同,请读者注意。——译注

级：这一阶级现在已经具备自主性和政治一致性。从这个意义上说，与之前工人阶级的斗争周期相比，1917年革命所具有的独创性，其对资本主义挑战所表现出的独一无二的特征，都是无与伦比的。自此以后，所有的问题都呈现出新的视角和全新的维度；工人阶级的观点得到了完全独立的表达。

当然，资产阶级对十月革命真正影响的感知是非常迟钝的。最初，他们将其完全视为一个**外部**事实（external fact）。他们的初始反应是竭力——很大程度上他们的确做到了——将这种危险维持在外部，从而在军事和外交上孤立苏维埃共和国，将革命转化为外交事务。然后出现了**内部**威胁（internal threat）。面对十月革命不久后在国际上出现的工人阶级斗争浪潮，如创立新的强有力的群众工会，以及旨在夺回生产支配权的工厂委员会运动（Factory Council movement）的兴起，资产阶级的普遍反应是什么呢？①

---

① 十月革命后，俄国以外出现的工会和政治运动可以被概括为基于"自我管理"理念的同质化运动，这通常被工人阶级贵族所代表和领导，即便在运动取得大规模群众基础的地区也是如此。塞尔焦·博洛尼亚（Sergio Bologna）的论文《委员会运动起源处的阶级构成和政党理论》（"Composizione di classe e teoria del partito alle origini del movimento consiliare"）界定了这类同质化运动。关于这个问题的一般性介绍，见赖德（A. S. Ryder），《德国革命》（*The German Revolution*）；罗森博格（A. Rosenberg），《布尔什维克史》（*Histoire du bolchevisme*）；普里比谢维奇（Branko Pribicevic），《英格兰的工会代表运动》（*The Shop Steward Movement in England*）；德雷珀（Theodore Draper），《美国的共产主义与苏维埃俄国》（*American Communism and Soviet Russia*）；以及加斯帕·德·卡罗（Gaspare de Caro），《图灵工人委员会的经验》（"L'esperienza torinese dei consigli operai"）。

在这段时期,只有落后的、不成熟的统治阶级才会采取法西斯式的压制手段。然而,更为常见的手段是各种改良主义遏制模式的不断出现,但这不过是触及了新的政治现实的表面而已。在那段历史时期,资产阶级的总体目标是打败工人阶级先锋队,更为具体地说,是破坏他们领导地位的现实基础,即包含相对高度"专业化"并且拥抱自我管理意识形态的团体的阶级构成。换言之,他们的首要目标是摧毁工人阶级先锋队与无产阶级群众之间结盟的基础,布尔什维克组织正是建基于此。让先锋队远离工厂,让工厂远离工人阶级,即从工人阶级内部清除先锋党:这就是资本家改组的目标,是西方反击1917年十月革命的具体形式。

泰勒制和福特制正好起到了这样的作用:通过大规模生产和劳动力的去技能化,他们将布尔什维克先锋队与工人阶级相隔离,并且将他们从生产性领域的支配性角色中驱逐出去。这反过来又将新的无产阶级力量加速引入到生产中,从而摧毁了过去工人阶级贵族的罢工权力,削弱了他们的政治潜能,并且避免了他们的重组。同19世纪中期资产阶级试图利用新的产业结构——这种结构孕育了工人贵族——来摧毁新生的无产阶级力量一样,1917年后,随着工人阶级内部政治分歧的日渐弥合以及工人阶级在斗争周期的转折点实现了政治重组,资产阶级再次诉诸技术镇压之道。同以往一样,这一技术镇压(包括新部门有机构成的飞速提高,流水线,连续生产,劳动过程的科学组织,工作的分化和碎片化等等)是资产阶级对现存阶级构成的牢固性及其对资本主义控制产生的威胁所作出的第一反应,并且是近乎本能的反应。

然而,正是在这里对1917年之后出现的具有全新性质的情况施加了限制。在战后恢复期,劳工队伍在短期内重构的可能性肯定是存在的,但资产阶级很快就意识到,这种重构在长期可能会导致更为危险的境况。资本家不仅需要应付这些变化所导致的工人阶级再生产的增加,而且还得面对雇佣工人在更高水平上的规模化和社会化条件下出现的直接的**政治**重构。十月革命将颠覆的政治品质彻底地灌输进了工人阶级的物质需求和斗争中,让其成为无法被驱散的幽灵。考虑到这种新情况,技术性解决方案最终会导致事与愿违的后果。它只会在更高层面上重启工人阶级的政治重构。同时,这种应对/反击并不足以解决资产阶级所面临的真正问题:如何在认识工人阶级政治性出场的同时,在资本主义体制内寻求从政治上控制工人阶级的新手段(比如通过攫取相对剩余价值的方式完全重构社会机制)?承认工人阶级的自主性的同时,必须要有能力在政治上控制他们。对资本而言,承认1917年十月革命的独一无二性以及资本主义的整个现实结构已经无法正常运转且已无可救药这一事实,迟早会成为一种政治必然性。

事实上,"算总账"的日子很快就到来了。同以往一样,资产阶级的政治方案必定是谋求脱身。1926年英国大罢工是"一战"后不断扩张的工人阶级革命进程顶峰的标志,在这一大罢工失败后不久,1917年的幽灵以更新且更具威胁性的形式复归了。因为这一潜在威胁,1929年之后的经济崩溃显得尤为严重。资本主义现在面对的是这样的无产阶级,他们因为承受的压迫能够在社会层面上同气相求,规模巨大,以至于必须承认他们的自主性——同时必须承认的还有他们所具有的颠覆性潜能,另外,任何未来发展模式都要将他们视为背后的决定要素和动力。1929年之后的大危机是真相大白的时刻,是对之前资本向工人阶级进行技进攻的结构的反弹,并且也是这一技术进攻的极限的证明。1917年的教训现在通过这种对整个制度的"滞后反应"而得到了传达。虽然1917年工人阶级的政治方案具有明确且猛烈的毁灭性,并且这一方案只在短期内可控,但是现在它又在整个制度发生危机时出现了,这表明1917年的方案不能被忽视或回避。资产阶级起初回避问题、忽视工人阶级对资本主义制度政治冲击所具有的现实有效性的做法,现在反过来令资本主义制度自身深受其害。在资本最为强大的地方,危机的冲击也最大。

从这个意义来说,1929年之后的危机代表着当代国家出现的一个至关重要的时刻。危机的主要受害者是自由宪政国家的物质基础。1929年彻底扫除了对1917年已经摧毁的价值观的残余留恋。1929年华尔街的"黑色星期四"摧毁了资产阶级近一个世纪统治所打造的政治和国家神话。它标志着法治国(rights State)的历史性终结,这一法治国可以理解为旨在通过资产阶级对"正当程序"(due process)的维护以在形式上保护个人权利的国家权力机器,这一国家权力机器的根本目的在于保护资产阶级的社会领导权。1929年危机最终埋葬了国家与市场截然两分这一古典自由主义神话,它是自由放任主义的终结。

然而,这并不仅仅是对国家与市民社会经典关系的推翻和"干预型"国家("interventionist" State)到来的问题。毕竟,1871年之后,国家干预和生产方式的社会化都在不断加强。但这之所以是一个崭新的且具有决定性的时刻,是因为它承认了工人阶级的出场,以及该阶级在资本主义制度内所代表的不可避免的对抗性,这种对抗性是资本主义的必然特征,国家权力必须对此加以协调。人们通常认为(且不仅限于意大利法西斯主义的有限视角),从大危机中涌现出的新国家(new state)的新奇之处可以用国家权力从"自由主义"形式向"极权主义"形式("totalitarian" form)的转变这样的术语来定义。① 这是一种曲解。它错误地将某些区域的做法——直接诉诸法西斯主义和社团主义的解决办法和政权形式——作为区分资本主义国家新的历史形式的核心特征,新的资本主义国家形式更为强调的是在发现工人阶级内在对抗性的基础上对国家进行重建。可以肯定的是,这一重建很可能具有极权主义的含意,但它只在下述条件下成为现实,即它意识到国家的各个层面都存在固有的对抗和斗争。

吊诡的是,资产阶级转向了马克思,或者至少学着阅读《资本论》(当然是从资本自身的角度,这种角度虽然是神秘化的,却也相当奏效)。一旦认识到对抗,问题就变成通过阻止对抗的一方采取独立的毁灭性行动以确保对抗本身的运转。避免工人阶级政治革命的唯一方式在于承认且接受一种崭新的阶级对比关系,并让工人阶级在一种整体性机制——该机制将持续不断的夺权斗争"转化"为某种推进资本主义运行的动力因素——中运转。必须在一系列不时进行阶段性"收入革命"动态调整的均衡机制中对工人阶级加以有效控制。可以说,国家如今的确准备沉入市民社会(descend into civil society),并在对均衡条件进行长期调整的过程中持续不断地再造自身正当性的来源。在各种相关力量间再平衡收入的机制不久就以计划的形式表现了出来。这一构成的新的实质基础变成了作为计划者的国家(the State as plan-

---

① 例如美国的某些大企业曾用"极权主义的法西斯主义"来指控美国的"新政"。

ner),或者采用更好的表达:作为计划的国家(the State as the plan)。在一段特定时期内,为一个计划所预设的均衡模式意味着,每一个达到新的均衡水平的动议和调整都开辟了在宪政国家自身(constitutional State)内部进行修正的过程。也就是说,现在通往稳定之路取决于对国家权力的这一新的、不稳定基础的承认:国家计划的这一发展动态意味着将一种"不断革命"接纳为其对象——这是从资本一方对这一口号的一种吊诡性**扬弃**(paradoxical *Aufbebung*)。

然而,资本的科学神秘化的内容必然与其所揭示的内容一样多。它揭示了新的阶级力量关系,记录了工人阶级内化进国家生活的痛苦过程,以及他们作为资本主义发展源泉的核心动力作用。然而,与此同时,它神秘化并且隐藏的与其说是工人阶级出场所带有的对抗性本质,不如说是工人阶级对资本主义制度施加的影响所具有的普遍性。它遮蔽了为了维持这种新的国家形式而精心安排的受控制型均衡所需要的暴力。事实上,它甚至高度颂扬这一新社会及其从行动上实现共同利益、共同意志(the General Will)的暴力行为。在对新的阶级力量对比关系的理论神秘化与批判性认识的相互作用中,资本的科学再次揭示了各种矛盾性的必然并存(copresence)。和往常一样,这门科学不得不展开艰难的分析和辩护工作,以求在对现存框架的不稳定性的批判性认识和力图实现稳定的决心之间的狭窄道路上前行。最终,这个矛盾唯一可能的解决方案就是寄希望于独立的政治意志:某种能够将资本主义制度中各种各样必然存在但又互相对立的要素统合起来的"政治奇迹"——生产方式的社会化与剥削的社会化;组织与暴力;对社会进行组织以剥削工人阶级。

这并不是说资本主义进程的本质发生了变化,而是说剥削得以运行的框架、维度以及资产阶级为维护自身利益被迫面对的阶级主角发生了变化。既然阶级对抗性的存在意味着任何摩擦都会引起警觉,任何错误都可能导致灾难,任何运动都可能对卷入斗争的两个阶级的力量平衡产生剧烈影响,那么政治奇迹似乎就更加不可或缺了。正是工人阶级亲历的革命经验所激发的非同寻常的力量取得了成效,并且确立了资本主义体系各个层面都需要进行干预的不均衡。

资本家的科学必须注意到这一事实。对这个事实的认识程度是衡量其把握和理解新情况的标准。追踪这个复杂过程,揭露并且辨析其中科学的和意识形态的成分,这是工人阶级批判所要面对的任务。在这篇文章中,我会追踪凯恩斯对——从十月革命到大萧条时期——资本主义制度整体危机的认识与反思的发展历程。在这个关键的转折点处理资本所面对的新情况,凯恩斯表现出了最为清醒的意识和最为敏锐的政治直觉。正是凯恩斯的清醒诊断为国际资产阶级提供了可资利用的药方。在理解应对1917年工人阶级革命的冲击所出现的资本主义重构,以及新的资本主义国家形式上,凯恩斯或许是最具洞察力的理论家。

凯恩斯与1917—1929:
理解十月革命对资本主义结构的冲击

那么我们如何追踪资产阶级意识在这一时期的发展历程呢?资产阶级以何种形式、在多大程度上把握了1929年危机所具有的根本意义呢?更为重要的是,资产阶级在多大程度上意识到了

1917年和1929年之间的关联呢?

正如我们之前所注意到的,可以从下述两个方面来认识十月革命:从国际层面看,这是一个反革命的问题(或者至少是孤立苏联的问题);从国内层面看,这是压制能将革命经验传播到整个资本主义世界的工人阶级的强大的工会和政治运动的问题。这些经验表明它们是同质的。在运动采取工人委员会(1918—1926)形式,以及更为直接地采取工会形式的地方,存在着共同参照点:那就是某种形式的阶级先锋队和对生产进行自我管理的要求。①值得注意的是,国际资产阶级领导层是如何将上述两个方面完全割裂开来的。各种不同的技术手段被用于回应来自这两个层面的革命性挑战。资产阶级并不十分相信工人阶级内部出现了完全的团结。对这两个层面的区分至少可以部分解释他们对这一真实状况的不理解——这种不理解产生了灾难性的后果。

这至少是凯恩斯的观点。如果说资产阶级对国际秩序进行重建的关键时刻是"凡尔赛和约",那么这是一个被错失的时机。凯恩斯提出,在民族国家间几个世纪力量关系传统的最后一幕

---

① 美国工人阶级的斗争确实如此。关于一战后美国和欧洲工人阶级在斗争中所采取的运动形式所具有的同质性,见《工人与国家》(*Operai e Stato*)中塞尔焦·博洛尼亚和乔治·拉威克(George Rawick)的文章。尤其应该记住的是,在1914到1920年之间,美国劳工联合会(AFL)的会员从两百万升至四百万,会员人数水平直到20世纪30年代才被超越。相关数据见欧文·伯恩斯坦(Irving Bernstein)《萧条年代:美国工人史,1920—1933》(*The Lean Years: A History of the American Worker, 1920—1933*)以及德马尔克等(Domenico Demarco et al.)主编的《劳工运动与经济萧条》(*Mouvements ouvriers et dépression économique*)中加伦森(W. Galenson)的文章,第124-143页。

中,它们完全没有领会到阶级斗争的新维度,这一点尤为明显地表现在对这一问题两个层面的割裂。不然如何解释"凡尔赛和约"的愚蠢?这个和约不是制订计划,让欧洲免遭劫难,而是表现为对好几个世纪以来大国政治的绝望和复仇心态。革命近在眼前,战胜国的领导人却只确立了一个无法重建欧洲秩序的惩罚性体制。外交上的虚伪甚至让停战协议上的承诺变成一纸空文。

现在已经没有其他手段捍卫资本主义体制并且提供一种新的结构了。相反,这只会让危机日趋加深。特别是,强行要求德国赔偿这一经济上的愚蠢行径让和平协议的效果不只是在德国而且在整个世界市场的统一网络中都被灾难性延长了:

> 如果我们执意想要让中欧贫困潦倒,那么我敢预言,复仇不远矣。没有什么能够长久延缓反动势力与孤注一掷的革命冲动之间的最终内战,在这场战争面前,最近的德国战争的恐怖就显得不值一提,且无论哪一方获胜,这场战争都将摧毁我们这一代的文明与进步。(凯恩斯,《和约的经济后果》[*The Economic Consequences of the Peace*],第170页)

正确的做法是什么呢?有且只有一种做法:巩固中欧经济,并将其作为从东面防御苏联威胁以及制约中欧内部革命运动的堡垒——简言之,重新联合起资本主义防御体系中的两条阵线。

> 列宁曾指出,摧毁资本主义制度的最好方式是滥发

货币……列宁无疑是正确的。没有比滥发货币更不易被察觉,也能更保险地推翻现有社会的基础了……通货膨胀不可避免地对社会契约和既有财富产生了猛烈且任意的干扰,这将对社会安全造成冲击。欧洲各国政府把这种冲击与公众对于企业家的仇恨结合在一起,使19世纪的社会和经济秩序很快变得难以维持。(凯恩斯,《和约的经济后果》,第 148 – 150 页)①

这是凯恩斯 1919 年所秉持的立场。追踪从这段论述到写作

---

① 在这个阶段,凯恩斯的政治目标是将资本主义制度进行防御的两条阵线再度联合起来——同时利用如下推论,即这种防御只能围绕着德国这个堡垒而展开。这个视角在凯恩斯的政治思考中依然是一个根本性要素。1922 年《对和约的修订》(*A Revision of the Treaty*) 出版,凯恩斯苦口婆心地重复如下观念,即"德国的未来在于东方,其复兴的希望和野心当然也要转向东方"。凯恩斯口口声声的"亲德国主义"给他招致了很多批评,甚至晚至芒图(Étienne Mantoux)的《迦太基式的和平,或凯恩斯先生的经济后果》(*The Carthaginian Peace, or the Economic Consequences of Mr. Keynes*)也对其进行批评,但因此也具有比他的批评者愿意承认的要多得多的阶级内涵。凯恩斯的方法与魏玛德国最好的资产阶级政治思考异曲同工。例如,不难在马克斯·韦伯于那些年的思考中发现类似的直觉(见蒙森[Wolfgang J. Mommsen],《马克斯·韦伯与德国政治,1890—1920》[*Max Weber und die Deutsche Politik, 1890—1920*],第 280 页及其后)。另外,凯恩斯从未掩饰自己对魏玛知识分子及其政治团体的深切认同。在《梅尔基奥:被打败的敌人》("Dr. Melchior: A Defeated Enemy")中,凯恩斯描述了这个近乎辩护者的圈子。(本段中文翻译参考了凯恩斯,《和约的经济后果》,张军、贾晓屹译,北京:华夏出版社,2008 年,第 163 – 164 页。——译注)

《就业、利息和货币通论》(1936)时期凯恩斯思想的发展历程,我们或许能够理解在两次世界大战的间歇期,资本主义整体战略的艰难转变。在初期,凯恩斯发出警告,和约可能会带来灾难性的后果,并且让大家警惕一个潜在的幻觉,那就是认为阶级关系并没有随着工人阶级与战前资本主义体系的决裂而发生变化。我们现在仍旧没有关于现代国家新的政治周期的任何准确的理论理解。几乎没有任何迹象表明凯恩斯后来竟然具有如下能力:将对工人阶级与资本主义体系断裂的认识转变为资本主义经济增长的"存在理由"。不过,这种对新的阶级境况的直觉虽然非常初步,却是根本性的,它已经预示了未来的核心问题:如何阻挡和控制十月革命对资本主义秩序的冲击。为了讨论凯恩斯思想的连续性及其理论上的一贯性,我们必须超越其著作的字面意义,来揭示它们背后的一般性问题。①

在目前这一阶段,我们论及的是一种政治直觉。现在它都还远没有形成一个科学体系。事实上,从成熟体系的视角来看,在1925年,当贝蒂尔·俄林(Bertil Ohlin)提出战争赔偿有助于国际经济均衡进入新的水平,以反驳凯恩斯关于赔偿后果的观点时,

---

① 对这一问题的精彩处理,见罗伯特·莱卡赫曼(Robert Lekachman)为其主编的《凯恩斯的〈通论〉:三十年的报告》(*Keynes' General Theory: Reports of Three Decades*)所作的导言,第1–10页。毫不意外的是,哈罗德(R. F. Harrod)在其"圣徒传记"(hagiographic)《凯恩斯的一生》(*Life of John Maynard Keynes*)中也持这种观点。对保罗·萨缪尔森来说,《就业、利息和货币通论》所指向的道路是一条"通往大马士革之路"。见萨缪尔森的文章《论〈通论〉》,第330页。

他比凯恩斯还要更加凯恩斯主义。① 不管怎样,1922 年凯恩斯本人的立场也已发生转变。让他离开巴黎和约谈判桌的"不可容忍的痛苦和愤怒"②已经得到平息。现在,他的图景从表面上看显得更乐观些:

> 如果回首两年以前并且再次阅读当时自己所写的作品,我会发现当时所预见的危险已成过去。欧洲普通民众的忍耐力和资本主义制度的稳定性经受住了最为恶劣的冲击。两年以前,这个毫无正义、同情与智慧可言的和约代表了战胜国一时的意志。和约的受害方会忍气吞声吗? 或者他们会因为绝望和贫困而动摇社会的根基吗? 现在,我们有了答案。他们一直在忍气吞声。(《对和约的修订》,第 115 - 116 页)

尽管如此,凯恩斯最初的政治直觉已经包含了对资本主义发展主要维度的全新理解。丹尼斯·霍尔姆·罗伯逊(Dennis Holme Robertson)非常清晰地认识到了这一点:"现在,这一关于欧洲经济结构分析令人吃惊的地方在于,就某些方面而言它不同于并且实际上完全反对战前乐观的、主张自由贸易的太平

---

① 特别见俄林的文章,《凯恩斯先生关于转移问题的看法》("Mr. Keynes' Views on the Transfer Problem")和《赔款问题》("The Reparation Problem")。

② 这是凯恩斯的一句评论,转引自罗宾逊(E. A. G. Robinson)《凯恩斯:1883—1946》("John Maynard Keynes 1883—1946")一文,第 34 页。

洋哲学,不管是有意识的还是无意识的,它更多代表的是耸立于保护主义、军国主义和帝国主义之上的资本主义大厦。"(《〈和约的经济后果〉评论》["Review of *The Economic Consequences of the Peace*"])。罗伯逊继续指出,这完全违背了自由放任的概念,并且在这里国际政治问题变成了从内部对力量关系加以组织的问题。

除了在社会上招致很多反对意见之外,凯恩斯1919年的警告几乎没有产生任何影响。媒体以下述方式拒绝了这一警告:"实际上,凯恩斯著作最显著的特征是其政治上的缺乏历练,更不要说其所昭示出的天真幼稚。"(伦敦《泰晤士报》,1919年12月4日,转引自罗宾逊,《凯恩斯:1883—1946》,第35页)。无论是年轻还是年长的政客基本上都是以一致的口吻对此报之以嘲笑。据报道,克莱蒙梭(Clemenceau)曾指出,"凯恩斯的经济观点非常有力……毫不克制地挑战了协约国(即法国)的过分要求……不过他的这些严厉指责非常粗暴,如果不是因为他毫无廉耻地将其观点公之于众以服务于自己的目的,我本不想理会。这也非常清楚地展示了某些人的思想变得多么的错乱。"(出自凯恩斯在《对和约的修订》[第69-70页注释1]中的记述)。丘吉尔写道:

> 凯恩斯以无可辩驳的常识揭示了金融与经济条款的荒诞不经。在所有与之相关的问题上,他的观点均无可指摘。但是,因为对强行规定的经济条款的本能反感,凯恩斯全盘否定了和平条约的整体框架。我们毫不怀疑,他完全有资格谈论经济方面的问题;但在其他更

为重要的方面,他的判断并不比别人更高一筹。(《世界危机》[The World Crisis],第5卷,第155页)①

对于资产阶级而言,其回应方式尽管更为极端,但本质上同过去的1848年或1870年一样。资产阶级纠集了镇压性力量去打败工人阶级的政治运动,其次,资本在通过技术进步和优化相对剩余价值攫取机制以实现对劳动力的重新吸纳方面,取得了一些新的进展。20世纪20年代初期的工人委员会以及革命工团主义(syndicalism)的强大潮流被打败了——或者说,这些力量没有能够实现阶级先锋队和无产阶级群众之间的革命辩证法,而这种辩证法是他们的组织基础。这些力量由于关键部门劳动力的重构、对劳动进行合理化的新技术、去技能化以及流水线的普及而遭到破坏。同以往一样,工人阶级斗争浪潮对资本的最初回应是改良主义的。在当时的情况下,在20世纪20年代初期,这演变为技术革新的一般化进程。资本被迫通过新部门的扩张以及对生产要素的彻底重组来应对无产阶级的冲击。

然而,这条老路能走多远?难道情况不是彻底改变了吗?同经典自由主义所秉持的政治与经济截然两分的信念相反,凯恩斯

---

① 凯恩斯在评论丘吉尔的著作时承认后者在和会上的政治路线是正确的,但同时他也强烈批判丘吉尔没有认识到苏联革命的重要意义:"[丘吉尔]没有认识到——或者起码没有重视——这些事件在它们相应关系中的重大意义,或者说没有区分一般事件与关键事件……虽然丘吉尔承认列宁的伟大,但布尔什维克革命对他来说只不过是愚蠢的暴动。"见《精英的聚会》(Essays in Biography),第72-73页。

的立场在于他坚持认为政治元素内在于经济之中。然而,甚至这样的普遍真理也被资产阶级遗忘了。他们拒绝面对——这种拒绝造成了严重后果——如下事实,即苏联为工人阶级提供了一个不可被忽视的政治参照。这一遏制方案要想成功,资本主义制度必须证明自己有能力挽回作为某种**政治**实体的工人阶级。相对剩余价值生产的机制是无能为力的。事实上,它只会扩大资本主义发展的矛盾,从而导致工人阶级进一步扩大,并且加剧周期性危机的倾向。供给的扩张(产能和大批量生产行业的增加)实际上并不会召唤出相应的需求力量。"需求"尚未被视为一个有效主题。

凯恩斯的立场依然只是一种政治直觉,从需要对他的观点进行科学加工这一视角来看也是不够完善的。他的长处在于他为解决方案提供了方法论前提;另外他也正确地指认了问题。追踪他在 20 世纪 20 年代的科学和政治活动就好像是追踪旷野中没有武装的先知那充满苦涩音调的呼喊。然而,与此同时,我们也见证了这种政治直觉向科学话语的逐步转变。这种转变是在接连不断的政治事件的影响下,在工人阶级所施加的压力以及资本所面对的政治必然性下发生的。① 我们注意到,根据罗宾逊的观点,早在写作《和约的经济后果》之际,自由放任主义就已被凯恩斯所摒弃。然而,这在凯恩斯认识到——在毁灭性的世界大战和接踵而至的革命浪潮之后出现的——国际秩序的岌岌可危时,还只是

---

① 传记作者们正确地强调了 20 世纪 20 年代英国的政治事件对凯恩斯思想演变的持续影响。见哈罗德,《凯恩斯的一生》,第 331 页及其后;以及罗宾逊,《凯恩斯:1883—1946》,第 41 页及其后。

隐隐的感觉。从现在开始,旧秩序的危机问题主要聚焦在英国的政治舞台上。

萨伊定律不再有效,因为该定律没有认识到资本主义体系的维持会成为问题。该定律假定资本主义制度完全是自我调节和自发展开的。换言之,它不认为工人阶级的存在可能成为对该制度的否定。现在,随着工人阶级的问题逐渐在凯恩斯的作品中得到科学的表述,该问题也倾向于根据神秘化的经济学传统而得到界定:即粗糙的古典经济学客观主义传统中的就业问题。① 然而,在凯恩斯思考针对这一问题的政治方案的早期阶段,阶级斗争被赋予了重大意义,并且提出要对经济科学范畴加以历史化。在他的这些作品中,英国工人阶级表现出了革命自主性。② 针对他的大学同事和自由派朋友以及那些叫嚷1926年总罢工非法并且逾越了宪法行动界限的人,凯恩斯给出了如下简短回应:或许如此,那又如何?阶级运动可能看起来是非法的,但这只是因为奠定之前制度并且决定之前正当性的平衡力量消失了。阶级力量对比关系已经改变,从而法律方面必须作出调整以适应新情况。③ 萨伊定律不再有效,因为保持政治和经济平衡的变量改变了。这一崭新因素就是工人阶级的自主

---

① 关于凯恩斯如何认识到该问题,见罗宾逊,《凯恩斯:1883—1946》,第41页及其后;以及克劳迪奥·纳波莱奥尼(Claudio Napoleoni),《20世纪经济思想》(*Economic Thought of the Twentieth Century*)。

② 除了普里比谢维奇的《英格兰的工会代表运动》,还可同时参考莫罗·戈比尼(Mauro Gobbini)收在《工人与国家》(*Operai e Stato*)中关于1926年英国总罢工的文章。

③ 见哈罗德,《凯恩斯的一生》,第375页及其后。

性。"一方面,工会已经强大到足以干预供给与需求这一自由游戏;另一方面,尽管公众有所抱怨并且担心工会会越来越危险,但是他们依然支持工会,在他们看来,煤矿工人不应该成为残酷经济力量——这种力量并不是**他们**启动的——的牺牲品。"(凯恩斯,《我是不是一个自由党人》["Am I Liberal?"],第305页)因此创造一种新的政治平衡意味着将这一新情况和崭新的阶级力量关系纳入考量。如果萨伊关于供求平衡的公式不再有效,那是因为出现了新的未知因素。现在有必要将这些未知因素整合进经济学:

> 譬如,旧世界政党的理念是,你可以改变货币的价值,接下来供给和需求的力量对比自然会引发相应的调整。这类观点只适用于50年前或者100年前的时代,那时工会的力量还很微弱,并且那时经济力量可以在发展的道路上毫无阻碍地横冲直撞,甚至还为人们所欢迎和赞许。①(《我是不是一个自由党人》,第305页)

从科学的视角来看,我们也不应该低估20世纪20年代这一批判的深度和重要性。对萨伊定律的这个批判意味着横行了一个世纪的意识形态的毁灭,这种意识形态根深蒂固,而且它越是不能回应现实,就越显得顽固。这意味着对一系列根本性的价值和规范进行去神秘化,而这些价值和观念在19世纪指导了资产

---

① 中译文参考了凯恩斯,《预言与劝说》,赵波、包晓闻译,南京:江苏人民出版社,1997年,第322页。——译注

36　阶级的政治学。马克思写道：

> 资产阶级意识一方面称颂工厂手工业分工，工人终生固定从事某种局部操作，局部工人绝对服从资本，把这些说成是为提高劳动生产力的劳动组织，同时又同样高声责骂对社会生产过程的任何有意识的社会监督和调节，把这说成是侵犯资本家个人的不可侵犯的财产权、自由和自决的"独创性"。工厂制度的热心的辩护士们在斥责社会劳动的任何一种普遍组织时，只会说这种组织将把整个社会转化为一座工厂，这一点是很能说明问题的。①（《资本论》第1卷，第477页）

对萨伊定律的凯恩斯式批判是对经济科学研究对象的彻底摧毁，迄今为止，从结构上而言，政治经济学是建立在如下前提之上：经济均衡理论，各要素在整体性和功能性上的互惠关系，它使得所有人可以无限自由地进入财富世界。经济科学就建立在如下观念基础上：这些前提在某种意义上是"自然而然的"。一旦面对这个根本性的批判，马克思所提到的整个社会转化为一座巨大的工厂的风险，也就被暗自接受了。

然而凯恩斯的批判到这里就止步不前了。摧毁科学研究对象的目的是重建。后来他甚至声明，一旦达到充分就业状态，新

---

① 中文见马克思，《资本论》第1卷，北京：人民出版社，2004年，第412–413页。——译注

古典的经济均衡理论就会再度生效。① 资产阶级的辩证法不知扬弃为何物,它无法推翻它的研究对象。无论凯恩斯何时到达自己批判的极限,他都会受制于阻碍其前行的哲学而陷入瘫痪。即便在他宣布与更为庸俗的神秘主义经济学决裂之际,他也依然被困在商品拜物教的神秘世界中;他退回到了依赖于形式化的公式和动手重构实现均衡经济的条件的地步。除了均衡,即对一般均衡这一神秘化形式的重申外,已经没有其他目标了。最后只剩下"灾难的政党"(Party of Catastrophe)②(《劝说集》[*Essays in Persuasion*],第 299 页及其后),以及认为历史——换言之,均衡以外的一切事物——不过是蠢蛋的工作这一令人绝望的信念:"既没有深刻的原因,也没有不可避免的命运,更没有惊天动地的邪恶"(《精英的聚会》,第 429 页)。"匮乏、贫穷以及阶级与阶级和国家与国家之间的经济斗争不过是令人恐怖的一团乱麻,转瞬即逝且**毫无必要的**一团乱麻。"(《劝说集》,第 xviii 页)于是就有了科学家想要在资产阶级知识可能性的极限下试图恢复形式上的均衡的努力。这里甚至不存在完全和确定的信念:他有意识地遮掩

---

① "然而如果我们的中央控制机构能够成功地把总产量推进到相当于在现实中可能达到的充分就业水平,那么,从这一点开始,古典学派的理论仍然是正确的。"(凯恩斯,《就业、利息和货币通论》,第 378 页)(中译文见《就业、利息和货币通论》,高鸿业译,北京:商务印书馆,1999 年,第 392 页。——译注)

② 在凯恩斯看来,所谓的"灾难的政党"包括雅各宾派、共产主义者和布尔什维克,这些群体认为经济崩溃恰好提供了夺权的机会。也有中译翻译为"破坏派",如在《我是不是一个自由党人》中,凯恩斯将工党的极左翼称为"破坏派"。——译注

了某种大体上是——且必然是——非理性的责任,这是对一切理性内容的意义含混的替代。①

因此,出于对工人阶级自主性爆发所产生的崭新情况的直觉性理解,在对 19 世纪自由放任意识形态进行首次批判后,凯恩斯的目标显然是要重构一种新的均衡模型。然而,直到 1936 年《就业、利息和货币通论》出版,这一目标才最终实现。在 20 世纪 20 年代,他的作品主要是批判性的:他批判了恢复金本位的做法②,并且指认了资本主义生产所进入的新的社会化阶段。③ 最为关键的是,他坚持认为需要国家介入来调和阶级矛盾并确保经济均衡(E. A. G. 罗宾逊,《凯恩斯:1883—1946》)。从根本上来说,这些作品更具有批判性,而非制度性。关于这一崭新阶级关系的术语还没有以成制度的方式整合进凯恩斯的分析中;它们

---

① 在《牛顿其人》("Newton the Man")一文中,凯恩斯设法通过指认出一个秘密、一个神奇时刻,并且通过将其与剑桥物理学家/数学家思考中高歌猛进的启蒙方面加以比较的方法,转向科学知识模型(a model of scientific knowledge),在这个模型中,两个方面共存,但前者有更大的真实性。事实上,支撑创造性天才的往往是非理性的兴趣。这就是牛顿的兴趣所在,他依然将宇宙视为一个谜。牛顿这个形象如何界定了凯恩斯自己科学发展的兴趣,是一个非常有趣的话题。

② 对凯恩斯长篇论辩的记述,见哈罗德,《凯恩斯的一生》,第 338 页及其后。

③ 凯恩斯得出这些结论时所处的政治和文化背景,见斯威齐(Paul Sweezy)的论文《凯恩斯》("John Maynard Keynes")。斯威齐在《作为历史的当下》(The Present as History,第 189-196 页)中对该问题进行了更为全面的分析。

尚未成为关于有效需求、不断增大的风险以及与利率相关的新理论等观念的基本组成部分(constitutive part):它们尚未构成一个理论体系。

如果我们考察这一准备时期凯恩斯作品的一个最为重要的因素,即他的国家干预主义观点,很明显,这只不过是他批判自由放任的一个必然结论。这一批判意味着认识到了工人阶级的规模化以及随之引起的实现均衡的困难。但是仍然缺少对工人阶级运动的爆发在整个资本主义发展过程中的崭新的质的作用的界定。凯恩斯所提议的国家干预还只是停留在对政治术语加以理论化的层面:这来自确保进步资产阶级与社会主义者之间联盟的发展拥有更为广泛的基础这一需要。他的论述尚未建立在对阶级关系的新互动关系以及工人阶级在这种新互动关系之中作用的清晰的科学理解的基础上。①

在作这一界分时,还需要强调另外一个理论因素。仅仅注意到资本主义生产的社会化和规模化这一事实,并据此提出加强国家干预的论点,这既无独创性也不够充分。这只是抓住了因为危机而出现的新的国家形式的部分特征,而且从历史上看,相当于组织起来以对抗工人阶级的国家最初具体的实例化(concrete instantiations)。波拿巴主义的政权形式、意大利落后的法西斯主义政权或者1870年斗争期间出现的普鲁士国家社会主义的某些变体都是这类国家的具体实例。1929年出现的新的国家形式所具

---

① 在1926年所撰写的《自由主义与工党》("Liberalism and Labour")和《自由放任的终结》("The End of Laissez-Faire")这两篇文章中,这一观点得到了特别强调,尤其提到了总罢工后所出现的政治必然性(political necessities)。

有的独特性主要是在国家干预主义框架下阶级动力发挥作用的类型,这里国家干预是基本前提。只有1929年的大危机才使得资产阶级的理论发展到了对国家作出新的定义的程度。为了让这些成为可能,1917年的革命必须历史性地战胜上述这类资产阶级政权试图对其加以限制的孤立主义策略。

凯恩斯从政治到科学的转变:
1929年和资本之内的工人阶级

显然可以认为1917年事件与1929年毫无关系。然而,这种"显然"背后,存在某种我们能够将其指认出来的历史关系结构,即便这一历史关系结构无法完全解释1929年的危机,也能赋予其一个更宽广的总体含义。尽管从一方面来说,1929年的危机是美国经济制度本质的直接产物,但同时它也是20世纪初以来资本主义制度内在矛盾积累的产物,20世纪20年代生产的规模化必然使得每个资本主义国家内部工人阶级在政治和工会层面发挥影响,这一事实使矛盾显得尤为突出。危机很快在国际层面产生影响的进一步原因在于战争、和平、革命与未遂的反革命引发了贸易关系的不稳定。① 甚至资产阶级也接受了下述因果链以理解危机——至少在政治层面上,1917年因其所代表的隐隐出现的某种可能的替代性选择而被视为这一因果链中的

---

① 对于这一点以及20世纪30年代的经济分析的其他方面,我借鉴了海因茨·阿恩特(Heinz Wolfgang Arndt)在《20世纪30年代的经济教训》(*The Economic Lessons of the Nineteen-Thirties*)中的分析。

根源之一。①

作为一种外部性解释,这种说法在一定程度上是正确的。凯恩斯所起的作用是让这个解释在危机分析框架下起作用——让其变得科学化。在危机的艰苦考验下,这一不断发展的问题最终找到了可能的解决方案:

> 一方面凯恩斯为解决大萧条做了大量工作,同时毫无疑问大萧条也对凯恩斯产生了巨大影响。大萧条为凯恩斯提供了挑战、刺激以及实验上的验证。在大萧条开始之际,如果有人向他解释《通论》,他会欣然接受。从之前的历史来看,我们无法得出更多结论。但是在危机结束之前,凯恩斯已经确立了自己的思想体系,他也将因此为后世所铭记。(萨缪尔森,《论〈通论〉》,第 329 页)

事实上,危机昭示了他的分析所指认的这些个别因素的辩证性运动。在他看来,哪些因素导致了 1929 年危机呢?那就是会对净投资产生直接影响的过剩供给的逐步增长,它会降低投资,从而降低计划的资本边际效率的价值。换言之,只有当我们理解

---

① 所有这些对处于经济危机中心地带的美国社会的重要性,阿瑟·施莱辛格(Arthur M. Schlesinger, Jr.)在《旧秩序的危机 1919—1933》(*The Crisis of the Old Order 1919—1933*)中,以及艾瑙迪(Mario Einaudi)在《罗斯福的革命》(*La rivoluzione di Roosevelt*, 第 51,90 页)中都给予了强调。费列尼(Peter G. Filene)也引用了关键数据,见《美国人与苏维埃实验 1917—1933》(*Americans and the Soviet Experiment 1917—1933*)。

了20世纪20年代供给基础扩大(这时正处于通过技术革新和劳动生产率的极大发展以及耐用品生产的相应增加以恢复工业的过程中)并没有伴随相应的供求关系的变化时,我们才能理解1929年危机的独特性。当时的政治统治阶级自命不凡地坚持"审慎财政"理念,这一理念不过是彻头彻尾的保守主义的粗劣掩饰罢了。他们不认同供给的扩大化需要与相等的需求的扩大化相一致——事实上他们养成了寻求和捍卫确保供给独立性的政治保证的习惯。与资本的日益社会化相并存的是资本一方对政治自主性的错误的诉求。现在,凯恩斯总结道,我们正在为我们的缺乏理解付出代价。①

这就是《通论》的起源,这本书也是凯恩斯的政治宣言。这是保守主义政治思维的宣言,在这个宣言中,当下的萧条和对不可知的未来的焦虑吊诡性地融合在一起,迫使对整个资产阶级经济学进行一场系统性的革命。据说,"资本主义制度始终面临着陷入停滞状态的危险图景……在《通论》中弥漫着且占据着支配性地位"(斯威齐,《第一个25年》["The First Quarter Century"],第

---

① 参见凯恩斯,《就业、利息和货币通论》,尤其是第99–104,218–220,以及322–325页。请注意,早在1930年5月10日,凯恩斯就在为《国民》(Nation)报刊(该报刊全名为《国民与雅典娜神殿》[*The Nation and Athenaeum*],创立于1921年,1923年为凯恩斯所领衔的团体收购,之后凯恩斯为该报刊撰写了大量文章。——译注)所撰写的一篇文章中对问题的严重性提出过警告:"一个公众尚未认识到的事实是我们正处于极其严重的国际性衰退的深渊,这个衰退将成为有史以来最为严重的事件。这不只需要银行利率等消极活动帮助我们走出萧条,还需要积极且坚决的政策。"(转引自哈罗德,《凯恩斯的一生》,第398页)。

307页)。如果我们将这一迫在眉睫的危机理解为凯恩斯所注意到并力图对其加以彻底改变的政治事实,那么,情况的确如此。在《通论》中他所提到的停滞理论是为了反对其他人的观点而提出的,这意味着,如果资本主义制度还想自救的话,那么资本主义在昨天早已不可避免的命运在今天已经完全无法令人接受了。提到"需求"是为了提到工人阶级,是为了提到找到自己政治身份的群众运动,也是为了提到起义和颠覆资本主义制度的可能性。凯恩斯是一个头脑清醒且智识过人的保守主义者,他准备好了面对他知道即将到来的战斗。正是因为绝望所滋生的紧张感,政治意志获得了给它自己提出一个完整且系统的意识形态命题的力量。这是凯恩斯主义意识形态出现的必要条件。

正是从《通论》的开篇部分,我们看到了与未来的关系如何成为凯恩斯分析资本内在运动的核心组成部分。预期的观念联结了现在与未来:预期对就业水平有着直接影响,同时对资本的边际效率水平也有着直接影响(见《通论》[*The General Theory*],第 46 - 51, 135 - 146 页)。到这里为止,凯恩斯都是同意古典经济学家的观点的。然而,现在的情况已经有所不同:这类必须建立在企业家有信心生产价值这一基础上的预期已经被完全不可控的风险打破了平衡——并且发生在这一时刻的资本有机构成的提高难以与普遍的不确定性相并存。危机摧毁了对于未来的信心和确定性,摧毁了结果和后果必须要与预期相符这一资本的根本性惯例。因此,凯恩斯的当务之急就是消除对于未来的恐惧。未来必须像当下一样固定不变。惯例必须得到保证(见第 147 - 164 页)。

这里我们可以得出关于干预主义(interventionism)的第一个

精确定义。这不再是政治便利性的问题,而是技术必然性的问题;这不再仅仅是反映经济发展的社会化的问题,而是要为发展的形式和节奏确立实质参照点的问题。① 投资风险必须被排除,或者将其降至惯例水平,并且国家必须为确保经济的这一基本惯例而发挥作用。国家必须要保护当下以避免未来的风险。如果唯一的途径就是在当下规划未来,根据当下的预期计划未来,那么国家必须扩展它的干预范围以承担计划者的角色,从而经济也就被纳入到了法律中。② 在这一干预中,国家会根据一系列的标准行动;它会决定这些标准是什么。它不能确保未来事件的确定性,但是它可以保证惯例的确定性。它试图寻求映射到未来的当下的确定性。这是第一步,是为了将资本的生产性和政治性统治阶级统合在一起所采取的第一种形式——这种形式依然是间接的,但却是极端必要的。事实上,资本主义制度的生命不再取决于企业家精神,而是取决于摆脱对未来的恐惧。就定义而言,国家的法律基础就建基或毁灭于此。

防御未来,这是在面对未来时稳定资本主义力量的迫切要

---

① 在这一关系中,雷德威(W. B. Reddaway)对凯恩斯在分析中将国家引入的方法进行了精彩的分析——之所以精彩,特别是因为他强调了国家行动的内在的和"结构的"性质(见雷德威,《凯恩斯的分析和被管理的经济》["Keynesian Analysis and a Managed Economy"])。我们将会看到,这正是凯恩斯主义的经济分析对定义国家的崭新模式变得格外重要的地方。

② 比尔多(Georges Burdeau)在《作为神话的计划》("Le plan comme mythe")中,提供了或许是关于在经济计划的视角下,对未来如何被吸收或者被纳入当下的最好分析。他同时也澄清了这些对宪法规定的权利的概念所具有的重要意义。

求：这就是凯恩斯的参照系，其阶级本质是不证自明的。这是对前已提及的萨伊定律批判所表述的内容的另一种说法。然而，此时的形势——也就是科学必须研究和理解的与各种新变量的关系——因为危机变得格外紧迫。凯恩斯迫切诘问的"未来"到底是什么？我们再说一次，折磨着他和同伙的，是灾难，即"灾难的政党"——在他看来这种政党就是由工人阶级活生生的形式所代表的。这让我们对凯恩斯如下这句话产生了新的理解，人们在转述这句话时通常将其视为浅薄的俏皮话："长期来看，我们都会死。"现在感觉更像是他对其所属阶级命运的不祥预感。然而，我们将看到凯恩斯的一个饱受批评的决断，这一决断使他将他的整个分析重新置于静态体系中，以便再度排除一系列灾难的可能性，并通过延宕现在以取消未来。

这里，凯恩斯的资本主义重建规划也必须考虑工人阶级的斗争。他的分析因为直面这一事实而变得更为深入。第二个被纳入对干预主义定义中的元素是：国家被视为生产性资本独一无二的集体性代表。① 这一独特的政治上的必要性让凯恩斯得出了上述结论。其实早在关于预期的分析中，凯恩斯已经指认出了一些有可能导致制度崩溃的结构性因素（同时还有像投机这样的病理性因素），如竞争模式，预期的预测误差等。仅仅只是通过法治消除病理性因素是不够的；病理性因素和结构性因素都需要从实际上加以消除。不管怎样，不能让它们损害资本主义制度未来的安

---

① 雷德威正确地注意到，投资如何在国家内化进经济生活的过程中必然发生。极端的情况是，国家的功能直接就是生产性的，参阅他的文章《凯恩斯的分析和被管理的经济》。

全。"以我自己而论,我对仅仅用货币政策来控制利息率的成功程度,现在有些怀疑。我希望看到的是……国家机关承担起更大的责任来直接进行投资。"①(《通论》,第164页)需要更加巩固、扎实、全面地保证未来。国家干预的法律形式和其他的间接形式都还远远不够。国家仅仅确保联系当下与未来的基本经济惯例也完全不够。还需要更进一步。国家本身必须成为一种经济结构,并且凭借成为一种经济结构而变成生产性主体。国家必须成为为所有经济活动负责的中心。这是前进了一大步!正如马克思所说,"随着产业资本支配社会的生产,技术和劳动过程的社会组织就会发生变革,从而社会的经济历史类型也会发生变革"②(《资本论》第2卷,第57页)。更何况国家了!在确保联系当下与未来的惯例时,国家仍然是为资本家服务的一种结构。不过,当它自己直接作为生产性资本的时候,国家同时要努力克服市场经济以及国家与单个资本家之间的间接关系所带来的结构性摩擦。因此,它成了一种全新的国家形式:社会资本的国家。③

让我们暂且跳过关于干预主义的这一新概念(或者说这一新的国家类型)的更为明显的例子。我们后面会再回到这个问题。

---

① 中译文见凯恩斯,《就业、利息和货币通论》,前引,第167页。——译注

② 中译文见马克思,《资本论》第2卷,北京:人民出版社,2004年,第66页。——译注

③ 当然,尽管凯恩斯及其学派对这一情形展开了各种各样的分析,关于这一情形的最好的描述依然是马克思对"社会资本"形成过程的叙述。见《资本论》第2卷,第103页及其后。

现在,让我们来考察能够解释且详述凯恩斯思想中这一进步的一个独特且十分重大的理论要素:关于储蓄与投资相等的假定。我们知道,《货币论》(A Treatise on Money, 1930)并没有提出这一假定;在《货币论》中,储蓄与投资的关系被视为维持价格水平稳定的经济政策的目的。然而在《货币论》(1930)和《通论》(1936)这两本书出版的间隙,凯恩斯改变了主意,并提出资本主义制度内储蓄与投资之间可衡量的相等关系的概念(见《通论》第52,74－85页)。凯恩斯出现这一转变的原因从这一时期发生的事情上可以很容易得到解释:1930年到1936年间正是危机最为严重的时期。在这个时间段,政治上的急迫性日益加深,迫使凯恩斯采取更为激进的立场。简言之,新的经济模式必须彻底消除未用于消费和投资的收入、消除一切资本过剩也就是一切流通失灵。请注意,这一模式不再是对行为形式的描述——它是规定,即它是规范性,也就是它确定了必要的前提条件。它具有规范性的原因在于,仅当这些前提条件由国家的人身(the person of the State)保障,并在国家人身的范围内得到保障时,才有希望对抗(或者说是防止和控制)经济周期的萧条时刻,以及更为一般地说,使得整个经济秩序具有政治行动的灵活性。否则,这就是不可能的。因此,记账单位以预算工具的形式出现,并且成为国家活动的基本因素;被赋予这些手段之后,国家充当社会生产的总负责中心的角色就得到了确认。①

显然,将国家定义为社会生产性资本的总负责中心所引发

---

① 关于资本作为"社会负责"的核心,见马克思在《资本论》第2卷第1-4章中关于"资本循环的三个公式"部分。

的问题远多于其所解决的问题。首先,鉴于凯恩斯并没有将国家社会主义视为其前提的必然结果,那么他不可避免地要面对资本在经济上的统治阶层和国家/政治上的统治阶层之间的关系问题,要面对两者之间的沟通与接合的问题,以及那些确保和发展这种关系的制度的问题。这里,凯恩斯在他对投机者和私人资本家的指摘与他对私人资本宣示效忠之间寻求平衡——然而问题依然没有得到解决。其次,凯恩斯提出这个等式的目的在于表明,从银行主导投资的阶段转向生产性领域自身直接决定投资的新阶段;或者更为一般地说,他"倾向于将货币理论变成一个总产量的理论"①(《通论》,第 vi 页)。但所有这些都只是暗示性的。② 我们可以继续指认凯恩斯所提出但尚未解决的一系列问题。不过,凯恩斯给出的储蓄投资等式尽管是不确定的,并且是以晦涩的方式表达的,但它的确给国家提供了一个发挥作用的崭新环境。国家不再仅仅是提供经济支持和刺激以及稳定和创新的来源。它已经成为经济活动的原动力。这里,对自由放任的批判已被推至极限:社会本身是在工厂的模具之中被铸造的——个体资本主义的最后残余面临着越来越大的压力。

到目前为止,与未来的关系——迄今为止它代表的是与工人阶级的斗争关系——是以内化于资本结构的术语严格界定的;到目前为止,凯恩斯已经开始解释资本主义性质的国家改革的必要

---

① 中译文见凯恩斯,《就业、利息和货币通论》,前引,第 2 页。——译注
② 斯威齐在《凯恩斯》和《第一个 25 年》中对此作出了恰如其分的强调。

性,其目的在于减轻(并且如果可能的话消除)对未来的恐惧;到目前为止,工人阶级斗争已经迫使资本**进行**改良运动(a movement of reformism *of* capital)。但是,工人阶级斗争如何在资本**内部**安置自身呢?我们如何找到承载着矛盾的工人阶级的存在呢——这一存在是在更高水平的结构调整中再度表达自身?自从 20 世纪 20 年代初期开始,干预主义的演化被强加于资本主义国家以作为对这一时期政治和工会运动的回应;现在经过 1929 年的危机和工人阶级的重构,干预主义已经变得具有决定性了。这种与工人阶级——这个阶级被置于资本**内部**——之间关系的本质和特质是什么呢?

因为凯恩斯,资产阶级的科学取得了巨大的飞跃。它将工人阶级视为资本内部的一个自主性要素。由于有效需求理论,凯恩斯将处于斗争中的阶级之间力量平衡的政治观念引入了政治经济学之中。① 显然,凯恩斯论点的意识形态的(同时也是必要的)目标是稳定资本主义制度。对凯恩斯而言,问题在于如何在如下语境中建立有效需求的平衡,在这种语境中,构成有效需求的各种力量平衡被视为恒定不变的。然而,这一政治目标——它需要将工人阶级自主性永远限制在一个既定权力结构中——恰恰是凯恩斯主义的吊诡之处。它被迫承认工人阶级是发展的动力,于是凯恩斯对均衡概念所作的静态定义实际上永远不可能在静态条件下实现。任何定义静态均衡等式的尝试终将成为必然是在发展情形下寻求均衡的艰难探索。事实上,正如凯恩斯似乎意识

---

① 有效需求的概念是在《通论》中得到定义和发展的,见第 23 - 32, 55, 89, 97 - 98, 245 - 254, 280 - 291 页。

到的那样，资本主义制度发挥作用，不是因为工人阶级始终处于资本内部，而是因为它也有能力走到资本之外，因为工人阶级实际上会如此行动的长期威胁始终存在。理论上的困难和政治目标必须扼制并吸收这一威胁、这一拒绝，并且在更新的水平上吸纳它。资本必须确保增长的动力得到控制，如此一来力量的平衡可以维持不变。这一问题，换句话说，永远无法得到解决，只能被延宕。仔细观察的话，我们可以发现，在这一点上，资本的动力源自不断的斗争，在这一斗争中，工人阶级的抗争被接纳，同时新的武器被制造出来以防御工人阶级在资本之外的行动，并让工人阶级的行动局限在一个其轮廓被不断重新绘就的框架之中。

这在多大程度上是可能的呢？有效需求的概念包含着几十年以来工人阶级对资本所造成的影响，而这种影响远没有减弱的迹象。尽管在凯恩斯那里已经有了下述意识，即政治形势发生了巨变，从而需要将危机和斗争转变为发展的驱动力。但这能延续多久呢？"长期来看，我们都会死。"

让我们更为详细地考察下这一形势。造成危机的原因在于，在这一政治形势下，供给过剩是一目了然的，而需求，即消费倾向，却面临压力。这会在整个经济活动中导致严重的不平衡，而这种不平衡对净投资产生了有害的效果。这一诊断本身已经开出了药方——增加需求量，提高消费倾向。然而由于影响消费倾向的变化从根本来说就是以工资单位衡量的收入的变化（《通论》，第 91–92，110 页），这意味着，与可实现有效需求状态相对应的均衡将达于这一数值，在这一数值上，工人阶级的就业水平决定了产出的总供给价格和企业家的预期收益。不得不说，如果我们这样阅读凯恩斯，即展示凯恩斯试图解释和确定的资本主义制度内部各组成部分之间近乎循环的相互依存关系，那么要想确定他思想中的政治品格就并非易事。① 然而，更进一步地考察表明，凯恩斯关于资本主义制度相互依赖关系的思考，建立在下述单一假定上：工资下降刚性。② 构成凯恩斯思考的基础的"最终自变量"是"雇主与雇员之间的谈判所决定的工资单位"（《通论》，第375－376页）。正是在这里，围绕着这一主题，凯恩斯的理论露出了它的真面目；它认识并且利用了工人阶级在其完全自主性上表现出来的权力。这个阶级既无法被镇压，也无法被消灭。唯一的选择就是理解这一阶级的行动并对其革命加以调控。

在这一点上，凯恩斯的干预——因为有效需求的原则而具有辩证性——完全是政治性的，因为它试图有意识地控制工人阶级运动，这些运动必须作为既定的事实，作为过程的必要的且有效的因素被接受。凯恩斯思考中的全部的概念内容被涂上了力量

---

① 不过，关于资本主义体系的相互依赖关系在凯恩斯的"正统"阐释者那里得到了更加明确的证明。相关论述见哈罗德，《凯恩斯先生与传统理论》（"Mr. Keynes and Traditional Theory"）。

② "凯恩斯在分析上的贡献主要是指出了'工资刚性'这一假设的可能影响。现在基本上普遍认为真正意义上的凯恩斯的理论体系……依赖于工资刚性假设。如果没有这一假设，凯恩斯的体系就会崩溃，或者说，会失去其独特性，正是这一特点将它与被不够精确地称作'古典'的体系区分开来。"（戈特弗里德·哈伯勒[Gottfried Haberler]，《16年之后》["Sixteen Years Later"]，第291页）

平衡观念的色彩。① 因此,经济政策的任务就是强行在收入和消费倾向上进行不断革命,这才能确保总生产和投资,进而带来政治均衡的唯一可能的形式——这一形式仅在下述条件下是有效的,即其准备接受力量平衡的所有风险和不确定性,这种风险和不确定性将永远存在。因此,我们可以这样来总结有效需求理论的精神:它是以阶级斗争为假定前提,并试图在日常生活中,以有利于资本主义发展的方式去解决这一斗争。

资本主义的重构与社会国家

如果我们现在进一步考察当前的问题,即1929年的经验如何导致国家结构的变迁,我们就能发现凯恩斯的贡献是何等激进。资本主义国家的转型,不仅表现在其干预能力遍及整个社会,而且也体现在它的结构不得不反映工人阶级的影响。在1929年之后,国家表现为一种一般的组织结构,其特征与其说是干预主义,不如说是体现了特定类型的阶级动力。因此,理解我们目前的国家形式的特殊性的唯一方式,就是强调工人阶级对资本主义结构所产生的巨大影响。

---

① 下述定义作为一个例子就足以说明这一点:"总需求函数把设想的各种就业量和各种就业量下的产量所期望能得到的卖价联系在一起,而有效需求则为总需求函数上的一点;在该点,需求是有效的,因为,把总供给的情况考虑在内,该点相当于能使企业家预期利润最大化的就业量。"(凯恩斯,《通论》,第55页)(中译文见《就业、利息和货币通论》,前引,第62页。——译注)

既然国家—形式必须体现工人阶级在社会上的影响,现在恰恰是在社会层面上,国家构建了——在其自身结构中——对工人阶级运动进行控制的特殊形式。资本不得不从工厂专制主义和社会无政府状态这个早先的对立关系(并以法治国的形式,从对充满矛盾的关系进行组织的初步尝试),转向立足于计划的新的国家形式,对工厂专制主义进行**社会**组织,并将这一剥削的组织扩散至全社会。这一新的国家形式以特殊的方式在全社会范围内将组织和镇压相结合,直接再生产了工厂形象。

因此凯恩斯对国家的新概念做出了决定性的贡献。到目前为止,我们考察了他思想中好几条独立的线索,这些线索最终形成了一幅完整的图画。然而这不是说凯恩斯缺乏可以超越零散分析线索的总体视角。这一总体视角已然出现在他的利息率理论中。

在这个方面,凯恩斯的理论不同于新古典经济学,因为在后者看来,在资本主义的非社会化阶段,利息率是由生产领域之外的无政府因素决定的(而不是作为节欲的报酬以及资本品供求之间的一个自然平衡因素)。对凯恩斯来说,利息率取决于流动性偏好以及市场上的货币量。然而,如果这是正确的,资本主义社会就会成为无法容忍的风险的牺牲品。单个资本家和食利者被赋予了不应该委托给他们的职能。这只会导致灾难。我们为何要接受这个灾难呢?我们真的必须将这一无政府秩序不可避免的解体交由生产过程的客观力量吗?这不仅会毁灭食利者,而且会让整个资本主义制度轰然坍塌——清算的日子不远矣。凯恩斯总结说,如果我们想要采取行动来拯救资本主义制度,我们就必须促成"食利者的安乐死"(这不仅在政治上非常紧急,在道义上也非常正当)。这将使集体资本得以将利息率降低至与"实现充分就业时的资本边际效率相对应的那一点"(《通论》,第375 – 376 页)。凯恩斯开出的全部药方都可以用这一论断加以概括。他的目的是为货币流通这一关键领域提供一个确切的保障,如此一来不平衡就可以得到控制。①

乍看起来,这些似乎只是对凯恩斯论点的进一步提炼,目的是在资本成为社会资本的层面上,对货币理论和生产理论加以整合。但仔细考察会发现,让利息率从属于与充分就业相关的资本边际效率还有进一步的后果:这尤其体现在将凯恩斯的理论与古典劳动价值论相连接的吊诡效应。② 这一种矛盾效应再次达到了这种程度,价值规律的再现最终提供了凯恩斯的视角的要害和实质。所有与价值规律的充分运行和直接控制无关的要素都被清除了。最为特别的是,这一制度——即新的制度,新的国家——

---

① "货币的最重要的特点是能把现在和将来联系在一起的微妙的环节。"(凯恩斯,《通论》,第 293 页)(中译文见《就业、利息和货币通论》,前引,第 306 页。——译注)

② "以往各章的目的之一在于……把整个的价值论和价格论密切结合起来。我认为,把经济学的内容区分为作为价值论、分配论的一个部分和作为其价格论的另一个部分是错误的分法。"(凯恩斯,《通论》,第 293 页)(中译文见《就业、利息和货币通论》,前引,第 304 – 305 页。——译注)"因此我同情前古典主义的观念,即任何事物都是由劳动所生产出来的。"(凯恩斯,《通论》,第 213 页)不过,斯威齐反对所有这类假设:"凯恩斯永远也无法超越新古典主义方法的局限,这种方法以从历史环境中进行抽象的方式认识经济生活,从而根本无法为社会行动提供科学的指导。"(《凯恩斯》,第 299 页)

因此在下述意义上被强化,该制度更充分地成为劳动价值规律得以实现的产物。在此我们的确能宣称下述等式开始成立——"社会国家等同于奠基于劳动之上的国家(State based on labor)"。这是凯恩斯资产阶级的乌托邦主义和他对资本辩护的最终且必然的结论。①

如果我们以批判的视角来考察这一理论趋势,就会发现这一理论趋势是如何被表达的。有人可能会说,凯恩斯想要在社会资本的语境下验证某些古典(或者如他所说,前古典的)经济学的直觉。事实上,在回到社会资本的货币视角与生产性视角的关系时,凯恩斯引入了两个趋势性法则:平均利润法则以及声称货币工资和实际工资倾向于收敛的法则。② 这里他接近于古典经济学家对价值规律的纯粹描述。我们几乎可以说,就在资本发展成为

---

① 在这种关系中,《通论》的结论是具有典范意义的。这些结论可以说是对资本主义体系毫无保留的颂歌:"我看不出任何理由来认为,现有的经济制度对已经被使用的生产要素具有严重的使用不当之处。"(第379页)(中译文见《就业、利息和货币通论》,前引,第392页。——译注)得到净化的资本主义与个人主义、食利者的安乐死、自由与效率、联合与保存、劳动与自由的强化,这些都是一再出现的口号。很容易将这些口号组成一个具备最大化意识形态内容的完整意象——这足以让那些号称自己的方法价值中立的正统的凯恩斯主义经济学家感到不适。

② 钱珀瑙恩(D. G. Champernowne)的《失业,基础的与货币的》("Unemployment, Basic and Monetary")和《预期以及未来和当下在经济上的关联》("Expectations and the Links between the Economic Future and the Present")两篇文章是准确阐释凯恩斯分析的重要文献,尤其是他对实际工资和货币工资的关系问题的分析。

社会资本的时候,它具有了马克思主义色彩。很明显,这是一个视觉上的幻象,但同时也存在着历史上的相似性。尽管个别企业的理论事实上忽视了价值规律的问题,但现在考察资本的集体身份(capital's collective identity)的必要性使这个问题得以再度表述。但它不是以马克思的术语再现的,而是以马克思主义的改良主义版本和社会民主主义版本再现的。它不仅作为描述过程的手段(即它如何以隐蔽和趋势性的法则运动)再现,而且主要是作为政治规范和经济战略的一个核心目标而再现。

这就是凯恩斯对价值规律的重新征用为何会在他的思想中引入像社会利益、共同利益(the common good)这样的神秘化概念的原因。凯恩斯将货币理论还原为生产理论,并且分析了这种还原在政治上的必要性以及这种还原得以实现的受控形式(the controlled forms),其目的在于呈现出一个可以"不通过革命"而实现的最终境况:在这种境况中,利润和利息率被缩减到零,并且货币关系(这是资产阶级权力内部的自主性领域)会消失,因为货币会还原为单纯的记账单位,还原为一种在生产出来的商品之间的一般等价符号,于是偏好货币的所有理由都会消失。① 社会利益

---

① 在对先知/上师西尔沃·格塞尔(Silvio Gesell, 1862—1930,德国商人,1919 年在巴伐利亚社会主义共和国中任财政部部长,蒲鲁东的追随者。凯恩斯曾断言:"未来向格塞尔学习的将比向马克思学习的更多。"——译注)的令人好奇的认同中(见《通论》,第 353-358 页),凯恩斯走得如此之远,不仅表示支持格塞尔消灭货币利息率的提议,而且还认真考虑了其用印花券来取代货币的提议(或者,这是他的信仰疗法)。若将这种臆想置于一边,凯恩斯对资本边际效率缩减到零这一理论的表述,可以在《通论》第 220-221 页找到最具科学性和意识形态性的形式。

在消除了中介性(intermediary)和隶属性(subsidiary)要素之后,将和价值规律支配整个发展。资本变成了共产主义性质的:这正是马克思所说的资本的共产主义(见《资本论》第3卷,第436页及其后)。

然而,这对凯恩斯来说是一个非常奇怪的展开路线——在这一论述思路中,他忘记了支撑他分析的前提。寄希望于价值规律的完全实现,实际上就是寄希望于攫取剩余价值的资本主义规律的完全实现。利润和利息率一致且最后缩减为零,事实上与资本主义社会生产过程中表现出来的平均剩余价值率并无不同(《资本论》第3卷,第154页及其后,第358页及其后)。剥削并没有被消灭,被消灭的只是其无政府性和竞争性的方面。利润和利息率也并没有被消灭;只是不让它们超过平均值。马克思的反题依然是完好无损的——即便凯恩斯对这个事实毫无兴趣。① 更为有趣的是,凯恩斯的结论与其体系里的其他主要部分存在着明显的

---

① 《通论》只有几处提及了马克思(第32页,第355页及其后),并且只是泛泛而论,让人以为作者对马克思所知有限。(不管怎样,凯恩斯在《精英的聚会》中承认"对马克思主义并不精通"。)凯恩斯对十月革命和苏维埃无产阶级国家的论断也非常浅薄(见《精英的聚会》第63－67页,以及《劝说集》第253－271,312－317页)。在我看来,在这些情况下,发言的是作为证券交易所投机者的凯恩斯,而非作为科学家的凯恩斯。从这个观点来看,如下的陈述就完全可以理解了:"我怎么能采纳(共产主义和马克思主义的)信条——宁要粗茶淡饭不要珍馐佳肴,颂扬粗野的无产阶级却贬低资产阶级的知识分子,后者无论有什么样的错误,依然代表着生命的品质,并且当仁不让地承载着人类进步的重任?"(《劝说集》,第258页)。

矛盾——尤其是关于有效需求的理论。他主张社会利益不会为两个相互对立阶级之间的阶级矛盾、斗争和力量关系所触动,就否定了这一理论。不仅之前描述的社会现实现在被神秘化了,而且他的科学中也存在一个矛盾,因为他在构造发展规律时恰好依赖的现实,其存在现在又被他否认。另外,凯恩斯(这对他来说是极不寻常的,但或许是因为受到了剑桥道德哲学学派的影响)①在这里踏进了乌托邦的领地。

这种关于资本的观念的确是空想性的——一种如此全然社会性的资本,与其说是拒绝通过货币机制②来表现自己,不如说是拒绝将自己呈现为剥削的社会力量,进而使自己具有自主性、并将自己表现为某种独立的本质和统领性力量。这是一个短期的乌托邦,当资本主义利用因为斗争和危机而产生的实质性飞跃,去消灭在通过市场而实现利润的过程中所出现的明显的扭曲时,这种乌托邦空想就消失了。而一旦乌托邦消失,随之而来的就是那些在社会层面存在的支配与剥

---

① 对凯恩斯产生特别明确影响的似乎是自由主义和人道主义的激进主义传统,其在剑桥的代表人物是托马斯·格林(Thomas Green)。关于格林政治思想中的乌托邦内涵及其政治理论的一般取向,见约翰·雷德曼(John R. Redman)主编的《T. H. 格林的政治理论》(*The Political Theory of T. H. Green*);以及让·皮塞尔(Jean Pucelle),《T. H. 格林哲学的性质与精神》(*La nature et l'esprit dans la philosophie de T. H. Green*),特别是第 2 卷《政治、宗教:格林与传统》(*La politique, la religion. Green et la tradition*)。

② 这种资本的社会化——这种社会化在对货币的拒绝以及货币"被各种各样的流通信用形式所取代"的方案中表现出来——有其可能,马克思在《资本论》第 3 卷第 606 - 607 页已经给出了证明。

削关系的神秘化。① 这种神秘化的必然性就是在力量平衡中对资本主义进行重建,自 1917 年以来,这种平衡开始向有利于工人阶级的方向转变。

不过,这样的规划全然是在资本历史的框架内被决定的。它所反映的诸多必然性不仅是理论的,而且直接是政治的:之所以是理论的,是因为这些必然性在政治上非常紧迫并发挥作用。相同的必然性,也由那些类似的对于危机的反思所激发,并成为美国新政的基础,正如任何成熟资本主义内部重建的经验一样。当然,如果我们要研究新政是多么忠实于凯恩斯主义,我们很快就会幡然醒悟——事实上,沙赫特(Schacht)②的行为与剑桥学派的思考更加一致。凯恩斯自己也注意到了:"让资产阶级民主国家去组织大到可以验证我的论述的宏大实验的开支,这在政治上似乎没有可能,除非是在战争时期"(凯恩斯:《美国与凯恩斯计划》["The United States and Keynes Plan"],转引自霍夫斯塔德[R. Hofstadter],《改革时代》[*The Age of Reform*],第 307 页)。同样令

---

① "我们已经知道,资本积累的增长包含着资本积聚的增长。因此,资本的权力在增长,社会生产条件与实际生产者分离而在资本家身上人格化的独立化过程也在增长。资本越来越表现为社会权力,这种权力的执行者是资本家,它和单个人的劳动所创造的东西不再发生任何可能的关系;但是表现为异化的、独立化了的社会权力,这种权力作为物,作为资本家通过这种物取得的权力,与社会相对立。"(马克思,《资本论》第 3 卷,第 264 页)(中译文见马克思,《资本论》第 3 卷,北京:人民出版社,2004 年,293 – 294 页。——译注)

② 应为 Hjalmar Schacht,1877—1970,德国经济学家,右翼政治家,德国民主党的创始人之一。——译注

人失望的还有对凯恩斯与美国政界,特别是与罗斯福私人关系的分析。①

我们已经指认的构成凯恩斯体系的所有理论要素,在新政的实验中也起到了它们的作用——而且也产生了即便不相同也算类似的效果:从认识到工人阶级对资本主义结构的冲击,到旨在通过新的、公共资助的投资来刺激有效需求的政治和经济手段;从强调对社会进行彻底的资本主义重建的紧迫性,到随之而来的特殊的国家类型。② 事实上我们可以说,就与变迁的国家—形式的关系而言,只有新政的经验明确了我们所看到的凯恩斯主义的根本特征:认识到起作用的经济力量之间关系的变化,以及在这种新的境况下重构与之匹配的资本领导权。新政通过在根本上改变"游戏规则",通过将资本统治精英的重构热情与那些如今已被更新的、长期存在的宪法"正当程序"实践进行令人惊异的综合,而明确了这一点。在这里,我们最终看到了一个为了自我持存而大胆地采用和恢复"不断革命"概念的资本主义国家。它毫无保留地行动,维护自己作为资本主义国家的阶级本质,避开民粹主义或者传统的进步主义意识形态的污点。这里所推行的是资本主义改良主义(capitalism reformism),这种改良主义与社会民主主义对资本主义制度不平衡的悲鸣相去甚远,且对其能够通过

---

① 见哈罗德,《凯恩斯的一生》,第445-450页;以及艾瑙迪,《罗斯福的革命》,第83页。

② 施莱辛格、霍夫斯塔德和艾瑙迪(在我们前面所引的著作中)注意到,新政并没有特别忠实于凯恩斯主义,但同时他们也观察到,双方的政治构架中存在着客观的重叠。这似乎是应该强调的重点。

再生产自身来解决问题极端自信。①

凯恩斯为何没能看到这个激进的历史性实验与他自己的理论和政治思想本质是何其接近呢？他为何没能看到他自己乌托邦的可能性，以及必然与之伴随的神秘化呢？到头来他在这两方面都失算了。这种神秘化本身被一个最终方面揭示了，这便是成熟的资本主义国家的特征：越来越多地使用暴力。暴力可以是直接性的，也可以是非直接性的，但它总是内在于现代国家所从事的全面推进和调节的各项活动的发展过程中。这一根本性的真相在凯恩斯那里只是附带地出现，它不仅存在于伴随着凯恩斯的科学活动的绝望的历史哲学中②，而且也存在于他自己的思想体系内。他勾勒出了濒于空想的资本主义重建的轮廓，也正是在这里，我们发现凯恩斯自己又回过头来，将资本主义的重建这一基本问题视为处于阶级关系之内的资本一方的弱点，这一阶级关系界定了资本（因而他并没有忘记作为他论述起点的现实，也没有

---

① 霍夫斯塔德将这种新的工会会员构成视为美国改良主义新阶段的重要特征，但这种构成完全无损于新政中资本主义实验的激进性——反倒强化了其独特形式（见《改革时代》，第305－308页）。霍夫斯塔德在这场实验中所认识到的"社会民主色彩"（social-democratic tinge）与工人阶级视角毫无关系。

② 除了之前引用的其不太重要的作品中的段落，我们应该注意，《通论》本身的写作也有其历史哲学的考虑，而这种历史哲学似乎源于彻头彻尾的非理性主义和悲观主义视角，尤其是在结论部分。在凯恩斯那里，特别且吊诡的是，他对边际主义经济学特有的"理性"（rationality）的攻击是对理性一般（rationality in general）的拒斥。正如罗伯逊注意到的，早在20世纪20年代凯恩斯就已经准备好了接受当时各种"主义"的非理性后果。

将他的信念仅仅建立在他为资本主义重建所提出的模型的基础上)。对此的阐述出现在《通论》的一个关键之处——重新发现利息率趋向下降的规律。

此处并不需要评价凯恩斯的这一命题是否具有科学有效性。只这样说便足够了:这一现有的阐述方式显得比经典马克思主义的阐述更有说服力,因为它并非基于对资本生产过剩的预测,而是基于对"追加资本贴现收益的下降以及新的资本品的供给价格的提高"的预测。① 在使用这个阐述的时候,凯恩斯得出了比他的乌托邦纲领更加实际的结论,这些结论产生于作为他的出发点的基本形势。他利用有效需求理论所提供的纲领,不再只是作为旨在实现稳定性的政策指标,而是作为预测的工具。这种预测源于对有效需求政策的应用,依照这一预测,需求会超过供给,且之前时期的通货紧缩趋势会让位于持续的通货膨胀的危险。概言之,这一预测的基础在于出现了如下确定而不可逆的全部效应:工人阶级的巨大压力,是客观上在新的资本设备基础上进行生产——这一生产是在被改变的阶级关系内进行的。事实上,这便是在1929年事件所导致的资本主义改良之后,在生产活动的这一直接领域中阶级关系的发展所发生的一切。我们已经看到,甚至在新政时期,也就是在1937年衰退期间,这些都已经发生了。②

---

① 关于整个问题,见伊曼纽尔(Arghiri Emmanuel),《利润率和马克思—凯恩斯之间的不兼容性》("Le taux de profit et les incompatibilités Marx-Keynes")。

② 关于1937年美国危机的阐释主要出自阿恩特,《20世纪30年代的经济教训》,第68-70页。

然而，在所有这些想要驱除恐惧的科学努力的尽头，对未来的恐惧仍然存在，这是对灾难以及"灾难的政党"的恐惧。对凯恩斯来说，恐惧源自如下两方面的结合：一方面是重构资本的必要性，另一方面是承认，力量平衡得以巩固的趋势有利于工人阶级。在阶级关系处于动态的情况下，想要创造新均衡的任何尝试都注定是不可靠的，将运动稳定在某一固定点变得不可能了。在这种情况下，唯一的选择就是将信念寄托在权力上，并将权力视为一种独立而特殊的现实。或许我们应该这样解读凯恩斯将一般利息拔高到绝对地位的做法？同样地，或许我们也应该这样解读他从其有效需求的理论纲领中所获得的解放？在凯恩斯思想里有双重运动，一方面，对于将国家结构认同为社会经济过程持开放态度，另一方面，倾向于承认国家的一般利益与社会运动的特殊性相独立并有所区别。或许我们能从这种思想的双重运动里看到一种矛盾，而这一矛盾是制度的新生命所必然具有的？肯定无疑的是，这种不安全感不会减弱。采用制度术语对这一不安全感的唯一充分的翻译，或许便是现代国家的极端暴力特征——国家，再度意味着恐惧，对镇压的需要以及暴力。或许这就是凯恩斯的乌托邦主义和神秘化得以消解的方式。与"灾难的政党"算账成为日常事件。资本的共产主义可以在其运动中吸纳所有的价值，并能最为充分地代表发展的一般社会目标，但它永远不可能剥夺工人阶级的独特性。这一独特性就是工人阶级对剥削的仇恨，且在任何既定的均衡水平都不能加以阻遏——因为工人阶级也是摧毁资本主义生产方式的一个方案。

第三章

宪法中的劳动

Labor in the Constitution

第三章 宪法中的劳动

这篇文章有着奇特的命运。奈格里于 1964 年完成这篇文章,但在接下来的 13 年内一直未能发表。作者试图要发表,但在 20 世纪 60 年代的意大利,没有图书出版商,甚至也没有期刊的编辑敢于将这篇从左派的、工人主义的和革命的视角出发对社会主义进行批判的作品公之于世。尽管如此,这篇文章依然以手稿的形式流传。这篇文章在欧洲公法传统内发展了马克思主义的观点,这种发展不是通过一般性的意识形态对抗,而是通过对法律文本和制度的精确阐释。本文指出了马克思主义的一个悖论:它批判了劳动所遭遇的规训和剥削,但同时承认,劳动不仅是社会价值增殖进程的基础,同时也是制度结构和宪法结构的具体渊源。在 20 世纪 60 年代,特别是在意大利和德国,认识并发展这个悖论的深度,起到了对资本具有"人道主义"的设想进行去神秘化作用,与法国和英国的结构主义马克思主义学派在同时期所能达到的效果相比,前者要更富成效,且可以说是另辟蹊径。这篇文章与柏林自由大学的约翰内斯·阿格诺利(Johannes Agnoli)教授的作品以及德勒兹和瓜塔里的《千高原》存在诸多共同之处,前者提出了民主的转型,而在后一部作品中,工人阶级的斗争被置于战争机器的领域,而这些机器挑战并摧毁了资本所驱动的制度性捕捉装置。

第一节　引入难题

　　一切革命都是使这个机器更加完备,而不是把它摧毁。

　　　　　　　　　马克思,《路易·波拿巴的雾月十八日》

　　来自工人的未来。——工人应该学着像战士那样。要酬金,要收入,但不要**工资**(Bezahlung)!

　　　　　　　　　尼采,《权力意志》,#763

　　本研究考察了宪法和一般权利理论的几个问题,这些问题与将当下国家重新定义为"社会国家""有计划的国家"(planned state)以及"劳动的国家"等操作紧密相关。本研究旨在说明法律体系的渊源、国家的结构以及相关的法律规范和权威等概念所发生的转变。我们要提出的根本性命题是,这些由政治变迁所导致的制度性的转变并没有改变资本主义国家的阶级本质,而只是让其更加完备,从而让其有能力去满足资本发展所产生的新的需求。贯穿本文分析推理背后的认识是,马克思对资本发展的预测已经在很大程度上得到证实:这个事实肯定了马克思的方法在理论上的相关性以及在本研究中所具有的有效性。

劳动的宪法意义
——从"社会主义"斗争到"社会"国家：或者，对社会主义的扬弃①

本章开头将简要分析一个具体案例，由此带领我们进入一般性问题，然后考察1948年意大利宪法的基本原则进入宪法并得到阐释的历史。宪法第一条宣布，"意大利是以劳动为基础的民主共和国"②。面对这样一个处于新秩序奠基处的庄严宣告，没人能够否认，一种强大的、具有颠覆性的影响已经渗透进最为稳固的要塞了——这是已然受到严重威胁的资产阶级经济和政治权力堡垒的要塞。然而，这个论断显得如此空泛，在实践中其实完全无害。这种影响不断遭受宪法修辞学家的压制，不可避免地为当时的维克多·雨果们所压制，而其颠覆性的潜能如果不是因为与宪法的其他要素产生关联，很快就会被孤立。事实上，它得到了宪法的第三、四条以及其他许多条款的补

---

① 原文每一个小标题的右下方都有一个解释性的子标题，且字体为斜体，中译文用副标题表示，不作字体区分。——译注

② 现行《意大利共和国宪法》于1947年12月22日由立宪会议通过，1948年1月1日颁布。宪法第一条全文为："意大利是一个建立在劳动基础上的民主共和国。主权属于人民，人民在宪法规定的范围和形式内行使主权。"——译注

充。① 这足以重新激起我们的关注和恐惧。在宪法起草时对其主导性的解释是:这种一般性的陈述,即便是在宪法的开头,也不具有规范性的价值。这只是承认劳动在现代社会中的重要性——更多是对事实的承认而非评价,更多是社会学的论断而非规划。如果有人想要去讨论相关规划,那他严格说来就不能超越宪法所具有的一般性的社会基调(tonality)。在这个时候,就没有可资利用的规范来赋予这些宪法的陈述以具体的效力——这是正在确立的法律(de jure condendo)的领域,争论的领域,尚无定论并且受到政治力量角逐的影响。②

今天,在这部宪法面世15年之后,宪法解释的"气候"已经有了根本转变。如果仍有人可以在宪法序言中侦查到误导性的"北风"(breeze from the North),那他就过于敏感了;如果仍有人对修辞学家重复已经毫无意义的宣言而感到气愤,那他就太易怒了。

---

① 第三条第二款:"共和国有责任消除在经济和社会秩序方面限制公民自由和平等,妨碍人格全面发展和全体劳动者有效参与国家政治、经济和社会组织活动的一切障碍。"第四条:"共和国承认所有公民均享有劳动的权利,并创造有助于实现该权利的条件。"意大利宪法的完整英文翻译,见阿尔伯特·布劳斯汀(Albert Blaustein)和吉斯波特·弗朗兹(Gisbert Flanz)主编的《世界各国宪法》(Constitutions of the Countries of the World)第八卷。

② 在支持这种阐释的作者中,参见朱塞佩·阿扎里蒂(Giuseppe Azzariti),《新宪法与旧法律》("La nuova costituzione e le leggi anteriori"),第82页及其后;卡洛·塞雷蒂(Carlo Cereti),《宪法学教程》(Corso di diritto costituzionale),第112页;埃米利奥·克罗萨(Emilio Crosa),《宪法学教程》(Corso di diritto costituzionale),第82页;以及巴拉多雷-巴列里(Giorgio Balladore-Pallieri),《宪法权利》(Diritto costituzionale),第353页。

56 宪法的(或者不可避免的、政治的)斗争已经转向了完全不同的方向,而胜者已经出现,他们利用那些宪法的僵化安排,强调包含在其中所有规范的规范性——很少有人对此提出质疑。如果说这些规范是纲领性的,那只是因为它们预设了一系列对于充分实施这些规范具有初步作用的前提。规范性不会因此而被冲淡;恰恰相反,这些规范所提出的规则会产生效力,超越立法功能并投注到政治话语的全部导向(见维齐奥·克利萨弗里[Vezio Crisafulli],《宪法及其原则规定》[*La Costituzione e le sue disposizioni di principio*],特别是第 66-68 页)。反过来说,解释气候又产生自深刻转变的政治气候和能够确认自身领导权(尽管非常缓慢)的宪法惯例。宪法的全面实施有赖于全民投票——除非目的本身要求不同的手段(这并非不可能)。简言之,如果我们想质疑什么,就去质疑手段能否实现目的。吊诡的是,在过去 15 年中,宪法如此根深蒂固地嵌入意大利人、法学家和政治家的意识中,以至于我们今天所认定的坚实基础,在昨天是最受质疑的内容:宪法的意识形态和政治基础。如果他们真的认为有必要超越宪法,他们这么做也是服务于这些基础!①

---

① 这里我们应该强调,这种愿望并不总是重新点燃反动火焰的后果,尽管事实经常如此。对与这种趋势相关的几个问题的发展,见奈格里,《政党国家》("Lo Stato dei partiti")。我们也应该注意,法国 1958 年的宪法改革保留了 1946 年宪法带有意识形态色彩的序言,让国家机构的再结构化起码在形式上服务于这些目的。关于法国抵抗运动的意识形态和这次宪法改革的秩序安排之间的连续性,见尼克拉斯·华尔(Nicholas Wahl),《在新宪法的起源处》("Aux origines de la nouvelle Constitution"),该文出现在《法国政治科学》(*Revue Française de Science Politique*)专门探讨新宪法的一期中。

宪法的第一、三、四条或隐或显地处于这个漫长的宪法斗争的核心。它们触及了事务的核心，表达了直接具有意识形态和政治性的内容。今天，人们一般都认识到了这些条款的规范性特征。从最为博学的到最为幼稚的宪法学家，道理是一样的：劳动应该成为国家—形式的构成性原则（constitutive principle）。① 第一、三、四条不仅包含了"与宪法具有相关性的劳动的属性"（吉尔尼尼［Giannini］，《宪法相关》［" Rilevanza costituzionale"］，第 3 页），也包含了对"国家共同体的体制以及国家人格的制度性目标和任务的体制"的特征概括（克利萨弗里，《略论宪法中的劳动权》，第 163 页）。简言之，劳动—价值包含了"整个国家安排的具有教育意义的政治意识形态的根本要素"（莫塔蒂，《宪法中的劳动》，第 153 页）。实际上，如果分析可以扩展，去处理宪法的所有条款，并且系统性地重构它们的宪法力量，我们可以看到，第一、三、四条构成了统一的规范性集合的基础：这是对社会关系的具体体系以及随之而来的政治平衡的构想。

这是否意味着社会主义的某些根本性意识形态原则已经渗透进意大利宪法的核心并且在那里欣欣向荣？在我们看来这个问题的答案只能是肯定的。事实上，宪法的实质不会改变（只是

---

① 以时间为序，如下作者对这些主题进行了推进：吉尔尼尼，《劳动的宪法意义》（"Rilevanza costituzionale del lavoro"）；克利萨弗里，《略论宪法中的劳动权》（"Appunti preliminari sul diritto del lavoro nella Costituzione"）；吉尔尼尼，《宪法的社会保障》（"Profili costituzionali della protezione sociale"）以及莫塔蒂（Costantino Mortati），《宪法中的劳动》（" Il lavoro nella Costituzione"）。纳瓦拉（A. Navarra）的文章《破灭的希望（到目前为止）》（"Le speranze［sinora］deluse"）对劳动主义者尤为重要，特别是第 145 页及其后。

稍微改变色调),如果目前的说法被更为意识形态化的说法所替代,例如长久以来一直认为包含在意大利宪法中的"意大利是工人的共和国",或者甚至更为传统的口号,"意大利是体力和脑力工人的共和国"。尽管存在这些含混性(我们在后面"从劳动宪法化到宪法化模式"部分会看到这些含混性如何得到解决),毫无疑问的是,在根本上得到承认的宪法概念是关于生产性劳动的概念,它被视为社会结构的根本性组成部分,因此也被视为社会生产的基础。这是一个容易引起争论的概念,在面对特权化的社会立场的时候,同时也在面对为实现私人积累的资本主义剥削的时候。无论对错,这些都被视为根本上属于社会主义意识形态的概念。的确,我们现在看到的是"劳动力从被剥削的状况中解放出来的运动"①。

这里就出现了让我们感兴趣的问题。考虑到劳动概念——这个具有典型意识形态属性特别是社会主义属性的概念——的存在和相关性,考虑到这个概念在整个宪法安排中的核心地位和影响,意大利宪法能被称为社会主义宪法吗?回答这一问题,不能仅仅诉诸构成宪法的多元政治力量,因为这种多元性对宪法制度的安排是双重的。这种解释只对历史编纂学有用,用以确定某种法律形态形成时不同党派或不同意识形态之间的冲突。从而,如果这种解释否认党派或意识形态冲突可以超越深嵌在法律形成中的对立观点,而产生出一体化的法律规范,那么它在形式上就是错误的。学术研究和阐释应该把握住这种一体性并予系统

---

① 见吉尔尼尼,《劳动的宪法意义》;以及莫塔蒂,《宪法中的劳动》,第188-189页。

阐明。可能有人会说：正因为宪法是二元性的，所以才会为新出现的政治力量所挟持，其在实际中的实施才会为这些意识形态原则所引导。矛盾在这里得到解决，因为社会主义者还不够强大，不能推广他们的阐释。即便这种坚定的怀疑主义能够充分解释过去，但也是令人怀疑的，因为它完全没有解释当下。或者说它只是将我们引向了另外一个事实：今天这种二元主义已经寿终正寝，宪法已经且必须被呈现为足够统一和一贯的秩序安排。这就是让我们感兴趣的问题的语境。

很明显，我们并非仅仅是在处理专业术语。如果那就是问题的话，那么接受这样的理论建议就够了：将二战以后的宪法和国家定义为"社会性的"①，不是在更为广泛且全面而是在"新的"范畴，在新的意识形态（也就是"社会性的"意识形态）中去认识社会主义意识形态的扬弃——保留同时升华。在这种新的意识形态中，它会与在其他时候与之处于对立关系的原则有机共存，例如对自由在形式上的保障以及生产性利益的主导权。另外，只有当对矛盾在概念上的重构能够让考察回到现实层面并且在那里找到存在的理由，这个建议才能被接受。

现在让我们提出第一个初步性的另类理论。我们面临着宪法对生产性劳动的欢呼，以及对随之而来的无产阶级利益的欢呼，其次面临着的，还有在对形式上的自由和平等的肯定中以及资本生产性利益的领导权中，宪法对显而易见的资产阶级秩序安排的重构：一些根本上具有社会主义色彩的原则，然后是一个社

---

① 这里我所指的是围绕着佛斯托夫（Ernst Forsthoff）的作品而出现的潮流，我会在后面的部分予以更为细致的分析。

会性的宪法。这两个要素之间的具体关系是什么？说第一个要素在第二个中被扬弃，这不过是哲学上的障眼法。事实上存在着两种可能性。也许第一个要素被第二个所吸纳——但接下来考虑到它们的效果和总体化能力的激进性，宪法无疑是社会主义性质的。这种阐释应该从原则上予以拒绝。另一方面，或者这些对社会主义传统习以为常的原则已经被它们所寄居的新现实所改变，并且在那里远没有呈现出颠覆性的力量，而是为资产阶级的经济和社会发展的某些首要需求提供了基础和保障。在这种情况下真正的扬弃同样适用于扬弃这个术语。

社会资本与社会劳动
——资本主义改良主义的定义及其当前形式

以上所定义的对问题的构型可以通过对奠基这种构型并且也为这种构型所预设的真实关系的分析而得到解释。为了实现这个目标，让我们暂时岔开话题，简要论及相关历史问题。在19世纪中叶的某个历史节点，劳动的概念——这个概念的个体性定义支撑了资产阶级革命的漫长进程——开始解体。最初的资本主义秩序的自然性受到了强力批评，其无限积累筹划的合理性也受到质疑。普遍的需求体系——古典经济学家认为它创造了自由并且直接实现了最为普遍的人类需求——正如黑格尔所可能评价的，逐渐表明自己就是最为彻底的贫困体系。

劳动在社会生产复合体中所生产的财富愈多，经济体系在分配财富、在补偿劳动的付出方面就愈无能。黑格尔写道："劳动逐渐变得愈发缺乏生命力。"

个体的能力不断受到各种各样的制约,工人的意识也沉沦到了极端迟钝的境地。各种形式的劳动与全部无限的需求之间的关系变得完全无法把握,这就产生了盲目的依赖关系,以至于在其他地方所采取的措施会突然阻碍某个人类群体的劳动,以至于无法满足其需求并且让这种劳动变得一无是处。即便对自然的利用因为中间环节的介入而能够更为轻易实现,这些利用的层次是无限可分的,而让操作措施轻松起来的大多数要素也导致了同样绝对的困难。(《耶拿现实哲学》第1卷,第239页)

黑格尔揭示了整个时代的意识。从这时开始,资产阶级在其社会和资本中的有机发展受到了干扰。就资本主义的积累动力不断投注到新的社会空间来说,对劳动的使用和对劳动果实的享用就分离并且抽象到了更高的程度。生产方式决定生产关系,将后者在社会层面上进行拓展和巩固。与劳动的普遍社会化以及劳动价值抽象化相对应的,是最为普遍的异化。

然而,资产阶级意识以哲学形式所表现出来的内容,其实不过是来自对新的现实关系、新的政治关系的认识。事实上正如黑格尔接下来所写的:"上升到普遍性层级的需求和劳动为它们自身构建了……一个庞大的具有共性且相互依赖的体系,一个四处游荡的活死人(life of the dead),盲目地跌跌撞撞地四处走动,就像必须随时要降服和驯化的野兽一样。"(《耶拿现实哲学》第1

卷,第 239 – 240 页)。① 尽管资本自身的根本性否定来自资本主义进程本身,资本不可能摧毁那个否定性的力量,但必须对其进行驯化。这种否定内在于资本,是资本的必然产物,会因为资本扩展到整个社会而不断成长,并且随着资本的社会积累,让劳动的价值不断抽象化并且在其自身力量僵死的实质中对其进行巩固,而越发具有对抗性。不受干涉的斗争进程就这样开启了。一方面,资产阶级,即抽象劳动的管理者,为了存活下去必须对其管理形式进行理性化,这样既可以更好地联合自己人,也可以更好地统治其自身的集中过程所再生产和扩大的无产阶级。另一方面,工人阶级承担了全部社会剥削的折磨:其自身的存在就是潜在分离(dissociation)的标志;其每一次运动都是潜在的颠覆活动;其内在的一体化既是资本主义发展过程的消极功能,同时也是斗争经验的积极功能。这里有必要强调,资本主义改良主义与工人斗争之间的关系永远都是从这一点展开的。这种关系是一种双重运动:一方面,资本的首要目标是在政治上对抗工人阶级,但也不得不作这样的让步,即对内在于且同质于社会生产过程的(作为劳动力的)工人阶级进行组织;另一方面,虽然工人阶级将经济肯定(economic affirmation)的部分性和过渡性时刻让给资本,但总是会在其自身政治上的再度一体化的连续性中,在下一轮争取

---

① 关于"与 19 世纪思想的革命性决裂",见洛维特的经典研究《从黑格尔到尼采》,这本书花了很多篇幅处理"劳动"的概念。关于同样的主题和类似的研究思路,也可参见马尔库塞,《论经济学中劳动概念的哲学基础》("Über die philosophischen Grundlagen des wirtschafts-wissenschaftlichen Arbeitsbegriffs")。

革命权力的过程中,总是在既内在但同时又超越发展的单一规定中,重组(recompose)那个环节。资本主义改良主义和工人斗争的这种双重关系因此是在资本内部诞生的。它在资本那里确立了持续性的再结构化(restructuring)过程,这个过程的用意是遏制对资本的否定。

我们应该进一步强调这种动态机制的具体特征。资本不得不持续地重新吸纳工人拒绝异化的一定水平。资本内在的再结构化既是发展的需求,也是对工人回应的神秘化。让我们举个例子。在1848年的法国,社会机构所围绕的资产阶级共和国是作为解决资产阶级内在问题的方案而产生的,是由发展的必要性所驱动的,而这种发展之前为残余的贵族特权所阻碍。然而这个共和国的诞生采取了如下形式:资产阶级将无产阶级自治的现实案例进行整合,作为遏制出现在历史舞台上的革命怪物(revolutionary monster)的势力而出现(见马克思,《法兰西内战》)。自从那时开始,每一场资产阶级革命都具有无产阶级的面相,而每一个对资产阶级力量的政治中介都是由当时的工人拒绝和斗争水平所引发的或者说所赋予的——这被引向不得不然的解决方案,以进一步深化资本家总体权力的集中化与合理化。每一场危机和资产阶级每一次的再结构化都会昭示有待遏制的颠覆性潜能,但同时这种潜能也不可避免地被推向前进。即便当工人阶级有组织的运动浮出水面——以历史的形式出现,如工会和政党——其所采取的形式也是内在于资本的发展及其政治和经济的机构中的。且只能在那里出现。

作为有组织的运动,工人阶级完全内在于资本的组织中,后者也是对社会的组织。其口号和意识形态机器以及官僚机器都是位于资产阶级发展辩证法之内的要素。因此工人阶级与其有组织的运动之间的关系是具有二重性和含混性的,正如工人阶级与资本的关系一样。这种关系在两种环节之间游移变动:一个是纯粹偶然的环节;而在另一个环节,现有的组织形式、组织口号以及意识形态——尽管是由工人阶级施加的——都随着资本改良主义的单一发展水平而烟消云散了。因为这个阶级不断展开其革命斗争,它超越了资本主义发展的单一阶段,而在超越过程中,也会超越与这些阶段相一致的、由历史所规定的自身组织的形式——从而创造出新的更为先进、更为全面的形式,并且为工人阶级斗争规定新的目标。资产阶级的扬弃会焚毁无产阶级的口号和历史组织,将它们冻结在其自身发展的单一水平上;工人阶级的扬弃也会焚毁资本发展连续性的水平,同时再度提出使其断裂并被替代的提议。

工人对资本主义剥削的拒绝覆盖了社会生产的所有领域。这种拒绝蔓延至社会场域的方方面面,正如使得现代工厂成为其自身积累最具典范性的工具的资本那样,让其自己的物质维度拓展至整个社会。我们很容易认识到这种境况所产生的具体后果。这里我们应该聚焦于与我们的研究目标特别相关的后果。在工厂—社会中,经济构成(economic constitution)与政治构成(political constitution)之间的区分消失不见了;总资本家或者社会资本的社会一体化不再要求任何种类的中介;积累逻辑——其内在等级(在客观的意义上)、规训,简言之,作为劳动过程和资本价值增殖过程的劳动——在整个社会权力组织的支架内确立了。所有单个资本家能够提出的私人化的选择方案都被否决了,不是被发展的法则,而是被总资本所直接表达出来且直接具有效力的政治法则所否决了。国家被构型为总资本的执行机关,成为社会生产的直接管理者。

更为具体地说,如果总资本家和总体工人之间的对抗呈现为直接性的,且不再能被吸纳进资产阶级的政治中介中去,那么为了在社会层面包围并直接控制工人阶级从而将其化约为单纯的社会劳动力,资本就必须对工人本身进行组织——而且吊诡的是,它必须在工人阶级内部组织自己。"劳动的民主"(democracy of labor)和"社会民主"都有赖于此:两者都包含着一个关于劳动力形式的假设,这种劳动力形式作为工人阶级否定自身,并且作为劳动力在资本主义生产结构内进行自主的自我管理。在这里,已然消灭了单个资本家的私人和自私利益表达的资产阶级社会利益,试图将自身构型为全面的、客观的社会利益。对社会性和共同善的推崇,对平等和社会化的自然权利的复兴,这些都是资产阶级压制阶级对抗所采用的意识形态假说。人道主义社会主义的模式被呈现为再度联合的象征。主张在社会生产中存在共同福祉的爱国主义是资本主义促进团结时所采用的终极口号。就像士兵一样,所有的生产者都同等地为生产作出牺牲,以期赢得积累的战争。①

现在我们得为这个题外话作出总结,回到最开始所提出的问题:社会主义在社会秩序安排中的吊诡性扬弃。对资本与工人阶级斗争关系的发展的动力的定义(我们会在"资本主义发展中劳动力宪法化的历史进程"部分继续这个分析)让我们可以认识到社会主义原则进入意大利宪法——这对秩序安排有着无可争辩

---

① 马克思主要在《资本论》第 3 卷中对"社会资本"的形成进行了分析。我们在后面会对这些主题进行更为详细的分析。

的影响——所凭借的机制。此外,明确当前资本主义改良主义见之于社会资本的相对水平,从而认清其所提议的社会劳动力民主管理,我们也就可以理解这些社会主义原则的革命意义何以在宪法中销声匿迹。这似乎是阶级斗争在意大利过去 15 年中所造就的政治关系的现实;在斗争的过程中,机构被重构,意识形态也改头换面了。同样是在这个过程中,工人阶级与它的历史组织之间的关系也发生了变化。

在接下来的部分,我们总是会在国家一般理论的框架内研究这个现象的单一规定。目前认识到社会主义的劳动民主原则如何适用于——以及有时甚至完全不适用于——社会资本积累的目标,就已足够。

第一个后果:作为资产阶级范畴的劳动
——确切地说,从物质构成(material constitution)①的形式性概念到实质性、"劳动主义"(laborist)概念

为了更为全面地引入我们的问题,我们应该考察我们之前只

---

① consititution 是奈格里的核心概念之一。奈格里区分了 formal consititution 和 material constitution,前者指的是成文的法典,而后者指的是社会力量构成的不断成形与再造(见 A. Negri and M. Hardt, *Empire*, Cambridge:Harvard University Press, 2000, p. xiv),新的社会就源自物质构成(有时也翻译为创构,取创构、构成之意,创构力量[constituent power]就源于构成一词),因此我们将前者翻译为形式宪法,根据语境将后者翻译为物质构成或实在宪法。——译注

是简要提及的其他前提,以及相关的解释和后果。一般来说,我们要揭示科学在这个新的社会与政治现实中的特殊角色;就具体目标来说,我们要揭示法律科学的特殊角色。我们将论证,法律科学恰切地反映了资本主义的发展,正如国家与社会在工厂—社会的宪法中再度合一造就出一个弱化的(有时是决定性的)进程,该进程试图让秩序安排的形式模型适应于在国家层面上直接起作用的现实生产关系。

在这里,再度考察"劳动"的角色以及宪法对其再结构化的实例,我们就可以对之前的论述进行有益的澄清。宪法修订源自发展的物质条件在当下的成熟。宪法的劳动主义要素只能在这种物质关系的语境下提出并受到拥护。宪法中所包含的这些要素表明了国家政权的当下本质,即便较之此前的一般定义来说,这些要素得到了扬弃。对这个总问题的刻画与其说向我们呈现出就其物质条件的形式要素所进行的常规性重新安排,不如说为宪法科学带来了核心问题:物质基础与秩序的形式宪法之间的关系问题。宪法科学早就意识到这个问题的重要性。因此在实践中,它紧跟秩序安排的社会与政治语境变化。当它成功地定义了物质构成时,它从未隐藏这个发现的重要性——物质构成被严格地理解为权利与事实之间、权力的法律组织与其社会结构化之间由历史所决定、所造就的联结点,或者说,当它掌握了国家在劳动中的宪法形式时,正是在这样的意义上,秩序安排的结构和组织劳动的权力可以追溯到劳动在社会层面上的表达。

可能有人认为,意大利的宪法理论家最适合开展这个计划。或许是因为曾被卷入某种特殊类型的有机主义国家主义,意大利的宪法科学在界定形式与质料之间的关系时总对二元论立场有所怀疑,并且从反方向指出,这些立场——无论是唯心主义批判,还是现实主义起源——最终都会以初始观点的绝对性而悖论性地否定自己。① 当这些理论家处理这个用劳动主义的术语来重新定义物质构成的计划时,他们已然具有了坚定的一元论视角——尽管这个视角被深刻地形式化,但也能够提供有用的论证起点。论证的发展从如下的前提开始。该理论坚决拒绝规范与事实之间的二元对立,并且通过排除的手法得到展开,从而在"根本性的目标"中突出"物质构成,这个目标被赋予规范性的价值,因为它被主导性的政治理论所维持并推动"。② 因此物质构成并非扎根于单纯实际存在的实体,而是已然处于向着一个目标前进的现实。这从最开始就提供了关于宪法的非二元对立概念的可能性。这些理论家想要在原初的统一体之内纳入现有秩序安排的奠基前提的时刻以及源自这个奠基前提的与规范相关的要素。"主导性的政治力量"的概念似乎回应了这些前提,因为它在施加一种特殊的秩序并且保障权力行使的恒定性和有效性之后,从现存的层级揭示并且升华了规定性的规范(specification),"这种规范处

---

① 这里我有意识地借用了莫塔蒂在其《实在意义上的宪法》(La Costituzione in senso materiale)的第一章所使用的框架,这个框架将凯尔森的作品视为批判实证主义的代表,将罗曼诺(Romano)和施米特(Schmitt)的作品视为现实主义潮流的表现。同时可见克利萨弗里《宪法课》(Lezioni di diritto costituzionale)第1卷第104-120页对这一框架的发展。

② 见莫塔蒂《实在意义上的宪法》第二章。同时也可参见格奥尔格·耶利内克(Georg Jellinek),《法律与规定:基于法律史和比较法的国家法研究》(Gesetz und Verordnung, staatsrechtliche Untersuchungene auf rechtsgeschichtlicher und rechtsvergleichender Grundlage),第262页及其后。

于社会中联合起来的成员的位置,并且在这样的基础上,有些人借此成功地对其他人施加权力,以维持后者的服从"(莫塔蒂,《实在意义上的宪法》,第75页)。① 然而,这个观念足以满足提出的条件吗?毫无疑问,使用的方法是正确的:它并没有强加任何奇怪的中介,且这个观念也没有以意识形态的形式呈现出来;它有坚实的标准,且在现实中有迹可循。然而,这看起来还不够充分,因为政治范畴本身并不会生成标准,而是由权力的起源及其正当化的理论所维系。另外,形式性秩序安排的正当性问题不会因为简单诉诸得到规范性定义的现实而就此解决。只要它缺乏根本性的规范性事实的历史规则,那就只是在推迟问题;这是依然受困于无限推迟的解决方案,是形式主义方法的典型特征。这里我们陷入了恶性循环。尽管开始时我们认识到,法律规范不足以构成让自己得以出现的秩序安排,到了最后我们恰恰是用这个规范来的定义政治事实,在这里就是作为充分基础的主导性政治力量。② 主导这种立场的是依然非常强大的形式主义残余。

---

① 弗朗哥·皮耶兰德雷(Franco Pierandrei)进一步发展了对秩序安排的实在宪法中所固有的事实与规范性的分析。他的文章《宪法法院和宪法的"默许修订"》("La corte costituzionale e le 'modificazioni tacite' della Costituzione")进行了论述并提供了丰富的参考文献,尤其是第334页及其后。

② 如果能注意到这种对权力的形式化定义在意大利有着漫长的传统,并且在所谓的社会学学派(sociological school,代表人物有帕累托、莫斯卡和米歇尔斯)中达到顶峰,会有所裨益。这个学派事实上也被同样的矛盾所困扰。但我们也应该小心翼翼地指出,并没有证据表明莫塔蒂直接受到这个学派的影响。事实上,莫塔蒂本人有时将他对"主导的政治力量"的定义推到了相对主义的极端位置。

另一方面,绝非巧合的是,(从这个视角来看)主导性政治力量的概念深化——可以将之理解为排除了任何可能的相对主义阐释——最终可以发展出一个在秩序安排中起作用的各种政治力量的总体概念。从而可以推论,通过有意识地消灭对现存关系的任何残余规定——这些规定现在被呈现为发挥作用的政治力量的未被规定的总体性来说,同时也通过将物质构成构型为权力形式性正当性的简单基础和制约要素时,这个深化过程宣告完成。另外,因为对不再具有广度而是具有强度的主导性政治力量(在对这种力量的使用中,重点落在政治力量统治的具体性上)的定义,重复或者双重化的风险依然存在。于是宪法基础的社会学模式就复制了主导性政治力量的概念并且有陷入极端相对主义的风险。

因此有必要超越这种方法并且具体地以根本的方式来定义对社会政治维度的参考,同时揭示其内容。新的方法应该自然而然地跟随科学的内在趋势去解决自身的问题——即正确地定义事实与规范之间的接触点的问题,在物质上将对权力的法律组织与对权力的社会结构化关联起来,同时又避免形式主义和相对主义的偏差。在对其不足进行批判后,我们应该时刻牢记对实质创构理论的分析所提供的必要与正确的前提。

当意大利宪法引入劳动的概念并且在社会现实中追踪其核心地位时,它为宪法科学提供了超越其困境的可能。这种分析揭示劳动的概念完全覆盖了社会现实,同时重复其实存性的和规范性的言说。现在我们可以为先前提出的问题给予充分的回应,因为劳动提供了权力秩序的实存基础——这种权力可以在形式宪法中通过法律到组织,在宪法实施的过程将这种构成激活为发动机(以及对其修订的制约),并且对这种秩序安排赋予意义和统一性。当劳动被视为社会层面的生产性力量,以及对劳动的组织渗透进社会—工厂的总体,必要的前提都可以满足。它们无论如何都不再是二元性的,因为如果说劳动过程渗透进社会的总体,那么权利完全就寄居在劳动之中。这样一来,我们最开始所面对的概念的一般性(genericness)和相对主义的制约要素现在都可以彻底清除了,因为劳动过程——就其与资本主义驱使劳动价值增殖的过程结合在一起的意义上说——既提供了言说权力的图示,又提供了行使权力的内在正当化,与之相伴的还有社会中实质上不平等的相对理论。没有这个基础的话,这些现象只能被神秘化或者毫无批判性地被接受。

以这种方式展开、跟随并且进入资本的发展中,宪法科学实现了对我们最开始所描述的社会主义劳动观念的悖论性扬弃。这样一种观念被致力于社会积累的资本主义法律体系所采纳、改造并利用,就不应再令人感到吃惊。那是主线,因为作为资本主义社会生产的劳动在社会层面被呈现为抽象劳动,因此它决定了隐含于其本质中的整个系列的从属关系。虽然实质上具有资本主义性质的权力结构的恒久存在被重新定义为民主性和平等性,作为独一无二拥有社会价值(在这里我们发现了古老的社会主义箴言的表达与实现:"不劳动者不得食")的劳动加剧了劳动的抽象特征,并且将民主与平等的观念都奠基于这种抽象劳动之上。

我们并不是要否定资本所代表的深刻的内在变革、再结构化与进步——同时资本将劳动作为其自身在社会层面上的构成性范畴和(正如我们已经看到的)科学的范畴。有鉴于此,我们或许应该自问,我们是否能够恰当地论及政治体制的转变,但在这里并不会对我们有所裨益。这里我们想要强调的是,这种改良总是内在于资本,而资本会整合社会主义改良主义的要素,直到出现了对工厂—社会的历史性肯定。即便所有这些对资产阶级解放劳动的过程来说至关重要,但与工人阶级的解放却毫不相干。

第二个后果:资本的科学
——或者准确地说,马克思主义方法的正当性

我们在讨论科学。在宪法学家的实践中,我们看到科学跟随并且维持资本的改良主义运动,在劳动中揭示并且呈现了在社会层面安排言说权力的基础。现在我们应该自问,这种绝非个案的宪制主义实践是如下事实的表象还是症候:在当下的社会和政治世界中,对法律科学进行更为一般性的再结构化运动,这种运动拥有能力去修订法律科学的方法和特征。我们应该进一步自问,从形式—政治视角出发的实质构成概念向实质—劳动主义视角的概念的转变,是否可以在法律科学领域中被描述为好几个不同语境并且在相当长的时段内所共同具有的发展。①

我们已经看到,当资本主义生产贯穿整个社会,并且将此视为积累过程中的必要中介,资本就倾向于被呈现为普遍的社会利益。这种普遍性出现在各个层面,消解了过去资本家积累的特殊利益与社会的普遍利益之间的对立;资本主义生产与社会处于完美的中介关系中。在社会层面,普遍性的出现被呈现为

---

① 这种概念首先表现了一战和二战期间的中欧国家宪法的首要特征。见鲁道夫·施莱辛格(Rudolf Schlesinger),《中欧民主及其背景》(Central European Democracy and Its Background)。

自发且直接性的,并且被经济和政治生活的全部要求所再度提出。社会再结构化的条件由资本本身所给出,而平等和民主是某些形式,在这些形式中,资本普遍利益的出现受到欢迎。至于说劳动,它不仅代表了阐释生产与社会之间关联的基石,而且代表了这个关联得到定义和组织所依赖的价值,只不过采取了资本主义普遍性表象所赋予的颠倒形式。劳动作为生产性价值的独一无二性因为作为社会价值增殖标准的劳动总体性的出现而得到定义。

考虑到这种情况,科学可以在由资本所确立的社会表象的统一领域中运动,并且避开分歧。其普遍化的使命不需要"麻烦的"对比来肯定自己。这种科学认识到资本主义社会的直接性表象,将其视为社会组织过程的总体,因此有能力去执行正确的分析功能,只考察表象,只参考社会现有的现象,并且避开如下的选择:要么是为了服务于特殊的资产阶级利益而进行的野蛮神秘化,要么是为了维护普遍社会利益的甜美乌托邦。既然科学内在于社会,它也会内在于资本本身。资本统一了关于其自身积累的科学和社会的科学——科学也愿意在资本内运作,而不必否定自己所具有的科学特征。

的确,这种统一化是资本主义改良进程内、是阶级斗争的一般运动内的一个进程。即便存在着明确出现的时刻,这个进程也必须被视为一种趋势。正如列宁所说,任何想要表征处于发展过程中活生生的现象的人,都不可避免要面对一个两难困境:要么与时俱进,要么落在后面。因此,在反思给定的现实时,宪法科学表现得非常含混,而且有时很明显依然停留在旧的方法论选项中,这就不足为奇了。① 然而,一般来说,这个过程,对这个趋势的必然实现,的确会发生。我们可以认识到这一点,不仅仅是在劳动被规定为构成宪制安排的现实秩序安排的基础的要素时,也不仅仅是在(作为劳动主义假设的预期、后果或普遍化)对宪政权利所谓的本体论考量得以提出时(见勒文施泰因[Loewenstein],《国家社会学导论》[Beiträge zur Staatssoziologie],第331页及其后),而且也是且根本上是在——在广泛的方法论和理论层面上——经济与权利的再次统一的漫长道路走到终点时,这时也澄清了在法律规范中对经济关系进行形式化的中介阶段如何让位于这样的认识,即经济活动和法律活动是彼此相通的。简言之,宪法科学将劳动作为物质构成、因而也就是国家政体的构成性要素,这代表了法律科学的一般境况。因为将自身置于由总资本积累的总体化功能所再结构化的社会,(作为一种社会

---

① 例如,朱塞佩·格罗索(Giuseppe Grosso)写道:"法律规范对经济事实的适应性问题可以从两个不同的视角来分析:一个与经济需求相关,并且指向某种看起来是经济解决方案的内容,另外一种作为方法,与按照立法者所期望的方式组织经济事实的目标相关。"(《诸法律体系以及法律规范与经济事实间的各种关系》["Distinti complessi giuridici e varietà di rapporti fra norma giuridica e fatto economico"],第811页)这种方法论上的另类选择同时在对所谓的经济学的定义的含糊性中所构型。特别参见恩里克·阿洛里奥(Enrico Allorio)的《在经济法之友会议上的发言》("Intervento al convegno degli amici del diritto dell'economia"),里面包含了大量关于这一主题的文献。例如阿洛里奥论断说,经济学对权利的讨论"要么是研究对主导处于不断发展中的材料的规范的阐释……要么是研究称职的改良主义政治的提案"(第1211页)。

科学的）法律科学完全遵循权力的构成性节奏，认清自身的发展，在阐释社会并且创造出一个体系的双重任务中与这些发展相伴随。

随着我们论述的推进，马克思主义进入宪法理论研究的正当性在我看来已经得到明确证明。暂且不论我们所拥有的阐释选项，宪法科学本身在其发展过程中，为马克思主义分析准备了一片领域。在这种情况下，不用担心马克思主义成为放之四海而皆准的一般性哲学，总是还原或者忽略问题。其方法的根本性前提已经由法律分析所证实，从对经济和权利统一化趋势的考察，到将资本主义所驱动的劳动增殖过程指认为社会阐述权力的模式和基础。因此马克思主义的分析可以在社会积累的这个阶段中，应用于权利的发展一直没有被质疑过的一系列前提的具体性。

然而，依然存在某些需要考量的反对意见，这些反对意见一度被用来反对马克思主义——当后者规定经济与权利的关系时，但考虑到我们在这方面的立场中所注意到的重合，现在则被用来反对任何采取如下立场的科学，即认为权利发展所借助的手段完全适合资本的社会生产的环境，或者更一般性地说，认为权利在经济领域中得以发展。更为一般性的反对意见是，经济发展和法律结构的发展之间的关系不是明确的，而是模棱两可的，因此科学无法把握这种关系。特别是有些人会坚持认为，资本主义朝向社会管理形式的进展——这些形式从根本来说变得具有同质性的——产生了各种各样的制度性发展：一方面产生了形式主义的权利理性化形式，另一方面产生了对法律传统主义的强化以及法律生产的各种形式。与马克思的观点相反，他们坚持认为，当在发达资本主义的层面上出现理性主义与传统主义的冲突时,传统主义会胜出(见韦伯,《经济与社会》第1卷,第500－517页)。

这个批判似乎将自己的对手视为了漫画化的马克思主义。① 在理性主义和形式的意义上对资本主义发展进行单方面的重新构型——这种发展以越来越大的灵活性去应对工人斗争的要求——同时也伴随着对法律理性化进行的单方面重新构型,后者也得以避开阶级斗争的要求和具体规定。它不是想要替代马克思主义分析所追踪且法律实践本身无法抹去的实际发展,而是想要替代形式关联所构成的世界,在对这些关联进行阐明的过程中,它遭遇到了它强加给马克思的矛盾和含混性。事实上,这种关系的明确性若想成立,前提是我们将这些资本主义发展的现象与法律现象之间一系列的关联全植入到生产关系的语境,并且认识到,资本主义的发展如何因为回应阶级斗争的要求而展开——也就是说,唯一的前提是我们认识到,阶级斗争是资本主义发展的源泉和动力。从这个角度来看,这种关系的明确性和规定性并非一般性的,而是具体性的。例如,意大利宪法中的劳动主义概念发展的典型特征是,由超越形式宪法的空白和矛盾的努力所决定,这种努力认识到,形式宪法本身没能也不可能遏制政治力量所带来的各种压力,并且反映它们之间的各种平衡,除非让法律

---

① 绝非偶然的是,韦伯批判的直接对象是斯塔姆勒(R. Stammler)的形式主义方法。但是我们会表明,这种韦伯主义的批判只涉及了与恩格斯对"上层建筑"问题的定义相关的问题——这个问题在马克思的思想中并不存在,之所以成为"司空见惯"的问题是因为某些马克思主义分支迫不及待的经院哲学化倾向,特别是第二国际和斯大林主义。

规范去适应经济事实。①

吊诡的是,刚才提到的反对意见最终并没有与问题的正确表述相矛盾,反而肯定了后者,因为它反对的是最近常常出现的、静态地规定权利和经济之关系的立场,这些立场不会因社会斗争而被迫转变。从这个视角来看,无论是悲观还是乐观地进行一般性的考察,我们可以将权利不可避免的形式化肯定为资本主义理性化与同质化的专家治国论工具。就乐观的观点来看,这些趋势会引向与权利的发展现实相矛盾的结论,在那时,权利可以被大范围改造为权力的工具并具有科学的功能这个事实被公之于众。另一方面,就悲观的观点来看,这些趋势将这种关系规定为纯粹与简单异化的普遍进程。无论如何,忽视这种关系的具体性以及这种关系在阶级斗争的语境中所不断经历的变动,最终会以如下方式走向终结:描绘出了在机制上非常明确的关系场景,这种场景无论是美妙的还是灾难性的,总是会在其发展的假设中进行神秘化,并且总是受到实践的挑战。这种方法或许只不过是非批判性地反映了资本主义的如下需求,将资本所剥削的整个社会构型为自己生产的简单对象。在工厂—社会,权利实质上直接地内在于经济,这时我们将经济恰当地理解为生产关系和构型这些关系

---

① 那些最优秀的宪法理论都认识到了这一点。例如在1906年之前耶利内克就已经在《宪法修改与宪法变迁》(*Verfassungsänderung und Verfassungswandlung*)中明确认识到这种需要。皮耶兰德雷在他的《宪法法院和对宪法的"默许修订"》一文中将耶利内克的分析与意大利宪法结合了起来(第338页)。无论如何,我们会在本章后面的部分——标题为《资本主义权威理论模式批判》——回到这个问题。

的斗争所构成的世界。

71 马克思主义方法让我们所阐明的经济和权利之间具体关系的定义,现在可以让我们对接下来的一系列问题进行有序的分析,这些问题由意大利宪法中劳动主义的升华所导致并且一般来说由这种关系所提出。

法治国和社会国家
——研究提议:劳动主义的物质构成概念所提出的形式问题

综合考量我们之前围绕着本文研究主题的所有话题,我们现在准备提出更进一步的研究计划,来处理对宪制主义思想的形式性修订、它们理论上的反思以及更为一般性地,劳动主义的物质构成概念所提出的形式问题。因此我们拟对社会主义劳动概念的吊诡性扬弃所造成的后果进行描述——即便只是象征性和一般性的描述,这样我们可以得出社会国家的大致形象:在这种国家中,扬弃成为现实。牢记这种形象以作为研究的假说,我们就能够指认接下来研究的大概轮廓,也就是说,指认我们检验自己所提出的解说所借助的平面。

在这个框架中,我们必须时刻强调在物质构成中劳动主义所强调重点的重要性。其相关性不仅是意识形态方面的,而且——考虑到我们就资本的科学的位置所作的论断——也催生了一系列实质性的并且在技术性方面非常具有相关性的后果。宪法安排中明确提及物质维度,这就宪法和法律秩序安排的形式性概念来说,就颠倒它们的前提来说,是一个非常有说服力的事实。通过这种提及,法律的秩序安排通过直接控制以及再构型社会关系,去介入这些关系的现实。这种秩序安排并非仅仅要将这些关系采纳为法律考量必然的基础,或者跟随它们去"守护"它们自主发展的有效性和确定性。

法治国(Rechtsstaat)的精神和历史一直围绕着"守护"这个词运转。被委托给个体资本家能量的自由表达与协调的经济与社会秩序,必须要得到法治国——个体权利的守护者以及对它们进行阐释的手段——的守护。其所有的工具都指向如下目标:根本性的权利是必须得到保障的个人权利的升华和实质;分权制度是一种手段,对这些利益的协调借此以自主的方式得到发展,而且是在社会层面对抗国家本身的干涉;作为一般和抽象规范的法律概念——以及相应从属性的行政管理和法律管辖——是国家借以保障经济个体社会生活的手段,同时对社会生活进行抽象,仿佛国家彻底完成了自身自我调节的过程,并确保其确定性和连续性。这种秩序安排是形式性的,因为它作为社会利益的消极规则而出现——在其中国家是守护者,也因为它将个人行为及它们的自由协调行动视为其自身行动的自主和"自然的"内容。法治国如此乐于镇压工人阶级斗争,其作用并不像有些人希望的那样矛盾,而是守护经济个体性的执着以及这一进程的自我控制条件的共同逻辑后果——即便事实上不是非常正式。①

---

① 关于法治国与社会国家的关系,有着丰富的文献,但这里我们仅提及两位作者:佛斯托夫,《作为法治国的德意志联邦共和国》("La Repubblica federale tedesca come Stato di diritto"),第551页及其后;图里奥·阿斯卡雷利(Tullio Ascarelli),《法律秩序和经济进程》("Ordinamento giuridico e processo economico"),第59−60页。

然而，当宪法前提的物质性得以揭示出来，我们面对的是社会与国家之间关系的新图像。社会国家并非守护者，它也并没有表现为与自身的议题相隔离的形式性秩序安排。它并没有消极地记录社会现实，而是质疑社会现实，并且在实际上否定了其自我调节的能力。因此它不是将基本权利视为自己应该守护的单一利益，而是应该赢取的社会性利益；它积极统治并且积极介入社会现实，以期直接构建自身的秩序。作为介入手段的法律被国家的需求所再结构化，并且被构型为建构社会秩序的"计划"以及对社会中产品的重新分配。法律成为重组相互对立的利益的工具。因为从属于行政的必要性，法律拥有了确定的可信性和有效性，具备了具体的内容和特殊的功能。分权制度还在施行，但已经被改造，并且可能被视为阐述或者分配不同社会团体之间权力的工具，而这些不同群体可以在后来不间断的重组过程中，被整合进国家的统一体。因此立法和行政之间的关系被颠倒了，而司法在法律的可信性和重组既对立又重合的利益过程背后的具体真理之间的界限，持续发现更具有创造性的职能。①

当国家更为深入地昭示自己的本质，用劳动主义的术语来定义自身时，其首要的特征也变得激进化：立法过程的实质特征得到强调，从多种权力的分割到社会中单一权力的分割的转变也变得必要，以及公与私之间的分别——如果说它在社会中反抗过其第一次的重新度量(redimensioning)——现在变得更小。然而，重

---

① 见佛斯托夫，《作为法治国的德意志联邦共和国》，第 553-554,560 页；以及阿斯卡雷利，《法律秩序和经济进程》，第 59-60,65 页。

要的是,在社会国家内,虽然带有劳动主义的内涵,但社会构成的经济要素占有更为重要的地位。政治和法律构成倾向于重复社会中的经济构成,以至于社会生产的物质维度将国家与社会相等同。与法治国相比,社会国家在其核心处支撑整个阶级关系。它用整合各个阶级并且在全球范围调节资本的筹划,替代了保障资本在经济上自我调节的前提的努力。在这个框架中,对宪法的劳动主义定义强调了对社会资本管理的模态,以及通过有效运作的民主体制,让其将政治管控移交到社会劳动力之手的必要性。正是从这个视角来看,社会国家并非保障者国家——或者说,恰恰是从这个新的视角,即从管理社会资本的新的要求的视角来看,它是保障者国家。如果国家利用镇压性的力量,其所针对的是那些不接受这种整合的人,那些反对主张社会产品分配规则所具有的资本主义客观性的人,以及那些反对这个计划、拒绝在其规则内工作的人。

这就是法治国和社会国家的具体差别,但我们也得考察法治国的近亲。首先我们应该重复强调,法治国预先设定了自己的经济上的物质构成:个体资本家利益的自我调节。然而法治国掩盖了那种物质构成,以至于它将国家和权利也形式化了。自由主义时代的形式化科学反映了这种境况,并且陷入荒诞的、无法解决的两难困境:一边是发展的合理性,另一边是其前提的非理性。事实、事实的序列以及事实的发展都是事先构成的,但依然需要在权利的形式化中介的理性节奏中得到吸纳和构成——法律的合理性和资本主义积累的非理性,社会的普遍性和私人的特殊性。这种在法治国无法避免的矛盾现在是否能够在社会国家中消除?资本主义发展说它可以,而我们已经看出其手段——让整个社会成为其剥夺的领地并且让剥削的客体成为管理社会积累的主体。然而,这只是表面上的解决方式。我们已经看到,这样一种新的结构化如何被完全安置在资本的发展之内,以及在这种发展中,资本主义增长的非理性本性如何简单得到重复和掩盖。所有这些不过是资本的改良主义阶段。因此这种资本主义改良主义是这两种类型国家的近亲。那么,在社会国家内,存在着努力保存法治国某些最为典型的原则的尝试,例如自由与平等的形式原则,并且让它们与社会性的原则共存,就不是什么令人吃惊的事实了。最终,构成所有改良主义目标意识形态轴心的社会性,通过使用自然权利的术语而吊诡性地得到定义,这也不会让人感到吃惊。于是从这个视角来看,意大利宪法是一份极其重要的文献。

然而,从转变性的努力——国家的整个现实正是通过这些努力而受到无限的、持续不断的压力的制约——来看,这也是一个重要的文献。另一方面,我们可能会说,我们所研究的现象只是一种趋势,但这丝毫无损于其真实性。这些考量不会阻止我们对社会国家进行自主描述并且提炼出其特征的努力。事实上,社会国家的出现为我们提供了恰当且决定性的研究对象。

我们的研究包括几个阶段。我们提议要考察社会的动力机制即宪法基础的物质领域如何影响秩序安排的形式性构型,因此我们最开始致力于考察,宪法化的过程如何在新的生产性权利渊源体制中在物质上得到统一。在第二个阶段,我们会提议对劳动宪法化的发展进行分析,对其模式进行定义,并且就国家形式、经济构成与法律构成之间的关系,以及对阐明这种关系的计划理论与实践,提出一系列的问题。最后,我们会考察由这种模式所提出的社会性所具有的资本主义特征,这种模式因为新的权威理论——该理论呈现了全部资本主义秩序安排和全部一般性的规范理论的基础和内在限制——而得到正当化。

我们目前以假说形式提供的对各种问题的可能解决方案,将会得到澄清和批判性的评估。然而,那时就有必要进入一个新的研究层次——马克思主义传统中的"工人批判"(worker critique)——以此来巩固我们研究的核心主题:处于工厂—社会构成框架中的劳动是一个资产阶级范畴,另外,对形式宪法的改造(这种改造源于物质构成的新的劳动主义定义)远没有压制,而是实际上揭示了得到强化的体系的阶级本质。

第二节 劳动宪法化的过程

> 那种本身建立在社会生产方式的基础上并以生产资料和劳动力的社会集中为前提的资本,在这里直接取得了社会资本(即那些直接联合起来的个人资本)的形式,而与私人资本相对立,并且它的企业也表现为社会企业,而与私人企业相对立。这是作为私人财产的资本在资本主义生产方式本身范围内的扬弃。①
>
> 马克思,《资本论》第3卷,第436页

> 通过自己重新发现自我的过程,奴隶意识到,正是通过自己的劳动——在这种劳动中他似乎只拥有异化了的意识——他获得了自己的思想。
>
> 黑格尔,《精神现象学》,第118-119页,英译有所改动

---

① 中译文见《资本论》第3卷,前引,第494-495页。——译注

资本主义发展中劳动力宪法化的历史进程
——劳动作为社会价值增殖标准的独一无二性

在本文第一节的第二部分("社会资本与社会劳动")我们对工人斗争的不同作用及其与资本主义改良主义之间的关系给出了非常概括性的描述。我们看到,隐藏在积累过程中的阶级之间的对抗如何与工人斗争各个阶段的规定性相一致,以及工人斗争如何持续影响并超越资本主义改良主义的特定阶段。然而,那是结论,而非前提。现在我们需要更为细致地研究这个过程,从而搞清楚资本施行的——以及被迫施行的——劳动宪法化,并且将其确立为社会组织价值增殖的独一无二的标准,所依赖的物质基础是什么。我们必须要认识到,组织和劳动力在资本主义中的从属地位之间的关系得到了正面的言说,因为这种关系在物质上奠定了国家的政治与法律组织发展和完善的前提。

组织和从属之间的关系问题——如果我们仔细考察的话——其实是权利理论和国家理论的传统问题,自从这些理论还原了这两种要素之间不断变换的关系,并且为一个表面上的(实际也是)悖论的解决方案假设了理论程式,就一直如此,而这个悖论就是,对从属要素的强调,要和对社会组织的扩展和完善程度一样。例如,在自然权利传统中,联合的契约与臣服的契约之间的交替与连接是一种对真实问题进行形式化解释的哲学努力:也就是说,是消除某种超越于自发、**叠加和抽象**(*superpositum et abstractum*)的力量的结合论(associationism),以及对这种联系的持续深化。然而,只有资本主义对劳动的组织才能在历史性地具有确定性的形式中用案例来证实这个悖论,并且在日常实践中揭示其本质——恰恰在这时,资本让这个过程成为执行其自身组织的技术上的关键。

作为社会动物的人的自然欲望在处于简单生产协作中的生产者的融合过程中起到了关键作用,但又不限于简单的生产性协作。联合与社会接触的事实强化了劳动的生产力本身,同时也"振奋了'动物精神'(animal spirits)①"(《资本论》第1卷,第443页)。"劳动者在有计划地同别人共同工作中,摆脱了他的个人局限,并发挥出他的种属能力。"②(第447页)于是我们发现,构成问题两个部分其中之一的联合论所具有的同样的自发性,也处于资本主义批量生产发展的基础。问题的另一个部分由资本对劳动的操控这个事实表现出来,然而这个事实直接被再度构型为"这样一个事实的形式上的结果:工人不是为自己劳动,而是为资本家,因而是在资本家的支配下劳动"③(第448页)。然而,早在协作中,这种对于事实的认识成为资本家必须加以利用的事实;它成为积累不可避免的前提。正如他们所说,这个悖论成为资本自我增殖的技术性形式。这是操控的性质得

---

① "动物精神"这个词出现在下面这句话中:"和同样数量的单干的个人工作日的综合比较起来,结合工作日可以生产更多的使用价值,因而可以减少生产一定效用所必需的劳动时间。……是由于激发个人的竞争心和振奋他们的精力。"参见《资本论》第1卷,第382页。我们可以看到,"动物精神"被翻译成了"精力"。——译注

② 中译文见《资本论》第1卷,前引,第382页。——译注

③ 中译文见《资本论》第1卷,前引,第383-384页。——译注

以转变的方式。首先,"随着许多雇佣工人的协作,资本的指挥发展为劳动过程本身的进行所必要的条件,成为实际的生产条件。现在,在生产场所不能缺少资本家的命令,就像战场上不能缺少将军的命令一样"①(第448页)。"一旦从属于资本的劳动成为协作劳动,这种管理、监督和调节的职能就成为资本的职能。"②(第449页)在这种转变中的决定性要素似乎是由对劳动的新的组织类型所表征。然而,这只是必要的前提:工人的服从之所以可能是因为对于劳动的组织,但其实现却有赖于资本的结构,后者的驱动力是最大限度的自我增殖。因此"资本家的管理不仅是一种由社会劳动过程的性质产生并属于社会劳动过程的特殊职能,它同时也是剥削一种社会劳动过程的职能,因而也是由剥削者和他所剥削的原料之间不可避免的对抗所决定的"③(第449页)。在这种语境下,工人的服从就随着"作为他人的财产同雇佣工人对立"④(第449页)的生产资料的增长而得到强化;另外也会随着"同时被剥削的工人人数"⑤(第448页)而得到强化,因为"他们的劳动的关系,在观念上作为资本家的计划,在实践中作为资本家的权威,作为他人意志——他们的活动必须服从这个意志的目的——的权力,而和他们相对

---

① 中译文见《资本论》第1卷,前引,第384页。——译注
② 同上。——译注
③ 同上。——译注
④ 同上。——译注
⑤ 同上。——译注

立"①(第450页)。简言之,"如果说资本主义的管理就其内容来说是二重的,——因为它所管理的生产过程具有二重性:一方面是制造产品的社会劳动过程,另一方面是资本的价值增殖过程,——那么,资本主义的管理就其形式来说是专制的。随着大规模协作的发展,这种专制也发展了自己特有的形式"②(第450页)。

因为劳动社会性的生产力量"不费资本家分文,另一方面,又因为工人在他的劳动本身属于资本以前不能发挥这种生产力,所有劳动的社会生产力好像是资本天然具有的生产力,是资本内在的生产力"③(第451页)。组织与服从之间形式性的接续关系在这里被彻底颠倒了:服从是组织的前提条件。当我们从协作走向工场手工业时,这种关系就会更为明显。在这个语境下,对劳动的组织和资本主义价值增殖过程之间相互渗透的关系就会变得更加深入,而这种关系也呈现出颠倒的面孔:"执行职能的劳动体是资本的一种形式……由各种劳动的结合所产生的生产力也表现为资本的生产力。真正的工厂手工业不仅使以前独立的工人服从资本的指挥和纪律,而且还在工人自己中间造成了等级的划分"④(第481页)。部分工人所失去的,现在集中在资本之内,后者与前者相对立:它构型了资本的权力,并且在生产体内将这种权力阐述为价值增殖的职能。在机器大工业中,这个过程得以完

---

① 中译文见《资本论》第1卷,前引,第385页。——译注
② 同上。——译注
③ 中译文见《资本论》第1卷,前引,第387页。——译注
④ 中译文见《资本论》第1卷,前引,第417页。——译注

成(见第553页及其后)。

对组织与服从之间关系的一般设计在资本主义体系中得到具体化。这是一种完全内在于资本的关系,而先在于其构型的基础性和自发性要素在性质上被生产方式所改变。这里我们可以澄清这种关系的另一个要素。到目前为止,我们已经认识到,在生产的领域内,组织如何内在于服从以及服从如何内在于组织之中。我们接下来应该认识到的是,这种相互包含的境况在社会层面上得到表现,以至于资本在整个社会扩张了其生产性存在。事实上,资本的社会化过程发展了包含在资本主义对单一生产性关系定义中的关系——并且首先就是组织与服从之间的关系。

马克思详述过这种发展。"积累是对社会财富世界的征服。它在扩大被剥削的人身材料的数量同时,也扩大了资本家直接和间接的统治。"①(第739—740页)如果"工人本身不断地把客观财富当作资本,当作同他相异己的、统治他和剥削他的权力来生产,而资本家同样不断地把劳动力当作主观的、同它本身对象化在其中和借以实现的资料相分离的、抽象的、只存在于工人身体中的财富源泉来生产,一句话,就是把工人当作雇佣工人来生产。工人的这种不断再生产或者永久化是资本主义生产的必不可少的条件"②(第716页)。"资本主义生产过程,在联系中加以考察,或作为再生产过程加以考察时,不仅生产商品,不仅生产剩余价值,而且还生产和再生产资本关系本身:一方面是资本家,另

---

① 中译文见《资本论》第1卷,前引,第684页。——译注
② 中译文见《资本论》第1卷,前引,第659页。——译注

一方面是雇佣工人。"①(第724页)

然而不应该只从量的方面来理解社会对资本的组织过程；这不仅仅是在社会层面再生产阶级对抗——也涉及对服从的深化和重新定义。事实上，如果说在这个过程中，在社会层面上生产的强化和扩大化意味着资本的不断集中，其得以发生所采取的方式强化了

> 资本的权力和社会生产条件与实际生产者分离而在资本家身上人格化的独立化过程。资本越来越表现为社会权力，这种权力的执行者是资本家，它和单个人的劳动所能创造的东西不再发生任何可能的关系；但是资本表现为异化的、独立化了的社会权力，这种权力作为物，作为资本家通过物取得的权力，与社会相对立。由资本形成的一般的社会权力和资本家个人对这些社会生产条件拥有的私人权力之间的矛盾，越来越尖锐地发展起来，并且包含着这种关系的解体，因为它同时包含着把生产条件改造为一般的、共同的、社会的生产条件。②(《资本论》第3卷，第264页；同时可见第1卷，第781页及其后；第2卷，第108-109页)

因此社会对资本进行组织的条件直接定义了劳动力在社会层面上服从的前提的特征：这种服从客观性地与对资本的客观组织相

---

① 中译文见《资本论》第1卷，前引，第666页。——译注
② 中译文见《资本论》第3卷，前引，第293-294页。——译注

联系,这种组织在社会层面得到扩展,并且因为与不断一般化的劳动抽象化的关系而在质上得到深化。资本在社会上的对象化得以完成。工厂和机器大工业定义了整个社会的生产进程。与社会层面上自由放任的无政府状态相对应的工厂专制主义,代表了在当下生产方式中完全被替代的阶段。如果工厂扩展到整个社会平面,那么处于以各种形式表现出的相互渗透关系的组织和服从也同样扩展至整个社会。

考虑到这种发展,我们现在能够准确定义工厂—社会中组织与服从之间关系所表现出的形式。这种关系是辩证性的:它一方面欢呼资本主义组织,另一方面欢呼对资本的服从。就工厂—社会重新塑造了社会生活的全部条件来说,它欢呼资本主义的组织。这种组织是一种具体的"**归一论**"(reductio ad unam),将所有形式的剥削还原为产业剥削。这①不是简单地"占有剩余价值或者剩余产品,而且同时是创造剩余价值和剩余产品"。之前所有形式的剥削都被清除殆尽:"那几种在产业资本以前,在已成为过去的或正在衰落的社会生产状态中就已出现的资本,不仅要从属于产业资本,并且要改变其职能机制来和产业资本相适应,并且只能在产业资本的基础上运动,从而要和它们的这个基础同生死共存亡"②(《资本论》第2卷,第57页)。从这个视角来看,作为创造财富的源泉,劳动被视为社会价值增殖独一无二的标准,因为工厂—社会消灭了所有其他可能的标准、其他生产财富的源泉。

---

① 即在产业资本这种存在方式中资本的职能。——译注
② 中译文见《资本论》第2卷,前引,第66页。——译注

然而,在这种关系中,服从作为资本主义组织的前提和效果,也得到欢呼。产业资本之所以是创造性的,因为它不断革新生产形式,再生产对抗,并且让其从属于新的组织层级。资本在社会上的统一是目标,而非前提;这是对其自身中不断涌现的阶级对抗的胜利和建构;它是在自身之内对劳动力的持续重构,直到其在资本的社会结构中遭遇构成境况的极限(见《资本论》第1卷,第477－480页,第636－639页)。因为这是过程的终点。

事实上,如果说覆盖整个社会的资本的经济构成只能成为国家构成,那么资本主义的组织和服从必须在此语境中得到再结构化。表现为社会总体性的劳动力被构型为内在于资本再生产机制中的人民:人民是在工厂—社会的国家中被宪法化的劳动力。作为劳动力,人民被号召参与社会产品的生产,在社会中资本主义生产的一般进程中被组织;他们从属于且被迫屈服于社会积累的要求,同时从属于且被迫屈服于雇佣劳动关系不间断的再生产。在资本主义组织的这个层级,作为社会劳动力的人民被号召去管理他们自己在社会中被剥削的境况,从而确保一般积累运动的延续和再生产。

这与从民主向社会主义持续发展过程的田园般意象,有着万里之遥!在现实中,当资本——处于其发展的社会层面上——披上社会性的披风并且在自身之内压制私人理性时,它必须同时在自身发展的一般性中,将社会劳动力设定为可变资本,设定为人民。当产业资本在其自身的社会积累的机制内采取普遍利益的立场时,对资本主义生产关系再生产的民主管理成为资本主义扩张处于最高层级时的自然而然的发展。在这种机制中对劳动力组织的构型现在成为活动与生产的形式,这种形式不仅具有经济性而且也直接具有政治性。服从现象在深化,以至于劳动力在社会层面参与到资本主义关系再生产的程度也得到加强和完善。因此产业资本不仅消灭了除劳动之外的其他所有社会价值增殖的标准,而且也在对自身增长的民主管理中,积极地将劳动力宪法化。因此它在社会层面上再现了隐藏于原始积累阶段的所有对抗。它不得不在自身之内组织生产性的社会力量,使其不断扩张,而且因为它的确对它们进行组织并且越变越大,产业资本越来越作为一种外在的、客观性的、抽象的权力而与它们相分离。

任何追踪资本主义社会中劳动力宪法化进程历史发展的人都不能不承认这些理论论断的有效性。这个过程存在两个根本性的阶段。首先是竞争体制中的原始积累和资本扩张阶段。在这里,对处于资本内劳动力的组织处于最小化程度:无论是从技术、生产的角度还是从政治的角度来看。工厂体制将生死存亡交给对冲突的强制性中介。另一方面,资本本身不得不在社会层面争取将自己确立为经济和政治领域内独一无二的行动者;然而在这个努力过程中,它并没有轻视工人阶级的联盟。无论如何,社会立法不会超越对一方的镇压行动阶段,也不会超越对另外一方的预防性干预阶段。在这个阶段,我们还无法真正谈及劳动权利。① 然而,当产业资本在当代社会取得主导权,并且当资本在社会层面被结构化,以同样

---

① 见佛斯托夫,《作为法治国的德意志共和国》,第553-554,560页;以及阿斯卡雷利,《法律秩序和经济进程》,第59-60,65页。

一般性的条件推进积累进程,我们开始认识到服从于这些要求的权利的概念:首先是与生产主义概念紧密相关的预防性立法被提出来,其次是提出了真正致力于社会保护的立法。①在资本中对劳动力所进行的组织变得一般化了,并且日益强化的趋势是,工厂日益向外扩充,越出了其物质性的限制,而对冲突的中介在社会和政治的层面上展开。劳动权利由此诞生了,并且不断得到更新。如果说这个概念没有取得稳定的定义且依然有附带条件,这只是因为劳动权利的组成要素和方法不断为一般的公法和国家所恢复,而国家得到劳动的这片领域不断投注,并且被当作其守卫者。②

当然这个过程并非自动发生的。哪里有资本主义改良主义,哪里就必然会出现工人阶级的斗争。是工人的斗争在物质上强迫资本采取改良措施;是工人的斗争在实践中消除了对资产阶级

---

① 杰拉德·里永－卡恩(Gerard Lyon-Caen)和吉尔尼尼从历史的角度对这个阶段予以了充分的描述。见里永－卡恩,《劳动权利的理性和理性基础》("Fondamenti storici e razionali del diritto del lavoro")和吉尔尼尼《宪法中的劳动权利》。

② 里永－卡恩强调了劳动权利的"过渡"或者"不稳定"特征(见《劳动权利的理性和理性基础》,第78页)。作者接下来分析了劳动权利的理性基础,并且驳斥了其他几种定义(例如卡比当－安德雷[Capitant-André],阿米奥德[Amiaud],斯切雷[Scelle],默塞[Mossé],胡斯特[Rouast]和杜航德[Durand]),意图让劳动权利与(处于发展的各个阶段,但特别是最新阶段的)资本主义国家内的整个权利结构确立融贯的关系(特别参见第81页)。尽管他的结论非常概括,且有时过于意识形态化,但根本说来是正确的。

的恐惧不安以及资产阶级的镇压冲动。① 我们已经认识到,且我们会更为详细地看到,工人阶级如何在这个过程中扮演双重角色:既确立又废除这种改良主义。另一方面,工人对资产阶级改良主义的兴趣在于如下事实:伴随着凌驾于社会之上的资产阶级权力的集中,存在着工人阶级的劳动力的集中——首先是形成,然后是组织,因此资本主义组织的最大化对应的是工人阶级不屈从的潜能的最大化。然而,就眼下来说,我们应该将我们的任务限定在审视这个过程中的资本主义面相。

与资本的权力扩展到整个社会以及劳动力在资本内的社会化和整合的复杂过程相对应,出现了劳动的宪法功能的强化与扩张。作为完整社会生产来源的劳动成为国家的来源;宪法是劳动的宪法,亦即雇佣劳动关系的宪法。这是全部社会与政治发展奠基其上的基础。甚至权利和法律都无法逃脱其权力。

第一个法律上的后果:渊源体系的危机
——资本主义整合和对渊源的历史—实证主义整合

社会关系的破裂以非常直接的方式在权利和法律的领域内

---

① 在这个方面,提及从社团主义的概念和体系向意大利宪法所确立体系的转变,从而认识到如下两个相关事实,对我们来说已经足够:工人阶级斗争的阶段与(和以直接的方式与劳动相关的)立法的发展相关联,决定了后者的时间安排与转变;在意大利最近的历史中,工会为重获组织自由、取得工厂内的自由等所展开的行动是工人阶级斗争的直接成果(无论资本后来对这些成果如何进行利用)。无论如何,关于"劳动宪章"体系与意大利宪法所确立的体系之间的原则性差别,见朱利亚诺·马佐尼(Giuliano Mazzoni),《在经济法之友协会的演讲》,特别是第 1226 – 1227 页。

得到反映；因为权利和法律参与到了对现实的改造中，它们只能被直接纳入进来。另外，一系列从其他角度难以理解的法律现象，如果从这个角度来看，就会很容易得到解释。这种平行性的转变，社会现象与法律制度之间隐蔽的互渗关系，构成了科学理解法律发展的唯一可能视野。

劳动取得优越地位，并且被欢呼为社会价值增殖独一无二的标准，这对权利领域产生了各种各样的影响，我们在接下来的部分会追踪这些影响。最开始让我们感兴趣的是那些处理权利的生产方式的后果。事实上我们应该认识到，这是权利与社会之间各种接触点中最为重要的部分。因为解释与管辖权的实践——不断需要去与现实"算账"——被置于体系中各个层面，有着面对更少危险的存在，或者说因为在司法上已经非常重要的前提而得到更多保护。法律的生产开启了一个对权利来说完全陌生的世界，但这个世界必须基于权利才能得到理解。这种关系牵涉到不对等力量之间的斗争，由此而产生的权利必然是屈从，或者说不得不服从生产它的现实。另一方面，法律科学因为这种法律生产的不稳定状况而受到伤害，因此它总是试图将生产问题确定为不相干的问题——结果总是徒劳无功。没有一种形式主义是如此纯粹，以至于不需要预设一个根本性的规范，这种规范在实质上因为社会安排的历史语境而具备自身的特征。因此，实质上的预设最终不可避免地再度出现了，作为不可控制的残余出现在形式性秩序安排的各个层面。认识到这一事实，当代法律科学更愿意追踪新的境况，并且逐渐让自己适应新的境况。这是一个尚没有彻底完成的艰难而复杂的过程。我们会对其进行阐释，在牢记其当下制约要素的同时尝试指出其趋势。最初，我们可以以两种根本性的方式去体会实质上的劳动主义只能将权利生产作为自己独一无二的基础：就基础的独一无二性来说，它要求权利生产体系的统一性；就其在物质上得到定义并且在历史上得到规定来说，这个基础在生产体系上安排了具体的模式。因此，首先，我们必须研究劳动主义基础的统一化加诸于权利生产之上的一般形式，其次，我们会转向这种生产的特殊模式。

现在让我们聚焦于第一点。我们应该注意到，最近法律科学加速了渊源的一体化进程，并且对社会现实的运动趋势也采取接受的态度——虽然有时自身并不情愿。通过这种方式，这也促进了传统上对这个问题论述的去神秘化。事实上，传统呈现了一系列的指向权利基础的命题，这个基础以一系列实质定义的形式让各种错综复杂的问题发挥作用，随后消灭它们，毫无批判性地将它们混在一起。特别是正如博比奥所注意到的（《法哲学讲座》[*Lezioni di filosofia di diritto*]，第 51 页及其后），权利的渊源问题被呈现为三种面相：作为法律规范根源的问题；作为法律安排形成的问题；最后，处于从属和隐蔽地位，通常是暗中被消灭的，作为社会权威形成的问题——这种权威能够为规范提供正当性和有效性，从而支持它们的安排。然而我们应该注意到，这并不是因为巧合才发生。事实上，只要法律体系毫无疑虑与悔意地采纳被赋予的社会秩序，那么完全就没有必要提出社会权威的形成和正当性问题。我们可以借用政治史学的术语将法律实证主义时期称为"安定的时代"（the era of security）——对秩序安排的社会与政治预设有着安定的信念，确信法律体系在当下已经完善，或者具有无限的可完善性。黑格尔和康德虽然有所不同，但都是这个时代的守护精神。所谓的渊源问题不是先于而是后于这个体系的构建而产生,并且与如下需求相关联,不是建立体系而是以一锤定音的方式来定义这个体系的需求。这里需要回顾一下:在工厂—社会的发展将科学带入资本的领域之前,资产阶级科学世界的统一性一直都是形式性的和意识形态性的。结果就是,体系预示了自己的物质性基底(substrate),而渊源被安排所定义,不仅仅是在如下显而易见的意义上,即每一个体系都定义了自己的生产性机制,更是在如下意义上,即这样一种机制被采纳只是因为它会服务于体系先行想好的利益,而这样的事实让我们认为,这些渊源尽管是功能性的,但并不是具体的。极而言之,似乎是体系创造了渊源。① 另一方面,那些"讲究实际的"法学家似乎并没有质疑如下事实,即在对安排的定义以及对其不同层级的稳定化(valorization)之后,对渊源的提及——如果说不仅仅是精致的装饰——自然是对可能看起来没有根据的体系进行装饰的后果。

---

① 在这个方面,见巴尔纳·霍瓦特(Barna Horvath)的重要文章《实证法的渊源》("Les sources du droit positif")。例如,霍瓦特宣称:"权利的渊源不过是两种状态或者境况之间的处于过渡状态的权利,从一种流动状态和暗中的不可分割性向明确的确定性状态的转变。"很明显这是一个彻底的唯心主义立场,这个立场也为同一本选集中的其他文章所分享,见《实证法的渊源》。然而,注意到几种其他立场——这些立场的基础更加实证化,而且基于非常实在论的哲学预设——最终创造出了有着体系性虚幻性的渊源概念,这一点非常有趣。见米尔塞阿·杜瓦拉(Mircea Djuvara),《实证法的渊源和规范》("Sources et normes du droit positif"),或者非常不同的思路,费卢齐奥·佩尔戈莱西(Ferruccio Pergolesi),《论规范性渊源》(*Saggi sulle fonti normative*),特别是第 1-28 页。我们之后会回到佩尔戈莱西的作品去考察与渐进主义理论相关的一系列积极贡献。

就他们来说,他们乐得袖手旁观,满足于已有的结果。

我们应该更加仔细地审视这些渊源。它们都处于体系之内,或者它们根本就无法找到,再或者他们无处不在?实质的和形式的渊源,内部的和外部的渊源,成文的和不成文的渊源,首要的和次要的渊源,直接的和中介性的,正当的和不正当的,法律的和习俗的,如此等等:这种混乱在将问题强加在体系之上时达到顶点。以非常微妙的方式将这些渊源区分开来的差别据说是"体系真正的起因、价值原则和认知原则之间差异的具体的表现"(霍瓦特,《实证法的渊源》,第134页)。只是他们没有认识到,只要他们还只是和体系的原则纠缠,没有接触到权利生产的真正原则,那么这些区分无法真正被把握。试图让体系的基础看起来好像是一个问题,但同时又想要将其置于体系本身之中,这是毫无益处的。在这里,最为体面的解决方式就是唯心主义哲学经典的走出难题的方式:让法理学成为权利的基础。因此科学看起来与前提相一致,表现为权利具有自我意识的和本体论意义上的基础:**只有法能成为法**(Recht kann nur aus Recht werden),而生产的事实性却是不相干的,或者就科学来说,起码处于从属地位。①

然而,有些人说今天的法律科学抛弃了这个视角。当资本在

---

① 关于这个论述,见恩斯特·斯沃博达(Ernst Swoboda),《权利的各种渊源:它们在各种法律体系中的平衡和等级》("Les diverses sources du droit: leur équilibre et leur hiérarchie dans les divers systèmes juridiques")。这里作者认为渊源的体系,以及体系要素中的平衡(和谐)和等级(从自由到社会),都是由一系列调节性原则所构成的,而法律主义根据理性平面的原则构成了这些原则。斯沃博达立场中的新康德主义基础是非常清晰的,而且也展示了这些理论的哲学前提。

自身之内恢复科学，就不再会有置放逃避现实的问题意识的空间。另一方面，资本主义的整合以及随之而来的社会权威的再结构化将社会权威间的这种关系、规范的基础以及它们在安排中的境况视为核心问题。另外一个问题，即单一规范的起源问题被吸纳进权威与规范之间关系这个更大的问题中。在渊源的一体化问题之外，以及在它们于同时也构型了权威表现的现有结构的一体化之外，依然存在着这样的认识，即问题不在于向现实投射科学已经自主决定的内容，而是在现实中确立法律规范所有创造性、修订性或者毁灭性的效果。① 现实的形象本身最终得到了修订。资本主义一体化在规范之上打上了意义和方向的印记；这个一体化并非只是量上的，而且也是决定性的。尽管当我们试图定义这种一般性地决定法律规划的事实性的本质，这个讨论会重新开启——而且以混乱的方式重新开启，例如，会规定如下的选择：关注将渊源定义为实际权力的理论，还是关注这些权力得以出现所依赖的程序的理论——尽管如此，这个讨论点明了需要将基础定义为实际的、生产性的和决定性的行动。如果规划安排是规定规范价值的体系，那么渊源只能是这些价值以及它们的体系所由之而来的内容，是通过权利构建它们自己表现体系、它们自身本

---

① 关于这个时期内权利渊源的各主题，对意大利法理学文献有用且细致的梳理，见洛伦扎·卡亚尼(Lorenza Carlassare Caiani)，《论单一文本的法律本质》("Sulla natura giuridica dei testi unici")。作者所呈现的立场一般来说与我在这里所呈现的观点截然相反，澄清了如下差别，这些差别源于本质上同质性的权利基础对于现实的参考的核心。她同时也澄清了这些作者对凯尔森批判的严厉性。就我们的目的来说，认识到一般性的论点已经足够。

质等级的那组社会力量。① 当然这种一体化依然是形式性的,但是这种形式主义在把握基础的生产性环节时,依然有发展的可能,并且指向积极的历史内容。首先,它颠倒了传统的渊源理论。因此我们必须继续推进,来分析这种生产性行为的本质。

例如,这可以通过直面生产性渊源和认知性渊源之间的区分并且对其进行去神秘化来完成。② 通过对渊源概念的决定性区分,体系自决中一片明显的边缘地带得以维系,而对生产性行为的定义在规范起源的简单时刻所具有的非常狭窄的界限和规划之间,宣告完成了。由社会权威在构建的过程中所投注的规范被转移,并且只是在形式上得到联结。事实上,只要通过这种形式,奠基性的威权主义秩序安排没有重复奠基性的实在秩序安排,秩序安排就会复制自己。③

---

① 见博比奥,《法哲学讲座》,第 52 页;以及卡雷卢蒂(Francesco Carnelutti),《民事诉讼法体系》(*Sistema di diritto processuale civile*)第 1 卷,第 25 段。

② 博比奥对这两种渊源的类型进行了定义。"通过定义生产性渊源,我们这样理解渊源,通过这种渊源,司法规范——甚至是那些源自认知性渊源的规范——承载它们强制性力量……所谓的认知性渊源指的是产生法律规范知识的渊源。"(《法哲学讲座》,第 61 页)卡亚尼补充说:"我们所理解的认识性渊源是让规则的知识成为可能的模式,而这些规则本身源自生产性渊源。"(《论单一文本的法律本质》,第 45 页)对这个问题的一般性讨论,见科达奇-皮萨奈里(Giuseppe Codacci-Pisanelli),《知识的渊源与生产的渊源》("Fonti di cognizione e fonti di produzione")。

③ 莫塔蒂对这种二元论进行了详细的分析,见《实在意义上的宪法》,第 35 页及其后。在严格的社会学意义上,库里切(A. M. Koulicher)坚持自然伴随着"宪法权利来源多元性"的宪法安排的多元性,尽管他自己后来要求对这种二元论进行持续的和解,参见《宪法中渊源的多元性》("La multiplicité des sources, en droit constitutionnel")。

有了对这两种渊源的区分,与渊源的一体化以及生产性行动本质相关的考察的深化就有可能变得毫无用处,因为——考虑到因为认知过程自主性而让给体系的一点自主性——体系可以恢复自己在物质基础的站位,让其效果不能发挥作用,或者至少损害其效果。这只是一种风险,但我们应该补充,这是一种精心计算出来的风险;事实上,在其所有具体功能之外,这种区分之所有起到作用根本上是因为它是最后的抵抗:抵抗将法律实证性称为历史实证性,并且将形式框架带回到其历史基础。① 但是这种区分如何在这种深度一体化的法律构型中,在其起源和发展中,通过资本主义整合的一体化的范畴而得到维持? 尽管理论紧紧抓住这个区分,以期拯救其科学自主性的传统,但在这里,实践被赋予了激发这个立场的确定危机的作用。在解释的实践中,尤其是当不同的秩序安排受到挑战,被强加于人或者被混淆时,很明显的是,渊源的概念和体系纯粹是相对的,不可能在单一的秩序安排的历史预计之外来指认它们。即便对定义的持续任务来说,在单一秩序安排的有限基础上,传统的形式性的历史性和等级性的标准是不够的。它们被体系的相对本性所扭曲。只有秩序安排的物质基础才能够让其从混乱和不确定性中拯救出来,只要那个基础被呈现为

---

① 生产性渊源和认知性渊源之间区分的根源是源于经典,这并非巧合(见科达奇-皮萨奈里,《知识的渊源与生产的渊源》,第 230–232 页)。因为权利的渊源直接就具有神圣性,这其实是指认其表达的"文献"的问题。因此我们就看到了存在的渊源(fontes essendi)和认识的渊源(fontes cognoscendi)之间的区分。这也解释了,这个区分何以能满足对民族精神(Volksgeist)的神秘发展所产生效果的表达。最后,唯心主义理论家的系统性疯狂也趋向于这种区分,这就不是什么巧合了。

在实存上具有确定性(existentially determinate)、在规范上具有规定性(normatively determinant)。①

从这个视角来看,就生产性渊源与认知性渊源的区分来说,我们可以期待一个初步的、不全面的结论。这个区分必须借鉴已经讨论过的内容,这样我们必须认识到"在两种渊源的类型之间,存在的不是相互依存的关系,而是有着密切联系的关系。这种联系之所以产生,是因为这样的事实:如果生产性渊源在其最为根本性的环节中是法律行为,那么从另外一个视角——文案的视角——来看,认知性渊源就是同样的行为"。在这种对区分的技术性利用之外,我们也可以认识到"认知性渊源并不是作为自主的法律范畴而存在的,我们最好使用认知模式或者认知方式"(卡亚尼,《论单一文本的法律本质》,第50-54页)。如果说为秩序安排奠基的生产性行为包纳一切,那么就不可能存在其他情况。这种行为的本质得到澄清并且被解释为排他性的,从这个视角来看,体系所有自主性的残余都被清除了。

这个结论尽管就其与我们目前所讨论的特殊问题的关系来说,可能很有说服力,但还是不全面的。在渊源(这种渊源在实质上得到规定并且在权威中处于首要地位)的基础上所确立的体系的有序关联,即便能够取得统一性,也有消解如下接合关系关键要素的风险,一边是规划安排,另一边是多元的形式渊源以各种

---

① 对这个论断最为清晰的证明出现在克利萨弗里的《宪法渊源体系中的等级和能力》("Gerarchia e competenza nel sistema costituzionale delle fonti")。关于这个主题也可见克利萨弗里,《宪法课》第1卷,第192页及其后,第285页及其后。

各样的方式所指派的体系。规划安排和体系被呈现为致密区块（compact block）。为了再度进行接合，我们不是得再度引入体系内的区分吗？或者有可能将真正的一体性确立为真正的接合？如果想要彻底解决问题，这些问题就必须得到回答。

事实上，当我们考察第二种可能的时候，我们发现了一种回应。将形式渊源体系的自主性去神秘化并且指认实际基础的历史—实证本质的同一个的分析，也把握到了对规划根本性生产行为的历史—实证性阐述。这是如下论断的首要意义：宪法高于权利。这个原则提出，生产性行为是作为对规范性内容的具体阐发而被给定并且在历史中得到强化的，另外，它揭示了并非形式性而是物质性的规范性内容的秩序。作为根本性生产行为第一个具体体现的宪法？发展出了一种规划，这种规划并非形式性，而是足以满足生产性行为的物质性。等级制这个概念虽然可以用形式性的术语来理解，但在这里可以得到改头换面性的重新定义；我们说的更多是能力，指的是与各种各样的原材料相关的规范性内容的区分化（见克利萨弗里，《等级与能力》["Gerarchia e competenza"]，第 808—810 页）。简言之，这个分析最后吞没了渊源这个概念，就这个概念在形式上的定义来说。渊源的概念所指向的真正问题，统一与接合的问题，都再度恢复了，并且在这个意义上，在关于实质构成的讨论中再度被提了出来。体系的统一是全面的。它在物质构成的形式中得以实现，这种构成独自让所有的法律生产性变得独一无二，并且对后者进行组织。

这似乎是将劳动置于实质构成中，并且将其作为社会价值增殖独一无二标准所产生的第一个重要后果。其独一无二性将自身昭示为对法律生产的统一，展示为预先安排好的对其发展的组织。从实质角度来看,现在我们必须认识到,不再将劳动设立为"独一无二的"标准,而是将其作为确定的物质基础,所具有的第二个意义。

第二个法律上的后果:法律至上理论的危机
——从整合到冲突性;或者说,劳动宪法化的形式

我们在这一部分的焦点将从渊源在实质上的统一问题,前进到描述宪法所具有的劳动主义内涵在全球规划安排运动中得以发展所采取的形式。我们已然提出一系列预设,这里我们必须考察它们的相应后果。首先,我们会以详细清晰的形式来总结这些预设。

如前所述,劳动力和资本主义的组织与服从之间的关系的宪法化是一个排他性且总体化的进程。整合就直接揭示了其肯定性的面相:它将社会关系的总体昭示出来,对它们进行实证化,清除所有对自发性的怀念,最后指认并且独特地构型生产权利的实质行为。论述至此我们已经言尽,但又没有说出任何内容,因为这个分析并没有解释这种宪法化的形式——这种宪法化一直是对斗争的整合,以及对冲突的替换,将对它们的解决和组织提升到更高的层级。事实上,很容易以为整合被委托给处于决定性的客观性中的令人感到安慰的信念;但更加困难的是——尽管这绝对必要——认识到另外一面的事实,即斗争的事实。有时斗争潜藏在地下,有时则以暴烈且面目模糊的形式出现,但是资本清白的科学性良心不愿对其进行考察。然而,实践——或者说对真实关系的经历——迫使资本每天都要面对斗争:资本不仅被迫对这个问题给予政治上的考量,而且(这是最让我们感兴趣的)被迫给

予法律上和技术上的考量。

　　从这个角度来看,为了理解这一观点的一贯性和重要性,去考察当下法律科学所特有的一个问题足矣:法律在渊源体系中的定位问题。现在记住资本主义整合过程很早以前就被呈现为整合进法律之内的过程,这会有所裨益。法律逐渐成为权利独一无二的渊源,司法体系(juridical system)成为法的体系(system of law),并且在20世纪初,人们建议将法律实证主义确立为法条主义。今天,所有这些体系结构都轰然坍塌,片瓦不存。就在实证主义看似取得成功之时,出现了来自各个方面的批评,50年以来不同的思潮相互竞争,想要成为法律科学独一无二的意识形态和站得住脚的方法。这之所以会发生,根本上是因为法律之内的整合代表了一个环节,但只是社会关系法律化的广阔过程内的一个环节。它的确在统一化,但恰恰因为它是一个单边性的统一化力量,无法说明从统一化的体系内出现的斗争和真实的言说。斗争涌现,并且更加突显自己的力量,因为整合将差异带进了体系。然而,这种差异还没有被认识到,但是它需要被认识——它拒绝被压缩进统一体之中。科学运动的阶段以及辩论的解决方案也在这种境况中得到规定。尽管有很多人作过论断,取代处于危机中的实证主义的替代选项并不是对其简单的否定——或者对自然权利的某种复兴——而是要在规划安排的历史实证性的开放概念中,在对其实质基础的指认中,在对统一化过程的辩证内容的理解中,去对实证主义进行发展。在某些重要的案例中,实证主义的危机被理解为渊源的危机问题,这并非偶然:从根本上说是法律的危机,因为法律无法充分在其体系内包纳或描述社会劳动宪法化过程的运动和特征。①

因此,可以正确地将实证主义的危机描述为法律排他性原则的危机。然而,这同时也是在社会国家的构成语境中对实证主义的再结构化或肯定性的再加工。② 我们在这里应该对这两点内容深入讨论。

为什么法最后无法为社会劳动宪法化奠定基础?我们已经指明某些更为一般性的原因,现在应该去考察问题的某些特殊方面。首先,我们应该注意到,法代表了非社会性(nonsociality)的漫长传统。它占据了一个模糊的位置,要么是作为"客观权利的规范",要么是作为"意在提出规范的国家意志的行为"(见卡尔内卢蒂[Carnelutti],《民事诉讼法的体系》[*Sistema di diritto processuale civile*],第1卷,第97页)。所提出的规范的客观性与如下程序相关联,这个程序在根本上将法定义为主权的意志和国家机器的表达。模糊性只是理论上的;从历史上看,法律因为其传统程序的位置而承受了单边性的负担。然而,如前所见,这并不会有损如下事实,即这个以法的形式体现出来的主权意志的明晰表达能够用来奠基、维持和引导劳动宪法化的进程。存在这样一个环节,

---

① 当下渊源危机问题的一个根本环节在《实证法的渊源问题》(*Le problème des sources du droit positif*)和《法源研究:惹尼纪念文集》(*Recueil d'études sur les sources du droit en l'honneur de G. Geny*)中得到展示。在这些文本中,渊源危机被呈现为法律主义的危机;换言之,被呈现为将法律作为独一无二渊源的原则的危机,以及对挑战传统法律实证主义理论的一系列新渊源的认识。

② 关于法律实证主义的重构,见恩里克·诺伊(Erich Neuy),《实证主义视角下法哲学相对主义问题》(*Das rechtphilosophische Relativismusproblem in der Sicht des Neopositivismus*)。

那时主权的新的民主基础似乎允许所有这些都成为稳定的发展形式——我们不应低估这个事实的重要意义。

然而,这只是其中一个环节。事实上这个解决方案的不足之处很快就彰显出来:一方面,这只是一个显而易见的解决方式,另一方面,这个方式收效甚微。之所以说是显而易见的解决方式,是因为民主的技术将劳动力宪法化的环节与对劳动力社会化的具体规定相分离,而且这些技巧中止了这种关联,将其抽象化并且将其构型为此过程中间的一个环节。这些技巧只是事后重构这种关联,在将法律置于国家表达权威的体系之后。之所以说收效甚微,是因为劳动力的社会化是实实在在的事实,即便有人不想承认,因此这个解决方案通过其所揭示的对社会关系的辩证构型而确立一系列的前提。法律具有一般性和抽象性;对劳动力的社会管理则施加了实质的和具体的法则。法律在不变且典型的连续性中进行立法;社会性则是持续处于变动状态的境况,并且需要足以应付这种境况的命令。如果我们依然想要谈论一般性和抽象化,以期维持这种关联,那么我们就不得不说,第一个环节只是简单观察了"时间性秩序的一般性,或者说重复应用准则的可能性",第二个环节——与某些异质性的标准如平等相勾连——则起到了表征操控的非个人性的作用(见克利萨弗里,《宪法课》第 1 卷,第 249 页及其后,特别是第 256－257 页)。然而,最好是要抓住要害,认识到"古典的国家法概念主导地位的终结"(佛斯托夫,《论计量法》["Über Massnahme-Gesetze"],第 223 页)。在社会国家中规范性被表现为具体的操控:构成性领域遭到作为**行为**(*actio*)的条款的反对,即"手段与目的之间的特定关系","不需要也不可能构成某些规则,而是把握某些规则——这些规则被命令服务于实现某个目的——的行为"(佛斯托夫,《论计量法》,第 225－226 页;同时可见费希纳[Fechner],《法哲学》[*Rechtsphilosophie*],第 26 页及其后)。

所有这些之所以发生,是因为劳动力的宪法化得到劳动力社会化的支撑。这种法律上的关系直接具有社会性,而且在这种社会性中,这种关系不断得到重新考察和革新,根据有待解决的案例的具体性来衡量自己,让自己能够去适应它们的多元性。① 除了在社会性领域中的法律的危机(我们会反复回到这一点),还存在其他让法律的排他性理论变得脆弱且难以立足的要素。例如,理论具有相关性所依赖的前提不复存在:首先是分权体制的消失,这种分权的功能是"让立法权有着完全的独立性",其次是公与私之间区分的逐渐消失(见博比奥,《法哲学讲座》,第 58－60 页)。正是劳动的宪法化过程产生了这种后果,因为它不仅决定了基础的统一化,而且也决定了法律发展的统一性。劳动力被提升至社会层面,这再生产了资本主义生产过程的一体化,因此所有的权力都得到了统一。在这个构型中,劳动力的社会化和宪法化可以在计划中找到,这是它们真正的顶点,是对所有权力的真正统一,是公共持续渗入私人领域,同时也是私人领域真正的社会化(见瓜里诺,《公法经济学论著》

---

① 对此过程的一般描述,除了佛斯托夫的作品之外,可见巴勒施泰特(Kurt Ballerstedt)的美妙分析,《论经济计量法》("Über wirtschaftliche Massnahmegesetze"),以及收录在《经济的公法和能源法》(*Scritti di diritto pubblico dell'economia e di diritto dell'energia*) 中的朱塞佩·瓜里诺(Giuseppe Guarino)的文章。

[*Scritti di diritto pubblico dell'economia*]，特别是第 341 页及其后)。法学理论家，特别是那些宪法和行政法理论家，很快就把握到了这种发展。①

法律主权的前提消失了，同时法律世界也彻底得到了重新定义。就法律世界得到一体化和整合化而言，它强加了一系列否定性的规定，而因为这些规定，法律存在的形式领域被摧毁了，回到了新的法律实证性。② 因此，现在可以考察这种实证性的定义，在这个定义中，法律实证主义得到复兴和重生。

如果事实证明，法律无法为社会劳动的宪法化过程奠基，那么这个过程所表现出的实证形式是什么呢？废黜法律主权地位的要素也正是塑造新的实证性的那些要素。我们已经认识到一个核心特征：虽然资本主义生产方式在社会层面上的发展在工厂内统合了整个社会，它也在更为广泛的范围内再生产了阶级对抗。在抽象劳动实现其最大密度的地方，阶级对抗最高层级上得

---

① 在宪法中关于这一立场的案例，特别是与分权问题相关的案例，见巴拉多雷－巴列里在《当下宪法中权力分割刍议》("Appunti sulla divisione dei poteri nella vigente Costituzione")的重要分析。对战后不同司法安排之间的比较研究，见恩佐·切利的《西方主要法律体系内条件性的行政权的拓展》("L'ampliamento dei poteri normativi dell'esecutivo nei principali ordinamenti occidentali")。最后，与行政法相关的，见佛斯托夫，《行政法教材》(*Lehrbuch des Verwaltungsrechts*)第 1 卷《总论》(*Allgemeiner Teil*)，在我看来这是对当下问题最有洞见且最为详尽的概述。

② 我们应该牢记，法律主权信条的消解过程并不是因为对权利渊源的讨论而产生的，而是因为对其阐释的争论而产生的。当然，这里无法更为充分地讨论这个问题。

到社会化。当资本根据其内在的必然性,将整合的过程推向极端,就发现了这一事实,并且发现,其确定的实证性就寓于这种关系中。如果说与朝向这种整合趋势相平行的,还存在着斗争与社会冲突的加剧,那么资本主义整合只能在如下程度上存在,即这种冲突首先要得到把握并得到调节。这里我们就有了新的法律实证性的现实。这在对如下两种要求的回应中得到表达:一个是消极的整合要求,一个是积极的对冲突性进行整合的要求。

如前所见,消极的整合要求可以在渊源体系的崩溃中得到解释,因为这个体系代表了法律世界的重复,也因为这个体系起到了静态机制的作用,以此去调节社会现实与法律现实之间的关系。对冲突性进行整合的积极要求,只有当在社会层面的冲突性和劳动力实践成为调节(这里我们也许可以不说调节,而是创造)——即调节社会与法律之间不断出现的新的更为内在的关系——的动力基础,才能得到解释。冲突性必然成为整合模式的特征。这里,规范要向冲突性妥协,要向其所组织的积极和消极环节妥协。事实上它的确是如此行动的。规范被用来服务于经济和政治目标,作为服务于目的的手段而起作用,即便同时它被定义为具体的和个体的行动。随着社会化层级的提升,让规范适应于社会现实的能力也必然得到增强,同样地,在法律命令和社会共识之间也出现了日益强化的对带有附加条款的综合的需求。把握住发展趋势,阐释并维持这些趋势,这需要集中的注意力,而且这也越来越得到完美地实现。这也是实证性能够得到把握和重构的前提——不是基于事先确立的设计,而恰恰是基于冲突性本身的特殊环节。法律的社会性在这里得到彻底揭示:劳动的宪法化成为自主性的,而整合被构型为"形成共同体"的持续过程

(巴勒施泰特,《论经济计量法》,第379页)。

概而言之,这是劳动宪法化的实证语境,这种宪法化由劳动力的社会化所决定。我们有必要将这个一般性的框架牢记心中,以便能够展开考察,并且去定义权利在社会国家内得到生产的具体方式。

社会国家内对具体权利生产模式的构型
——资本主义对"国家消亡"的扬弃

"通过自己重新发现自我的过程,奴隶意识到,正是通过自己的劳动——在这种劳动中他似乎只拥有异化了的意识——他获得了自己的思想。"(黑格尔,《精神现象学》,第118—119页,英译有所改动)换言之,在整合看似抹平社会关系的全部复合结构,以至于将它们构型为单纯的机械客观性的地方,实证性被重新发现为普遍化的拒不服从,即斗争。整合的本质特征是,每一个被整合的要素都是所有要素的基础。在每个主体的价值增殖中,主体之间的一般对等状况被颠倒了,这样一来,独一性的主体越是可以有效地被整合,它就越能够认识到整合的整个运动,并且将自身置于运动中,坚持自己的在场。然而,正是基于同样的原因,这种坚持预示着对抗:在整体性面前独一性的被决定。在劳动——其社会化允许对劳动力的整合——中,独一性的劳动力发现了一般的共同性(general commonality),同时也发现了自己的位置感。这两种认识的交叉就成为一种对抗,而这种对抗是整合过程的唯一基础。

这是整合过程的形式性形象。其重要性在于如下事实:它将整合的过程描述为认识各方的过程,描述为对异议和同意的组织,因此也就是描述为对斗争的组织。其重要性还在于如下事实:它将我们引向经验的现实,在这种现实中,没有斗争就没有发展。如果没有斗争,整合就不会是对发展的整合,而是对一般社会一般屈辱的整合。然而,这之所以是对发展的整合,是因为在社会的生产过程中,资本的价值增殖在斗争中得到发展——它再生产且再组成了斗争。异议和同意在社会层面上都推动了资本的发展:异议是对资本所强加的实际服从的不断回应在现象上的表达,而同意则在社会层面保障了资本主义的组织。在社会国家内,将权利作为发展的规范和计划来具体持和生产的方式,同时也是对社会异议和同意进行重组的模式。这是权利新的实证性,必须让自己能够满足社会体运动的需要,在这种社会体内,法律命令只有作为对社会对抗的图绘以及作为对引导对抗与发展的必然性之间中介方向的决定,才能具有意义。对作为异议与发展之中介的这种类型共识的追求,就变得越发紧迫。权利的效力只能在同意的广阔范围内得到保障,而权利的有效性不过是对命令和同意的综合。权利的生产是持续综合的过程,是对同意和发展需求持续中介的不间断的图绘过程。法律秩序安排将自己不断扩大,覆盖了社会越来越广大的范围。

然而,这种描述还是非常形式化的。阶级关系的现实被如下要素所掩盖:基于发展的一般需求的命令形式,以及持续得到更新的团结的共识。社会层面上对法律命令的修订过程恰好呈现为整合以及相伴随的臣服的悖论性关系,因为这个过程是对社会层面上资本积累关系的反思,因此是资本主义剥削关系的扩大再生产。通过这种方式,对抗和共识就紧密地与阶级关系的具体性捆绑在一起。它们是劳动的社会化以及资本主义宪法化的两个面相。因此,去肯定在法律上对中介的构型,就显得尤为重要,因为通过这种构型,这种关系成为普遍性的,而且被呈现为资产阶级世界"自由"案例的具体实现。即便工人阶级不妥协的对抗让这种关系变得抽象,我们也不能否定这种关系的具体的现实,因为通过对关系的认识(哪怕是神秘化的认识),出现了发展的可能。因此神秘化在否定的门槛戛然而止,并且通过扭曲这种关系、通过将其描述和固定为客观性的,而得到满足。这就是为何资本主义的客观性要求不断强化的整合,为何它想要共识的要素不断增加,以及为何它通过将命令表现为不同共识的集合的方式,构型一个会终结的过程。国家消亡的社会假说——被剥夺了首要的条件,即工人对普遍化服从的拒绝——遭遇了如此转化过程,以至于成为资本主义管理积累的乌托邦,这个积累的任务被委托给纯粹的社会共识。

今天,无论如何发展的阶段还没有达到这种一般性。在社会层面(通过斗争、对斗争的承认以及后来的中介等手段)的权利生产方模式依然处于形成的初期。其所达到的一般化的程度,就是社会主义对劳动管理所达到的一般化程度。然而我们依然可以指认出一系列经验,这些经验让我们可以具体地概括新的权利生产模式形成过程的特征。在当下这些法律生产模式得到一般化的过渡阶段,这种特征概括因为参考了劳动立法而成为可能。这是一种还处于胚胎状态的模糊形象,但是非常重要,因为在这个基础上我们能够列出这个筹划的大概轮廓。

最为晚近的劳动立法的出发点恰恰是认识到工业社会中的冲突及其不可避免性。冲突是所有集体关系的自然而然的基础;事实上,只有冲突能够打破主体间的一般对等关系,并且昭示群体的构成,将此群体与彼群体区分开来。因此,冲突是工业社会中集体关系形成过程的基石。群体的存在是冲突的一项功能,而非相反——这也只不过是资本主义对社会世界进行统一化的结果,也是其所带来的抹平化(flattening)效果所造成的后果。① 考虑到如下事实,即资本主义对社会的统一化通过冲突而运作,甚至群体之间关系的构型也源自冲突。因此冲突让一方认识到其对立的另一方,并且在这种认识中产生了这样的觉悟,即无论是冲突还是任何一方都无法被消灭。这种觉悟是中介条件的基础。从各群体的认识中产生的协议,并非只作为对任何一方的简化或消灭的实例而出现,而是作为中介的实例,作为真正协议的实例而出现。冲突性的层级越高,就越难达成协议。在这里,过程必须是双边性的;必须是集体性的契约,或者确实是双边的规范性过程,这种过程在不可避免的冲突性重复的语境下,具有再发现局部协议的环节、并且引导某一进程内冲突性的趋势。

去考察集体性的契约如何倾向于在此过程中被消灭或转化,会很有意思。这之所以会发生,是因为非常需要契约去规训冲突。将规范性进程应用于没有规定性和无法得到规定的先后关系系列——这种做法让集体契约区别于私人契约——同时应该

---

① "在这个领域,正如在其他生活领域一样,是冲突本身导致了群体的形成和强化,并且确立了作为群体关系的相关社会关系,这是一个事实。可以肯定地说,冲突发展自群体关系,但与此同时,群体关系也发展自冲突,而劳动—管理层的争端会发展成群体之间的冲突,这比如下说法更为准确:它们从开始就具有此特征。"参见卡恩-弗罗因德(Otto Kahn-Freund),《群体之间的冲突和解决》("Intergroup Conflicts and their Settlement"),第194页。

转变为双边性规范进程的公式,这样所有私人主义的残留就从集体契约的传统概念中清除出去了。逐渐地,集体的契约性进程就让位给不确定的契约进程,后者一直处于开放过程,或者在单一环节封闭只是为了再度开启。这一进程进一步展开的路径也因此很快得到规定。取代实质性规范进程的,是解决独一的和越发难以预见的冲突的方案的程序代码、取代集体性契约性进程的,是让规范进程得以永久存续的集体行政管理,同时为了保障这个规范性进程,它确立了对工业冲突的集体管辖权,这样在持续的规范进程中对各种力量的统一化就能得到彻底的实现。[1] 即便有了权利生产进程的统一化形象,我们依然需要去考察具体的生产模式。然而,作为总体性的秩序安排生产出权利这一事实已经是生产的具体规范。契约性的力量构成了"有能力进行规范性行为的共同体",这恰恰是因为这些力量得到了统一,或者进一步说,是因为它们坚持自己的存在,即具有对抗性,并且只是在过程的终点才具有共识性。[2] 它们生产出权利的能力源自如下事实:它们在冲突中彼此分隔,但在双向的认识——即冲突无法避免,它们的对立面也无法被压制下去——中彼此捆绑。这就决定了生

---

[1] 见卡恩-弗罗因德,《群体之间的冲突和解决》,第 202 页及其后;以及基诺·朱尼(Gino Giugni),《集体自治研究导论》(*Introduzione allo studio dell'autonomia collettiva*),第 11-12 页。

[2] 关于这一点见瓦尔特·博格斯(Walter Bogs)的有趣分析,《现代劳动与社会法中的自治与自我管理》("Autonomie und verbändliche Selbstverwaltung im modernen Arbeits- und Sozialrecht"),第 1-9 页,特别是第 5 页。毫不奇怪的是,从这些前提出发,博格斯所得到的关于社会国家的定义与佛斯托夫相同。

产模式:处于对等状态(parity)的生产,在对等状态中进行组织,并且"在对等状态中进行秩序安排,契约和责任借此就可以在社会力量的组织性工具的特定背景下,得到重新定义"(朱尼,《集体自治研究导论》,第116页)。作为规范和发展计划的权利,就从这种协议中产生,而这种协议(就机制得到完善而言)首先构成了达成协议的不断完善的进程集合。

在这里,权利生产的过程现在完全成为一个双边性的规范进程;它是对基于共识、基于冲突各方达成的社会协议的命令的定义。因此它更为清楚地揭示了不是决定实质性的规范,而是决定致力于让规范适用于具体案例的冲突解决的程序的趋势,从而在立法、行政和司法行动复杂且持续的综合中生产权利。

很显然,所有这些都是在非常特别的语境下发生的,而且我们有意识地通过案例来推进我们的分析。我们不应该忘记,这些自主性的表现依然处于服从状态。这种经验的价值根本在于如下事实:它在工业社会中承认并且采纳了社会关系的冲突性和辩证性特征,并且最终,构型或者塑造了生产的特有张力和模态。这种经验之所以有价值,也是因为就其清除了所有的残余性的私人主义和社团主义幻象而言,它具有潜在的能力,能够投注整个社会以及整个社会的权利。即便劳动立法只是一个阶段,我们也不应忘记,在一个将劳动作为社会价值增殖独一无二标准的社会,这个阶段不可能只限于特定的考量;恰恰相反,它揭示了一种核心的倾向,并且被赋予了非同寻常的扩张性的力量。

另一方面,出现了很多尝试,在更为一般的层面上来重新总结劳动权利的经验。顺带一说,我们可以注意到,与宣布法条主义危机的骚动相伴随的,恰恰是试图去将权利的社会基础的某些模式进行一般化的尝试——这些模式是在劳动的世界中再度被发现的(首要参见《法源研究：惹尼纪念文集》)。无论如何,这些是不充分的尝试,(出于意识形态和技术上的原因)无法把握现象的复杂性和具体性质。事实上,"职业权力"和"公司权利"(corporative right)将群体的规范性自主性上升到社会层面,而在这些群体中,我们看到了社会自治的基础。然而,自治经验中的辩证性和冲突性要素依然逃脱了这个框架,如此一来它就有了最终成为对权利和社会之间关系进行完美神秘化的风险(这在特定的历史境况下已经发生)。后来,尤其是在二战以后,当我们集体自主和经济自治的"意识形态"概念转向单纯的"技术性"概念时,这个过程所昭示的自主性的案例的核心特征就随之而逝了(见朱尼,第8页)。因此重点就转移到要去计划因此去深入资本主义整合的必要性之上,从而忽视了如下事实：正是相互冲突的群体的自治性对整合及其正确的运转来说是必不可少的。逐渐变得清晰的是,整合性国家的秩序安排和源自集体自治的对抗力量需要相互赋予对方以正当性。① 这是在为资本主义整合劳动力过程所统治的国家中,将权利生产的正确理解模式向整个社会领域拓展的第一步。

这是在对积累进行社会管理的一般性资本主义筹划中,对劳动权利的特殊经验的重组。当双边的规范过程成为持续性的生产过程,权利完全社会化的假设就成为真实的可能性。的确,资

---

① 在肯定这一点的诸多研究中,可参看普罗斯佩雷蒂(Ubaldo Prosperetti)的《工会自治的准备活动》("Preliminari sull'autonomia sindacale")。普罗斯佩雷蒂的研究很优秀,尽管它坚持了某些私有化的趋势。

本想要实现更进一步、更具悖论性的**扬弃**,即涵摄"国家消亡"的意识形态!现在我们需要更为细致地去考察这个现象的一般维度。

社会国家的生产性渊源
——在权利的社会生产过程中,习俗的死亡和转型;或者说,资本主义对"不断革命"的扬弃

我们必须从特别到一般,即从特别的渊源存在和权利生产的特殊模式转向一般的渊源体系,来考察这种发展的具体模态。这有其必要性,因为至此为止我们所考察的案例并不是完全令人信服的,有时甚至还包含矛盾,至少在如下意义上:同时存在的劳动力社会化与宪法化过程不断遭遇障碍并且阻碍了其进展。另外,清晰认识到这个过程的一般后果的困难性因为如下事实而得到强化:法学理论家似乎有一种难以抗拒的冲动,想要用旧名称去命名新事物,这样一来在发展中最新颖性的内容无论是从主观还是客观原因来说,就隐而不彰了。

那么让我们回到对劳动权利的经验进行一般化的尝试中。我们能够清楚地认识到,自从集体契约的发现以及最初的劳动主义经验被置于一般层级上的环节,发生了多少事情。① 这些尝试无疑揭示了对权利社会基础问题的敏锐认识——这很快也成为

---

① 参见雨果·辛茨海默(Hugo Sinzheimer),《法与劳动权利的渊源理论》("La théorie des sources du droit et le droit ouvrier")。这篇文章总结了这种论述,并且表明了作者与"社会权利"学派之间的亲缘关系。这个学派包括古热维奇(Gurvitch)等作者。

一个任务。劳动权利的一般化是在意识形态上肯定社会相对于国家优先性的直接功能,也是在意识形态上肯定社会协议的自主相对于权利优先性的直接功能:它是对"国家消亡"筹划的尚未言明的表达。然而,我们应该补充说,根据它们自己的自我表征,这些尝试和接下来的意识形态肯定依然反映了劳动力社会化的比较低下的发展水平。特别是,社会冲突尚没有被赋予群众维度,一般化的努力必然会受其制约。低水平的冲突并没有赋予集体契约过程以能够直接将其效果化为最高层级的国家行为的戏剧性方面和强度,而是将虚幻的遏制力量归因于这个过程。这些方面让有些人调整科学研究的方向,希望得到一个有机组织的社会,如德国人所说,一个"共同体"。看起来集体性的契约进程有助于管理冲突性,而不是欢呼后者,并且将其确立为发展的形式。这里距社团主义意识形态及其威权主义秩序安排只有一小步之遥。①

然而,这之所以发生,是因为劳动社会化的发展依然处于早期阶段。冲突性如此强有力地突显出来,以至于它让我们有了关于宪法化的第一个反思和第一个方法,但是并没有产生会重新设立主题的决定性步骤。这也解释了发展中的断裂以及在认识其大概纲要方面的困难。这也解释了如下事实,即冲突性和发展之间的关系还没有得到完全把握,并且被描述为统一的关系:集体契约一方面是合同,另一方面是法律。这就意味着法律理论依然

---

① 这个同时展示了在两次世界大战期间得到发展的社会主义改良主义的深刻含混性的进程,也得到了施莱辛格的深刻把握和完美描述,见《中欧民主及其背景》。

将冲突性——在发展的低级阶段还处于相对不活跃状态——带回私人关系的世界中,而发展的概念依然植根于公共关系的世界中。① 劳动的社会化还没有达到这样的程度,那时它可以消灭这些区分,并且肯定这种关系所具有的同等的并且被激烈反对的公共特性。这同样也是一个单边主义的解决方案,在这种情况下由社群主义的乌托邦所支撑,并且受到威权主义倾向的影响。在现实中,只有继续深化社会化的进程为这个矛盾提供解决方案。

认识到社会层面上劳动主义经验的一般化如何被采纳为劳动加剧社会化的产物——一旦达到发展的那个层次,而且这也是独立于各个意识形态群体用来否定这种发展所作出的尝试。例如,当社团主义的秩序安排遭到破坏,就会出现各种努力,试图在私人关系的领域内为集体契约过程奠定基础。② 这似乎只是一种倒退,或者至少是一种单边性的争辩位置,这个位置和严格意义上的属于公共关系的社团理论一样无耻。事实上,这并非一种倒退,恰恰是因为新的现实在将其推向前,尽管有私人主义的公式所引发的小心谨慎。私人理论超越了与严格意义上的公共关系

---

① 例如,卡雷卢蒂对集体契约令人赞叹的定义:"集体契约是一个杂合体,有着契约的身体和法律的灵魂;契约机制将超越主观权利的力量引入进来,并且开启了超越各方法律关系的运动。"见《对劳动关系集体调节的理论》(*Teoria del regolamento collettivo dei rapporti di lavoro*),第 108 页。

② 例如,见弗朗切斯科·帕萨雷利(Francesco Santoro Passarelli),《民法论》(*Saggi di diritto civile*),特别是第 264 - 265 页;以及布鲁诺·马扎雷利(Bruno Mazzarelli),《法的一般理论中的集体规范》(*La norma collettiva nell teoria generale del diritto*),第 103 - 104 页。

的主张的对立,并且在事实上坚持这一视角,将其作为其单边性的呼应要素,从而逐渐被社会化。所有集体协议的效果——规范性生产的过程以及对劳工保障工具的准备——都就具有了社会维度,在这个维度中,公共与私人之间的区分消失不见了。① 这在另一个阵线上也由如下事实所证明,即那些依然坚持从公共角度对集体契约进行概念理解的人,现在不得不承认契约案例的核心本质所具有的私人主义观念,并且将其与规范性生产的环节严密勾连起来。② 因此在这种情况下,最为突出的位置被赋予了关系的社会化。从这里开始,从发展的这个阶段以及意识的这个层次开始,机制让权利的生产成为程序性的,并且在社会国家中构成了其特定的模式。因此看来有可能超越发展中的断裂和理解中的困难,去指认出从特定经验向劳动权利的生产、并最终向一般阶段——在这个阶段中,劳动的社会化在恰当的宪法中得到全面确立,这种宪法有着合理的法律生产模式——转变的真实趋势。我们依然需要去考察这种转变如何对法律意识成为一目了然的东西,不再是作为一种转变,而是作为成为现实的趋势,成为法律生产的新的语境和新的模态。

  在现实中,这对法学家来说也非常困难。他们曾经认识到转

---

  ① 见阿斯卡雷利对《经济法》(*Diritto dell'economia*,1956)中公约程序的精彩贡献,第1254页。

  ② 米利奥兰齐(L. A. Miglioranzi)明确表达了这一立场:"劳动关系并非纯粹是一种简单的制度关系,而是必然——起码在正常条件下——依赖于先前契约性协议的制度关系。"见《演化中的劳动关系》("Il rapporto di lavoro nella sua evoluzione")。

变,现在他们也认识到了新的问题性境况,但是还没有概念工具对其进行充分把握或者系统性定义。公共与私人之间区分的消解对他们来说似乎是种灾难,而对具体性(specialty)这个范畴的肯定似乎开启了混乱之门。这些曾经是真实的现象,长期来看无法被忽视。他们想要用常见的方式来走出困境:用旧概念去套新现象,他们对旧的理论改头换面,然后套在当下的语境。接下来出现的悖论在某些情况下不免令人感到有趣,但在所有情况下都非常重要。

也许,从这个角度来看,最具典范性的悖论是与习俗的再生紧密相连的悖论。事实上,这是一个积极的悖论,开启了更大发展的可能性——要多过分析性框架所封闭的。所有人都意识到,在今天,对权利和事实之间关系的任何自发调和的论断,比以往任何时候都更加过时;另一方面,很长时间以来,一般宣称习俗不再具有任何真正的规范性价值。[1] 然而,依然存在着想要复兴习俗的努力,这些努力的目标与其说是对作为权利渊源的习俗的具体定义,不如说是对习俗的参考在法律史中所提供的一般意义:参考秩序安排的物质基础,其社会构型,以及法律生产的广泛扩散。与之相伴的,还有对法律生产的去中心化的和程序性特性的重新评估。新的现实,而非传统概念,要求这种评估。通过这种方式,理论家们在传统的法律武库的帮助下,只是简单暗示权利

---

[1] 首要参考韦伯,《经济与社会》第 1 卷,第 319 页及其后;阿道夫·梅克尔(Adolf Merkl),《一般行政法》(Allgemeines Verwaltungsrecht),第 104 页及其后;以及乔瓦尼·梅勒(Giovanni Miele),《国内法渊源体系中的习俗》("Profilo della consuetudine nel sistema delle fonti di diritto interno")。

的新的生命,并且在这种暗示现实的基础上,习俗本身(对那些想利用这个概念的人来说)也得到了转变。事实上,从这个角度来看,对习俗的参照不只是提议需要彻底重建渊源的体系,而且也是对这种需要的满足——在如下的意义上:因为这种被转变的习俗的概念,法律生产只是规范性生产与控制的社会进程(见阿斯卡雷利,《法律秩序与经济进程》,第64页及其后)。绝非巧合的是,对习俗的提及特别是与国际法中习俗的经验捆绑在一起。事实上,在这个语境下,其作为去中心化的权利渊源的运作,生产的程序性特征,以及从对协议的协商向协议的程序性制度化的转变过程,所有这些都强有力地表明它们想要为由劳动的社会化所推行的进程提供同样的框架。① 不难认识到,还存在很多类似的案例。

尽管如此,不再谈论习俗不是更好吗?我们不是在审视这样的法律生产模式吗——在这个模式中,习俗所有的传统前提都消失了?我们现在面对的不是一种"无时间性的"(atemporal)的习俗吗——在这种习俗中,所有曾经与典型的传统主义的法律生产模式具有相关性并且适用于前者的特征都被抹去了?事实上,这是经典的习俗概念与现在重提的概念之间的根本差别:前者的去中心化必然包含传统的维度;后者的去中心化包含社会群体的权威,即依赖得到阐述的过程并且得到精确决定的权威,这个权威

---

① 就对权利的"去中心化"创造(带有国际视角),见汉斯·凯尔森,《国际惯例法理论》("Théorie du droit internatonal coutumier"),第266页及其后。在国内法和国际法中,有关从协议的协商向程序性制度的转变,见朱塞佩·瓜里诺,《经济的公法和能源法》,第56−59页。

总是创新性的——不是传统的,而是革命性的。最旧的标签只能够暗示新的现实。在这种暗示之外,旧的概念失语,因为新的法律生产过程在资本所推动的不断进行的社会革命化的机制中确立,与其发展的社会层级紧密相关,并且只能在自己的核心处去处理劳动力,这种劳动力得到社会化,并且在社会的生产和剥削关系中不断向斗争进发。

稍后我们将会看到,旧的范畴如何被用来解释这些新现象。事实上,社会国家的科学模型正如渊源一样,也是产生于对传统范畴的修订和再加工的过程中。作为小结,我们应该简单回顾下,在现实中,旧的概念所暗指到底有什么新东西。在我们手边的案例中,我们应该记住,资本主义整合——在其尝试将社会化的劳动力宪法化的同时,认识到自身也受到了挑战。它被迫认识到冲突性,将自身置于这种冲突性之中,并且将法律生产的过程构型为调和与对这种冲突性进行积极中介的过程。通过这种方式,社会国家的基础对应的是实质性统一化的先决条件和对资本统一化结构所要求的基础的物质性阐明。这里有待认识的是,一旦资本达到发展的这个层级,如何造就一个最终的悖论:它如何在永恒且永不停歇的运动中造就法律组织;它如何让权利成为对社会进行不断革命化的形式。权利的基础是冲突性的可变性、对这种冲突性的阐释以及对冲突性持续不断的新的构型。在资本中,以及首要地,在其生产方式中,"不断革命"这个神话似乎被**扬弃**了。

第三节　劳动宪法化的模式

6.1261　在逻辑中,中间过程和结果的地位是等同的(因此没有出乎意料的关系)。

6.1262　逻辑中的证明只是一种使得在复杂的情况下易于辨识重言式的机械的便利的方法。

6.3　逻辑的探究就是对**所有符合规律性的东西**探究。逻辑之外的一切都是偶然的。①

维特根斯坦,《逻辑哲学论》

工厂立法是社会对其生产过程自发形态的第一次有意识、有计划的反作用。正如我们讲过的,它像棉纱、走锭纺纱机和电报一样,是大工业的必然产物。②

马克思,《资本论》第1卷,第610页

从劳动的宪法化到宪法化模式
——处于其形式设计中的资本主义一体化筹划

劳动在资本主义社会中的宪法化是如何发展的？我们已经追踪了多种经验,并且看到了它们朝向一般化的趋势。现在我们必须考察完整的资本主义筹划并且反躬自问:社会资本所表征的

---

① 中译文见维特根斯坦,《逻辑哲学论》,贺绍甲译,北京:商务印书馆,1996年,第94,97页。——译注

② 中译文见《资本论》第1卷,前引,第553页。——译注

"社会国家"处于何种模式？在对发展的一般设计中,这种国家的构型是什么——这种国家不停地在革新自身,想要寻找一个在社会生活的无限运动中得到阐释基础,并且似乎甚至想要加快自身消亡的进程？资本如何解释其表面上的浴火重生——在某些方面,这些火的灰烬似乎实现了黄金时代的浪漫神话？

104　　我们研究的整个部分致力于提出这个模式的定义,因此我们会回应考察过程中所遇到的问题。但是,在我们出发之前,我们应该自问,为何社会资本需要阐明一种模式,它如何创造出这种模式,以及如何使这种模式运作。这些只是初步的问题,但是对我们接下来处理的目标来说非常重要,起码就这个模式在整个过程中诞生并运作来说是这样。事实上,这是个理想的模式,但是在客观上它植根于资本主义积累机制,并且在后者中运作。

通过发明并且提出当下的发展模式,以及发展必须在其中得到落实的形式的模式,社会资本不是提出革新,而是肯定了一个现存的构成性趋势。事实上,资本在总是在剥削的基础上产生和发展,同时将那种社会关系的具体性改造为对其自身构型的抽象。从最开始,资本的统一性是抽象的,因为它是在社会层面上作为抽象劳动的构型而得以产生和确立的。资本的全部历史可以视为对一般的抽象模式不断接近的历史——这是一条打败所有另类发展模式并且以那种方式让抽象化得到总体化的漫长道路。在社会层面实现劳动的彻底异化是资本主义进程的永恒目标。在这个语境下,生产过程和流通过程让它们的关系变得真实,而资本的创造环节和再生产得到坚实的奠基。

就资本的结构及其永恒的筹划来说,当下的"社会"模式只是以某种强度而得到区分。这种强度并非来自如下事实,即这个模式只是发展的一般需求的投射;而是源自这样的事实,即它与实现这些需求的具体历史政治可能性相契合。这种模式将自己构型为对均衡的分析,这种均衡可以在排除危机的同时,允许当下剥削体制的存活和发展。在我们目前所面对的这种情况下,如果这些对抗资本主义筹划的力量——这些力量总是在场且不断得到更新——内在于资本,那么资本主义筹划必须将自身塑造为它们,并且在对他们图绘的基础上构建自身。扩张异化的筹划的不同强度通过这种方式而得到定义。因此当下的"社会"模式从当下资本主义筹划的"社会"层面以及当下对抗的"社会"层面获得了强度。

让我们来考察最后一点:当下对抗的层级。在之前的部分("社会资本与社会劳动"以及"社会国家内对具体权利生产模式的构型")中我们反复申说,与资本主义剥削关系的社会化相对应的是,存在着对资本主义筹划的"社会"对抗。今天,这种模式的特别强度与这里起作用的对抗的一般传播区分开来。因此这种模式必须在形式上得到完善,直至其极限,在那个时刻我们在其基础处把握到这种关系的独一无二性。这种模式必须得到定义,被安置进发展中,且不时受到控制。这种对抗的强度(这里值得强调)恰恰就是施加问题的独一无二性的要素。当下发展的层级——这种模式表达并且推动了这种发展——是这种境况的产物,如此一来安置再度统一化的模式的过程——这个过程对资本来说是一个生理学的过程——结果也得到独一性地规定和全面地拓展。

出于同样的原因,我们也应该补充说,筹划在形式上的强度已经从属于实质上的决定。对形式主义的欢呼最终在极限处,也正是在采纳内容的总体性的时候,受到颠倒。如果想要深入理解这个筹划的统一性,那么考虑到其发展和应用的条件,除非使用同样统一和绝对的概念,我们不可能对其进行实质性定义:在我们手边的案例中,是劳动这个概念作为社会价值增殖独一无二的标准。没有其他选项。如果统一化的筹划没有推进这么远,也许其他概念也能符合条件。今天,已经不可能用后锋(retroguard)来反对前锋。资本受到对抗的强度的约束,不得不将自己完全呈现为生产性资本。劳动的宪法化不只是由劳动力的社会化所客观给定的,而且也是由其在主观上确立的。跟随在这个模式中发展统一化的最大化形式强度,只能出现围绕着劳动—价值的最大程度的统一化。

如果资本一般来说需要阐明其自身发展的统一化模式,那么特别是在今天,就其与当下对抗的"社会"层级来说,除了将这种模式定义为劳动的模式,没有其他选择。另一方面,通过前述内容(特别是《第一个法律上的后果》《第二个法律上的后果》以及《资本主义发展中劳动力宪法化的历史进程》),我们已然看到,劳动是如何具体地被采纳为实质构成的内容,以及最终,科学如何成为资本的内在部分。然而,这里我们依然需要去把握并强调采纳劳动的动力和总体化功能。劳动被采纳,不是在如下意义上,即其真实的统一化在场在某些特定的事情上得到承认,而是在如下意义上,即其位置被视为发展的整体和目的。

从这个视角来看,采纳劳动的概念应该在实质性的平面上,去回应对模式的定义在形式的平面上所提出的要求:对连续性、彻底性和价值——形式总体性被扭向其方向——的总体化能力的要求。的确,资本主义筹划扎根在过去,想要在那种视角中去升华在当下看似不完美的内容。这种发展只是在形式上具有辩证性,在其对社会压力和对抗的回应中具有辩证性,而在实质上,它不过是重构了积累过程的连续性,这种连续性在社会层面上得到无限期地发展,并且在对国家的组织中得到强化。然而,这只是意味着,劳动的概念以这种方式被采纳的目的只是为了满足这些条件。

因此绝非巧合的是,在法律界,劳动的概念有着其在当下所具有的定义。它在模式中也被呈现为对当下受到对抗的内容的再度肯定:作为抽象劳动——换言之,排除了对生产条件本身分析的单纯生产,同时在社会层面上肯定这些条件。① 如果统一化要在发展的连续性中出现,那么确立可能阻碍这种发展的"抽象性的平等主义与阶级主义的"劳动概念的意图是什么呢? 因此定义必须是一般性的,并且能够将自身应用于总体性。在这个模式中,劳动仅仅意味着"活动"(activity)(埃斯波西托[Esposito],第62-66页),任何与产品和服务的生产与交换相关的活动(里瓦·桑塞韦里诺[Riva Sanseverino],第105页),或者任何"表明人类改造外部世界(从而满足自己和他人需求)的与法律相关的活动,这些活动在宪法上被确立为公民的权利或义务"(巴尔扎利尼[Balzarini],第20-22页)。想要将简单从属的特征排除在劳动概念之外,这种显而易见的执着是如此强烈,以至于制造出了对生产性劳动的普遍欢呼,这种劳动在社会中蔓延和增长,肯定了所有人的自由。因为这种增长而产生的社会性,以及将价值归

---

① 关于劳动的概念与剥削关系的(或隐或显的)前提之间的关系,见马克思《哥达纲领批判》,特别是第一部分。

因于这种社会性和每个公民的做法——只要增长在继续——是得到坚定支持和施行的目标。

这也向我们昭示了模式的运作方式。这个模式的运作确定无疑地证明了其要求和其来源的模态。这种功能的根本特征实际上是一个前提,这样在其内部结果和过程是对等的:作为结果的劳动抽象化的总体性,必须在国家生活的单一环节中完全找到,而国家构成了这个过程。成熟资本主义的"社会"国家所具有的特定强度就其与国家之前的政治形式的关系来说,主要是在这个过程得以展开的环节中变得非常清晰。在那个环节,对抗的强度得到言说,并且发展到在一个和解性和总结性中介中生产出同等强度的地步。就对抗得到一般化而言,其中介的可能性也必须得到一般化;就法律覆盖整个社会场域的程度而言,社会场域也必须在其与法律、权利和"国家意志"中和解的契合中得到构型。通过这种方式,阶级对抗原本能够给这个过程带来的机遇或有害品质都被先行消灭了,这个过程因此也就避免了所有可能的意外。在形式和质料之间,在结果和意图之间,应该存在偶然的重合。资本主义抽象化的设计的总体性和强度会实现形式逻辑的法则。

果真如此的话,社会资本诞生这个事件已然构型了其完善化的前提。这个黄金时代也伴随着资本主义强化其自身社会存在的筹划而得以展开。这个模式触及了乌托邦的门槛——它能够做到,它只是一个模式。当它回过头来面对现实,情况会有所不同。因此,在延迟可能摧毁这个模式的"反讽"的同时,我们可以通过重复这一切的意义来作为总结:这是资本主义统一化,是在资本理论中有所觉悟的劳动力的统一化和具有资本主义性质的社会化的筹划。目前有必要认真对待这个假说。这有其用处,因为对模式的分析会让我们去把握处于科学维度的发展,这一维度对分析来说至关重要。

权利的一般理论和模式的构建
——对法治国定义的发展和深化;或者说,对统一性的肯定

在国家的形象中,社会资本赋予自身的意象是什么?我们已然看到,通过提出一个模式,社会资本所回应的要求是什么,以及那个模式所必然具有的特征是什么。现在我们要考察在实质上构成其定义的内容。首先,让我们暂且定义为对定义进一步发展提供前提条件的一系列的形式和抽象特征。这在定义过程中依然是统一的环节,而法律科学——相较于其他科学对资本在社会中的具体规定更有兴趣——在其最初阶段让我们初步认识到了这个定义过程的核心。当法律科学被对社会中不可抗拒的统一化运动的认识所吸引,它就很快想要根据运动的形式要求和实质特征的术语,去定义对其话语的理解和言说的范畴。通过在这个方向上的推进,法律科学在其所牢牢把握的基础上前进;换言之,它从法治国的定义出发,然后将其作为昨日世界的科学模式而抛在身后,追问其限度,拓展之,最后将其升华为其所预见的新的国家的模式。通过这种方式,法律理论回应了资本之内的科学典型的必然性:在连续的积累过程之上证明并且确立差异。通过这种方式,它将自己确立为权利的一般理论,围绕这个任务发展并定义自己。

然而,想要超越法治国,同时在其理论上加诸一个能够在自

身之中投注和解决社会总体性的动力,这非常困难。然而,当秩序安排的实质条件成熟到允许这一点,这个运动所引导的关联已然出现在那里。法治国可以呈现出资本总是会生产出来的社会形式,无论其在经验现实中发展的模态是什么样的。在这个意义上,法治国已然是社会国家,因为在法治国中,法律保障的形式只是社会性的。除此之外,法治国的社会形式与其特定内容直接处于矛盾状态中的。法治国是私人保障的国家,是以权利的形式,去接受和保障社会—经济世界所自发生产出来的东西的国家。形式条件,换言之,中介的"社会"模态的显赫地位——这可以让分析超越法治国——已经存在,但是历史条件,即让被调节的实质内容适合于调节的社会形式,是缺乏的。如果这些条件想要存在,法治国就必须处于特别有利的位置,能够对新的质料进行重新吸纳和再结构化;保障被接受的内容的重要任务则会被转变为如下匪夷所思的任务:在预测的同时保障,同时在法律形式(就其是一种社会形式而言)的基础上改造现实,对其重新构型和重构。通过这种方式,法治国在维持其本身特有的功能的同时,会颠倒其内在的机制,将本能够定义其新意义的发展的连续性提升到真理的层次。

　　资本发展(这种发展达到了其自身发展的社会层级)变迁的历史境况,与赋予这些境况以形式的法治国理论的倾向的遭遇所产生的第一个回声似乎已经被汉斯·凯尔森的作品所把握。现在,若想在凯尔森的作品中找到社会国家构成过程的最初环节,这无疑是非常吊诡的,这也不是我们的意图。当我们仔细观察,将他的作品视为走向这条道路的第一步,也并无太吊诡的地方。自然而然地,这是目的的异源发生(heterogenesis),但这依然处于过程的连续性之中。凯尔森对于"**基本规范**"(Grundnorm)的发现代表了从资本视角出发对权利理论中不可思议的重要性的发展。有史以来第一次如下观点被提出,即整个社会的规范化(normation)可以通过在自身中统一一切的根本性规范而衍生、推论出来,并通过后者而产生效力(见凯尔森,《法与国家的一般理论》[General Theory of Law and State],第 110 页及其后)。在由工人运动所决定的新的历史境况以及由其所开启的视角中,这是社会构成的劳动主义基础所具有的独一无二性能够在相应时间内得到接受,所赖以存在的前提。有史以来第一次,通过一种决绝的形式化——这种形式化将国家领域统一化为客观的规范性秩序安排以及对这种秩序安排的统一化——社会生活的总体可以化约为一个公分母。将国家还原为单纯的"归罪点"(point of imputation),还原为单纯的"规范性秩序安排的个人化表达",这对应的是如下事实:国家被构型为所有国家行为的最终的共同参照点,这被认定为具有具体的规范性;同时也被认定为所有事实相互交叉的共同的参照点,这被认定为国家行为(见第 191 页)。我们怎样强调这个对视角的彻底颠倒的重要性,都不为过。[①] 没有这种颠倒,当下国家理论的任何发展都是不可想象的。作为关于法律秩序安排统一体的科学的一般权利理论的基础正是来自这种理

[①] 比较一下凯尔森的立场与那些在他之前论及"基础规范"的作者的立场,我们就能看出凯尔森作品的重要意义。在其他作者那里,"根本性的规范"基本被赋予抽象的意义,说明了司法秩序的命令(imperativeness)的状况。例如,可见耶利内克,《法:法的应用与权宜》(Gesetz, Gesetzesanwendung und Zweckmässigkeitserwägung),第 27 页。

论决断。伴随着这种一般理论,新的国家模式开始成型,至少就对其法律概念的愤怒向法治国的形象施压而言是这样。凯尔森将国家的一般理论的所有问题都视为与法律秩序安排的**有效性**(*validity*)和**形成**相关的问题,也就是说,视为**法律问题**。国家理论的这种泛法律化(panjuridicalization),产生了其科学传统、其问题及其主题确立的空洞化。

在凯尔森看来,被称为国家"要素"的内容,即帝国的权力、领土和人民,不过是在其自身、在其空间限制内以及在其与人口的关系中的国家秩序安排的有效性。三种"权力"的理论实际上指向的是法律秩序安排的**各有不同的形成程度**。国际"机关"(organs)不能被理解为权利**形成的机关**,而"**国家诸形式**"也不过是法律秩序安排的**形成模式**,而这种秩序安排在比喻的意义上被称为"国家的意志"(见第 192 页及其后,第 207 页及其后)。这里统一化的过程走到了最远的边界。这个还原性过程的内在力量扩展到这样的程度,将分析逻辑的图式强加于其全部系统性框架之上。所有这些都被预见到,一切都被包含在秩序安排的构成性过程以及扩张性节奏中:正如维特根斯坦所说,"因此没有出乎意料的关系"。简言之,模式建构的形式前提无论如何都完全无法得到满足:"渐进主义"构型了一个推论的过程,在这个过程中,术语是通过重言式包纳的逻辑而得到定义和联结(例如可见第 119 页)。

尽管如此,我们不应该忘记,凯尔森的考察只是一个基础条件,或者最多可以说,是对社会国家模型科学建构这个漫长过程中的最初的——而且只是最初的——含糊其词的环节。尽管对法律秩序安排坚决的统一化是社会国家不可或缺的前提,凯尔森的统一化也只形式上的。从形式的总体性向实质的总体性的跳跃,对凯尔森来说似乎是一种亵圣行为。另一方面,这种统一化——在存在问题的层次上以及在凯尔森的科学方法论中,被以如此强度得到呈现——在他作品递进性的系统发展中是否得到一贯地推进？残余性的二元对立要素不是在他的作品中出现了吗？特别是,对所有实证性法律实质的神秘化,对秩序安排所有环节对等关系的肯定,以及秩序安排的运动的动力和统一化的态势,难道不仅遭遇而且实实在在地与如下内容相冲突吗:即对因为根本性规范的出现而出现的等级性标准和等级性流溢说同样有力的肯定？

这些矛盾——从理论视角来看是一目了然的——是凯尔森的体系在面对现实时所遭遇困境的反映:每当体系的重言式逻辑所表征的形式图式被迫去面对现实的时候,就会分崩离析(法律体系,与哲学和神学体系相比,总是要被迫去面对现实)。就图式是一种形式图式来说,它从现实中把握价值的统一化过程,而非来自价值的从属。在这种形式图式中,拒不服从和对抗的要素没有得到认识,尽管它们在其运作中是在场的——它们必须得到认识,即便目的只是要遏制它们。出于这个原因,为了从形式统一化的问题走向秩序安排的有效运作(恰恰因为统一化所表现出的独一性的强度,这必须得到实现),有必要假设一系列的实质性内涵,因为等级性的要素不可避免地是实质性要素。而这与所提出来的体系的形式主义是直接矛盾的。为了解决在体系外部所提出的矛盾,即体系与其有效运作之间的矛盾,形式主义和等级制之间的矛盾应该被引入体系中。

围绕这些问题,并且在这些问题的基础上,出现了真正且恰当的建构新的国家模式的尝试。体系的形式发展并不足以保障统一化:这是话语推进的前提。同样清楚的是,统一化的实例需要批判性地摆出事实性这个问题。批判性地摆出问题意味着要避免将其纳入视野而没有予以解决,从而让其在定义它的矛盾中具体化;这意味着试图让体系和事实性之间的矛盾成为体系问题的一个开放要素,从而将矛盾作为体系时刻来使用,而将它自身作为体系运动的要素和动力来使用——作为阐释体系的基石。所有这些并没有完全背离凯尔森的框架。事实上,在凯尔森体系中所提出的需求,被标示出的方法以及被启动的统一化进程全都再度被纳入考量。在凯尔森的框架中,服从和对抗之间的关系问题,或者说根本性规范的重言逻辑与体系的等级性渐进主义的关系问题,得到了指认,现在必须得到解决。我们会发现,凯尔森式的统一化等级结构在这里(发展了其前提)对立于实质性言说的过程节奏;统一化的需求得到了肯定,但这种需求是通过对体系的真实言说,而非通过其简单的形式推论,而得到更好满足的。

达到这个目标的道路有所区别:形式主义学派和现实主义学派都走出了凯尔森主义的主题。无论如何,我们感兴趣的是如下事实,即两个学派都想要超越任何二元对立的残余或者任何等级性的或还原性的残余,以完全把握体系的程序性发展。

的确,在形式主义学派及其主要倡导者阿道夫·梅克尔的作品中,依然存在渐进主义的要素:通过层级形成权利的理论依然是将权利定义为规范性秩序安排的条件。就其与凯尔森的早期作品关系来说——我们之前已探讨过,这种渐进主义经历了极为相关的质上的修订。构成秩序安排各个层次的行为事实上在最大化的执行与最大化的创造(最大化只是个理想)之间,既是执行性的行为,也是创造性的行为。① 正如维尔(F. Wehr)所解释的,梅克尔"用多维度中的司法秩序安排(权利规则的总体)取代了传统的只是在单一维度中确立的规范性集合的定义"(第221页)——梅克尔补充说,在这个多元维度的体系中,行为的协调很快被用来替代它们等级性意指的图式(见《一般行政法》,第68-77,140-157页,第177页及其后)。绝非巧合的是,在这个学派最终的成果中,秩序安排发展的程序性特征被毫无保留地放弃;秩序安排的创造性在其发展的每个点上都在其全部的延展中得到保障。在其具体化的过程中,或者说在其得到有效实现的过程中,秩序安排的单一环节的对等关系成为体系运动的关键。② 对模式的新的构型似乎源自对凯尔森框架的批判性深化。发展的程序性特征得到了明确的定义。即便在这种情况下,在某些环节,对秩序安排的程序性特征的强调似乎并没有完全得到表达。这些作者的形式主义方法论并没有抓住对法律图式中的社会言说的丰富性,似乎只是想要通过形式主义对其进行提取,同时消灭其具体性,从而仅仅展现其形式的关联。在这个实质上处于中立的语境中,渐进主义似乎越过了程序性特征

---

① 见梅克尔经典的《一般行政法》,特别是他对行政和行政功能的定义(第1-44页),以及他的行政行为理论(第177页及其后)。对梅克尔思想的精彩分析,见罗杰·伯纳德(Roger Bonnard),《梅克尔作品中法律形成程度的理论》("La théorie de la formation du droit par degrés dans l'œuvre d'Aolf Merkl")。

② 我们认为,在这方面,维尔似乎在他的文章中做出了重要贡献,见《纯粹法理论中"法律程序"的概念》("La notion de 'processus juridique' dans la théorie pure du droit")。

的界限,坚持等级性的图式以图存活下去——即作为形式上的渐进主义而存活。在想要变得"更加"形式主义(相对于凯尔森来说)的理论中,作为被抽象和被感染的要素,最终不被所有的价值论体系不可避免的内在逻辑所吸纳,并不存在太大可能。从这个角度来看,程序性的特征和渐进主义最终会彼此对立且相互矛盾。

113　　应该超越这种类型的形式主义。阿尔夫·罗斯(Alf Ross)做到了,他独立于这些形式主义学派并且对后者有所批判,同时也发展了凯尔森主义(见《法源理论》[Theorie der Rechtsquellen],第 328 页及其后)。他的法律现实主义通过消除所有形式的渐进主义,并且将秩序安排的程序性特征重新塑造为秩序安排的循环,成功地实现了对法律秩序安排的统一化。"权利的现实在于它们之间的相互关系。"(第 281 页)在发展和秩序安排的具体化中的确存在不同阶段,但这并非固定阶段,而是一个序列中的不同阶段。"在系统中,没有什么是在绝对意义上处于第一位的。"(第 331 页)在秩序安排中,的确存在断裂和体系性的缺陷,但若想通过对最为抽象的规范的垂直性的参考来找到解决方案,也无异于痴人说梦。法律的不完整性只是不断地将秩序安排在其循环性的总体性中进行启动,从而强化创造性关联的领域(第 347—349 页)。尽管如此,只有在无限的体系性分支之外,才存在那种产生于事实、行为和规范(这些"位于它们之间的联合的秩序安排")之间平行关系的**权利真相**(rechtliche Wahrheit)(第 309 页)。只有整个体系才是决定性和终极性的权利渊源。一直到现在为止,渐进主义代表了作为整个秩序安排特征的形式,但如今确定无疑地消失了。根本性的规范本身,就其是一种逻辑性规范来说,就其是体系的总体的参数来说,现在必须从属于秩序安排的一般运动。结果就是,这些规范在相互依赖的关系中彼此关联:在他们的实现过程中,更高的规范由更低的规范提供前提;创造和执行并非推论性体系中包纳的不同环节,而是彼此间处于永恒互动关系的要素,从而构型了体系的运动(见第360页及其后)。

我们现在已经可以看到这种法律秩序安排的形象在理论上的发展,在这种秩序安排中,新的模式可以恰当地安置自己。其特征包括对法治国的形式(因此也是社会的)特征的强调,秩序安排统一化的案例(因此也是摧毁秩序安排中现有的二元对立)以及这样的认识,即在此过程中单一环节的对等关系应该完全提出来,从而实现因为这些同样环节的循环性言说而产生的秩序安排的统一——直至创造出在自身中包含其自身发展的标准和逻辑的自我驱动的总体性的意象。在这里,定义统一化的价值增殖过程的前提全部都给出了。

抽象劳动模式具体化的前提
——否定以及对其进行价值重估的筹划

我们目前的讨论——即权利理论中的统一化进程——澄清了我们所称的新的国家模式的几项前提,这是将生产性劳动作为价值增殖唯一标准的社会资本的国家。在这个极端形式化的层级上,这个模式可以在内容的总体性中被推翻——或者说必须被推翻。虽然我们牢记这些前提,但我们依然处于可能性和前提的平面上,或者准确地说,处于形式观察的领域。绝非巧合的是,在罗斯抵达秩序安排的形式总体化过程的终点——这已经被扭转进秩序安排的实质总体性,并且抵达权利生产的系统性过程与权利生产的习俗性过程之间的对等化——他的论断依然只是一种论断(见第311页)。无论如何,问题依然是开放的,其解决方案只能源自对具体化的更为具体的条件的发现。我们必须去考察,法律总体性的形式模式如何能够成功地言说自身,并且在包纳社会总体性的物质性的同时也为后者所包纳。另一方面,尽管体系性的总体性——已然在形式的层面上——就其与现实的关系来说被昭示为开放性的,社会现实却被表征为分化的和流动的,而且基本上看起来完全无法将自己缝合进体系内。形式和抽象层面上的劳动—价值在其现实的活生生的运动中是一种统一化的力量,但在这里被描述为分化的、没有阐释清楚的且非常容易引起争端的。劳动通过其在抽象形式中的协议而创造出的统一性的肯定遭遇了由劳动具体形式所携带的否定:抽象所统一的内容,具体对其进行了分化。劳动力基础且自发的运动——用黑格尔式的意象来说——拥有了自然必然性的盲目力量,并且具有了拒不服从的全部潜能,以至于能够公开反叛。这种否定在质上和量上随着社会层面上分离的增加而增加,同时也与抽象劳动自身力量的统一化和强化步调一致。抽象劳动在社会层面上所累积的发展规律的流动和断裂的神经症决定并掌握着整个社会。这种流动性在暗地里是一种拒不服从,而且在资本主义发展的必要性想要强加严格的纪律时会起到这样的作用。资产阶级世界警惕这种经验,并且大声抗议异化(见前面的内容《社会资本与社会劳动》)。

那么,这种理论筹划如何可能去整合现实呢?新的模式如何可能将现实缝合进其自身的框架并且在完全的、完整的总体性的设计中对其进行重新塑造？

我们应该指出，所有这些的确发生了。资本无法一直哀叹异化；它必须沿着统一化的道路前进，因为其自身存在的前提唯有赖于这种统一化。我们因为不能它揭示自己的存在前提而去指责其天真；它必须推动所有的经验，哪怕是对抗性的经验，走向完成。因此必须快速找出资本主义对流动性的利用。角色也必须有所改变：作为对在社会层面构成且潜在具有不服从性的劳动力所提出的外部要求的回应，流动性必须成为资本自身生命的一个环节。资本必须沿着具体劳动所表达的同样的流动性，并且根据后者，来对自身进行再结构化。它必须让自己迅速向产生自其物质基础的提议开放。另一方面，我们不是已经看到，国家同样的、完善的法律模式想要在其抽象的统一体中推行最大化的流动性吗？表明上的理论要求现在成为实践上的必然性（见罗斯，《法源理论》，第366页及其后）。

然而，所有这些听起来还非常概括化。我们现在必须考察这个统一化的过程如何逐步展开，从否定开始，但同时又承认它并对其进行重估。让我们通过提出对劳动权利的普通实例化来考察这个过程，同时注意到这种实例化的一般有效性和这种"特殊权利"发展的趋势性力量。劳动力社会化的进程越是深入地展开，劳动权利就越是更为直接地指向国家。

从这个角度来看，穿越劳动权利的道路（我们在这里以极为图式化的方式来提及一个悲剧性地充满责任与斗争的进程）与穿越一系列否定的进程的是一样的——从劳动权利的首次宣示，到拓展自由工作权的需求，以及从劳动契约化的积极工具的基础,到对劳动民主筹划的定义。① 踏上这条道路的人也是被迫的,后来又对其进行否定和遏制,以期让其得到控制和遏制,并且在权力的一般规划中发生作用。这种论断可能看起来是悖论性的。如果我们仔细考察就会看到事实并非如此,因为我们肯定会面对一系列关于具体劳动的权利的积极论断。举例来说,的确,"工作权"最开始具有的是消极内容,意味着工人拒绝自由交换的资本所具有的盲目机制,而不是号召工人参与生产机制的积极内容。所谓的自由工作的权利首先意味着拒绝将工人作为机器的零件进行使用,意味着工人拒绝被安排进作为盲目过程的生产中去,而不是去探索具体劳动在资本主义生产的流动性中的能力资格。然而,从权利和权力的角度来看,这些权利只是表达了前面所提到的积极内容,并且在其中,它们积极功能被作为创造劳动力自由市场的必要要素,其定义被视为适用于发展需求。

这对劳动权利在后来要经历的阶段同样适用:在这些阶段中,劳工集体订立契约的原则成为根本性的,而劳动的民主则得到想象和接近。这里具体劳动所产生出的否定被塑造为集体性和一般性的。它首先以工团主义的形式得到组织,其次以政治的形式得到组织,并且将其有效的颠覆从有限的环境传播到对整个社会的规划中。从权利和权力的角度来看,如其所是地认识否定

---

① 并非巧合的是,有作者认识到,正是劳动权利形成的历史运动后来被包纳进宪法中,成为劳动的法律规训的分散但是有所关联的环节。意大利宪法或许在这方面是具有代表性的。见莫塔蒂《宪法中的劳动》,第160页及其后,第180页及其后,以及吉尔尼尼《劳动的宪法意义》。

必须意味着对其肯定性地进行重估,并且将其置于一定位置,从而让其在积累过程中肯定性地发挥作用。否定性在肯定性中得到重估,作为发展的积极要素被萝卜和大棒驱使去行动。① 这种重估只能由国家来进行,即在一般化的结构层次上进行,这种一般化的程度需要能将对抗的一般性包含在自身内。

我们应该强调这个结论。它表明了冲突性社会现实的决定性方向,但也证明,只要劳动权利还只是一种特别的特殊权利,无法在整个国家结构中收回,那么这种否定的力量依然强大。对否定的肯定化,即对否定的否定,只有当社会生活的总体性及其有效关系得到投注时,才会发生。只有在那时我们才能说,"国家权利至少是在劳动关系的领域中,可以丧失由多元的主导性利益所强加的上层建筑特征,并且表现为内在于对利益的解释的形式,这些解释来源于对这些同样利益的组织和平衡"(普罗斯佩雷蒂,《与经济生活变迁相关的劳动权利的发展》["Lo sviluppo del diritto del lavoro in relazione alle modificazioni della vita economical"],第 45 页)。这仍然意味着,没有对否定环节的具体关注,理想的模型就无法让自己成为现实。否定是其转化成现实的关键。只有认识到否定,才有可能尝试重建——这种重建的特征只能来自由同样的否定所呈现的总体性的意义,在综合之上施加了精确的结构和具体的模态。

---

① 这种筹划似乎在与劳动相关的英国立法以及用于消除源自立法争端的策略中得到了最为全面的应用。见马里奥·格朗蒂(Mario Grandi),《英国劳动争端的解决》("La risoluzione delle controversie di lavoro in Gran Bretagna")。

资本的启蒙
——否定的否定以及过程中具体劳动的巅峰

我们已经认识到,资本通过对否定的认识和重估,如何着手去决定其自身成熟存在的模式。现在我们将看到,处于完全和强大形态的资本提出其自身完成了的规划的筹划。否定遭到了否定,而形式图式在否定否定的同时,能够下沉进现实,或者说,在自身中升华现实。资本的启蒙全都在这里:解决自身中所有现象和所有对立的希望和努力,以及通过自身去阐明所有现实的筹划。通过这种方式,所有的对立必须得到表达,而具体劳动必须超越异化的视野,在资本主义社会中作为自由劳动而展开活动,将其自身提升到真理的层级。

正如我们将认识到的,这能够得以发生的前提一方面指向在僵化的统一化和抽象化的视角中采纳程序性中介的形式图式,另一方面指向实质性的决定性,这种决定在中介筹划的总体性中而开始发挥作用。模式就是得以实现的综合。那么让我们考察这个得到实现的图式的特征。第一个特征是过程的统一性所定义的:真实矛盾的果断设计的统一,这种统一必须在其核心精确把握在社会层面构成资本主义生产基础的复杂的关系系统。这种统一性是发展所强加的,并且一直是其进一步完善化的前提;因此它是整个模式最具普遍性的特征,同时也是最为形式化的特征。没有这种统一性,就没有资本主义发展。从消极的角度来说,这个模式的这种特征就其是进一步发展的前提而言,起到了支撑如下论断的作用,即对中介纯粹而简单地否定的一个环节不再可能在模型内被给出。这只是最低条件,但也是必要条件(见前文《从劳动的宪法化到宪法化模式》,以及后文《社会国家》)。

最后的具体规定将我们引向了对模式第二个特征的考察。尽管最后来说否定无法在模式被给出,但否定却可以在任何时刻都在场。为了解决否定,模式表现出程序性的特征。我们不再处理对模型在形式上的重塑所具有的程序性特征,而是要处理在同样延续的对抗系列的基础上对均衡的持续、具体和积极的重建所具有的真实、具体和被决定的程序性特征。这里,如果不认识牵涉到的各个方面以及他们之间的对抗,那么权利就不可能存在——也就是说,就不会接受有效和具有效力的规范。无论这是对旧有的秩序安排的适应,还是对新的秩序安排的创造,均衡的决定只能是以程序性的方式而得到实现,从对牵涉各方的认识和中介中得到实现。①

我们应该对模型第二个特征有所坚持并予以推进。去考察所有的秩序安排的过程的展开,可能看起来是一种一般的表示,一种类比性的重塑或最高纲领,这取决于我们的视角(见赫茨,第 12 - 13 页)。这其实是一个事实,没有它,模型——以及更为重要的,当下的资本主义发展——就无法实现。在这个意义上,过程并没有整合而是替代了秩序安排的形成与合法性的传统意象。因此这个过程被用于替代程序,而"决心、运作和决断的逐步形成——它们的主题并没有事先得到决定,它们的相互更迭并没有为法律规范

---

① 从法律的角度来看,最为有用的提议来自恩斯特·赫茨(Ernst Herz)的《雇佣法中的索赔和规范》(*Anspruch und Norm in Arbeitsrecht*)。赫茨的分析很快就成功地超越了劳动权利方法的界限,并且把握了永恒的要素,在这些要素中,过程被引入国家的生命中。

所事先决定或确立为必然"——则对立于"有着确定主题与职能的法案,这些法案的变迁事先就得到安排且前后具有因果关联,另外,这些法案得到了旨在形成决断或最终法案的规范性法案的事先决定"(普雷迪耶里[Alberto Predieri],《计划与构成》[*Pianificazione e costituzione*],第430页)。虽然程序因此有着事先存在的逻辑现实,但过程却是沉浸在时间性的更迭中的(见本韦努蒂[F. Benvenuti],《行政职能、程序和过程》["Funzione amministrativea, procedimento, processo"])。在这个过程包纳矛盾的意义上,它完全具有辩证性。简言之,它是历史性地得到构型的——充满了社会生产的物质性带给其形式解决图式的全部规定性。构成法律和宪法过程的内容是对社会劳动力流动性的价值重估。这是将具体劳动发疯式的混乱带回到抽象劳动的和解筹划中的机制。

这种机制因为如下事实而成为可能,即抽象劳动依然是调和的参照点。在这种机制中,按时出现的或程序性的对抗必须将自己呈现为受到中介,即得到解决的。道路再度从这里开始——从通过中介上升节奏而抵达的统一性到在言说的下降节奏中发展而来的统一性:在第一种情况下是程序,在第二种情况下是组织。从历史来看,这些过程必须在抽象劳动中紧密结合在一起。在共识中得到安抚并且在统一性中得到重估的对抗的悖论,现在又颠倒性地在从统一性向组织的转变道路上,得到再生产。对抗再度出现并且重启了游戏。各种不同的环节结合在一起,绝非巧合的是,在陈旧的法律理论的语境中,我们谈及过程的传播,同时又强调契约和制度。这暗示了得到呈现的再统一化——理论需要与之理清关系,因为它施加了压力并且引爆了旧的理论武库。

对抗在共识中被安抚了——或者说,用法律的意象来说,过程在契约中得到了解决并且在机制中运动。不同的力量在遭遇各自颂扬自己的特殊的、具体的观点之后,又在协议、在赞同中相互调和了。这种赞同表现出社会的形象。当个体性再度得到安抚并且发现共同的**交换条件**(quid)时,同时也在社会**交换条件**中发现了共同的交换条件并且得到安抚——随着这种同意成为社会必然性(这种必然性由超越冲突性一定边界的共存的基本规范所强加),就更是如此。①

这就成为模型的第三个特征,这实际上以前提和假设的形式表现出来:统一性和程序性的特征将会在勾连它们的对抗要素之外,发现解决它们的共识的基础。这种程序性的特征在这里必须要成为组织:一个程序性和阐释清楚的组织,但这种组织必须保留在秩序安排的统一性之内,并且回应其最终目标,即对在抽象劳动,在积累和发展的筹划的社会总体性中进行综合。这样模型才能臻于完善。神话得以完成。程序性中介的循环性就是其组织性保障;不会再有脱节的要素。在它们的统一性中,它们构成了秩序安排。

我们在这里可以进入无数的例子。但是与其恢复这些理论单一的运动,不如去聚焦于公法最为一般趋势的方向:趋向我们称为新国家的方向,这种国家从程序形式的角度来看是计划国家,从其政治形式的角度来看则是社会国家。

---

① 从这个角度来看,契约扩展的主题成为过程的传播主题的颠倒类似物,因为重构的必然性与冲突的强度直接具有正比关系。见雷恩哈特(Rudolf Reinhardt)在《契约中组织的主观权利与客观权力的联合》("Die Vereinigung subjektiver und objektiver Gestaltungskräfte in Verträge")中的精彩分析。

社会国家
——作为国家政治规划以及自由劳动伊甸园的民主计划

毫无疑问,有计划的社会国家构成了实现这种模式的确定形式。① 筹划的统一,对其实现所进行的程序性言说以及对整个运动的完善组织:这些在有计划的社会国家内有序运作的模式的要素。简言之,这个模式在这里发现了肯定性的构成上的实现,这种实现历史性地让其形象具有合法性,并且欢呼从最开始就随之而产生的劳动宪法化的过程——扩大形式、效率及法律上有效性,表明在劳动中存在着独一无二的价值,这种价值用来统一和指引社会的整个规范性活动。这里应该强调的是,随着资本在社会层面的发展,劳动—价值在决定价值增殖过程中的统一性完全得到了肯定。通过劳动而实现的价值增殖过程的统一性在这里揭示了资本主义社会进行统一化筹划的强度。

这也有助于我们认识有计划的社会国家的法律现实。就其也是一个筹划而言,这个模式揭示了价值在社会世界中实现的机制。科学视界的一元论只能被呈现为价值发展的肯定性环境——道路上没有任何障碍。这种情况——即唯有通过劳动产生价值增殖的过程以及相关联筹划的普遍性——的第一个后果就在于由法律科学所直接理解到的如下事实,即劳动在这里被明确表征为一种旨在价值增殖和组织的集体性、社会性的机制。法

---

① 我们在这里使用的计划、规划(programming)等术语可以相互替换,虽然有作者对它们进行了区分(在我们看来这毫无益处)。

律科学的整个视角也颠倒了:在此之前其目标是为了理解;现在是为了重构。因此,比如说,实质构成——作为法律参照点,在劳动中**违背常理地**(à rebours)统一化了整个社会秩序——在这里被言说和表征为一般社会目的的表达。它从法律参照的模式被转化为政治行动的筹划,从用于理解的图式被转变为积极支持制宪权的宪定权。

这就是"计划"的意义所在:将劳动作为社会价值增殖独一无二的基础,并且根据其形象重构整个法律、社会和政治上的秩序安排。我们因此可以理解,有计划的规范化如何不仅生产(这可以在更广泛的破坏中看出)出对国家结构特殊要素的修正,而且也的确生产出了其新的政治形式的构型。① 这之所以发生,是因为计划活动就其通过劳动实现了价值增殖过程的统一来说,是一种扩散性的活动,而因为扩散性,便具有了普遍性。它只能是全球性的,而且必须如此结构自己,从而让自己的普遍性成为现实。

国家新的具体形式是由程序性形成模式以及对秩序安排的持续再结构化所决定的。计划的程序性言说源自将总体性包纳在自身的同意与异议的要素之内的必要性,以及让这些要素在筹划的全球性中同样起到作用的必要性。我们在这里并不想聚焦于与运动所具有的程序性特征相对立的力量:所有形式的非生产性、投机性资本都与这种筹划相敌对,正如将自己呈现为对抗体

---

① 我们已然引用了关于国家使用计划决断来作为国家形式重要性的文献。例如可见克利萨弗里,《略论宪法中的劳动权》,第163页;以及普雷蒂埃里(Predieri),《计划与宪法》(Pianificazione e costituzione),第35页及其后,第323页及其后。

制的所有形式的社会拒不服从都与这种筹划相敌对。这些力量已经被消灭。① 这里我们感兴趣的是全球运动的程序性言说所呈现的形式：在某种意义上具有辩证性的形式（正如我们所见），因为这种形式作为持续运动中延长的中介解决了对立。这是一种只能具有社会性的形式——在劳动在社会层面上确立价值增殖过程连续性的意义上。

然而，我们应该说清楚这种"社会性"。其规定必须是具体的，而且必须包纳社会形态的无限种类，同时在它们的个体以及在历史中得到认定的案例中承认它们。从这个角度来看，从劳动世界中涌现出以及必须在单一筹划中统一起来的单一案例之间的关系，现在都表现为社会力量之间的关系。中介的设计必须在这些具体的个体性基础之上得到发展。关注国家内传统的分权概念的理论在这里找到了发现根本性类比与发展的可能。然而，在任何类比之外，应该认识到，这些范畴起作用的环境已经受到了根本性的修订。事实上，这里我们面对的是一系列的"社会"力量，而非"公共"力量（无论在社会的意义上如何得到再定义），而权力的分割与统一在社会层面上具有构成性的功能。权力分割曾经所行使的保障主义（guarantist）功能（在公共面前保障私人的内容），就这些范畴在过程的"革命性"连续中被消解而言，就退出了。只要权力不被构成，那么就没有权力能够超越其自身的环境。当它在有计划的国家内被构成时，它被再度带回到构成性修订的节奏中，去在筹划的连续性中寻求新的共识。这种保障依然被分割所给定，但是悖论的是，只有在如下意义上才成立，即分割

---

① 聚焦于不同政党之间冲突的类似的讨论，见奈格里《政党国家》。

依然有效,是永久性的,并且在达到肯定性的——哪怕是短暂的——统一后能被再生产。这就是程序性运动形式所表现出的"社会"形象;它强调遭遇、冲突和协议的社会维度。与公共权利的分割理论的类比并不能推得太远。最好谈及对"社会权力"的社会性阐发,并且在这个范畴内包含从个体到公共的社会辩证构成环节的全部广泛系列。

若需具体案例,考察下工会——这是这种社会程序性机制非常重要的要素——的遭遇就已足够。事实上,如果我们脱离对工会在社会程序性机制中运作的分析,来提出工会的性质问题,那我们最终必然会走进死胡同。但是如果我们从社会程序性机制的视角来提出问题,那么工会在法律上的性质问题,特别是关于其性质是公还是私的争论,都会烟消云散。社会的程序性机制在其自身内,用其自身的价值增殖运动,重新定义了冲突的主体。当这些要素被把握,程序性机制中的行动者在法律上的性质就不过是它们从对过程的参与中得到的内容。① 当计划中公与私的关系问题被提出来,同样的事情发生了,因为当这种关系被启动,这种区分就会分崩离析。这个过程的法则不过是其有效性,而在过程的普遍性中,有效性构型了主体的真正性质,这些主体与它们的功能而且通常仅与他们的境况相关联。并非由程序性的机制、

---

① 关于工会在法律上的性质到底是公是私的争议,见埃斯波西托(《意大利宪法》)[*La Costituzione italiana*],第 151–179 页)和莫塔蒂(《宪法中的劳动》,第 97 页)之间生动有趣的辩论。普雷蒂埃里说明了这种形式的争论如何变得不再重要,并且因为工会在国家计划好了的功能图式内的状况而重新得到定义。

其结构和模态所决定的等级制都烟消云散了。控制只是牵涉各方的相关性,各方出于对等关系的对等权利对对应方施加力量——所有这些都在中介过程的连续性中进行演化。①

我们必须说,这个过程似乎实现了主体的全面自由的理想,这种理想既是资产阶级社会的积极神话也是其原罪。这里我们不是触及了无政府的边界吗,起码就看起来国家没有被赋予任何事先想好的突出地位来说?采用社会中介的绝对视野难道看起来不会在计划的过程中排除国家的干预吗?在现实中,计划者在这里陷入一个奇怪的悖论,因为虽然随之产生的计划是国家的形式,允许其对位置和坐标进行一系列完全具体的干预,同时,过程被重新塑造为国家消亡的形式,塑造为与国家定义相关并且以国家定义为背景的社会定义的颂扬。这当然是一个奇怪的悖论,但是成熟资本的神话就是建立在其基础之上的。如果不去麻烦这个积极的神话,资本就会冒险使用国家在计划中去触及压迫和权力的不可容忍的边界,从而排除了对其来说必不可少的恢复共识的边缘空间的可能。在其极限处,计划想要成为自由劳动的伊甸园:在群体中联合起来,在群体之间的关系中得到中介,在一般社会层面上得到组织,但总是自由劳动,自由地从一种中介走向下一个中介,只接受自身的法则,因此实现了自己的自由。

通过审视民主计划的图式,我们可以更为清楚地理解这一

---

① 这个结论已经由蒙高尼(Luigi Mengoni)在他对商业控制问题的分析中得到权威性的说明。见《结构与公司等级的最新变化》("Recenti mutamenti nella struttura e nella gerarchia dell'impresa"),特别是第 694－699 页。

点。这里我们有一个完美且完整的循环。计划指数在国家的基础上出发（在将国家想象为过程出发点的虚构中），并且作为最终结果回归国家。这个过程的发展意味着无数主体的参与，而这些主体从属于过程的总体性。协调的不同层级、对指数的修订过程、目标以及受控的相互对应物创造了这样一个关系网络——所有这些都是同样相关，或者说同样根本——以至于在现实中，过程的调节者可以是无限的，就像构成圆周的各个点。如果我们想要决定过程的单一中心，这只能通过惯例表现出来（例如可见普雷迪耶里，第 219－220 页，第 417 页及其后）。最为常见的惯例就是国家，但这只是一个惯例。这是一个通常对筹划有害的惯例，因为它冒险将一系列等级制的要素以及扭曲引入中介的过程中，而这个过程必须是非常具有流动性和连续性的。

这个模式试图让自己成为现实的。我们在下一部分会看到，这在多大程度上实现了。现在强调其现实性至少在资本的科学中是肯定的，这已经足够。成熟的资本想象自己，公开地描述自己，并且要求附着于在其中得到发展的权力结构。这是我们分析的充分理由。

第四节　资本主义权威理论模式批判

> 上升到普遍性层级的需求和劳动为它们自身构建了一个庞大的具有共性且相互依赖的体系，一个四处游荡的活死人，盲目地跌跌撞撞地四处走动，就像必须随时要降服和驯化的野兽一样。
>
> 黑格尔，《耶拿现实哲学》第 1 卷，第 239－240 页

"这里面当然有东西,"莱因斯多夫不耐烦地回答。"但我依然不明白的是,我们一直都知道人们应该彼此相爱,且国家需要强力手腕来确保这一点,但为什么这突然成为一个或此或彼的问题?"

穆齐尔,《没有个性的人》第3卷,第419页

辩证法的微恙
——再统一的西西弗斯式劳动;或者,资本主义的自我批评以及对权威理论的需求

我们所勾勒的模式真的有效吗?我们已然看到驱动其定义及其完成的形象的要求,这种需求经常看起来有一种神秘的特质。现在问题不是关于定义,而是关乎实质,不再是关于科学假说,而是关于历史确证。简言之,我们必须表明这种模式到底有没有效果。如果这个模式成为现实,我们必须指认出让其成为可能的原因;换言之,这种实现是对形式总体性具体化的内在要求的回应吗——如其从模型的角度所看来?或者说,是对其他更为紧迫的决定了不同路线的要求的回应吗?最后,我们必须看清楚,这个模式是逐渐具有了具体的历史实证性的理念,还是在幸福的神话中,隐藏并扭曲具有完全不同性质的现实的社会运作的神秘化。

我们可以一次性回应所有问题。首先,让我们自问,我们所谈论的模式在其实现的过程中是否会提出二律背反?当然会存在二律背反,而且会非常严重。第一个二律背反就是:围绕着价值增殖——特别是生产性劳动的概念——独特原则的社会总体

性的统一不断重新开启抽象劳动与具体劳动之间的冲突。它不是在特别的境况下——因为这也是阐释模式的前提,而是在处于社会层面的冲突的总体化所面对的不可遏制的张力中,来重启这种冲突的。当诞生于现代工厂的生产性劳动将工厂的模式强加在整个社会之上时,构成工厂内生产性劳动的矛盾不是被消除,而是得到了衍生。内在于资本主义生产单一关系的冲突性因此得到了扩张,并且让所有社会运动都成为其猎物——它成为传染性的,能够动摇所有的综合。这居然是社会国家的模型,真是讽刺!国家被交给一种可以解决所有矛盾的辩证法,但是因为这种辩证法,国家现在面对着一个更大的矛盾。这个模型的辩证法本应该提供一个重构和平化领域的可能,但这种辩证法却导致了这些毛病!现在矛盾用一种总体性对立于另一种总体性;整个社会被重新塑造为没有得到解决且不可能得到解决的张力的场所。对抽象劳动模型中具体冲突性的安抚,在现实的平面上是一种欲望,但不是可以实现的欲望,而是某种意义上的西西弗斯的劳动,不断被打断,然后继续进行,而且现在成为一种不可能的综合。然而,这些考量在我们的研究中并非深入考察的对象。去考察被呈现为一般境况的矛盾如何——在对模型的单一论述中,在其要素中,简言之,在所有的科学装置中,而在这种现实的境况中,这些装置需要在解决方案中的言说和得到安抚的意识中代表控制——出现,会更令人感兴趣。模型的统一性在各种努力之后,看起来依然只是理论上的。统一的辩证法只是在抽象意义上具有效力,这样当模型得到完成时,应该有必要将其降到现实层面,从而再看它在现实上的运作,但是其单一要素却显示再度分离。看起来统一化的过程是彻底无用且空洞的;看起来模型只有在头足倒立的时候才具有效力。

尽管从规范生产的角度来看,秩序安排被呈现为正当化的简单领域——在这个领域中,过程的统一性和渊源的多样性确立了恒定的关系——但关联似乎消失了。如果冲突性没有得到解决,那么权利的效力就不再站得住脚。冲突的不可解决性让这里不可能出现一贯和有效的连续性。另一方面,从应用的角度来看,一般和抽象的规范,与必须在社会运作的普遍性和规定性中持续重构秩序安排的确定目标之间的关系,也消失了。如果冲突性得不到安抚,权利的确定性——这是条款、理性计算以及正常发展的不可替代的要素——就会受到阻碍。① 简言之,解决方案不确定的参照(这是社会拥抱冲突性的一个后果)似乎让社会国家的法律模型失效了,并且将其运作推向了死胡同。

然而,这个模型却得到了法律科学的维护,并且不断为后者所重构和重提。模型能够运作;二律背反并不会消解其有效性。但如果其基础如此不稳,其构型如此抽象,它如何能够成功运作?没有理由感到震惊。通常来说,权力的实践比其理论要更有远见。然而,清楚的是,对模型的批判必须起到如下作用:进一步澄清其用处的必然性,并且在其基础处确立,必须要有通过某种方

---

① 见阿尔夫·罗斯,《走向现实主义的法理学》(*Toward a Realistic Jurisprudence*),特别是其中关于权利渊源理论中的二律背反部分,见第五部分第 2–4 节;以及关于合法性(validity)理论的二律背反部分,见第三部分第 2–3 节。在渊源理论的问题中,我们最感兴趣的是罗斯所提出的第三个二律背反:统一性和多元性的二律背反。就与合法性的理论的关系来说,我们更关注第二个二律背反,即作为命令的法律规则中合法性与作为假设性判断的法律规则的合法性之间的二律背反。

式让其运作成为可能的要素；它们即便没有被提及，但必须在场。在这些要素的基础上，统一性与多元性之间的矛盾必须有效地进行自我安抚，同时在更为广泛的言说中维持自身。在这些要素的基础上，二律背反必须成为辩证性的，从而避免决定性的对抗和危机。

这些要素在资产阶级权威理论中都得到了强化。直到现在我们并没有且尚无法论及权威。这个模型似乎诞生于这样的世界：自由个体努力建构自由共同体——在这个共同体中，使用作为黏合与压制要素的权威可能且在过去看起来是可憎的。但权威是走出被创造出来的一系列问题和矛盾的通道，而模型有效性的真正保障只能是偷偷摸摸地将权威塞入这个模型之中。我们当然是在处理某种神秘化，但效果会因此而有所减弱吗？恰恰相反，资本主义发展何时允许社会产品如此重要的层级上与社会劳动力共享，并且相应地，资本主义发展何时允许社会劳动力直接参与社会产品的分配和对社会产品生产的管理？因此，在某些边缘性范围内，何时能够轻易踏上这个模型所表明的道路？

在权威（即便它只是被偷偷引入）的实践与理论以及权威效果（在模型中被呈现为自由劳动简单的生产性联合的效果，摆脱了所有的强制形式）的神秘化的基础上，模型在永存的断裂风险中统合起来的对立双方的共存，现在具有了很大的可能。如果有人要谴责神秘化，那我们就可以简单回应说，我们处理的是过渡性阶段，是一个早晚会消失的环节——科学对强力就是如此痛恨！

我们却没有那么乐观。这里权威理论（及其实践）表现为决定性的要素，这种要素超越一切幻象，有效地维持了模型并且让其具有可行性。于是,问题就在于衡量这个理论的活力,在秩序安排的统一性(见《社会资本中的服从》)与多元性中,以及在既受到神秘化、也具有真实性的综合(见《对资本的社会组织》)中将其指认出来。

社会资本中的服从
——法律后果:秩序安排与规范主义理由的统一

以我们最开始对劳动—价值在资本主义中发展的分析为起点,我们澄清了剥削关系内在于普遍进程(这既是劳动进程也是价值增殖进程)的问题,也强调了这个进程对社会的更为明确的操控权力,而这个社会同时为劳动过程和价值增殖过程所投注。资本主义进程在社会层面上越是拓展开,剥削关系的强制性内容就越是得到一般性的强化。悖论性的事实是,其一般性似乎让剥削关系消失不见了,但其实这种关系是拓展开了,因为协调的要素——这是对资本成熟组织所典型具有的——越是在社会层面拓展开,服从的要素就出现得越多,且被强加得也越多(也是在社会层面上)。但是如果权威是统一性与多元性之间法律关系真正的连接性要素,那么吃惊也没用。在成为法律世界的连接性要素之前,权威也是客观世界的产物,这个世界是社会性的,在经济层面上得到整合并且为资本所主导。一旦我们摆脱旧的意识形态罩袍,我们就会看到,权威在现实中会存续下来,因为科学通过新出现的权力的统一,理解法律世界与社会世界之间最终的对应关系。

因此我们可以看到,法律科学如何正确地从这个过程内部正确地反映了这一过程。真正的悖论在理论的悖论中得到重复,特别是在规范—命令主义的理论中,这种理论在社会协调及其价值增殖的要求基础上所受的批判越多,在社会统一化的要求的基础上就越是得到重估;它总是不断出现,同时失去某些经验上的特征,但无论如何会在其一般性中有所获得。

事实上,不难认识到,规范主义和命令主义在最近权利理论的科学发展中是非常引人注目的争议话题。所有的理论立场和作者都会先是对命令主义然后是规范主义进行批判。尽管一直存在争议,规范主义和命令主义在今天拥有了新的生命和运气——在它们的核心处,或者说在将强制作为实际或潜在要素的做法中,但因为法律秩序安排的定义,是具体和必要的。① 的确,命令主义的法律概念已经解体了,但同样真实的是,命令主义的权利概念得到了肯定;的确,规范主义的概念失去了价值,不能再作为法律解释与应用的独一无二的关键要素,但同样真实的是,对权利的一般和具体重新构型的规范性要素已经被强加。我们可以说,恰恰相反,在包含各种理论要素的复杂过程中,被强加的秩序安排的彻底统一化的强制性越是突出,它就越是被置于秩序安排的单一运动之外而得到考察。理论家在科学发展最为精致和穷尽一切的表达中,实现了指认命令性力量的目标,这种指认

---

① 见伊勒玛·塔莫洛(Ilmar Tammelo),《法律命令理论在当下的发展:调查与评估》("Contemporary Developments of the Imperative Theory of Law, A Survey and Appraisal");以及费利斯·巴塔利亚(Felice Battaglia),《论法律的结构与功能》("Alcune osservazioni sulla struttura e sulla funzione del diritto"),特别是,第 513−514,517 页。尽管这两位作者从不同的,有时甚至是对立的视角出发,他们最终都宣扬命令主义理论的复兴。

是在一个"独立且潜在的"环节中进程的,而这个环节与构成秩序安排的单一规范有所区别但并未分开,并且与整个秩序安排相重合(在其定义的语境中)。①

这个科学过程以非常精确的方式,回应了特别的要求。为了考察这些要求,更为细致地考察它们的效果会更有用。有两个效果是根本性的:一方面是在使用强制的视角下,允许秩序安排统一性最大化,同时保障社会发展远离所有另类选择或障碍;另一方面,是维持对强制与秩序安排之间关系的勾连,并且独立于任何直接、有害以及强制性的前提,去发展后者。这些效果完全呼应由模型所组织的要求,这些要求不是在脱离国家命令意志的过程中,而是直接在它们从社会过程中出现的过程中,把握到单一的规范。另一方面,它们得有所作用,就好像它们是由独一无二的权力来源所生产出来的。从这个角度来看,强制性视野和程序性中介视野之间的距离是持续起作用的保障,因此也是秩序安排生命的纯粹而简单的保障。这种二元主义因此能够回应社会国家在当下的发展阶段。它回应面向冲突的程序性调和的乌托邦式(在很大程度上也是功能性的)的压力——这种调和在成熟资本主义社会的生命和成长的某些界限内是有其必要性的,因此让其有可能去考察作为自我组织的社会组织过程;它同时也回应平行的保障需求,即这种冲突性过程不会在内战、不会在价值与利

---

① 这种立场在北欧学派那里得到了最为清晰的表达,见奥利夫克罗那(Karl Olivecrona),《法律的命令》(*Der Imperativ des Gesetzes*)。在《法律命令理论在当下的发展:调查与评估》中,塔莫洛强调了关于北欧人所提倡的规范判断的本质,英国人与像哈尔(Hare)这样的分析哲学家的立场是重合的。

益没有中介的对立中得到解决。在这个模型的发展中,必须要发现权威。然而,权威总是被隐藏起来,而且就程序性特征自由且自发地发展的可能性来说,只是被称为"独立且潜在的"力量。

这是一个精致且有效的解决方案。如果我们再度从对法律发展的考察回到对物质发展的分析——它最开始就是与之相勾连和结合的,我们就会看到,对强制与程序机制的双重领域的描述与社会化资本的形式也是相契合的。剥削关系的突出地位在这里与有计划的生产关系总体相勾连。对社会化资本的管理所具有的民主特征从属于利润增长的状况,而这种增长无论如何都依然是社会资本发展的关键(这就是所谓的经济标准,而这种标准在劳动构成的提议中变得越发重要)。

绝非偶然的是,两个层级之间的所有冲突都必须在有利于经济要素的情况下得到解决,要么以中介的方式,要么以直接的方式。解决冲突方案的内容受制于一些条件,并且服从于这个标准。如果冲突只是轻微破坏积累的形式,就会得到宽容;或者说,因为体系得到完善,冲突如我们所见,成了积累的形式。然而,如果冲突转化为对抗,并且在其物质内容上损害了积累,则必须使用强制手段来进行干预。这些都是资本的法则,没有超科学的神话能够假装认为,这些已经失效,或者在资本在今天得以发展所采取的社会形式中变得毫无用处。①

因此我们认识到了规范主义的理由,或者说这样的理由,为了这个理由——在资本主义自由劳动的神话重新掌握其原初的

---

① 马克思提醒他的同时代人注意这个事实,也正因此,有必要去研究他思想中与危机理论和利润量趋于下降理论相关的方面。

人本主义意涵后——权威理论在实践和理论上都被作为模型有效性明确的保障而被重新引入。但是,我们依然应该考察权威理论得以重新引入的形式,因为这会让我们展开更进一步的分析。

对资本的社会组织
——资产阶级权威理论中的统一性与多元性

如果我们仔细观察,就会看到,权威理论与模型之间的关系问题,同时也是在模型内所提出的秩序安排的统一性与多元性之间的关系问题。在第一个模型的(乌托邦式的)图式中,多元性的统一性被构型为过程完成的简单后果;现在,这种统一性以权威的形式得以推行。虽然第一种统一性想要内在于进程,第二个似乎试图超越这个进程;在第一种情况下,这个进程被构型为一元性的进程,现在似乎其形象成为二元性的。矛盾很明显,看起来对权威理论中模型的修订不会完善而是会毁灭这个模型。

但是我们还没有看到,这个矛盾以及插入权威理论的后果是否会在单纯的形式层面上给出,以及在现实中,会不会出现不一样的后果。因此对这个矛盾的考察必须被带回现实中。在这个语境下,在这个模型发展过程的最后,偷偷摸摸地插入权威的概念和实践,即便这种做法从理论的角度看是矛盾的,但是与实践的视角倒是直接契合的。事实上,对司法秩序安排的形成过程及其——在部分与总体、[在逻辑和现象学形式主义中的]多元性与统一性中追踪到的——具体性的形式性描述的含混性,消失不见了,通过统一性权威的有效性而得到解决。这还是一个准备好的、实证主义的解决方式吗(其特征是盲目的经验主义)?完全不是,因为这恰恰是退后一步,而这一步摧毁了带回到模型的科学中的全部新颖性。事实是，这里我们抛弃的不仅仅是形式主义哲学阵营（这个阵营只能在各个层面上重新提出矛盾），还有实证主义和经验主义形式主义的阵营，这个阵营消解了含混性与矛盾，只是将它们与权威的事实相对立。我们接下来必须勇敢地进入对法律行动与思想进行社会定义的领域，这是唯一一个允许建构充分的研究框架的领域。只有在这个平面上，才能够再度发现能够解决模型问题的权威，其运作才能以具体的方式得到构型，既独立于任何空想主义，也独立于任何事实性的还原。因此我们只能够发现代表发展动力的要素即劳动—价值——它在自身内部（且在资本主义社会发展过程中）携带了社会权威出现的必然性及其多元正当化的必然性，方式是统合其出现所采取的形式和与之相对的现实之间的关系。所有的二元论都消失不见，因为这个过程的最终形式并非二元论的；只有过程是二元论的。权威理论是一种完全能够满足模型的解决方案，尽管看起来像是一种机械降神，且似乎对那些提出资本主义模型的方案是种侮辱。对权威的重提似乎只与某些对这个过程充满希望的人的有限眼界相矛盾，但并不包括以科学眼光看待筹划的完成的那些人。

让我们暂且回到前面关于实质构成的段落，以澄清我们的分析，并且希望我们现在可以在（基于劳动的）实质构成中追踪对协调与服从、联合与等级之间社会关系的言说。之前我们面对着类似的问题和类似的解决方案（见第1节）。截止到这里的分析，同样的意象再度出现，重新获得清晰性，因为模型所表达的新的动机的财富被重新定位在那个意象中。在劳动中找到资本主义社会秩序安排真实统一化的动机的最初要求在这里得到再度肯定——但不再只是作为一种要求，而是作为被新发现的形象。

如果说基于前述内容,我们触及了统一性与多元性之间关系的问题,不难预见,资产阶级关于权威的理论与实践(恰恰是因为它们指向了资本主义劳动—价值发展的现实)绝非排斥,而是将多元性置于自己的核心,并且将其置于正确的位置。即便对多元性的"独立存在"的神秘化消失不见,即便对来自多元性内在运动、来自其进程和内在中介的再度统一化的希望消失不见,但多元性在秩序安排的生命中所覆盖的场地依然是完全处于突出地位的。我们在研究劳动宪法化的过程与模型的过程中所作出的各种观察都足以证明这点(见第2,3节)。这里,问题是更为细致地决定统一性与多元性的共存所采取的形式。

事实上,我们已经掌握了一系列的消极要素,这些要素可以让我们去避开在模型的第一个定义中存在的幻象,即统一性和多元性的综合在过程的形式要求的简单发展之外给出,这是源自在形式上自我生成的节奏。然而我们也知道,尽管有这些消极性的要素,我们不应该(通过对过程的威权主义综合)否定过程所借以发展的冲突性,而是应该确保其路径和效果,并且让其免遭任何可能的对抗性的本能反应的威胁。然而,这些要素既非过程的条件也非后果:它所呈现的形式到底是什么?这其实等于追问:威权主义视角如何与并不表征——或者说无法表征——具体的强制性内容相共存?再进一步,这个视角如何与这些规范并存?因为这些规范是通过对抗性而形成的,而非通过有待于在强制领域得到统合的性质而形成的,所以呈现出对组织性环节(或者说一种具体的性质)的强化。很多其他问题可以提出,但我们可以很快识别出回应,如果我们记得将严格的权威作为对秩序安排的总体性的控制的话。组织性的事实和并不拥有强制性内容的规范的出现,对于权威来说并非绝对矛盾性的。它们可能作为具体技术内容的具有强制性的内容,但首先它们必须能够具有能够参考秩序安排体系(它们就处于这个体系好难过)总体性的内容。在权利生产理论的语境中,现实主义和法律多元主义因此与权威理论的突出地位完全兼容,这是强制的后果会让位于单一规范和体制强制性的真实性。在科学的层面上,问题可以作为渊源的多元理论的兼容性问题提出来,这些渊源有着一个赋予统一性组织和一贯意义以渊源多元性的首要来源。这个案例可以通过如下方式来解决,即回想起首要的来源与其说来自在物质上跟随秩序安排种类的内容,不如说通过如下标准,借助这个标准体系被包纳,阐释得到合法化。因此这就是体系本身(在我看来这似乎是恩里克·阿洛里奥和基诺·朱尼所得出的结论)。当我们坚持秩序安排的单一决定(在单一规范的物质性和历史性决定的特征)总是以崭新的方式表达的内容和差异时,同时也揭示了另一个方面,在这个方面中多元主义无法压制的实例得以显现,在这种情况下对权威理论的对抗没有增加,只有新的语境得到定义,在这个语境中,统一性—多元性之间的关系必须得证明(克利萨弗里正是在这个领域上开始的)。

那么这个过程的发展所采取的形式是什么呢?这是允许且有时决定对立方共存的形式。单一法则的效力将参考秩序安排的总体性,正如规范和组织性事实的有效性将参考这种总体性(这是阿尔夫·罗斯的立场)。只有在体系的总体性层面,才存在强制和权威。在所有其他层面上,与强制的关系只是假设性的。这让统一性和多元性之间保持了宽广的空间,但是从不允许最终的综合逃脱总体性的最终定案。这是这个过程所发展且必须发展出的形式。

我们因此最终达到了这样的位置,在这里我们可以认识到多元性在成熟的资本主义国家形象中所占据的场所。权威理论的出现以正确的方式将其功能安置,同时并没有削弱其相关性。统一性和多元性必须共存,确信两者之间的综合——考虑到支撑它们运动的威权主义领域。通过这种方式,法律的视角与现实的视角,权利和资本,找到了两者共存作为先进的环节之一。两种现实的相互包含在这里真正成为结构性的要素。对积累过程的社会言说的单一运动在法律形式中找到完全且充分的形象。

从矛盾到对抗

推动我们考察最后阶段的动力是这样的认识,即由对科学方法的信念、由其内在力量的必要关联所单纯维系的社会国家模型并不能成立。各种类型的矛盾好像将其困住了,而这种国家——其自身运动的理性和动力来自冲突性——从这个角度来看,似乎成为冲突性的牺牲品。简言之,尽管这种模型被交给了内在的正当化,但还是崩溃了。只有权力的超越性才能赋予其真正的支撑。因此我们在分析中抵达了坚实的、总结性的论点。我们从对劳动—价值在作为成熟的法律体系中所起到的独一无二作用的考察出发,该考察引导我们去评估资本委托其神秘化所行使的功能。多元性和统一性共存,而冲突性在资本主义积累的节奏中,一直与从具体到抽象的劳动的发展相勾连,最终得到遏制。

但这一切的代价是什么?代价就是向权威的超越性妥协,并且重新确立了**叠加与可怖**(*superpositum et tremendum*)领域,而对它的批判似乎成为成熟资本主义法律理论的出发点。

那么这一切后果是什么？我们的考察从如下认识开始，即资本主义积累的增长围绕着劳动—价值统一了社会，但是这么做需要围绕两个极端，即具体性和抽象化。当下国家的整个法律系统之所以会产生，就是为了解决这个确定的对立。具体劳动和抽象劳动之间的对抗需要被转化为矛盾，当下法律思想的全部路径都是朝向决定这些矛盾的具体中介的。然而，我们已经看到所导致的结果：中介要求恢复权威和超越性。这个科学的视角再度被推翻，并且被推向单纯事实性的领域，就在这时它似乎想要被幸福地置于完满的综合中，置于完全的历史交融的愉悦中。在这个平面上，对抗——其调和是我们的出发点——再度出现，让所有可能的中介都失去用处。

建构劳动国家模型的整个运动，以及在这种运动中所作的关于其在统一性中动机的构成的分析，可以以颠倒的形式进行认识：在存在统一性的地方，我们可以看到矛盾，而在有矛盾的地方，我们可以看见对抗。这个问题又被提出来了，正如我们在出发点时所提的那样。法律领域因为很多新的理论主旨而得到丰富，且科学想要去再度找到走出最开始问题的适当方式，这个事实并没有隐藏如下事实，即这个有过太多尝试的道路的终点重新提出了和开始同样的问题。这不是说，中介性的问题不相干，或者它们并不能构成科学进程中非常重要的环节，因为恰恰相反，对抗的层级和形式在今天因为科学进程的有效性所突出的形式和强度而具备资格。然而，没有得到改变的，是对立的内容和对抗的形象：抽象劳动和具体劳动有着不可调和的矛盾性，每一方都想摆脱和平与渐进式的调和的希望，在力量的平面上——在这里双方彼此最初相互衡量，去寻求自己问题的解决方案。

在研究的开始,我们看到了改良主义,即从两个不同方向被推动的对冲突进行法律中介的努力,起到作用的两种力量对决定发展来说的必不可少。现在我们看到改良主义达到了其发展的顶点,同时再度面对同样的问题——但又少了一种可能性,即再度回到允许其超越旧的对抗的工具的可能性。

故事会如何结束?我们无法在这里给出答案。

权宜的结论:工人主义的批判是否可能?

本项研究宣称所取得的唯一结论——远非澄清一系列法律进程,就是认识到一个问题以及这个问题所由提出的层级。这个层级并非如某些人所说,不过是对立的内容的问题,而是中介的努力最后所要表现出的冲突的形式问题。

辩证法终结了。黑格尔死掉了。在黑格尔那里剩下的是资产阶级世界的自我意识。资产阶级世界是且只能是辩证性的。

但我们不是。工人主义的批判在今天不是对辩证法的恢复,而是对冲突的领域与形式的发现。

且允许我说点个人化的内容。在几年前我所完成的一项形式主义研究(《法律形式主义的起源》[①])的最后,我指出需要对权利进行辩证性研究。我认为这可以解决一系列的形式主义(无论其构型多么复杂)似乎无法解决的问题。现在很明显,这种希望是虚妄的。今天,我们看到权利坚实地植根于现实,我们看到它在社会中消失;权利表现出它似乎永远也不可能直觉到的演化节

[①] 见奈格里,*Alle origini del formalismo giuridico*, Pubblicazioni della facoltà di giurisprudenza dell'Università, di Padova, Padova, Cedam, 1962。——译注

奏。对立方的共存因此变得具体了。但所有这些是一种解决方案吗？所有这些不过是重新提出了其表面上解决了的内容吗？

通过这个任务的晦涩性，我们的指导要素只能是对现实的革命性批判、从事物和事件内部出发的批判以及革命斗争。

第二篇

Part Two

第四章

共产主义国家理论

Communist State Theory

本文写于1974年，作者奈格里。本文在20世纪70年代中期流传甚广，并且在法国和德国再度发表，因为其所关注的焦点是与如下努力相关的直接的政治问题："欧洲共产主义"政党试图与保守主义的执政党达成"妥协"从而进入执政联盟的努力。特别是在意大利，在共产党和"官方"工人运动之外，并且与国家之内的这些机构联盟相对立，存在着广阔且活跃的左派政治空间。本文从马克思主义的视角以及活跃于20世纪70年代的激进社会运动的视角重新审视了各种各样的马克思主义和共产主义国家理论。这种对文献的再审视对理解和强调共产主义传统中的有益方面十分必要，且更为重要的是，对将国家理论的难题置于当下政治冲突的语境内非常必要。贯穿本文的认识——这种认识得到当时意大利不断高涨的政治运动的支撑，与马克思在《路易·波拿巴的雾月十八日》所强调的结论并无二致：过去的革命只是完善国家机器；关键是要砸碎国家机器。

修正主义传统及其关于国家的概念

"国家垄断资本主义在于国家机器从属于资本主义垄断。"自从斯大林在20世纪30年代为第三国际提出这个定义以来,官方的工人运动流派在发展国家理论方面基本裹足不前,并因此忽视,在资本主义国家因为巨大的经济危机而发生的改变后,进行必要的分析,从而调整国际共产主义运动的政治话语(见第二章)。对垄断资本和国家结构之间关系的机械式和工具式概念定义依然完好无损。在这种观念看来,大垄断资本(资本主义发展的必然副产品或产物)已经以持续且精确的方式,控制了国家的运动。国家与大垄断资本(作为全部资本的一个特定且有限的部分)融为一体且从属于后者。① 对大垄断资本的(管理上的和/或无产阶级的)法律结构最终改造并没有干涉由国

---

① 见《今日帝国主义》(Imperialismus heute)和《德意志联邦共和国的帝国主义》(Der Imperialismus der BRD),德国统一社会党中央委员会社会科学研究所(Institut für Gesellschaftswissenschaften beim ZK der SED)编;贡德尔(Rudi Gündel)等,《国家垄断资本主义理论》(Zur Theorie des staatsmonopolistischen Kapitalismus);法国共产党中央委员会(Comité Central PCF)编,《国家垄断资本主义》《Le capitalisme monopoliste d'Etat》。

家所强加的从属关系,而是恰恰相反,强化了精英统治者的相互关系,巩固了垄断控制的特征和方向。"在现实中,商界与政府之间表面上的冲突是统治阶级内部冲突的反映。"(保罗·巴兰和斯威齐,《垄断资本》,第 67 页;同时可见,皮埃尔·贾雷[Pierre Jalée],《70 年代的帝国主义》[*Imperialism in the Seventies*])工具性的从属关系也没有改变;非要说有什么改变的话,这种关系因为超国家的和/或跨国的垄断机构以及国家垄断资本主义的发展而有所强化。

任何在处理官方工人运动的传统方面哪怕有一点经验的人,都会立刻明白这种对国家("垄断的奴隶")重塑(refiguration)背后的政治目标。这些目标包括在最广泛的社会阵线上组织斗争,去对抗资本主义发展所带来的结果,以及垄断权力所带来的扭曲,(从整个社会的角度)向国家(在其他情况下是权力中介以及传达垄断意志的位置)强加新的发展模式,(通过攻击垄断性的国家组织)反抗其与社会之间关系的专制特征,(通过最广泛的社会联盟体系)来清除垄断在国家内的影响;简言之,以民主和大多数人的名义,开启市民社会与垄断资本国家(通常也被称为"法西斯主义的")之间对抗性的辩证关系。"国家与作为其执行者/工具(agent/tool)的垄断阶层紧密相关:可以将这种关系理解为一种阴谋,这种阴谋利用私人关系将国家(依然能够自上而下地展开革命)置于一小撮垄断资本家手里。让全体人民赶走这些篡权者,国家会完成后续任务!"(普兰查斯,《政治权力与社会阶级》,第 273 页)

这些是"国家垄断资本主义"理论的政治目标。很明显,相反的关于国家的概念会提出完全不同且相反的定义、战术和战略。

然而,有些目标是在国家垄断资本主义理论内部出现的。例如,有位作者试图强调国家和垄断力量业已融为一体的断言:"垄断资本主义和国家是相互独立的力量",两者会**相互融合**,但是并没有出现国家单方面从属于垄断的明确局面(见尤金·瓦尔加[Eugen Varga],《资本主义的政治—经济问题》[*Politico-Economic Problems of Capitalism*]和《资本主义的危机及其政治后果》[*Die Krise des Kapitalismus und ihre politischen Folgen*])。但是这些反对意见并未提出关键的论点,因为它们没有能力去将国家—社会—资本三者的关系问题化,从而再度提出作为独立社会功能的国家的主题。当人们普遍承认(如我们在维果茨基[S. L. Wygodski]的《当下资本主义》[*Der gegenwärtige Kapitalismus*]所发现的,这是当下关于这一话题最好的小册子),我们已经进入国家与资本关系的新阶段——从这两个领域相互渗透的角度来看是在"质上全新的"阶段,这就变得更加引人注目。垄断资本主义理论在分析资本的社会再生产的整个过程时并没有接受这种认识,而只是在技术和科学等特别主题上才有所接受。

当下阶段的阶级斗争所发现的问题,随之而产生的理论以及相应产生的战略努力,这三者是非常不同的。看起来,资本与国家之间新的关系所具有的性质——换言之,两者的接合在整个社会(而社会完全被吸纳进资本再生产的要求)的平面上展开这一事实,完全没有为国家垄断资本主义理论所把握。从这一视角来看,国家垄断资本主义理论是作为精英主义国家理论的变体而出现的,且在分析国家是特有内容的语境中,忽视了国家组织的实质性中的某些关键要素,如合法性,"它的"司法制度,对"共识"

的呼吁,以及中介机制的连续性和有效性。① 所有这些要素都被置于"主观性"的领域,以至于大垄断资本的咄咄逼人和难以摆脱的形象最后只是在一个空虚和沼泽似的领域内移动——正是在这个领域内,社会对抗涌现出来。这种理论的基本认知是,资本主义国家的经济是具有客观正当性和有效性的封闭系统。在这个基础之上,出现了关于国家的纯粹工具性的概念,将政治活动完全置于纯粹主观自主性的领域,并且非常狭隘地将民主策略理解为一种假说,一个动员被压迫的市民社会来反对无处不在的垄断权力的假说。②

现在我们应该指出国家垄断资本主义理论所存在的明显矛盾性的特征。这揭示出的明目张胆的机会主义根本上在于客观方面(作为机械的、物质性的和必要纽带的国家—垄断关系)和主观方面(作为工具的、主动的纽带的国家—政治关系)之间所确立的含混性。就其从属于垄断来说,国家是基础结构;而就其是一个政治国家来说,国家是纯粹的意识形态性和反映性的上层建筑。对市民社会来说同样如此,一方面来说,它在垄断发展的压制性和必要结构中处于从属位置,另一方面,它被主动理想化为冲突与斗争可能场所。事实上,这个过程唯一真正对抗性的要素

---

① 卢卡奇在《历史与阶级意识》中明确展示了合法性机制的结构性和客观性的强度。

② 对国家垄断资本主义理论的批判,见玛格丽特·沃斯(Margaret Wirth),《德意志民主共和国的资本理论》(*Kapitalismustheorie in der DDR*);艾宾豪森(R. Ebbinghausen)编,《垄断与国家》(*Monopol und Staat*)(特别是温克尔曼[R. Winkelmann]和特里斯特拉姆[W. Tristram]的文章,第 45 -97,98 -136 页)。

在于垄断发展本身所具有的矛盾之中。从这个角度来看,国家垄断资本主义的理论造就了灾难性崩溃理论的纯粹客观主义版本。

任何试图在国家垄断资本主义理论中触及工人阶级斗争场所问题的人,最后都只会一无所获。事实上,在资本生产和再生产过程中剥削的实质性,和资本主义发展(及其危机)的结构之间的关联问题,从没有被提出来;或者说,当以国家垄断主义形式表现出来的资本主义再生产过程的必要性以及阶级斗争彻底的意识形态特征得到承认,这个问题就提前得到解决了。另一方面,阶级斗争的目标只能是在垄断主义秩序安排扭曲的背景下,重新确立资本主义发展("社会主义"?)的合理性。① 在极端的、主导性的对国家垄断资本主义概念认知中,阶级斗争的场所只不过是在意识形态上非决定性的场所,因此类似于民主斗争的场所。工人阶级斗争被混同于"大多数群众"的斗争,并且为后者所否定,其本质性的特征被彻底否弃。阶级目标和权力目标之间的全部关联都消失了。

甚至在没那么极端的国家垄断资本主义理论中,依然存在着还原性的阶级斗争概念认知。特别是正如我们已经注意到的,在最近的文献中,有一些提及对权力的垄断性接合进行社会化,这些论述坚持垄断国家和社会的技术—科学结构之间相互关系的广度与密度。② 这里的含混性达到极致水平,且"客观要素"和

---

① 因此就出现了国家垄断资本主义理论在社会主义国家所产生的带有强烈压制性的效果。见沃斯,《德意志民主共和国的资本理论》,第 27 页及其后。

② 见维果斯基(Wygodski),《当下的资本主义》(*De gegenwärtige Kapitalismus*),特别是沃斯在《德意志民主共和国的资本理论》中引用的内容。

"主观要素"之间的不一致存在爆破的危险。无论如何,在这种情况下,阶级斗争的相关性降到最低。当矛盾没有直接被带回垄断的客观性矛盾的辩证关系中,这个矛盾只会沿着因为恩格斯而产生的修正主义路线或专家治国论路线而得到社会化。

从方法论的角度来看,国家垄断资本主义理论存在如下两个基础:一个是得到"无害化处理"的马克思主义和马克思主义范畴,另一个是对意识形态拜物教、意识形态自主性和群众的政治意志的极端化处理(见艾宾豪森和温克尔曼对《垄断与国家》的介绍,第9页及其后)。在我们看来,这些明显存在分歧但实质上处于共生关系的张力关系,在——从阶级的角度来看——对一体性的扭曲和神秘化中,被结合在了一起。简言之,国家垄断资本主义理论是一种在资本主义分配运作失灵中找到存在依据的理论,但是它完全无法将社会对资本进行再生产所依赖的制度世界与工人的视角结合在一起,后者产生自关于剥削的知识以及对抗剥削的斗争。

无论是什么原因导致共产主义理论对国家资本主义理论的发展,无论导致这种理论在20世纪60年代复兴的动机是什么,我们必须认识到,这种理论代表了一种腐朽的想法,我们必须尽早远离。[1]

---

[1] 就这方面来说,考察法国共产党1974年代表大会的辩论会很有意思。在这次大会中,出现了新的反对国家垄断资本主义理论的观念(因此对立于法国共产党的指导路线),这种观念由与工人阶级组织联系更为紧密的团体所提出。阿尔都塞左派提出了对于这个争论立场的阐释,攻击了被视为阿尔都塞本人正统思想的观点。见巴利巴尔,《剩余价值与社会阶级》("Plus-value et classes sociales")。

定位问题:马克思主义的方法

关于"国家垄断资本主义"的漫长前言看起来并不过时。我们将会看到,这个框架虽然粗糙(或许正因为这种粗糙),国家垄断资本主义理论比我们所认为的要有着更强的效果和更为直接的影响。该理论所产生的后果是非常深远的。这些后果不仅限于对与国家相对的垄断关系(突出的资本主义经济现实)的一般定义,同时也包括对权利生产机制的规范性定义(规范社会行为)、对国家和社会冲突之间关系的纯粹压制性和非辩证性(短期、中期或长期的)的概念认识以及探索国家与阶级斗争之间关系的既犬儒又冒险主义的方法("智识上的悲观主义,意志上的乐观主义")。所有这些与处于斗争中的两个阶级——资产阶级和工人阶级——活动的现实性之间的不一致是显而易见的。然而,马克思主义对国家的定义可以为国家垄断资本主义理论提供依据和基础。"现代的国家政权不过是管理整个资产阶级的共同事务的委员会罢了";它是"是一个阶级用以压迫另一个阶级的有组织的暴力"(《共产党宣言》,第35页)。这是国家垄断资本主义论所依赖的"正统思想"。

但我们对"正统思想"并无兴趣。虽然我们在道义上尊重这个传统,但是我们应该注意,在马克思和恩格斯的著作中,至少存在另外两个更为复杂且更为全面的关于国家的定义(且这已经简化至极)。① 第一个定义在《德意志意识形态》中提出:

---

① 一般的论述见里卡多·瓜斯蒂尼(Riccardo Guastini),《马克思,从法学到社会科学》(*Marx, dalla filosofia del diritto alla scienza della società*)。

因为资产阶级已经是一个阶级,不再是一个等级了,所以它必须在全国范围内而不再是在一个地域内组织起来,并且必须使自己通常的利益具有一种普遍的形式。由于私有制摆脱了共同体,国家获得了和市民社会并列并且在市民社会之外的独立存在;实际上国家不外是资产者为了在国内外相互保障各自的财产和利益所必然要采取的一种组织形式。目前国家的独立性只有在这样的国家里才存在:在那里,等级还没有完全发展成为阶级,在那里,比较先进的国家中已被消灭的等级还起着某种作用,并且那里存在某种混合体,因此在这样的国家里居民的任何一部分也不可能对居民的其他部分进行统治……因为国家是统治阶级的各个人借以实现其共同利益的形式,是**该时代的整个市民社会获得集中表现的形式,所以可以得出结论:一切共同的规章都是以国家为中介的,都获得了政治形式**。由此便产生了一种错觉,好像法律是以意志为基础的,而且是以脱离其现实基础的意志即**自由**意志为基础的。(《德意志意识形态》,第99页,黑体为引者所加)①

这个定义在《大纲》和《资本论》中被赋予具有规定性的阐述,即作为"资产阶级社会在国家形式上的概括"②(《大纲》,第

---

① 中译文见《马克思恩格斯选集》第3版第1卷,前引,第212页。——译注
② 中译文见《马克思恩格斯全集》第2版第30卷,前引,第50页。——译注

108页)。因此国家逐渐将资产阶级利益的中介进行内化,以通过对社会的组织来实现规则的再生产。国家取得对市民社会的独立性,只不过是一系列辩证的和中介性地重新折回市民社会的前提,而且是在其自身的冲突性结构内,要根据由阶级斗争所决定的节奏。镇压性职能与组织性职能之间的辩证性中介成为资本主义国家的构型、生命和进展(见奈格里,《重读帕舒卡尼斯》["Rileggendo Pasukanis"])。从这个角度来看,马克思原计划在《资本论》中写作关于国家的章节。"全部著作分成六个分册:1.资本(包括一些绪论性的章节);2.土地所有制;3.雇佣劳动;4.国家;5.国际贸易;6.世界市场。"(1858年2月22日给拉萨尔的信,《书信选编》,第96页)因此国家的动力机制与资本的动力机制是相互伴生的:从国家所展开的积累职能到对信用和货币体系的组织,从工厂立法到对工作日的组织。

马克思和恩格斯发展了这一逻辑,并且得出另外一个关于国家的定义。国家在资本主义发展的关键时刻介入进来,为的是一旦出现资产阶级"无力再管理现代的生产力"的情况(恩格斯,《反杜林论》[Anti-Dühring],第330页),维持"没有私有财产控制的私人生产"(马克思,《资本论》第3卷,第438页)。在此语境下,恩格斯将国家的形象呈现为理想的总资本家并且宣称,"它越是把更多的生产力据为己有,就越是成为真正的总资本家,越是剥削更多的公民"[1](《反杜林论》,第330页)。恩格斯的这一定

---

[1] 中译文见《马克思恩格斯选集》第3版第3卷,北京:人民出版社,2012年,第810页。另,这两段文字出自《社会主义从空想到科学的发展》。——译注

义广为使用且非常恰当,值得我们认真审视。"但是,无论向股份公司和托拉斯的转变,还是向国家财产的转变,都没有消除生产力的资本属性。在股份公司和托拉斯的场合,这一点是十分明显的。而现代国家也只是资产阶级社会为了维护资本主义生产方式的一般外部条件使之不受工人和**个别资本家**的侵犯而建立的组织。"①(《反杜林论》,第330页,黑体为引者所加)在国有产业中,"工人仍然是雇佣劳动者,无产者。资本关系并没有被消灭,反而被推到了顶点"②(《反杜林论》,第330-331页)。在这个意义上,国家"无论表现出何种形式,从本质上说是资本主义机器,是资产阶级的国家,是理想的总资本家"(芬奇[R. Finzi],《资本的国家:一个开放的问题》["Lo Stato del capitale, un problema aperto"],第491-492页)。

如果我们想基于这些定义来重新提出资本的国家问题,那么我们就必须强调一些从马克思主义话语所生发出的要素。

1. 所提出的定义在马克思的话语中具有动态的特征,并且对应于国家与资本之间关系以及资本主义国家和市民社会之间关系的不同阶段或者说质的飞跃。这条与趋势的实际运动相对应的马克思主义分析筹划道路,就这两种关系来看,是从最小整合到了最大整合。因此,运动是从资本对国家最大程度的工具化,到资本主义国家在组织上最大化程度整合进市民社会。在阶级

---

① 中译文见《马克思恩格斯选集》第3版第3卷,前引,第810页。另,此段文字出自《社会主义从空想到科学的发展》。——译注

② 中译文见《马克思恩格斯选集》第3版第3卷,前引,第810页。——译注

斗争的当下阶段,资本主义国家在结构上整合进市民社会,其程度已接近可预见的极限。**在现实中**,资本主义国家开始被规定为"理想的总资本家"。在诸多方面它已经达到将自身的定义性范畴与"生产性资本"的定义性范畴联系在一起的程度。果真属实的话,今天所提出的根本问题是研究总资本家与当下国家之间关系所具有的结构性实质性,并且追踪其在组织上的体现,即日益整合进国家且为国家所操控的社会对资本再生产内的关联。处于国家垄断资本主义理论所产生后果对立面的,必须要有关于国家—资本—社会关系的结构性理论,以及适用于这些相互关系结构性特征的政治策略。

2. 正如马克思在《大纲》中另外一段所简要提出的,整合的渐进性辩证法揭示了剥削的全面机制的具体动力——有着**方向**的动力:

> 然后是国家。(国家和资产阶级社会——赋税和非生产阶级的存在。——国债。——人口。——国家对外;殖民地。对外贸易。汇率。货币作为国际铸币。——最后,世界市场。资产阶级社会越出国家的界限。危机。以交换价值为基础的生产方式和社会形式的解体。个人劳动实际成为社会劳动以及相反的情况)。①(《大纲》,第264页)

---

① 中译文见《马克思恩格斯全集》第 2 版第 30 卷,前引,第 221 页。——译注

国家理论与资本主义生产方式危机的理论,同时也与旨在破除历史性的劳动阻力的**方向性**(directional)理论,具有辩证性的关联。因此通过危机理论,国家理论与工人阶级理论具有辩证性的关联。考虑到对结构性转型的历史性发展的确切分析以及将危机确立为转型的根本性环节,对国家和总资本家之间关系的结构性分析则只是被赋予了预备性的地位(见博洛尼亚、卡比尼亚诺[P. Carpignano]和奈格里,《危机与工人的组织》[*Crisi e organizzazione operaia*])。

3. 考虑到以上的预设,对国家—总资本家之间关系的结构性分析以及对危机中修补的准确规定,应该被带回到对赋予变革以意义的阶级机制(以及阶级之间斗争的力量关系)的分析中。共产主义政治策略诞生于国家结构理论、危机理论和阶级理论三者在趋势上的一体化进程中——这种一体化在工人阶级政治构成的各个单独层面上都不断被重提。任何否定在确定的阶级实践基础上存在再度一体化和重新奠基真实趋势的"区域性的"分析,都可能陷入无意义状态,如果如下情况属实:"实在主体仍然是在头脑之外保持着它的独立性;只要这个头脑还仅仅是思辨地、理论地活动着。因此,就是在理论方法上,主体,即社会,必须始终作为前提牢记在心中"①(《大纲》,第 101-102 页)。

最近的共产主义国家理论广泛地探讨了这些主题。我们会抓住讨论的主线,按顺序对这些主题进行讨论。

---

① 《马克思恩格斯全集》第 2 版第 30 卷,前引,第 43 页。中译版最后一句话是:"主体,即社会,必须始终作为前提浮现在表象面前。"本文翻译根据英译版原文有所修改。——译注

当下的理论状态：新葛兰西主义变体

在直接处理这些主题之前，我们应该大体了解下最近的共产主义国家理论的一些变体，虽然这些变体强调且坚持必须用结构性的方法来对资本国家的新的性质进行定义，但是似乎并没有将分析置于政治经济学批判的坚实基础上。关于这个主题最为全面、最新且传播最广的两部作品是拉尔夫·米利班德（Ralph Miliband）的《资本主义社会的国家》（*The State in Capitalist Society*）和尼科斯·普兰查斯的《政治权力与社会阶级》，毫无疑问，这两部著作的初衷和方法都绝对是结构性的。虽然米利班德带有一定程度的实用主义，普兰查斯具有明确的分析倾向，但两者将讨论引向了当下国家所具有的新的、实质性的融贯性的要素。两部作品对这个问题都提供了特别丰富的讨论内容。另外，他们也正确地提出了问题：考虑到经济关系的世界，去定义当下国家的"相对自主性"以何种方式，在何种维度得到决定，同时保证国家阶级本质的完好无损。简言之，我们面对的任务是考察当下国家与"理想的总资本家"之间关系的辩证性接合。

然而，这些努力在多大程度上算成功呢？在与米利班德的争论中，普兰查斯提出了实质上是两个层次的批判，这两个层次是一致且相互依存的。首先是方法论上的批判。普兰查斯宣称，米利班德难以

> 将社会阶级和国家理解为**客观的结构**，难以将它们的关系理解为**有序关联的客观体系**，一种结构和体

系——其代理人即"人"用马克思的话说,是其"承担者"(bearer 或 Träger)。米利班德一直给人的印象是,对他来说,可以用某种方式将社会阶级或"团体"还原为**人际关系**,将国家还原为构成国家机器的不同"群体"的成员之间的人际关系,以及最后,可以将社会阶级和国家之间的关系还原为组成社会团体的"个体"与组成国家机器的"个体"之间的人际关系。(《资本主义国家的问题》["The Problem of the Capitalist State"],第70页)

接下来是内容上的批判。从这个视角出发,米利班德忘记了"在马克思看来,资本主义体系的根本性矛盾根本就不是其社会性质与其'私人目的'之间的矛盾,而是生产力的社会化与其**私人占有**之间的矛盾"(第71页)。因此,根据"社会行动"的社会学意识形态所特有的规范——而非马克思主义的分析,米利班德对处于客观关系中的体系所进行的全部分析,统统都失效了。①

普兰查斯的论战性论断是基于他对米利班德作品细致的阅读之上的。的确,在米利班德笔下,"理想的总资本家"与当下国家之间的关系问题被毫无意义但是安全地转化为"国家、经济上占主导的阶级以及国家精英之间相互交叉的关系这样的经验问

---

① 也可见米利班德,《资本主义国家:答复普兰查斯》("The Capitalist State: Reply to Nicos Poulantzas");以及豪普特(H. B. Haupt)与雷布弗雷德(Stephan Leibfried),《普兰查斯—米利班德争论札记》("Anmerkung zur Kontroverse Poulantzas-Miliband")。

题"(瓜斯蒂尼,《资本主义国家的理论与现象》["Teoria e fenomenologia dello Stato capitalistico"])。这里米利班德借鉴的是 C. 赖特·米尔斯而非马克思的作品!另外,对米利班德来说,修复资产阶级的社会行动理论之所以可能,是因为虽然他坚持将生产力的社会化和构成当下国家的"新要素"纳入考量,但似乎却并没有把握根本性的事实;这种生产力的社会化让生产力和对生产的资本主义组织之间的对抗性辩证关系得以再生产和繁衍。对米利班德来说恰恰相反,社会化是对力量之间矛盾的调和,但只有当占有在法律上的私人特征被引入时,社会化才可能具有对抗性的要素。

阿里桑德罗·塞拉费尼(Alessandro Serafini)对这一点有着精彩的论述:

> 【米利班德】所意指的市民社会不只是马克思观点中的"那一套物质生产关系",同时还包括意识形态性和制度性的关系。简言之,米利班德的参照点不是马克思,而是葛兰西。其所造成的后果非常关键,且这些也适用于对国家、国家的功能以及与市民社会相关的国家境况的概念认识。在物质关系和国家之间还嵌入了第三个环节,这是中介的进一步发展层次,米利班德将其称为"政治的"层次。在此语境下,国家本身的"可能性前提"被提出来了;在这个自主性的语境下,让正当性和国家行使垄断强力成为可能的共识的基础也被创造出来。因此"政治的"层次成为正面的和积极的术语:是资本主义权力不仅找到存在理由而且也找到基础的场所。

结果就是,国家成为这种全面机制的产物,成为意识形态之间以及利益的**代表**之间斗争机制的制度性产物。与马克思相反,米利班德将制度(在这个词最宽泛的意义上)确立为政治层次——这个层级变得具有自动性和积极性。与列宁相反,米利班德认为国家只受到资本统治背后的全面政治机制所约束。(《葛兰西与对国家的征服》["Gramsci e la conquista dello Stato"],第39—40页)

我们已经认识到,普兰查斯如何部分地把握到了米利班德框架中所的实质上的局限。在如下呼吁中他所提及的方法论话语和实质批判结合了起来:为资本主义国家问题确立更为"客观的"基础。然而在何种程度上普兰查斯做到了这一点呢? 在何种程度上,针对米利班德的"精英主义"和"私人法律特征"的批判,会让确立共产主义的国家理论的真实**支架**(*paliers*)成为可能?

有几位评论者强调了普兰查斯的话语中所包含的混乱特征(芬奇,《资本的国家:一个开放的问题》;瓜斯蒂尼,《资本主义国家的理论与现象》)。或许最好指认出这些混乱的基础和原因,即如下事实:在普兰查斯那里,共产主义的国家理论倾向于被构型为"区域性的研究"——在具体区域,尽管主要是经济上的。① 然而,最终说来,区域的具体性变得如此宽泛,以至于看起来是在面对新版本的"国家形式"理论,而与此同时经济的主导地位被客观

---

① 关于这个方法论,见阿尔都塞和巴利巴尔,《读〈资本论〉》,以及阿尔都塞《保卫马克思》。

地置于太过遥远的"归根结底"的地位,以至于显得无关紧要——且没有一个词是关于劳动过程的!①

然而,我们应该稍作停留,来更为细致地审视问题。我们无意去批判普兰查斯所采纳的"阿尔都塞主义的"方法论。② 我们无意去指出,这种方法论的缺陷在每个被考察的"区域"内,决定了一系列的"意识形态的自我发展";无意指出,对各个区域来说"在具体的总体性中得到表达的作为**确定关系**的阶级这个根本概念"(卡多索[Cardoso],第 56 页)在方法论上受到了压制;无意去指出,聚焦于某个现象不同方面进行的阐释在"形式"上作出区分,最后在如下场所决定"明确的人类实践场域和明确的理论场域",而对马克思来说,在这个场所中,存在着"在思想的复杂总体性中得到阐发的多层级的现实复杂性"(卡多索,第 62 页);最后也无意去指出,最终,国家的"自主性"——作为区域性的领域——并没有找到可靠的相对性要素(因此"波拿巴主义"被视为资产阶级国家的"永恒"要素)。所有这些都是次要的。然而,并非次要的是普兰查斯话语中的方法论片面性(unilaterality)与明确得到规定和阐明的实质性框架相接合:"政治的自主性"再度被提出来,但不是被呈现为生产力和资本主义对生产进行组织的辩证

---

① 关于国家形式的理论,见莱布霍尔茨(Gerhard Leibholz),《国家形式》(*Staatformen*)。

② 关于对阿尔都塞方法论的批判,见皮埃尔·罗瓦蒂(Pier Aldo Rovatti),《马克思作品中的批判与科学性》(*Critica e scientificità in Marx*);以及朗西埃(Jacques Rancière),《阿尔都塞的政治意识形态》(*L'ideologia politica di Althusser*)。

关联，而是被呈现为居于两者之间的"第三层次"。这就意味着，普兰查斯的方法论在扭曲马克思主义国家概念方面再度起到了作用，这种扭曲就在于将国家的基础性层级指认为被重构的"市民社会"的拜物教——以表征形式表现出来的真实阶级关系的模糊图像，而是非马克思主义的生产关系的世界。这种对葛兰西主义市民社会理论的历史主义和唯心主义的乱炖行为，出乎意料地再度成为假扮成绝对具有反历史主义和反唯心主义倾向的理论的基础。① 葛兰西"领导权"的主题——对于从社会学角度阐释资产阶级权力结构的运作来说是关键的——落地了，而且被定位在"客观的"场地，而领导权的辩证法则是用观念和利益的代表等角度提出来的（见皮佐尔诺[Pizzorno]，《论葛兰西的方法》["Sul metodo di Gramsci"]；普兰查斯，《对国家中领导权的初步研究》["Préliminaires à l'étude de l'hégémonie dans l'Etat"]）。而这顺便来说，对葛兰西式的领导权概念构成了伤害，后者是基于无产阶级政党的活动与胜利之上的假设！最后，分析的理论目标——指出与其他区域领地（特别是经济领地）相关的国家的相对自主性——依然被神秘化，因为这种相对自主性是被假设的，以便构成分析的后果。在极限处，"相对自主性"似乎构成了市民社会而非国家的标志，构成了国家**基础**的具体标志而非**行使**国家权力的资格条款。

如果我们审视这些新葛兰西主义共产主义国家理论的政治后果，就必须认识到，我们已经抵达我们已经注意到的极限。

---

① "从马克思主义角度"对葛兰西市民社会理论的批判，见博比奥，《葛兰西与市民社会概念》（"Gramsci and the Conception of Civil Society"）。

这里就像在国家垄断资本主义理论中一样,就与无产阶级斗争的对抗性之间的关系来说,国家将其相对自主性神秘化了。从这个观点来看,工人的斗争并没有且不可能是针对国家,而是必须在市民社会的层面上得到调停。反对雇佣劳动和反对国家(作为雇佣劳动直接的社会组织者)的斗争遭到了商品分配领域中的斗争模式的反对,并且为后者所取代。既然马克思主义分析中的工人基础被忽略了,那么关于资本主义对雇佣劳动所采取的新的组织形式的分析就毫无效果且无关紧要。分配再度成为核心问题,我们再度被赋予表征的世界和非批判性的直接性,且我们再度面对的是单纯的政治经济学和政治学,而非政治经济学批判。在这个意义上,葛兰西主义的国家理论导致的是对国家垄断资本主义理论的重复——只不过没有后者阴郁的尊严,这是无产阶级宗派主义的高峰。

重提问题:从分配到生产

让我们来处理之前《定位问题:马克思主义的方法》部分所提出的主题。这并不是简单理解如下事实的问题,即"资本主义的发展在根本上改变了国家的性质,因为持续不断地扩展其干涉的领域,国家获得了新的职能,让其干涉和操控(首要是在政治生活中)变得更为必要"(卢森堡,《政治著作》[*Politische Schriften*]第1卷,第76页)。问题在于,要去认识以上事实**如何**发生,以及将转变的单一方面带回到阶级斗争过程的总体性中。

在20世纪60年代,最新、最有朝气且(在政治上)最为异端的马克思主义批判开始以某种让人信服的方式提出了这个主题。

坚持不懈地号召使用马克思主义对趋势的确定抽象和具体的总体性方法,这让有些作者能够重新定义马克思主义国家概念的正确领域——这个领域首先就排除所有的修正主义颠倒和与结构性分析视角不相干的对话语的支持(例如,见罗斯多尔斯基,《马克思〈资本论〉的形成》;莱希尔特[Helmut Reichelt],《论马克思著作中资本概念的逻辑结构》[*Zur logischen Struktur des Kapital-begriffs bei Karl Marx*])。对资本主义国家的分析(无论研究的后续发展如何)必须建基于商品生产的层次上,以之作为资本主义对抗的根本环节。

事实上,

> 修正主义理论,政治科学以及很多经济理论都共享如下预设,即在资本主义制度下,国家可以全面且有意识地调控经济、社会和政治进程。在这种语境下,作为"社会国家"的国家可以在"社会产品分配"方面独立于资本主义生产。据说,国家可以使用杠杆来改善资本主义社会,甚至可以逐步将其改造为社会主义社会。因此,这个概念也假定"分配领域与生产领域是各自独立且彼此自主的邻居"。其结果就是,"分配"不应该受到由生产以及控制生产的法则所提出的根本上不具有可修正性的约束的影响。(沃尔夫冈·穆勒[Woflgang Müller]和克里斯戴尔·奈苏斯[Christel Neusüss],《国家社会主义的幻象》["The Illusion of State Socialism"],第18-19页)

然而，这种论断，以及随着这种论断而产生的幻象和神秘化，是大错特错的。"资本主义生产方式的特别要素在于如下事实，即社会的经济再生产的基础是**资本流通**，而收入分配领域并不代表资本流通中的一个**环节**。"生产过程的"双重性"——作为主导着资本主义对直接劳动过程的组织的阶级对抗的标志——因而贯穿着资本流通的整个范围，且在整个过程的领域中，没有任何阶段或环节可以被认为相对于最初的对抗取得独立或自主的状态。有些人谈及国家的"相对自主性"，以及作为多元行动（或力量关系）——它们在分配的层级上确立——的"市场"的国家。所有这些都是彻头彻尾的神秘化，发达资本主义国家政治生活中的任何事件都无法为其提供支撑依据。因此若想要定义国家，必须再度从资本（及其社会化）流通领域——作为对生产性对抗的扩大再生产的领域——下降到直接生产的领域。这是马克思的路径：马克思对工作日和工厂立法的分析指向了这种方法论以及整个争论的领域（见穆勒和奈苏斯，第60页及其后，以及马里奥·特龙蒂，《工人与资本》[Operai e capitale]）。在马克思的分析中，国家成为如下两方面之间全面辩证关系的顶点，即对工人阶级在资本中存在的组织方面和镇压方面。国家的概念只能从这些职能的对抗性对比中辩证性地出现，在这些职能里，有两种机制——一种是努力让操控进行理想性一体化的持续趋势的机制，另一种是阶级涌现中深刻异化过程的机制——持续地将国家的现实转变为对剥削进行全面组织的形象。无论如何，"上面提出的一些问题，归根到底就是：一般历史条件在生产上是怎么起作用的，生产和一般历史运动的关系又是怎样的。这个问题显然属于对生产本身的讨论和阐述"①(马克思,《大纲》,第97页)。

我们应该立即补充说,对于问题的重提以及对其恰当领域的重新定义绝没有穷尽我们所感兴趣的主题,另外,这个主题只是触及了问题的具体方面,即国家**如何**在资本主义发展中被整合进社会的问题。我们知道,国家是在流通领域,以对抗的方式得到整合的;我们知道,生产的社会化以及国家对生产社会化操控范围的拓展,是根本性对抗扩大再生产的环节。然而,现在要处理的问题是论述在生产关系内部开启的一系列关联,在它们当下的形象中去描述它们并且将它们置于阶级和斗争的逻辑内。

在20世纪60年代的历史进程中,在重构工人政治视角的火热氛围中,以及在对斯大林主义危机的清晰认识之后,出现了这个方向的尝试。德国从分配转向生产从而对问题重新奠基(穆勒和奈苏斯的文章是德国运动中流传最广的作品之一),这个趋势堪比意大利同时期的一系列作品:从拉尼埃洛·潘齐埃里(Raniero Panzieri)的《意大利马列主义的复兴》(*La ripresa del marxismo-leninismo in Italia*)到特龙蒂的作品,从《红色笔记本》(*Quaderni Rossi*)期刊到最新的运动经验。② 意大利的作者们试图扩大对国家进行重新奠基这个主题的筹划,重新论述贯穿在这个努力中的关联。相较于德国经验,意大利经验对如下问题有着更为深入的认

---

① 中译文见《马克思恩格斯全集》第2版第30卷,前引,第38页。——译注

② 意大利这段时期出现的激进杂志有《工人阶级》(*Classe Operaia*)(1964—1967)、《反击计划》(*Contropiano*)(始于1968)、《工人力量》(*Potere Operaio*)(1969—1973)以及《宣言报》的月刊。

识:问题的提出不仅与用流通与生产的主题来反对分配的主题相关,即用"工人"的主题来取代"劳动者"和"公民"的主题,而且首要的是——超越单纯的理论假设——与从政治上对机制的核实相关,根据这种机制,分配的世界(调节分配的力量以及体现这种调节的改良主义)因为生产领域内的拒不服从运动而作出回应。从这个视角来看,国家的相对自主性作为一个范畴和一种职能再度出现,而在同样的程度上,斗争在社会中的发展、与生产性劳动范围扩张同时展开的拒不服从实践的发展,以及生产性劳动抽象特征的深化,所有这些都让面对斗争时的国家的真实辩证法为人所知。① 国家的形象不能被定义为"自主性的"——在作为**资本关系内在调节者**的意义上,但是它展示了其自身的功能如何在于**用自己来代替自动的资本关系**,同时调节因为斗争中的两个阶级的力量的位置而产生的日益深化的对抗性矛盾关系。

从工人斗争的角度来看,即从马克思主义视角——首要关注对生产中对抗的分析——来看,我们见证了一个相辅相成的进程。一方面,国家被迫更加深入地介入生产领域,将自身构型为社会资本的代表,并且将恩格斯所说的"理想的总资本家"这个趋势变为现实。另一方面,因为这是根据阶级斗争的节奏而展开的,国家为自己的行为持续获得越来越多的相对自主性。但是,这里我们应该注意,这种自主性不是相对于资本家阶级,不是相对于资本主义剥削逻辑的发展而言的,而是相对于价值的逻辑以及矛盾性地让资本主义发展得到正当化的进步而言的。当工人

---

① 令人遗憾的是,因为缺乏对此问题的新近分析,我们只能再度求助于马克思的《大纲》和《资本论》第1卷,第943－1084页。

的斗争冲击资本关系,让其陷入危机,让其内容贬值时,就会迫使国家成为资本的总代表,成为自动的社会资本关系的替代品,成为完全意义上的资产阶级的政党。于是,国家的相对自主性**即便在衰落情况下**,也依然是维持剥削权力的永久性和持续性的意志,依然是对资本主义操控的欢呼。国家的相对自主性并没有脱离资本家的世界,但却是更为强大的决定危机和摧毁价值的力量,是在纯粹镇压性的职能中,更为强大的操控危机关系的动力与后果的意志(见奈格里,《计划者—国家的危机,共产主义与革命组织》["Crisis of the Planner-State, Communism and Revolutionary Organisation"])。

以足以应对工人斗争和当下资本主义危机的角度来重提国家问题,也就意味着从政治经济学批判和生产领域分析的基础的角度来重提问题。这里我们应该牢记恩格斯的警告:"它(作为理想总资本家的国家)越是把更多的生产力据为己有,就越是成为真正的总资本家,越是剥削更多的公民"①,因此资本主义剥削关系不是被压制,而是被推向了顶点(《反杜林论》,第330页)。我们也应该牢记,生产力和生产关系这种极端断裂的水平让资本的毁灭能力得到了成倍的增长。剥削的社会化以及决定危机、贬值和毁灭的力量的强化,这两者的混合造就了拥有"相对自主性"的国家的形象!

---

① 《马克思恩格斯选集》第3版第3卷,前引,第810页。——译注

对国家结构性分析的发展：组织的机制

有个引人注目的成果——无论这个成果得到何种评估，但是在国家的结构性定义方面取得了长足的进步——来自法兰克福学派的学者。哈贝马斯从一个相当传统的分析框架出发，同时采纳了法律社会学的一些众所周知的理论，早在 1962 年就坚持认为市场的私人原则必然解体，以及随之而产生的因为抽象和概括而获得资质的司法规范概念的解体（见《公共领域的结构转型》）。在公共领域的辩证法因为先在于且高于这个领域的操控的一体性所扭曲的地方，在社会整合的计划以及对社会自主性的压制成为内在于现代社会发展的结构的地方，法治国所提供的保障成为纯粹的神秘化，掩盖了全民公投的共识形式。在资产阶级公共舆论的文明化和自由职能解体之后，还有什么另类选项？在自主性的全部功能因为排斥原则而趋于衰退的境况下，所有的另类选项都是纯粹主观和空想性的。"批判的公共性"现在只不过是一个"希望原则"。

从马克思主义角度对这种哈贝马斯主义进行发展和激进化，并不需要浪费时间去处理关于 1968 事件的充满争议的讨论。[①] 我们所感兴趣的，并不是去追踪权力的极权主义形象得到肯定的进程，而是与之相伴随的进程，正是根据此进程，权力的极权主义

---

① 见汉斯－尤尔根·克拉尔（Hans-Jürgen Krahl），《构成与阶级斗争》（*Konstitution und Klassenkampf*）；以及乌维·伯格曼（Uwe Bergmann）等，《学生的造反或是新的对抗》（*Die Rebellion der Studenten oder Die neue Opposition*）。

形象在对国家功能的结构性分析中得到阐释。国家的能力——让自己成为剩余价值在社会上扩张的总体进程的代表的能力——在彻底僵化的吸纳与排斥机制的基础上得以确立。克劳斯·奥菲（Claus Offe）论述说，价值增殖的保障并不是因为保障"主导性的少数群体的政治特权以及排斥和压制可能破坏体系的对需求的阐述"而得到决定的（《政治统治与阶级结构》["Dominio politico e struttura di classe"]，同时可参见《资本主义国家的结构性问题》[*Strukturprobleme des kapitalistischen Staates*]）。价值增殖的过程就像剥削的过程一样，在整个国家机器中铺展开；资本主义价值增殖，资本的再生产；流通，价值实现都具有在政治统治的范畴中被指认出来的趋势。

> 我们必须抛弃根据"出于利益使用权力手段"这种"目的性"的图式来分析社会权力组织的视角，这种视角与权力社会学的传统——无论这种传统表现出正统马克思主义（?）形式还是韦伯主义的形式——是一致的。取而代之的是，在得到调节的福利国家资本主义的境况下，对优先对待和指导——这两者在通过政治得到组织的权力的"价值增殖过程"中相遇——行动的做法给出"功能性的"解释，似乎更为合适。这种视角转变意味着，作为分析政治—行政行动体系的出发点，在结构上处于特权地位的"统治阶级"（或者其行政上的咨询人员）的"利益"不应该再被提出来，而是要提"体制的三个根本问题"的图式，对政治体制来说，它们的解决方案在某个"命令"（imperative）中得到落实，这个命令在客

观上是有其必要的,而且就与利益的关系来说,是非常具体的。(奥菲,《政治统治与阶级结构》,第73页)

这三组问题是:(1)"包括保障充分就业和经济均衡发展问题在内的经济稳定问题",(2)"外交事务、外贸和政治—军事事务之间的关系问题",(3)"群众的诚意问题,这个问题源于人口的内部整合问题"。

但我们应该清楚的是,通过对马克思主义关于资本再生产定义的综合,对国家进行政治—逻辑分析的架构树立起来了。分析引入了美国社会学关于排斥和边缘化的很多成果①,有时还不小心展现出条顿式灾难论的情绪,但分析的范围坚实地奠基在对生产关系的分析之上。有些结论导致了在社会上决定弱势群体利益的大范围语境,这样就让任何将这些利益直接还原为阶级关系的努力变得更为困难,同时并没有排除这种状况的阶级性质。它只是定义了资本主义社会化趋势的特别之处,并且从阶级定义的角度拓展了它们。事实上,对于对抗蔓延的坚持强化了它们从阶级角度得到定义的可能性。②

然而,截止到这里,我们依然处于对国家和市民社会之间关

---

① 特别参见所谓的悲观主义学派的作者,如彼得·巴克拉克(Peter Bachrach)和莫顿·巴拉茨(Morton Baratz),《权力与贫穷》(Power and Poverty);以及谢茨施耐德(E. E. Schattscheider),《半主权的人民》(The Semi-sovereign People)。

② 从这个方法论框架的视角出发,对这些现象的阶级本质的分析,见霍夫施密德(Jorg Huffschmid),《资本的政治》(Die Politik des Kapitals)。

系进行一般定义的相对难题中。这种关系的全权主义(totalitarian)特征以及关系和动力的性质必须在它们具体的机制中得到阐发和分析。在这个方面,最新的文献提供了关键的成果。特别是,奥菲提议要根据两个根本性的计划来处理这个得到具体规定的阐述的难题:对政治意志的构形性(formative)体系中统治机制的分析,以及对国家机器统治的职能的分析。

在我看来,因为第一个计划已经取得了最为关键的进展。约翰内斯·阿格诺利以或许最为全面的方式描述了这个进程,而根据该进程,政治代表的机制和宪政责任的机制轮流起作用——在神秘化的功能中——或者在让国家越来越成为资本主义价值增殖的直接工具的趋势中相互否定。[1] 在这里,问题并非否定国家的"相对自主性";只不过是相关于统治的职能,定义国家的境况问题。因此我们会看到,整个国家机器"过滤"(filter)和"事先处理"(predispose)需求的体系,市民社会会根据接续出现的整合以及必不可少的排斥来呈现这个体系。被资本主义社会化进程从生产领域传递到分配领域的对抗性和两极性,必须(且已经)在服务于总资本的调节性重组的多元主义中消解掉。总资本——换言之,即资本的一般(政治)调节——接合了政治参与的诸逻辑,并没有赋予源自社会利益的其他选项以空间,而是一直着眼于操纵选项,用技术—经济的发展的客观和必然逻辑来与这些选项相

---

[1] 见阿格诺利和布鲁克纳(Peter Brückner),《民主的转变》(*Die Transformation der Demokratie*);阿格诺利,《市民社会及其国家》("Die bürgerliche Gesellschaft und ihr Staat"),以及《革命战略与议会制》("Strategia rivoluzionaria e parlamentarismo")。

对立(见沃尔特·欧奇纳[Walter Euchner],《论议会制的境况》["Zur Lage des Parlamentarismus"])。

从政治代表到代表的机构:议会制体制的危机迫使其他机构(政党、工会等)承担它的职能,并且行使如下两种职能:整合社会利益并且对社会利益进行压制性调节的职能,以及摧毁它们潜在对立的职能。成熟资本主义的国家通过灵活的工具化手段——这种手段呼吁(但通常且越来越常见的是,并没有获得)社会团体的参与——来拓展其僵化的筛选性职能。政治意志的形成因此被表征为由统治体系所事先处理(或者无论如何,被包纳在统治体系中)的阐述,通过贯穿(直到决定)社会多元性的筛选机制(汉斯·布兰克[Hans Joachim Blank]和约阿希姆·赫施[Joachim Hirsch],《立法的困境》["Vom Elend des Gezetzgebers"];以及奈格里,《政党国家》)。

尽管有筛选性整合过程更为完善的表现以及机制的丰富和接合,国家对总资本的利用总是要遭遇未能解决和不可解决的对抗的扩大化。转移和镇压机制以完全补充性的方式,被添加进整合—筛选机制。奥菲分析了官僚机器和计划过程,从而深化了对第二个计划的构形要素的分析,这个计划处理的是国家体制直接统治的职能。很明显的是,这里的官僚行政体制是主导性的。成熟的资本主义体制的先进民主将调查体制、自上而下的压力和象征性政治化——它们决定了同样的从"政治"角度对行政行为的正当化,允许其有效地发展——都运转起来。由行政机器所实施的参与式筛选允许在政治上不断得到正当化的镇压性职能的行使。在这个领域,国家的相对自主性再度完全赢取其根本性的密度。在"过滤"社会利益的操作中,在对它们组织层次的评估中,在整合与/或镇压这两个选项的决定中,国家取得了资本主义价值增殖过程的政治调和地位。① 这不单单是在一般和形式的意义上运作:"计划者—国家"用公共决策的实质性让资本价值增殖的过程的单一通道成为现实。客观操控的灵活性试图让其内在于劳动过程本身;资本主义机器从下至上都成为"政治性的";且在马克思主义分析的框架内,关于国家的论述成为《资本论》的一章。

让我们来澄清这一点。在论述(与组织的机制相关的)国家的结构理论的第一个方面时,我们有点言过其实,颂扬了框架的融贯性及其最富创造性的代表的聪明才智,但是却忽视了"法兰克福学派"的分析所强调的其他特征。论述中一定的片面性和僵化性,对过程中趋势特性的过度强调提及某种灾难论焦虑,这些都出现在分析之中,呈现为法兰克福学派的哲学内核。然而,如果这些要素没有在分析及其结论中产生神秘化的效果,那只不过是"边缘性"的特征问题。事实上,似乎理论和政治的扭曲恰恰来自这种张力——缺少对资本主义社会中生产性劳动的性质、广度和维度的准确分析,或者说,缺少对"劳动吸纳"水平的准确定义。在之前所讨论的几乎所有作者那里,对剥削过程在政治上走向一体化(以国家的形象表现出来)的趋势的关注,导致了对政治可能性之间不一致性的过度坚持和对排斥的形式图式的不必要的强调,这种图式被用来替代源自直接的资本主义剥削的不平等的标

---

① 尽管与我们的分析在方法论上存在重要分歧,阿尔都塞面对的也是类似的问题,并且在《意识形态与意识形态国家机器》中也以类似的方法给出了解答。

准。在此语境下,当政治统治必须解决的冲突没有将我们带回到阶级结构,而是生活世界中不平等的扁平化图式中,统治的概念就不是被把握为一种职能,而是有再度成为无中介的自然本质的风险。统治的工具就有以纯粹意识形态的术语而得到定义和评估的风险。这个实实在在的趋势成为阻碍对当下现实进行定义的幕布,而这个现实在更为具体和清晰的意义上是矛盾性的。如果我们将焦点集中在对社会劳动的阐述上,无论这劳动是生产性还是非生产性的,无论这劳动是直接还是间接具有生产性,而且首要地,将这种劳动置于与劳动力再生产的关系中,那么这种分析就能够提出一个更为现实的对有计划的资本主义国家组织结构的定义,以及更适用于事物有效状态的趋势性假设。

对有计划的国家的结构分析正在转向这一方向。约阿希姆·赫施已经踏上了这条道路,但是却遮遮掩掩,好像他只是在某个特定领域,重复并发展这个"学派"的最初的假设(见《科学—技术进步与政治体制》[*Wissenschaftlich-technischer Fortschritt und politisches System*])。的确,对国家行政机器主动去适应资本主义价值实现所处的变动的社会境况的机制的分析,已经将话语的重心转向了在资本主义经济基础和国家之间——或多或少直接地——确立的关联。国家计划所揭示的不只有政治上的如下必要性,即表现为并且成为在与体制的经济增长目标相关的对目标内在区分的标准,同时还首要地,表现为并且成为专注于持续决定某种社会制度安排——这种安排可以满足资本主义剥削关系的再生产——的先发行动。在晚期资本主义阶段,市民社会与国家的关系只能成为追求如下目标的战略:处于均衡(这里均衡意味着资本主义对收入和投资的分割,以及资本主义对需求的定义)中的经济增长,在经济基础上对劳动力和生产条件(利润)进行再生产。资本主义社会化因此又在具体意义上成为剥削关系的社会化。整个国家机器都被视为在控制资本主义剥削关系社会化的必要性基础上运行。对资本主义商品流通所依赖的基础设施的分析再度让位于对生产性劳动的定义,并且用国家机器来面对其在社会中强力的涌现。另一方面,国家与资本主义发展之间关系的结构性具体性被危机所呈现出的新形象所否定性地证实了。在发展的这个层级上,危机总是被呈现为政治危机。这并非因为危机不再能用物质的经济的术语来界定,而是恰恰因为这种具体性的范围拓展得如此之广,并且假定了这样的社会前提,以至于让我们能够只能从政治的角度来认识其自身形象。资本主义社会化与国家的相互关联正是在欢呼政治的过程中,找到了不可超越的对于阶级的规定要素(见赫施,《唯物主义国家理论的要素》["Elemente einer materialistischen Staatstheorie"])。

在詹姆斯·奥康纳(James O'connor)——一位深谙德语相关文献的美国作者——的《国家的财政危机》(*The Fiscal Crisis of the State*)一书中,类似的框架得到了更为深入的拓展。在发达资本主义国家,国家必须同时实现积累的职能和正当化的职能。积累的职能倾向于用来肯定不变社会资本与可变社会资本的再生产成本的社会化。正当化职能也可以用马克思主义中的社会消费和公共支出来进行量化,旨在确定社会需求和资本主义供给之间线性且充分的关系。这个提议最为有趣的要素是用社会积累的实例来反对正当化的实例。因此奥康纳将法兰克福学派在整合机制与压制机器之间所确立的强大的兼容机制推向了矛盾的极端。这种对立在国家机器的所有层级上都出现了,从金融到财政再到货币机制。尽管这些只是间接提到,然而在现实中,矛盾并非抽象的。它因为有组织和对抗性的社会力量的出现,而开始再度出现。利润机制和公共支出的资助机制之间的良性契合已不再可能;积累的正当化也站不住脚;危机被呈现为政治危机——国家的危机。

我们依然处于对资本主义结构以及昭示这种结构的矛盾的客观分析的(相当落后的)领域(另外,似乎我们所使用的共产主义理念依然意味着计划和生产理性)。超越并完善法兰克福学派结构分析的道路似乎已经打开。无论如何,参照点已经出现——在结构性的摩洛克(Moloch)①晚期资本主义有计划的国家内并且与之相对抗——这个参照点指向并非源自资本家之间的关系(以及为了争夺利润分割的斗争),而是源自阶级之间斗争的确定矛盾。因此阶级斗争被引入了法兰克福学派赋予国家的结构性意象中。

对国家结构性分析的发展:危机理论中的国家

这只是一个开始。在其他理论轨道中,已然再度出现了国家的结构理论,这种理论中也出现了阶级斗争的论题。这就好像是在长久以来听命于某种唯物主义的原始主义(primitivism)(在工具性的国家—垄断关系理论中)之后,理论又被颠倒过来了,其确

---

① 在古老的闪族文化中,摩洛克是一个与火焰密切相关的神祇,因而常被翻译为火神。因为与其有关的迦南及巴比伦信仰伴随着将孩童烧死献祭的习俗,故其被后世称为邪恶丑陋的魔鬼。——译注

定的否定被置于辩证的位置,而这种位置倾向于用来修复国家职能性机制的具体性。在这条道路的终点,从工人视角出发超越并重组分析复杂性的综合的要素被再度提出。自然而然的是,这种辩证性发展只是指向思想的某一轨道,对我们来说只是起到了引导论述的作用。

我们可以通过指出如下事实——在最近的循环阶段,资本主义危机要素以暴风骤雨之态势再度出现,与之相关,国家的结构理论的向心性单线性(centripetal unilinearity)也陷入危机——来对此进行证实。这种理论陷入危机,但并不是在如下意义上:否定了它在马克思主义国家理论的发展中所代表的质性飞跃。国家被呈现为是发展的内在部分,同时也被呈现为发展的内在的调节,这个事实是确定且无法扭转的要素。这种理论陷入危机是在如下的意义上:它展示了国家——已然被指认为自动的资本关系的替代物——如何屈服于危机,以何种形式被纳入进去,且如何作出回应。

奥菲试图从他的角度阐释出危机理论的最早论述(见《资本主义国家的结构性问题》,特别是第 169 页及其后,以及《危机管理的危机》["Crisis of Crisis Management"])。在具体论述如下原理——国家与单个资本家之间关系的可塑性构成了在长期发展阶段中创造和谐的根本前提,以及国家所形式的过渡性职能在根本上修正了市场经济规律的力量——后,换言之,在强调资本主义发展被吸纳进国家的复杂性和论述之后,奥菲解释了作为市场调节功能转移至国家后必然效果的危机的再度出现。公共部门的无政府状态是永不停歇的经济发展理性化的必然关联事物。就再度出现的矛盾的层级来说,这也是正确无疑的。另外,就与矛盾的性质的关系来说,应该注意(我们采纳奥康纳的分析结果)这些矛盾在积累过程与正当化过程之间关系的难题上被决定的,或者如奥菲可能会表达的那样,在价值增殖过程的后果与其得到调节的手段之间的不对称关系中被决定。这些作者基于美国与德国的经验,主要聚焦于两个相平行的现象:一方面是,因为生产机制的完善和启动的预防策略而产生的高端劳动力的边缘化;另一方面是,伴随着这些辩证关联,公共机构的功能紊乱的持续深化以及成熟资本主义国家内寄生特征(或机体)的增多。列举这些当然不是为了去支持修正主义关于国家自主性的观点或理性主义改良的可行性,而是要确认改良主义试图去控制和改造成熟资本主义国家的不可能性(见弗朗西斯·皮文[Frances Fox Piven]和理查德·克拉沃德[Richard Cloward]合著的《管制穷人》[*Regulating the Poor*])。有计划的资本主义国家通过如下手段——获取完善的标准去衡量全面的社会剩余价值,获取全面的行政与计划理性,获取有效且有力的正当化体系——来决定恰当的稳定性的趋势,遭遇了持续强化的关键矛盾,这些矛盾在国家有计划的结构层级得到规定并且在那里规定了无法修复的失败系列。

有了这些关于危机理论的初步论述,对国家进行分析的结构框架无疑在让生产出的意象具有辩证动力的方向上,前进了一大步。尽管如此,这足以决定阶级在危机和国家中的有效本性吗?这个问题会引起激烈反应,因为试图在制度和社会学方面终结危机理论的尝试会在同一领域中展开(例如可见哈贝马斯,《正当性危机》[*Legitimation Crisis*])。另一方面,奥菲的论述只是代表了提出危机理论的努力过程中的一个阶段——只不过从阶级视角来看更具有融贯性,这不也是实情吗?

让我们来对问题的各个方面进行一一分析。奥菲明确认为,"因为积累的过程在形式上具有政治性这一事实,阶级的性质必然受到改变"。事实上,当我们采纳与单纯的商品生产有所不同的有组织的积累的视角——与积累相伴的是本质上具有行政性的手段和社会调节的形式,定义阶级的参数必然会有所变化,正如决定危机转变的顺序会有所变化一样(见《资本主义国家的结构性问题》,第27-63页)。然而,论述到这里奥菲就停止了,因为回归意识及其集体重组和再构型的呼吁无法保证解决定义阶级的问题。奥菲的分析停在了规定阶级的空无中,但这对分析的展开会产生直接的后果。政治体制似乎也有赖于其稳定性,并且在实质规定的空无中的危机中摇摆。因为排斥了两个阶级之间对抗的"旧的"概念,在现实中消失了的是体系运动的逻辑。重提国家结构的全面结构以及政治与经济进程日益一体化趋势中的危机问题,并没有解决进程的阶级性质、动力机制、方向以及意义问题。这只是在更高的层级上重提问题——而我们应该强调,这是一个极为重要的环节。①

那么主导着动力机制和危机的是什么呢?一旦当下国家的计划性和普遍性得到确立,问题如何能被再度提出呢?这个问题已经得到处理,并且得到答案,同时特别专注于国家与单个资本

---

① 这个批判得到了如下分析的启发,见萨尔代-比尔曼(S. Sardei-Biermann)、克里斯蒂安森(J. Christiansen)和多尔赛(K. Dohlse),《阶级统治与政治体制:对奥菲近期作品的批判性阐释》("Class Domination and the Political System: A Critical Interpretation of Recent Contributions by Claus Offe")。

家辩证性集合之间的残余关系。① 特别是埃尔玛·阿尔特瓦特非常巧妙的论述说(与法兰克福学派的论点相契合),如果"我们无论如何都不能将国家理解为只是为资本所利用的政治或制度工具",那么国家让资本的社会存在意识到集合体的特殊形式必须包括单个资本家的全部竞争性辩证法(见《国家干预的若干问题札记》)。在这个框架中,不能认为价值规律——及其运作的有效性——被替代或取消了,它们只不过得到了修订。在如下意义上被修订:国家——虽然用基建性和过渡性的干预来肯定和协助市场的运作——被呈现为某种真空,被认为"在资本社会中不具有资本主义性质",被呈现为"价值形成过程中的消极限制"。这是一个辩证的相辅相成的关系:国家既是(总体化)的前提也是(价值规律运作——就像单个资本家之间不一致和平均的法则——的)效果。资本变得更具自主性这一过程内在于资本主义过程的本质,但是却被置于否定性的关系中——这是辩证意义上的否定性,伴随的是资本主义向增殖发展的趋势。国家保障资本主义的关系(保障它们得到更大的扩展),前提是国家要以非资本主义的形式运作,因而并没有成为价值增殖的直接要素。

---

① 见埃尔玛·阿尔特瓦特(Elmar Altvater),《国家干预的若干问题札记》("Notes on Some Problems of State Intervention");西比尔·冯·弗拉托(Sybille von Flatow)和弗里克·惠斯肯(Freerk Huisken),《论资产阶级国家的起源问题》("Zum Problem der Ableitung des bürgerlichen Staates");以及玛格丽特·沃斯,《对国家垄断资本主义理论的批判》("Towards a Critique of the Theory of State Monopoly Capitalism")。

危机理论在这些前提的基础上得以确立,且从这些前提出发——其各自的强度随着赋予单个资本家辩证法的重要性而有所不同——危机的基础被削去了。让我们来考察几个案例。在沃尔夫冈·穆勒的作品中,国家计划从属于单个资本家辩证法的强度似乎以最为极端的形式出现(见《市场经济中社会政策的限度》["Die Grenzen der Sozialpolitik in der Marktwirtschaft"])。在这里,危机表现得就像是不均衡和流通的危机。对阿尔特瓦特来说,因为国家和市场的价值规律之间的辩证关系是从根据相辅相成的紧张关系的平等视角而被看待的,危机从质的方面得到呈现(见《国家干预的若干问题札记》)。滞胀之所以是危机的象征,恰恰因为两个环节在其中汇合了:国家干预达到渗透生产的物质(否定性的,基础设施的)条件的程度;资本主义生产的价值在质上的危机,因为价值只能取决于市场的运行。简言之,以凯恩斯主义所主张的方式而运行干预的国家可以避免崩溃,但是因为国家并非价值增殖的要素,最终就只能决定停滞或新的危机形式。最终,虽然保罗·马蒂克(Paul Mattick)假定国家与私人资本家之间的关系是根本性的,并且认为私人资本是此过程的驱动力,但他并没有坚持另类选择的存在,并且在危机阶段看到了相互依赖的增加,或者无论如何,得到了强化(见《马克思和凯恩斯:混合经济的限度》[Marx and Keynes: the limits of the mixed economy])。

我认为论述至此我们已经触及了我们分析中的一个根本性的另类选项。让我们重提恩格斯的论断:国家将自己构型为"理想的总资本家",从而"不需要私有财产的控制就能维持私人生产"。作为理想的总资本家,"它越是把更多的生产力据为己有,就越是成为真正的总资本家,越是剥削更多的公民"(《反杜林论》,第 330 页;见前面的论述《定位问题:马克思主义的方法》)。很明显,这个定义应该置于动态的和趋势性的意义上,但同样清楚的是,在这个过程中,国家转变为生产实体的过程得到精确的决定,因此必须考量两个思路:国家和私人资本家之间的关系越来越不重要;由国家所调控的剥削进程在日益扩展和深化。我们已经看到,结构理论如何跟进并且描述剥削过程的扩展及其在国家中的重新定位——但是依然不能在社会领域中决定剥削关系的具体性,"从而倾向于将服务于剥削的有计划国家的形象定位在无关紧要的限度"。从对这种悬而未决性(inconclusiveness)的批判转移,回去指认市场机制中价值增殖和危机的源头,这如何说得通?将有计划的国家还原为生产剩余价值的"前提性"或"残余性"要素,这如何说得通?这两个问题实际上是一样的:要么我们否认当下国家的有计划性质(但只有盲人才会这么做),要么如果得到承认,不可能重新引入带有单个(且私人的)资本家的中心化的辩证法。国家与单个资本家之间的矛盾很显然应该谨记于心,但也应该以次要的方式(如记录性的材料所显示的)来考察。作为清晰且确定的替代选择,分析应该被带回到资本和作为其代表的国家共同形成的"理想的和总的"复合体中,并且根据阶级路线和工人视角的拓展,在这种总体性中揭示剥削的真实机制——在这些机制于这个新的维度中出现时。对国家的结构分析因为对危机的分析而得到完善和完成,与之伴随的还有对于无产阶级技术组成与政治组成的重新定义——在马克思主义价值理论的意义上进行重新定义。

因此危机理论也得到了重新定义。从这个视角来看,结构学派所把握到的一系列关于危机的定义性要素——但是其相关术语太过形式化，而且从客观的结构视角出发——获得了实质性基础和一般性意义。伴随着资本和国家所取得的质的飞跃——马克思的预测和结构性描述都有所提及——整个剥削结构也有质的飞跃。主观性环节的相关性（在马克思主义和列宁主义的意义上：作为全部阶级实践的相关性）以及主观性阶级视角的出现因此成为最为关键和最具有决定性的要素，分析正是因为这些要素而得到展开和完成（见奈格里，《马克思论周期和危机》["Marx on Cycle and Crisis"]）。这个方法论的重点是对某些立场的明确拒绝，这些立场虽然为分析寻找辩证道路，但是却依然忘记了马克思主义的辩证法只有奠基在剥削的辩证法和两个阶级的对抗关系上，才包括资本在客观上的循环（见罗曼诺·阿尔夸蒂[Romano Alquati]，《论菲亚特及其他》[*Sulla FIAT e altri scritti*]；以及奈格里，《计划者—国家的危机》）。

从实质的视角来看，积累过程的阶级性质的必然修订——如奥菲可能会说的，已经具有了形式上的政治性——将分析带回了对安置生产性劳动（以及她的范畴）的新的模式的定义，带回了新的无产阶级形象等。① 任务远未完成，但只有如此才有可能到达——伴随着正确的国家图像——阶级的维度与对抗关系。

---

① 在意大利，往这个方向努力的开拓性著作有，塞拉费尼编，《跨国工人》(*L'operaio multinazionale*)；以及卢奇亚诺·布拉沃编，《帝国主义与跨国工人阶级》(*Imperialismo e classe operaia multinazionale*)。

补充内容:资产阶级理论的诡辩、影射和自我批评

尽管共产主义国家理论似乎只是以蜻蜓点水的方式考察工人阶级的存在,但资产阶级理论——尽管系统性地否定或神秘化或者无论如何,去调节工人阶级——却专注于工人阶级,且被迫根据其政治上的效果去衡量其理论上的有效性,这无疑是最为古怪的事实。尽管资产阶级理论不可能将工人的主体性(从马克思主义的视角来看,是一系列的工人阶级实践——无论这些实践是自发性的还是有意识的,是劳动力还是政党所特有的——这些实践无论如何在资本的辩证法中是积极的)视为理论上的事实,但它处理工人主体性涌现的实质性以及随之而来的后果的方式,让资产阶级理论的场域比无产阶级理论的场域要更加关注这些发展,这无疑是非常吊诡性的。① 本文无法追问背后的原因——这只是修正主义众多错误中的一个! 更为有意思的是去考察资产阶级理论如何处理国家问题,虽然这种理耿耿于怀——就好像这是一个需要祛除的魔鬼——于工人大量的存在。

现在众所周知的是,国家理论的发展——从凯恩斯到新政——如何因为对巨大的资本主义危机(发生于 1917 年布尔什维克夺权之后,持续到 20 世纪 30 年代)原因的反思而成为可能(见第二章)。因此而出现的国家概念是基于在技术上再结构化工人阶级(从专业工人的范式转变为大众工人的范式)的诸多努

---

① 除了意大利的作者之外,这个论断引人关注的例外还包括 E. P. 汤普森和汉斯 – 尤尔根·克拉尔。见第七章《本体论与创构》部分。

力和让国家成为对资本主义发展进行有计划和改良主义性调节的动力机器的尝试。① 经济学听从于资本主义国家的这种革新,其他用于社会剥削的学科也是如此,如社会学,人类工程和城市研究。在凯恩斯主义中,关于发展的根本性假设得到确认;根本性认识的二元性在持续且稳定的调节中,在对诸如利润、发展和扩大再生产等资本关键范畴的恢复中,被转译和重组。"停滞论"(stagnationist)学派并没有真正大刀阔斧地修正凯恩斯的框架;他们视野的悲观主义并没有改变他们的理论框架。② 要修订理论框架,还要等上一段时间——这是一个悲剧事件频发的阶段,从均衡残余幻觉的坍塌到工人阶级力量的出现——如果没有这种修订,这种力量将无法压制。

因此,资本形象的彻底辩证化是二战之后资产阶级经济学所带来的后果。这种科学发展的条件是什么?其对资本主义的国家形象有何影响?皮埃罗·斯拉法(Piero Sraffa)——经济学行为领域内资产阶级创新者中最为突出的理论形象——所采取的路线最为广为人知(见《用商品生产商品》[*Production of Commodities by Means of Commodities*])。他的起点是拒绝(并批判)所有的试图

---

① 见博洛尼亚等,《工人与国家》(*Operai e Stato*),以及赫尔曼·范·德·威(Herman van der Wee)编,《重访大萧条:论20世纪30年代的经济学》(*The Great Depression Revisited: Essays on the Economics of the Thirties*)。

② 见谢克尔(G. L. S. Shackle),《高蹈理论的年代:经济思想中的创新与传统,1926—1939》(*The Years of High Theory: Invention and Tradition in Economic Thought, 1926—1939*);阿恩特,《20世纪30年代的经济教训》;埃尔文·汉森(Alvin Harey Hansen),《停滞的完全恢复?》(*Full Recovery of Stagnation?*)以及《财政政策和商业循环》(*Fiscal Policy and Business Cycles*)。

提出一种市场理论的古典经济学尝试,因为他宣称,不可能从(从被包纳的劳动—价值来看的)利润率的形成推导到利润率的一般理论。凯恩斯关于重构资本范畴可能性的乐观结论则因为如下分析而被摧毁:该分析消解了对资本决定性要素之间所有关系进行资本主义调节的可能性——或者我们可以说,除了一个关系之外的所有关系:"某种利润率依然是工资的**线性**(linear)功能"(克劳迪奥·拿波里奥尼[Claudio Napoleoni],《论作为循环过程的生产理论》["Sulla teoria della produzione come processo circolare"],第52页)。因此经济理论被塑造为有意识的分配理论,在这种理论中,所有决定内部生成的分配性质的要素都消失了,而阶级之间力量关系的外部性则具有决定性地取得优先地位。正如拿波里奥尼所说,从这个视角来看,斯拉法只不过是"在原则上为如下做法——在当下试图将经济讨论限定在准备实用计划手段的界限内——提供正当理由"(第59页)。其他人给出更为具体的看法,认为斯拉法的作品只不过代表了对列昂季耶夫这位伟大的孟什维克计划者的代数学的发展。

如果仔细考察,我们就会看到,在面对因为与可变的工资不可控制的运动的冲突而导致的资本范畴的解体时,是有计划的国家形象成为核心要素:在"资本"范畴无法再起到调节作用的地方,"国家"的范畴取而代之。然而,国家的形象在这里被偷偷改变了,正如它在马克思主义结构理论中所遭遇的那样——换言之,不是作为市场主导的简单替代物,而是具体的革新和决定价值增殖要素的能力,即便只是在调节分配的力量关系中。资本的概念在国家的形象中得到了重构,而价值的概念不再是实体或度量,而只是国家去调和社会对抗的意志的表达。作为对这些结论的吊诡性肯定,有位经济学家补充说:"去处理分配理论的最好方式,同时再度将阶级斗争的现实引入这个根本性的政治经济学问题,就是将如下两者结合起来:斯拉法工资率和利润率的关系;我们——主要从马克思那里——所基本不知道的关于现实现象和货币现象的交叉关系"(多门尼科·努蒂[Domenico Mario Nuti],《庸俗经济学与收入分配》["Economia volgare e distribuzione del reddito"],第271页)。这等于是说:"让我们将资本—阶级关系的外在性再往前推,让我们将其更为绝对地置于对货币与国家进行强大且全面的神秘化的平面。"

在凯恩斯和斯拉法之间,贯穿了一条理论上的路线,这条路线更为清楚且清醒地揭示了这个总体性的国家现实的对抗性质,尽管将国家被计划的现实肯定为市场解体的唯一替代选择。工人和无产阶级主体性——作为对体系来说总是在场的全部的外部性——就是资产阶级关于经济过程的科学及其国家调控必须更加有效进行吸纳和揭示的要素。

然而,这条路线不仅在资本主义意识的最高层面被掌握,而且一条类似的路线也被尽职尽责和奴颜婢膝的资产阶级法律科学所掌握,尽管有时候是在危险沼泽最为狭窄的道路上。在这种情况下,一战之后出现的危机决定了关键的变化,这些变化在新政的实验室中,在与国家相关的权利的毋庸置疑的错位(dislocation)中达到顶点。换言之,在制度领域内出现了日益增多的努力,在现实主义理论的帮助下,这些努力想要将权利转化为共识组织的职能,以服务于改革的特定和具体的目标。有些人将权利的民主行政化特点概括为一种尝试,试图强调程序相对于规范的优先地位,强调改良主义目标相对于规范的压制性的优先地位,强调多元主义的共识过程相对于中央集权化的法律体系的权威主义的优先地位(见第三章,特别是第四节《资本主义权威理论模式批判》)。从这个视角来看,新政的民主干预主义是凯恩斯主义在权利领域的试验,与自由主义和法西斯主义的传统干预主义有着根本性的差异。因此有些人考虑到其与国家的关系,将其称为权利的错位。事实上,在实际中法治国——即因为保障和保护公共与私人权利的先行存在法律体系而得到正当化的国家——通过民主的方式重新占有权利,让权利成为国家的职能,试图以后验的动态的方式,以实质性而非形式性的方式让保障和保护的体系运转起来。该筹划的吸引力必然是难以抗拒的,因为整个形式主义法学家群体——他们在欧洲接受教育,但是在20世纪30年代因为移民接触到了新政的经验——将其接受为他们讨论的假说。我们所谈论的不只有诺依曼(Neumann)[①]和弗里德里克(Friedrich)这样的作者,主要的还是凯尔森,其最后的理论就是彻底且乏味地致力于以动态和程序性的形式来执行有效法案的问题(见第三章,《权利的一般理论和模式的构建》部分)。在这里,规范性和执行性的法案的循环性(circularity)成为体制民主化有效的关键要素。在进入关于权力的法律意识形态(对这种意识形态来说,有效性与正当性的要素都内在于体系)的过程中,自由保障主义的目标得到了采纳和转变——就体系覆盖了其所调控的整个社会物质性的流动来说。这其实是凯尔森式的乌托邦。事实上,它如此带有乌托邦色彩,以至于正如

[①] 此处应该指的是法兰克福学派第一代代表人物 Franz. L. Neumann。——译注

在圣皮埃尔神父和康德的著作中那样,研究最后的落脚点是世界主义,以及权利普遍性的道德化功能所具有的乌托邦特征,这种道德化功能是全部社会秩序安排的基础,也是法学家作品正当化的基础。

然而全球秩序安排的真正意义是布雷顿森林体系,而后者的真正意义是帝国主义,如此等等(特别是,关于凯恩斯"理想主义"的起源,见保罗·法布拉[Paul Fabra],《25年后的布雷顿森林体系》["25 ans après Bretton Woods"])。就国内秩序安排中的凯恩斯主义的法律传统来说,效果是吊诡性的。允许切断国家与权利之间传统关联的同一个民主力量的类型,正如在法治国中所给出的,最终在现实中得到的是对国家极权主义特征的肯定,这种特征——尽管与传统的正当性几乎毫无关系——更新了其明确的和形式的特征。我们可以说,改良主义将权利在国家内错置的做法——这种做法由资本家认识并收编可能具有颠覆性的主体的需求所决定——最终做到了赋予国家相对于权利、正当性相对于合法性的过于显赫的地位,以至于就与这个命题的关系来说,我们找到了由结构理论所描述的国家形象的路线(见乌尔里希·克劳斯·普雷乌斯[Ulrich Klaus Preuss],《合法性与多元主义》[*Legalität und Pluralismus*])。因此我们来到了道路的终点,这条道路尽管认识到法治国的崩溃以及市场功能相应的崩溃,同时虽然试图以民主的方式将主体的参与带入法律体系,但是在现实中却重新修订了国家,强化其中央集权的、官僚主义的和威权主义的特征。施米特的再评估与凯尔森的论述并肩同行;决断主义与法理学现实主义联合在一起;技术专家治国的方法与效率崇拜因为对民主的口头信念而捆绑在一起。①

无论如何,前进的一步已经迈出。在法律对阶级之间关系的神秘化中,对抗者——其新的本质以及全面(且具有对抗性的)内生于权力体系内——已经被认出并且在更高的层次受到神秘化。看来很清楚,处于政治经济学和法律科学这两个战略性领域中的资产阶级科学,除了触及对阶级对抗的新特征的正确定义之外,还提出了以奇怪方式接近国家现实(接近是为了对其进行神秘化)的调和与定义的语境,而这时从无产阶级的理论视角来看,国家的现实被处理的方式令人生厌。很显然,这里不是要号召所有人去支持资产阶级科学。问题是要武装我们自己,并且去批判并摧毁这种科学。然而,这只有当我们理解当代国家的真正维度时,才有其可能。我们应该补充说,(除了马克思主义的视角)国家垄断资本主义式的修正主义,新葛兰主义的各种变体,以及结构理论中各种各样的客观主义和经济决定论的潮流都难以完成这个任务。

另一方面,资产阶级科学总是由让其可以指认出敌对者的安全的阶级仇恨所激励;换言之,这个敌对者就是发达资本主义社会中大量积累的无产阶级这样一个主观性现实。就此原因来看,资产阶级科学比太多的"马克思主义者"要更加接近现实!

---

① 关于决断主义的命运,见乔治·施瓦布(George Schwab),《例外的挑战》(*The Challenge of the Exception*);以及朱利安·弗罗因德(Julien Freund),《政治的本质》(*L'essence du politique*)。

重提问题：国家、阶级斗争和向共产主义过渡

关于计划者—国家的危机，已有太多讨论。但讨论的方式太过混乱，有将婴儿和洗澡水一起倒出的风险。事实上，计划过程的危机——这在英国和欧陆国家同样严重——并不意味着向作为总资本总代表的国家形象的演进就停止了。[①] 恰恰相反，计划者—国家的危机为更进一步的发展铺平了道路，这是国家与资本主义生产之间关系的新的质的飞跃。无论如何，这都不是单个资本家之间竞争的重新开始，不是对市场法则的重新评估，也不是自动干预的权力的衰落。恰恰相反，在资本主义生产的巨大堆积中，国家干预的必要性被推向极致，而对生产条件的决定和指认交易功能处于商品流通之中的做法得到增强和巩固。宣告计划者—国家的终结，但是并不澄清危机的意义和维度，这会导致两个次生性和一个根本性的扭曲。第一个扭曲——法律拜物教所特有的——就是将法律过程与结构性现象等量齐观，因此就从规划过程的捉襟见肘和失败来推演真实的资本主义过程的复杂体系。第二个扭曲源自对以下事实的视而不见，即集体资本的有计划国家如何利用法律工具，且不时欢呼它们的工具性以及功能性前提条件：规划性国家机器功能上的紊乱无论如何是打上阶级逻

---

① 关于国家计划的危机，见奥康纳，《国家的财政危机》；布拉切特（P. Brachet），《国家—资助者》（*L'État-Patron*）；皮埃尔·杜波瓦（Pierre Dubois），《国家—资助者的死亡》（*La mort de l'État-Patron*）；以及马里奥·科戈乙（Mario Cogoy），《价值理论与政府支出》（"Werttheorie und Staatsausgaben"）。

辑的印记的。然而,这些都是次生性的扭曲。根本性的扭曲在于接受资本主义发展的错误意象;工人旨在摧毁作为资本主义权力代表和精髓的国家,而与工人目标相对立的是单个资本家崩溃的意象,"社会主义"褪色的旗帜又摇动起来,机会主义所有令人鄙视的武器再度被人提及。

那么,计划者—国家的危机到底意味着什么?在何种意义上,为何会出现规划的程序性工具的危机?这场危机是一个复杂体,是一个具有宪法相关性(因为事实上它们通常能单独地站住脚)的系统。一般来说,计划者—国家的危机意味着凯恩斯主义国家的危机,这是国家基于巨大的收入维度进行调节的政治,基于金融的工具化以及在趋势上具有社会主义色彩的意识形态,来干预资本主义的发展。这场危机主要由以下因素所决定:国家在经济机制中所起的作用不够,干涉的自动作用不够。就简单和直接的政治断裂(需求的质)和再生产过程中资本主义比例的断裂(需求的量)而言,国家面对着工人更高水平的斗争,而这些斗争利用了有计划的领域。换言之,在有计划的资本的许多新的境况下,参与和选择工具的内生性存在(inherence)并没有充分的有效性;抑制和扼杀工人进攻的资本主义机器并没有能够通过压制性的工具和技术创新,政治共识与持续性的冲突预防策略,来让自己运作起来。在这种情况下,工人阶级的斗争——得到国际工人阶级斗争的巨大支持——已经能够让国家规划陷入危机,并且启动包括体制的彻底危机在内的进程。利润率的下降——非常典型的情况是,这会导致资本主义生产方式的发展——因此与大众对利润的冲击相关联,这种冲击除了直接进攻价值增殖的机制之外,也决定了试图去重新确立利润率和利润量所采取的所有旧有道路的终结,或者起码是对它们产生了破坏作用。在其历史中前所未有的是,资本不得不经历这些维度的冲击,以至于发展与危机的经济法则统统被打倒。资本主义经济学的经典顺序——通货膨胀,萧条,失业,危机,再结构化——现在除非有额外的权力的推动,否则不能够正常展开。这个顺序的自发性被推翻了;现在真正自发的是从资本主义科学与经验视角来看的矛盾性顺序的共时性。吊诡的是,在与成熟的资本主义国家的职能和结构所具有的相互关联的紧密性的关系中,因为整合的结构而产生的危机的增多与扩大的再生产反倒具有了自发性。工人斗争的"投入"与增加且再生产危机的单一逻辑**转换**(conversion)过程相呼应,同时决定了制度性的混乱,并最终决定了从全局来说非常关键的"产出",这种产出生产出了社会斗争的新的修订,并且无论如何,是斗争的传播与流通的前提。

在这种危机类型以及阶级之间的力量对比关系中,唯一的资本主义道路就在于更进一步深化国家与全部资本之间的关联。对再结构化的利用只能到达如下程度,即国家以全部资本超越其凯恩斯均衡,强化了其在生产机器本身中的存在;换言之,国家用其形象的全部军械库,接受了其"强化"价值增殖过程的角色。政治上的"价值增殖"让资本的价值增殖成为现实。在这种趋势中,资本主义对生产部门的监管,以及其用来掌控生产过程的军械库(技术专家、经理、副经理等)都成为"公共部门官员",这是国家权力的后果,也是对生产性操控逻辑的强化。这对共识工具(即政治和/或工会的共识形象)来说也是同样真实的。新的规划技术在这种新的权力框架的基础上得以形成:不是通过(从社会主义重新利用共识的角度来说)巨大的集合而制定的规划,而是通过内在路线而制定的计划,这要经过对共识的有限探索,而这个共识要和它组织和再组织社会生产时那样,在纯粹政治的意义上,区分不同的工人群体,同时还要进行筛选和控制,如此等等。

以最为彻底且趋势最为明显的形式在联邦德国中表现出来的现象,是最容易把握的,这恰恰是基于具体的政治史和一系列整合过程,而这些是其他任何发达国家都是没有的。或许这种情况根本上是源于如下事实,即战后德国凯恩斯主义(甚至与纳粹主义有着饶有意味的关联)从没有构成根本性的政治,因为直到盟军的占领,劳动的社会国家这样的宪政结构才得以确立(见卡尔·海因茨·罗特[Karl Heinz Roth],《1880年至今的"另类"工人运动和资本主义压制的发展》[*Die "andere" Arbeiterbewegung und die Entwicklung der kapitalistischen Repression von 1880 bis zur Gegenwart*])。

让我们回到问题,或者说,回到对问题的重提——回到如下事实,即国家的结构理论的根本性获得通过危机现象学和对(资本部分)再结构化进程的分析而得到肯定。然而,这只是暗示了问题解决方案在理论—政治方面的关键要素。这个关键要素必须同时在理论和政治层面得以发展。然而我们无法在这里对其进行发展。在我看来,指明本研究得以展开所依赖的到底是哪些领域,或许更有裨益。

首先,在政治领域内,在对阶级关系系统进行唯物主义分析所必须展开的方式上,似乎有着深刻的分歧。从政治经济学和国家理论的角度来看,我们所援引的所有现象都似乎将批判推向了对发展和危机主体的决定,这种主题无法再简单地被定义为资本实现的辩证逻辑所形成的复合体。看来那套逻辑已经解体,由资本主义发展所调控的一系列现象和/或危机似乎展现了过程中的对抗的彻底性,这些对抗无法再通过辩证的方式得到化约。这种对政治进程的实质性修订由资本发出信号,并且被改良主义视为根本性的。① 这种对资本关系的彻底修订(在发达资本主义国家内,这展现了权力新的、永久性的二元性的坚固性,这是时代的政治的过度决定)主要是在工人阶级自主性的领域内展开。工人阶级自主性的所有目标和所有实践都由它所决定。然而,这一事实重新开启了政治问题,而这个问题在于处理另类的权力。资本主义和改良主义的视角提出了能够整合工人阶级的国家权力的基础和行使方式,其所采取的形式有助于推动发展的继续,但是与工人力量的崛起处于彻底对抗的位置。我们应该强调这一点:今天的发展之所以向前进,只是因为摧毁了工人阶级的自主性,且纳粹主义是权力的必不可少的组成部分。另类选择的另一极很清楚:没有一场工人斗争不直接是在过渡阶段的斗争,不直接是争取共产主义的斗争,不直接是消灭国家的斗争。首要的政治任务就变成了:让讨论围绕过渡问题,深化对当下权力二元性的分析,并且将关于组织问题的所有讨论带回到权力的主题中(例如,见达尼洛·佐罗[Danilo Zolo],《共产主义的国家消亡理论》[*La teoria comunista dell'estinzione dello Stato*])。

在当下政治与经济危机的语境下,这种类型的另类选择在提

---

① 除了意大利共产党关键性的宣告,见卢奇亚诺·卡法尼亚(Luciano Cafagna),《列宁主义过渡性国家中的阶级与国家》("Classe e Stato nello stato di transizione leninista")。

出时带有绝对的紧迫性和严峻性。正在涌现的国家形象只是将发展显示为对工人自主性的彻底毁灭。改良主义运作的代价——在那些必须付出此类代价的国家内——并不是太高。这是在政治阶层相互交换的社会学和选举层次上已经解决的问题！另一方面，在这场危机中得到定义的国家或许在结构上是比我们的德国同事能够认识到的（考虑到他们自己也承认的可怕经验）要更加一贯。有些人会谈及国家正在法西斯主义化，但同时又总是将工人的斗争贴上"犯罪"的标签，这真是可笑！我们应该将这个对国家再结构化的大力推进过程视为一种力量，这种力量能够破坏工人阶级的自主性，并且要么通过改良主义的内部分化，要么通过技术上让工人阶级边缘化的做法，去消灭工人阶级的自主性。

有些人认为资本从本质来说是无法计划的！他们想象力匮乏，而且对社会发展和资本主义进程有着表层的玫瑰色的认识，其实这些进程主要是剥削、毁灭和统治的过程。另一方面，有些人认为从资本主义向共产主义的过渡是一条平稳持续的道路——但通道在哪儿？无论如何，资本主义的计划的确存在而且运转正常，但是国家的秩序安排也存在功能性紊乱。在产业整合的这些层面上，没有资本是不受到计划的——计划的目的不是为了发展，而是为了统治，或者说，只有当工人阶级开始强大到没有发展便不能统治的时候，才是为了发展。然而，还有因为如下要素而出现的斗争：毁灭工人阶级以及服务于此目标的对国家的再结构化；计划摧毁工人阶级的自主性，计划让利润率和利润量继续下去。

在这个直接具有政治性的领域，应该继续研究并且重提问题,但是也要在另一个临近的领域中展开:即深化政治经济学批判的领域。正如恩格斯所言,马克思给我们提供了国家的形象,在这个国家中,对私人财产的公共管理再生产了资本,深化了剥削。今天,我们在这个领域中继续前进。然而,无论是马克思还是恩格斯都不可能预见我们今天所见到的阶级斗争的水平。权力双重性境况的持续存在,与资本主义权力处于对立状态的工人力量的出现以及剥削理论(价值理论),在这里开启的这三个要素之间的关系应该得到发展。作为总资本家的国家是剥削的管理者和全部剥削的计划者,其根据的是价值法则的作用,这种价值法则也预见了依照中位数利润(趋向于与剩余价值相等同)的社会主义的过渡和管理。然而,如果国家因为在资本的历史中从未经历过的工人斗争状况而不得不如此,如果(在这些斗争出现的情况下)价值的平均化(equaling and averaging of value)被拉低了,那么在这种情况下,我们不得不重新考察整个分析,并且在政治经济学批判的领域中重提此问题。换言之,我们将需要批判在某些层次上去重新解读价值规律,而在这些层次上,价值规律被调为零点(zeroing)的事实将被作为真正的地平线,这里将会出现对抗价值规律运作的大规模的工人进攻。这时作为总资本家的国家是什么呢?

　　直面并且推翻阿尔特瓦特所表达的观点(见前文《对国家结构性分析的发展》),从而推进讨论,这或许更有价值。在阿尔特瓦特的论述中,对国家干预资本主义所表现出的"边缘性"或"残余性"特征有着强烈的坚持,即便是从客观主义观点来看。他并不否认国家的计划性干预,只是以超经济的术语来对其进行定义。这种立场的局限似乎在于如下事实,即对国家以超经济的形式进行化约——在国家本身被定位于其计划的权力之后——并没有把握住资本关系所具有的政治与二元性质。如果我们从辩证的观点来重新审视阿尔特瓦特的直觉,那么我们会看到,资本主义国家的寄生性与恐怖主义的残余再度出现,成为如下要素的直接功能:生产剩余价值的关键困难、工人斗争的水平与强度,以及利润率下降与平均化(flattening of the rate of profit)所呈现出的新形式。政治分析可以追踪这个过程,聚焦于在成熟的资本主义国家的形象中所总结的资本主义生产所呈现出的"二元特性"。"二元特性"不仅仅意味着在资本主义综合的所有层面上的阶级对抗的再度出现,也意味着在今天,在危机的语境下,并且面对着其永恒的工人母体,对抗的加剧以及综合条件的分化。

资本成功为其国家所生产出的最高形象同时也是资本主义对社会劳动进行组织的极限。当有计划的统治的合理性被归因于资本的国家时,这种统治的全面目标就被还原为控制与毁灭的任务。所有这些都是因为有种对抗性力量无法被压制,必然要崛起。我们有必要在此基础上推进分析,并且最为重要的,要有所行动。

第五章

国家与公共支出

The State and Public Spending

本文写于1975年，作者奈格里。当时正值意大利的财政和政治危机，因此就像第四章一样，本文旨在质疑意大利共产党和执政的天主教民主党之间所进行的"历史性妥协"政策。除了这个直接的论战目标之外，本文还意在批判如下作者：他们认为有可能不需要支持福利国家，并且提议用紧缩手段去处理因为不断增加的公共债务而带来的经济危机。从地理上来说，国家的财政危机不仅限于意大利；从历史来看，也不仅限于20世纪70年代。这种危机已经成为当下国家的核心功能，让其成为正当化和积累的代理者。削减公共支出和国家财政力量的技术因而也削弱了国家的行政力量。另外，对抗国家的社会势力的权力导致了如下结果，即对公共支出、对我们称为"社会工资"的任何削减在实际上都不具有可行性。换言之，福利国家不只是当下国家的一个可能形象；它已经成为其核心且不可扭转的要素。

从本文行文可以读出20世纪70年代中期意大利境况的紧迫性。这段时期的政治斗争波及社会部门（同时在工厂之内和之外）的各个方面，并且以新颖且强大的形式得到组织。意大利国家当局以紧急措施如雷亚莱法(Legge Reale)①来应对社会动乱,这增强了警察和司法部门的权力,但是反过来又加剧了社会动乱(关于这段时期的历史背景,见贝拉迪[Franco Berardi],《自治的解剖》["Anatomy of Autonomy"])。在财政、政治和法律危机的背景下,公共支出的难题为判断社会对抗力量和资本主义国家之间的冲突提供了重要方法。

---

① 这部法律于1975年由时任司法部部长的欧伦佐雷亚莱(Oronzo Reale)(1902—1988)颁布,由此得名。——译注

作为整体的难题:阐释的条件和真实的状况

在主要的资本主义国家内,(国家与公共部门)的公共支出接近或超过了国民总收入的一半。与国民收入增长相关的持续上升的公共支出增长速度也处于不可逆转的趋势。"尽管如此,只有很少的马克思主义者会系统性地考察这种前所未有增长的原因与后果。"(伊恩·高夫[Ian Gough],《发达资本主义的国家支出》["State Expenditure in Advanced Capitalism"],第53页)事实上总体来说,当相关研究真正面世,它们几乎没有抓住一般境况的新的具体性;这些马克思主义者通过旧的国家垄断资本主义的客观主义,来对境况进行解释,结果完全无法令人满意。

事实上,在国家垄断资本主义的语境下,公共支出表现为对私人资本的简单资助及其直接的公共规划(projections)。但是与公共支出的扩张相联系的危机的效果依然没有得到解释,而且没有得到解释的可能。避开公共支出难题、对发达资本主义国家危机所进行的阐释,在其无可争议的个体形式中,在我看来要么是基于虚伪,要么是基于否定。

共产主义国家理论拒绝了国家垄断资本主义理论和类似的版本,最近也处理了(作为对理想资本家的集体和真实追责[imputation]中心的)国家所构型的关系和对政治经济学的关键修订（contortion）。① 国家在资本流通的过程的中心作为政治和经济力量而起作用,不是处于附属地位,而是起到了核心作用,这一点似乎不再有任何疑问。马克思和恩格斯所指明的如下趋势如今已完全成为现实,同时趋势补充性组成部分的进程也正在完成：工人阶级的行动对(资本主义)体系有着不容置疑的撼动（destabilizing)作用。商品以及生产商品的流程的二重性在构成它们的对抗中被揭示得愈为充分,资本的流通(即生产加再生产)机制也就愈为发展,并且在发达资本主义国家中日益表现为全面形象。

然而,一般性的理论觉悟在这里就停止脚步。如果国家占据如此核心的位置,那么其支出,即公共支出必须被视为工厂—国家的工资支出。当政治经济学批判触犯政治经济学的法则(共产主义批判必然如此),那么**就**公共支出**而展开**的斗争必须被视为根本性的冲突领域。然而绝大多数情况下并非如此。社会民主主义和修正主义传统中的国家主义神话就会把控局势,而当它不

---

① 可见第四章的文献回顾,《对国家结构性分析的发展：危机理论中的国家》("Development of the Structral Analysis of the State：The State in the Theory of Crisis")。冯·弗拉托和惠斯肯的文章在德国引发了大范围的讨论。见莱希尔特,《关于冯·弗拉托和惠斯肯的评论》("Some Comments on Sybille von Flatow and Freerk Huisken's Essay")；霍切伯格(Hunno Hochberger),《国家的唯物主义决定问题》("Probleme einer materialistischen Bestimmung des Staates")；以及格斯滕伯格(Heide Gerstenberger),《阶级冲突、竞争与国家职能》("Class Conflict, Competition, and State Functions")。

得不对国家进行批判时,就会恐吓或迫使国家屈服于资本主义均衡和平衡的拜物教!施米特①取代了马克思,哥达(Gotha)(纲领)战胜了批判。

在《国家的财政危机》中,詹姆斯·奥康纳比其他人更为成功地推进了工资与公共支出之间的关联,但是对作为社会资本的国家与作为社会支出的国家之间的区分却语焉不详——这是一个在分析过程中非常有用但又完全抽象的区分,甚至是错误的区分,如果此区分倾向于支持如下论断,即对可变资本要素的生产和再生产(今天这是公共支出的首要功能)必须被视为非生产性的支出。恰恰相反,在马克思再生产结构图式的第二部分(《资本论》第2卷,第20－21章),这种对可变资本要素进行再生产的支出是间接具有生产性的,因而也起到了生产剩余价值的作用——随着资本主义生产机制扩展至整个社会,这已变得日益明显(见高夫,第57页)。奥康纳正确注意到的直接具有生产性的国家投资与间接具有生产性的国家支出之间的差别本身,并不会决定经济上的非均衡(他的图式似乎也如此表明)。就工人阶级的行动从力量的角度、从一直无法满足的条件角度以及从持续的斗争角度撼动了这种关系来说,它决定了某种非均衡。

继续作出如下论断,即因为国家预算中的公共支出的增长而导致的危机内在于并且甚至决定了成熟资本主义盈利能力的危

---

① 此处人名原文为 Schmidt,译者曾就教于哈特教授,他给出的解释是:这里指的是卡尔·施米特(Carl Schmidt),原文系排版错误。——译注

机,这在今天更加缺乏依据。① 存在这样一种关系,但这种关系绝不是线性的:危机不在于公共支出的增长,也不在于如下事实,即公共支出的增长本身与私人积累相矛盾。公共支出成为矛盾的一个要素,是因为工人的力量撼动了其与国家统治体制之间的关系(在资本主义关系中,国家是确立平衡的力量),并且在无产阶级所提出的要求以及工人斗争的**非理性**中遏制了这种关系。

于是,处理国家—公共支出问题意味着从最开始就消灭任何简化,这些简化可能以各种各样的方式将我们引向"国家垄断资本主义"所特有的客观主义;也意味着以确定的方式去假设:在面对无产阶级在社会上的出场时,国家既是资本主义发展所遭遇的根本性矛盾的场域,也是其主体;最后,还意味着认识到,危机的机制源于(用马克思主义的术语来说)构成资本的关系——即处于斗争中的两个阶级的关系——的"爆破"(如马克思所言)。最后,马克思解释说,一切都取决于必要劳动和剩余价值之间的比例,或者说,围绕着剥削及其比例问题的对象化劳动与活劳动的不同环节(《大纲》,第359 – 364 页)。公共支出是一种公共和国家形式,在这种形式中,国家对生产性劳动的工人社会的剥削关系被神秘化了。公共支出是一种社会工资,而工人阶级的分析和

---

① 雅非(David Yaffe)接受曼奈尔(Manel)作品中的观点,并作出了这个论断。见《盈利能力的危机》("The Crisis of Profitability")和《马克思主义关于危机、资本和国家的理论》("The Marxian Theory of Crisis, Capital and State")。约阿希姆·赫施似乎也陷入这种含混性中。见他的《对政治体制的分析》("Zur Analyse des politischen Systems"),特别是第95,97 页。然而赫施的作品代表了一项了不起的贡献,推进了马克思主义的国家理论,我们会在后面进行更为详细的考察。

撼动行为应该基于这个事实基础而展开。

在处理国家—公共支出问题的时候,必须清除社会民主主义和修正主义性质的国家主义残余,清除所有关于"中立和中介性,具有相对自主性的"国家幻象,以及任何假设的国家二重性的观念——当国家支持我们的时候,就是"好的",当它资助个体资本家的时候,就是"坏的"!不幸的是,国家并不是善恶兼具的,而是统治阶级权力的有机结构。恩格斯教导我们:"现代国家,不管它的形式如何,本质上都是资本主义的机器,资本家的国家,理想的总资本家。"(《反杜林论》,第 330 页)①马克思未能写就的《资本论》"国家"章已经被后来的资本主义发展所铭写,并且遵循了马克思所预见的趋势(见本书第四章)。而我们的任务就是对这种发展进行批判。

让我们现在以工人的视角来展开对公共支出的考察。工人阶级总是了解对直接或相对工资进行革命性使用的方式:

> 反抗削减相对工资的斗争同时也意味着反抗劳动力所具有的商品特性的斗争,即反抗作为总体的资本主义生产的斗争。反抗相对工资下降的斗争不再是一场在商业经济领域中展开的战争,而是一场向这种经济的基础发起猛攻的革命斗争;这是无产阶级的社会主义运动。(罗莎·卢森堡,《演讲与著作选集》[*Ausgewählte Reden und Schriften*]第 1 卷,第 720 页)

---

① 《马克思恩格斯选集》第 3 版第 3 卷,前引,第 666 页。——译注

然而，关于这场斗争的一个章节还尚不为人所知，或者说并没有达到充分的斗争觉悟阶段，那是一个将在争取社会工资和反抗国家的斗争中得到书写的章节。

这是一个涉及资本主义发展某个层级上所有生产性社会劳动力的规划，马克思将这个发展层级描述为这样一个阶段，在这个阶段中整个劳动共同体的潜能与作为流通—价值实现简单中介者的资本相对立（《大纲》，第 699 页及其后）。① 因此对政治经济学的批判立刻被转化为"对政治的批判"，因为无产阶级对社会工资问题的进攻将公共支出转变为组织如下关系——生产与共识之间，发展与统治之间，以及政治构成与社会上无产阶级斗争之间——的资本主义场域。

资本的理论性实践因此向前推进到无产阶级不定期且自发

---

① 关于罗斯多尔斯基在《马克思〈资本论〉的形成》中对《大纲》的阐释，许多作者在近些年都表示出了保留态度，特别是关于"全面资本"（comprehensive capital）的概念。见施瓦茨（W. Schwarz），《马克思经济学作品中的"资本一般"与"竞争"》（"Das 'Kapital im Allgemeinen' und die 'Konkurrenz' in ökonomischen Werk von Karl Marx"）。在这些作者看来，罗斯多尔斯基将马克思科学抽象的不同层级混为一谈，没有能够区分作为简单逻辑范畴的"全面资本"和作为竞争在其中运作的"全面资本"层级，后者并非逻辑范畴而是历史范畴。对《大纲》研究当然有必要立足于马克思分析的核心方面来进行评估，罗斯多尔斯基作品中的某些段落当然需要修改，但是在我看来，其"全面资本"的概念并无问题，这个概念对马克思的思想来说也是至关重要的。罗斯多尔斯基澄清了如下事实，即这是一个带有趋势性的范畴，直到如今才开始以真实的有效性展现出来。另一方面，似乎施瓦茨并没有完全理解马克思思想中逻辑范畴与历史概念范畴之间关系的复杂性。

地对抗(在斗争的意义上)的领域。当然,工人的自发性是强大凶猛的。在所有的发达资本主义国家中,没有一项预算(在最为直接的中介和国家—老板的控制之间关系的层面上)能站得住脚。试图去侵占社会剩余价值从而去中介并遏制社会斗争层级的资本主义尝试,现在已经处处碰壁。授权与控制机制——这是在行政上对国家操控资本进行理性化的根本要素——现在因为工人阶级争取重新夺回(reappropriation)所展开的斗争潮流而处处陷入危机。① 资本在力量、强度方面毫不逊色,在连续性方面更胜一筹,试图推进对控制的再调整和集中、行政计划以及支出等工作。资本及其科学并没有预见到问题,但是它们关注了从工人对危机的决定到危机在资本主义社会的终结(closure),因此预见到了解决方案。"它们"都致力于此。切断国家预算和公共支出之间的纽带成为根本性的问题,而重新阐述金融控制的机制和政治干预的要求之间的差异与对称关系,则成为第二个相关的核心问题。② 在官僚—理性正当化原则缺乏充分的基础,并且无法应用于解决深远冲突的地方,就会诉诸卡里斯玛式的正当性以及社会民主联合执政的政治压力与参与式神秘化,直到对公共支出要求的投入层级被纳入进来。

关于这些问题存在着非常多的主张。尽管共产主义理论家

---

① 美国关于这种危机的文献已堪称浩繁。这里我仅提及彼得·巴克拉克和莫顿·巴拉茨合著的《权力与贫穷》,弗朗西斯·皮文和理查德·克拉沃德合著的《管制穷人》。

② 关于这些问题见奥康纳,《国家的财政危机》,特别是第 9 页和最后的章节。

没有引领我们确立问题的确凿性(solidity),我们被迫通过处于斗争中的两个阶级的行为来处理它:无产阶级坚持立足此领域,而资产阶级尝试通过压制来占据先机。在这里,"公共支出"成为争论的核心要素。围绕这一问题,我们必须努力去认识到,有些重要的分析问题以及无产阶级斗争问题(剥削的性质和强度问题)是否被包纳进这个框架并得到改造,以及从全面的工人理论性实践视角来看,最后新的关系是否修正了与国家的定义和反抗国家的共产主义斗争相关的某些假设。

很自然的,这一问题可以引向另一个方向,引向对意大利公共支出物质维度的分析以及对工人进攻可能性的分析。很多同志都在朝这个方向努力,我们希望他们的研究成果能很快公之于世。

第一种分析方法:
社会对生产性劳动统合趋势的评估性要素

若想讨论公共支出,或许有必要将我们自己明确置于对资本的流通过程——不仅是生产和再生产(以及革新)商品、同时也是生产和再生产(以及革新)社会关系的领域——进行分析的马克思主义场域,从而也将我们自身置于革命性对抗和主体性趋于出场的场域中。但是当新古典主义和凯恩斯主义对商业体系的神秘化继续主导人们的视野,这就会变得非常困难,例如那些坚持阶级视角的作者们就会遭遇这种困难。

比如说,让我们试着采纳奥康纳所提出的公共支出范畴:

社会投资就是在其他要素不变的情况下能够提高给定劳动力数量生产率和利润率的项目与服务。社会投资的一个很好的例子就是国家融资建设的工业开发园区。**社会消费**就是在其他要素不变的情况下能够降低劳动力再生产成本并且提高利润率的项目和服务。社会消费的一个很好的例子就是社会保障,社会保障在降低劳动力再生产成本的同时还能够扩大劳动力的再生产能力。第二个范畴**社会费用**(social expense)包括保持社会和谐——为国家履行"正当化"职能——所必需的项目和服务。[①](《国家的财政危机》,第 6-7 页)

当这种区分——虽然从分析上来说并不令人信服,但却有其用处(见高夫,第 71 页注释)——被单边性地用于定义各支出部门之间非均衡的差异和区域时,就会变得非常危险。通过这种方式,非均衡、危机以及最为重要的通货膨胀,在凯恩斯的视角看来,被认为在组织分配过程的失灵中客观地出现。这种目光并没有超越这一微小的障碍;它制约了自己,不敢去触及社会关系的物质性和力量,而这些社会关系主导着部门的划分和被决定的不成比例的支出(或分配)。赫施注意到奥菲的作品,并且认识到,"必然的是,通过这种方式,'社会'的概念被还原为现象学上的结构概念",而国家被剥夺了阶级的概念——而后者正是国家为了

---

① 奥康纳可能是在奥菲对国家政治结构分析的基础上作出这些区分的。(中译文见奥康纳,《国家的财政危机》,沈国华译,上海:上海财经大学出版社,2017 年,第 6 页,译文略有改动。——译注)

主宰再生产关系而对社会进行(具有政治性的)结构性干预时所特有的特征(《对政治体制的分析》,第87,91,93页)。

与之相反,我们应该处理的是无产阶级主体所处的领域及其在资本主义商品流通中的境况,因为在这里修订的范围如此之大,以至于摧毁了对公共支出的不对称和非均衡进行新古典主义和凯恩斯主义阐释的可能性。简言之,我们的假设是,这些并非简单在于分配的不均衡,而是揭示了一个更为深刻和巨大的结构,这种结构首先在对成熟资本主义社会中生产性劳动的场所和性质的修订中展现出来,其次在斗争的层级以及无产阶级主体所表达出来的对于权力的要求中展现出来。这就是我们试图要阐明的假说。

在公共支出的不成比例理论和作为公共支出上涨(主要是在奥康纳所定义的"社会费用"部门)效果的通货膨胀理论的背后是这样的认识,即从作为整体的资本主义视角来看,在国家所引导的生产中,工人是"非生产性的"(雅非,《盈利能力的危机》,第51页)。然而,在奥康纳所称的"社会消费"部门中的工人是非生产性工人,这一论断很明显与之前所提到的论断相斥,即他们被吸纳进马克思再生产图式中的第二部分。这就让我们只能把这些雇员归于奥康纳所论述的第三个类别,"社会费用,"而这又(暗中)将我们带向了用于"奢侈"支出的生产性劳动,或者马克思主义的意义上,无论如何都不创造价值的支出(《资本论》第1卷,第741页及其后)。

在资本主义通过国家对市民社会所进行的整合达到如此层级的当下,这种区分还有什么意义?那些致力于生产"社会和谐"的工人真的是非生产性的吗?改变生产性劳动这个概念,按照马克思所指明的方向去修正这个词的内涵,不是更好吗?①

> 随着劳动过程的协作性质本身的发展,生产性劳动和它的承担者即生产性工人的概念也就必然扩大。为了从事生产性劳动,现在不一定要亲自动手;只要成为总体工人的一个器官,完成他所属的某一种职能就够了。②(《资本论》第 1 卷,第 643 -644 页)

这种对生产性劳动定义的修订,对其概念范围的扩大不是能更好地回应资本主义生产方式的扩张及其对当代社会的主宰吗?

伊恩·高夫在考察英国马克思主义部关于这些问题的漫长争论之后总结道,"所有进行生产——要么生产实际工资的组成部分,如社会服务,要么生产不变资本的要素,如研究和发展工作——的国家雇员对资本来说都间接具有生产性,换言之,他们都生产剩余价值"(《发达资本主义的国家支出》,第 83 页)。③ 另

---

① 马克思对生产性劳动的定义贯穿在他成熟作品的段落中。例如可见《大纲》,第 266 -273, 293 -295, 304 -318, 699 -716 页;《资本论》第 1 卷,第 643 -644 页;以及《剩余价值学说史》第 1 篇,第 152 -304 页。

② 见《资本论》第 1 卷,前引,第 582 页,译文稍有改动。——译注

③ 同时可参考:高夫,《马克思生产性与非生产性劳动的概念》("Marx's Theory of Productive and Unproductive Labour");哈里森(J. Harrison),《马克思政治经济学中的生产性与非生产性劳动》("Productive and Unproductive Labour in Marx's Political Economy");费恩(B. Fine),《关于生产性与非生产性劳动的笔记》("A Note on Productive and Unproductive Labour");以及布拉克(P. Bullock),《资本的劳动力范畴》("Categories of Labour Power for Capital")和《定义资本的生产性劳动》("Defining Productive Labour for Capital")。

一方面,鲍勃·罗森(Bob Rowthorn)坚持认为,毫无疑问的是,"国家的教育和其他(行政)部门即便是'非生产性的',也可以推动工人去生产剩余价值,这些剩余价值会部分或全部转移到资本主义部门,从而落入资本家手中"(《马克思主义体系中的熟练劳动》["Skilled Labour in the Marxist System"],第36页)。就如下意义上说——资本主义发展的生产性整合日益为国家赋予了一个与生产活动相关的全面化的支撑功能——罗森的论断是正确的。从凯恩斯主义的方法来看,国家并没有对商业关系进行组织,但是从直接或间接的角度来看,而且无论如何同时也是非常有效地,国家会对生产关系进行组织。国家对那些生产商品的以及(首要地)生产生产关系的那些关系进行组织。

公共支出的增长乃至于巨大扩张与资本的发展并无冲突,相反,前者对于当下资本的生产性形象是不可或缺的。另外,在今天,公共支出构成了所有积累阶段的根本前提。因此谈论自身会引起通货膨胀的公共支出是没有意义的。在生产与操控的社会化所达到的这个层级,我们可以对价值规律的运作给出真正肯定性的证明。如果价值规律真的运作失灵,而通胀机制启动,那么这并非因为在公共支出与资本构成(这在今天由国家操控所主导)之间所确立的有机关联,而是因为工人阶级斗争以及某种对抗——这种对抗在资本的有机构成和工人阶级(在劳动力统一化所达到的这个层级,无论如何都具有生产性)的政治构成之间的某一点启动——所导致的这种有机关联的断裂。

危机并非在于奥康纳所指认出的三种支出形式之间的比例失调,更加重要的,也不在于如下两者间的矛盾:一方面是直接具有生产性的支出,其中包括用于再生产(间接具有生产性的)劳动力的支出,另一方面是国家的政治支出,这种支出不生产剩余价值,而是生产社会同意与和谐。这种矛盾不可能存在,因为如果说实现了社会同意与和谐,那么它们是作为内在于直接和/或间接生产关系的功能而得到实现的。危机其实在于,在阶级斗争和资本发展的这个层级上,无法控制资本构成的不同要素;在于工人阶级无法消灭的对抗性存在。

尽管如此,为何总资本会冒险让危机从直接生产的层级蔓延至社会生产的层级?为什么资本主义的发展要让自己陷入自己也无法直接控制的维度,而且在这个维度中,公共支出(在其他情况下,完全服务于私人资本化[private capitalization])①的问题要面对一般性的矛盾,这些矛盾在它们所实现的社会一般性中是非常有效的?② 尽管需要从我们所列举的思路对马克思生产性劳动这个特定概念进行修订,但马克思对于趋势的分析——因为此种趋势,生产性劳动的定义和场所具有了其他意义——依然是站得住脚的。这个趋势沿着利润率矛盾的发展方向而展开。逐渐地,私人的、个体的利润逻辑解体了,这已通过集中过程,以及对资本主义有机构成进行持续改革、以实现不变资本占据更大比例的过程而得到说明(见马克思,《大纲》,第 690 页及其后)。伴随着个体逻辑的衰落,资本会通过对全部生产力(以及转化为不变资本

---

① 见马克思关于私人积累中公共债务的考察和结论。

② 将生产性劳动的概念延伸至家务劳动的领域,对英国经济学家之间的讨论来说是一个极为有趣的问题。见哈里森,《家务劳动的政治经济学》("The Political Economy of Housework");以及高夫和哈里森,《再论非生产性劳动和家务劳动》("Unproductive Labour and Housework, Again")。

的生产力)的永久性和直接性吸收,通过让全社会都整合进总资本家的工厂内的方式,对社会生产力的各个层级进行组织,从生产性协作那里窃取剩余劳动,并且用一般社会生产力所生产的价值来替代损失掉的价值(见马克思,《资本论》第1卷,第635页)。从这个视角来看,公共支出代表了工厂—国家的现金流,而且完全被置于如下两者的结构性鸿沟中:一边是个体商业的利润率下降,另一边是提高体系一般生产力的压力。在这个结构性鸿沟内可能存在通胀性的要素,但这一事实是次要的:结构性鸿沟并没有定义现实,而只是定义了通胀的可能性,这种可能性只能因为工人斗争的强度和层级而成为现实。

如果果真如此,那么接下来就会有几个直接的后果。首先,公共支出经事实证明是生产性支出的真正环节,而对其所进行的考量应该完全被带回到当下社会中资本流通的层级。其次,由国家为了直接或间接生产而支配的一定的货币(手段)量所构成的公共支出,作为被敲诈的剩余价值对社会劳动力的共同体造成了很大的负担,特别是对被剥夺的社会协作的价值造成了很大的负担。最后,如此被构成的公共支出代表了为资本主义积累服务的非社会性剥削的基础,同时也被约定为工资基础,并且作为资本融资的基础而被摧毁:如果我们接受马克思对相对工资的分析,那么这两个环节无法截然分开(见罗斯多尔斯基,第293－296页)。无论如何,在资本主义发展的这个层级上,这是阶级斗争最为根本性的场域。

改良主义的"理论"将其努力聚焦于这个场域,试图让自己去抵御马克思主义的批判,那就不是什么偶然了。最为明智、同时也是最为危险的立场正确地认识到,公共支出是一种由总资本家所巧取豪夺的社会剩余价值(例如可见加尔加诺[Francesco Galgano],《资本主义经济的体制》[Le istituzioni dell'economia capitalistica],特别是第 33 –38 页)。其结果就是,正如对工人在经济上夺回生产资料的筹划可以被转化为公民的政治要求(正如在意大利"历史性妥协"计划中所明确表明的那样),同样的,就工人是公民而言,他们可以掌握作为生产者被剥夺的内容! 显而易见的是,分析的有效性与结论可悲的机会主义之间的不协调关系,只能通过这些作者相对缺乏经验而得到解释。如果情况并非如此,例如,在不那么具有冒险精神的改良主义政治倡导者那里,我们所要处理的不过是令人不齿的意识形态神秘化和对群众的可耻背叛。

第二种分析方法:论社会积累、国家管理和资本主义正当性基础的矛盾

在过去,商业公司进行积累,而国家进行正当化(如果是"法治国"那就更好,如果不是也无关紧要)。在资本主义发展的历程中,国家在历史上是以"管理整个资产阶级的共同事务的委员会"的形式存在的,而马克思对积累最初阶段和发展关键阶段对公共债务使用的处理非常充分地证明了这一点(见《资本论》第 1 卷第 4,5 篇;以及第 3 卷,第 395 页及其后,第 464 页及其后)。在资本主义发展的那个层级,正当化意味着将权利主张(它确立了行使权力和公民同意之间有效且合法关系的基础)奠基于如下要素:资本主义商业公司的代表性力量、经济发展的价值以及资本主义对一般利益的直接神秘化。在国家保障对发展的一般利益的追求方面,国家进行正当化。在当下资本主义发展的层次上,情况

似乎有所改变。当下所展开的一系列发展——资本主义生产的全面社会化,日益猛烈的抽象化进程,服务业岗位的增长,所谓的生产力(社会协作、科学、技术等)日益普遍地被吸纳进总资本中,以及社会与政治服务的基础设施被包纳进直接生产的趋势——共同决定了在总生产过程中国家中介功能的结构性深化。就组织功能和从社会上攫取的剩余价值总量来说,直接与国家相关的量大幅增加。正如我们所言,与这个过程相同步的,是在商业公司层面利润率下降趋势规律的展开(可优先参考阿尔特瓦特的分析,《国家干预的若干问题札记》)。因此国家对社会剩余价值的积累最开始就表现为对商业公司利润率下降的补偿(见《资本论》第3卷,第232-266页)。但是在第二阶段,这些新的国家职能变得更为强大和确定。国家在资本主义生产方式的领域内开始表现为统领性的力量;国家以普遍和确定的方式进行积累。①

在资本主义发展的这个层级,正当性原则是如何形成的?国家积累并没有导致一般性的利润率下降过程,除非是在提高利润量的意义上(这是相反趋势的职能?)。这不再能代表正当性的原则。资本主义剥削如果希望发展经济,必须被导向一般利益。于是,利润量的增加并不足以提供合法性;是利润率提供了进行操控的权力,并且强加了必须在资本生产方式中遵循的义务。即便

---

① 赫施令人信服地论述说,在社会化过程与当下国家的结构之间存在内在的连续性,见《对政治体制的分析》,特别是第 89,91,93,103 页。类似的思路见阿格诺利,《对资产阶级国家的反思》(*Überlegungen zum bürgerlichen Staat*),特别是《资本的国家》("Der Staat des Kapitals")这一章。

成熟的资本主义国家想要通过对利润率的正确评估来改造自身——好比说,如果这种国家想要超越凯恩斯主义对市场调控的职能,如果它想直接具有生产性,如果它通过对公共支出进行的准—寡头垄断式投资,想要在对公共服务的管理中,创造出非常具有生产性的体制,以及如果国家在进步和理性的财政管理的意义上(即在价值规律的意义上)想要尝试去重新组织对社会剩余价值的攫取方式,最后的结果是,它依然远不能得逞。① 处于一般化和抽象化状态——也就是在发展的这个层级中的具体性质——的社会劳动的本性对此起到了阻碍的作用。换言之,在这种情况下,计算(在价值规律的意义上)的可能性一方面因为社会劳动的自发价值增殖的性质而受到阻碍——如在协作的情况中,另一方面,当劳动时间在衡量更高级的生产能力的表达成为蹩脚的基础时,也被超越了(见《大纲》,第 699 页及其后)。另外,间接具有生产性的劳动——有很大一部分与国家相关——开启了极端细化和复杂的国内计划的可能性(见罗森,《马克思主义体系中的熟练劳动》)。在这里,国家为了维持利润量所进行的干涉就价值规律而言,成为彻头彻尾"随意性的"。尽管如此,我们应该更进一步。计量经济学意义上的随意性(从对总资本计划的角度来

---

① 在处理国家行政管理在这个领域所提出的困难时,铭记第四章所讨论的奥菲的作品会有所裨益,见《资本主义国家的结构问题》(*Strukturproblem des kapitalistischen Staates*)和《危机管理的危机》。对奥菲社会学和结构客观主义的中肯批判,以及"危机理论"在德国对这个领域的积极贡献的评估,见约瑟夫·艾瑟尔(Josef Esser),《唯物主义国家分析导论》(*Einführung in die materialistische Staats analyse*)。

说,这无论如何都是根本性的)从阶级的视角来看,成为彻底非理性的;对价值规律的运用在资本主义反抗的退却中,被化约为(或者说从无产阶级的角度看——这是最为重要的——似乎被化约为)简单的操控行为。① 当我们认识到,如果资本从根本上而言是处于斗争中的阶级力量对比关系的范畴,那么在阶级的意义上,利润率的下降以及利润量的积累就意味着与难以平息的无产阶级斗争的群众化相关的资本价值增殖指标的下降。

(对权力和共识的,以及对分化性力量和参与性力量的)正当化的何种原则能够延续资本主义对当下发展的主导？在国家的社会积累领域,并不存在正当性原则——这是毫无疑义的。由国家所进行的社会剩余价值的积累在日益加剧的对抗基础上展开。资本将这种对其结构的认识进行了神秘化,并且将这种对抗的效果称为公共干预的优先项以及选择问题。② 事实上,财政政策令人痛恨,对社会协作、间接具有生产性的劳动、边缘化以及群众的科学创新能力的剥削也是如此。国家的资产阶级计划者认识到了这种情况。③ 在这个全面的公信力危机中,唯一真实的正当化环节被带回到商业公司的原则,带回到资本家一方的对剩余价值

---

① 见奈格里,《计划者—国家的危机》("Crisis of the Planner-State")以及《反对工作的工人政党》("Partito operaio contro il lavoro")。

② 干预将政治科学和计划理论的根本问题带回生产社会化的根本性对抗中的尝试,赫施提供了非常清晰的例证。见《对政治体制的分析》,第85,128−130页。

③ 对在西德所发展出的"计划讨论"(Planungsdiskussion)的参与证明了这种"消极的"意识。赫施在《对政治体制的分析》中提供了这些参与者的参考书目,第88,93−94页。

和生产力生产的攫取的最高层级上。以国家形式出现的资本主义生产方式的拓展必须服从于这些层级的生产力,将它们作为定义资本主义再生产的根本环节。重新取得高利润率(即被神秘化为利润的生产力和剥削)成为通过国家来发展社会积累的前提和标准。资本主义发展最初阶段的典型境况就这样被颠倒了:国家进行积累,商业公司进行正当化,推动(在生产力的意义上)同意——这是处于最为成熟发展层级的资本主义国家正当性的根本要素。于是商业公司成为发展的支柱(马克思意义上的**支柱**[Träger])——成为其特质和定义的支柱。生产力作为社会生产关系的稳定(valorizing)要素,成为总体过程的正当化条件。

我们现在回到公共支出就会看到,如果这是资本主义对社会剩余价值进行剥夺所表现出的形象之一(或许是根本性的形象),那么它就必须屈从于商业公司的生产力的规范。我们已经指出,由于结构性的原因,这当然不可能,但并没有解决问题。事实上,这个过程从这个矛盾的角度来呈现自己:以商业公司的名义所判定的纽约市的失败,并不意味着在资本积累—再生产的量中就直接具有恢复能力的生产能力,而是意味着重新提出压制性、排他性和恐怖性的统治逻辑,去对抗协作性、智识性和创意性劳动的不可压制的质。在资本主义发展的这一层级,公共支出的比例和数量必须通过商业公司的权威提出,并非因为这改变了体系的平均生产力(已然封闭在积累的量[连同社会斗争]与利润率下降之间的对抗中),而是因为这合法地推行、再提出和批准资本主义统治的逻辑。

一如既往地,资本主义发展的所有矛盾都具有两面性。这种对积累—正当化关系的颠倒——如此一来国家现在决定前者,商业公司决定后者——就其工人一方而言,揭示了无产阶级斗争的新的方面与可能。在商业公司向工资敞开以保障生产力和利润率的这个特定环节——同时赋予国家以在社会层面上保障工资本身的有效性并且让其在商品的社会流通中得到恢复的责任,巨大的断裂空间向无产阶级斗争开启了。这是在商业公司的生产力(作为得到发展的资本的正当化筹划)与积累的真正场域(这个场域既由国家所控制,同时也由全面的社会协作所控制)之间展开的空间和缝隙。

深化且拓展出现在资本主义计划中的矛盾,直至将其带回到工人利益与资本主义发展之间的对抗,这可以经由多种方式而得到实现:可以压低商业公司的生产力,工人总是采取这种方式;也可以加剧资本主义国家在社会积累时的功能紊乱,无产阶级现在已开始自发采取这种行动;或者双管齐下。这似乎是工人主义分析的主要思路。随着工人劳动力日益认识到自己是统一无产阶级永不臣服劳动的主体,二元性、含糊性和危机就无关紧要。从处于无产阶级中心的矛盾到阶级对抗,工人主义的分析让过程变得辩证和统一化。

工厂工资和社会工资是如下形象的两极,在这个形象中,工人阶级在资本的社会形象与国家形象中得到中介和吸纳。资本趋向于分化为两个形象,用作为资本主义国家正当性要素的工厂工资去对抗社会劳动在生产中出现统一的趋势。另一方面,对从工厂工资到社会工资的斗争的认识成为资本主义矛盾的破坏性力量,而这种力量是服务于资本的统治的。

然而,还有最后一个要素需要考察,这个要素并非战术性,而是理论性的。在此过程的语境中,由工人所协商的工资的"相对"

特性爆破了。事实上,由工厂工人所协商的工资的"相对性"遭遇了实际工资与货币工资之间模棱两可的关系,且这种关系由资本所统治。工厂资本主导了对工厂工资的计算,而在计算的过程中,让其变得具有相对性,并且具有政治上的功能。另一方面,无产阶级围绕社会工资的斗争扰乱了资本主义逻辑的运作,阻碍了其计算和控制。因此非常清楚的是,实际工资是上升还是下降,这完全无关紧要——从马克思主义视角来看,不可能产生任何错觉!关键是将工资构成要素带回到独立变量的角色,而这在无产阶级于社会场域所展开的实践中是有其可能的。①

认识到社会是一个工厂,认识到国家是一个老板,摧毁生产力的拜物教——即将生产力视为正当性,并且将正当化带回到无产阶级的全面需求中,这些就是当下颠覆性的任务。这些可能已经足够,因为当工资的相对性被摧毁,当分化的逻辑以及分而治之的做法被强力所摧毁,皇帝将成为寓言中的那个真实形象:赤身裸体,彻底疯狂。

意大利公共支出的危机

我们应该稍作停留,来更为详细地考察危机的现实。关于20世纪60年代斗争浪潮所导致的公共财政的危机以及之后所产生的制度性恐慌,有着大量且有益的记录(见米兰投资银行[Mediobanca]主编,《公共财政》[*La finanza pubblica*];以及雷维利奥

---

① 见罗斯多尔斯基对马克思工资理论的批判性重构,《马克思〈资本论〉的形成》,第282页及其后。

[Franco Reviglio],《公共财政的危机,1970—1974》["La crisis della finanza pubblica, 1970—1974"])。简言之,发生的事实是,国家和公共管理的债务在20世纪70年代初期爆炸了,占国民生产总值的比例从1970年的2.5%上涨到1973年的7.9%,其原因在于支出的大幅扩张(比国民生产总值的增长要快得多)和收入的短缺。这引发了不断增长的赤字的形成与强化以及资本支出和资本转移的僵化结构。情况在1974年有所改变,但更多是表面而非实质的改变。新的境况并没有为结构性的干预提供可能,同时考虑到结构性债务对资源永久性的强力吸收,只有可能去实施情势性的干预以支撑就业水平,而这些改变既无关紧要也不得其法,就算是有一点点经济上的改善。

毫无疑问,在这段时期,意大利的公共管理被无产阶级的行动搅得岌岌可危,结果就是,体系内社会生产力被剥削的层级受到了阻碍。从资本主义的视角来看,这种境况需要立竿见影的应对,而且很清楚的是,即便是还在摸索阶段,再调节的策略正在出炉。我们可以将此视为流通理性化的更进一步、对支出的遏制和对投资的推动、在全球范围内对经济决策所有中心恢复控制,以及首要的,再度确证公共支出合法性的标准。这个标准必须在削减赤字与定义适用于商业规范的生产力标准之间的(受到操控的)中介内起到作用。与此同时,当无产阶级发现其所受剥削的社会领域的总体时,资本被迫接受这个领域,但前提是只有当商业管控的规则在那里被重新提出时。打破无产阶级施压的这些顺序,取得全面的控制,在资本主义商业规则的意义上定义断裂和控制——这就是当下"好政府"的含义。在这个方面,负责公共财政的理论家和官员的重新考量和扭曲在这方面与负责计划的理论家和官员并无二致,而且在这里前者被吸纳进后者。

事实上我们可以看到在再结构化(restructuring)的干预平面上正在发生的事实:对于支出的阻碍、新的紧缩与刺激层级、对发展次序的不容置疑的干扰(负责计划的理论家们在过去十年对这些次序作出了糟糕的计划),以及最为重要的,置换社会劳动力,同时根据劳动市场所表现出的新的维度和性质,创造出某种"产业后备军"(其表现形式是整个社会阶层中的边缘和/或被弃群体)的积极政策(见马西莫·帕奇[Massimo Paci],《意大利的劳动市场和社会阶级》[*Mercato del lavoro e classi sociali in Italia*])。简言之,这是一个从内部对生产性劳动的统一体进行分化的策略,这些生产性劳动具有潜在的革命性,而且因为其对承认的要求,可以彻底撼动当下的政治状态。这是资本主义再结构计划必须去面对的任务。① 这种对塑造工人阶级新的政治构成的进程所展开的攻击服务于如下内容:重新确立商业的统治,并且支撑资本主义对全部剩余价值进行剥夺的规范所具有的令人窒息的正当性,无论这些剩余价值以何种形式生产出来。

意大利的情况并非个案。尽管在其他成熟的资本主义国家中,与全民生产总值相关的公共债务水平要低于意大利,但是某些国家有着不容忽视的债务,且它们所启动的再调节和再结构政策与意大利有着深刻的相似性。这是因为,与其说要对抗的是债务,不如说是工人阶级新的政治构成,后者推动着公共支出和债

---

① 关于这一分析的展开,见奈格里,《无产阶级与国家》(*Proletari e Stato*)。

务的增长。① 在所有成熟的资本主义国家中——对更大规模的劳动市场来说更是如此,从商业生产力角度出发,去巩固社会积累及其正当性的计划是重中之重,与之相伴的则是摧毁新出现的无产阶级主体所展开斗争的手段。② 这个资本主义趋势定义了一个高度中央集权化和职能化的国家形象,且这个国家也决定了服务于在严密的关系中——这种关系让正当性与资本的社会积累过程的各个环节联系在一起——让新的合法化基础具体化的规范、行为与程序。简言之,用于重整和指导公共支出的国家干预只是一面反映强化正当性原则做法的镜子,这并非新鲜事物,但现在却是独一无二的,也就是说,在过去并非毫无效果的,但是在有效性方面却被赋予了优先性:商业生产力的原则,服务于资本的社会积累,对抗无产阶级主体,这种主体正趋向于统一,同时也被剥夺了财富。

于是,合法性(让国家法律行动具有法律效力的密码)应该逐步屈服于服务于国家行动正当化的确定的物质前提,这就不是什么巧合了。对法律秩序安排的形式性阐释和定义正面对越来越大的压力,要为功能主义理论所取代,而后者最为重要的特征——如果我们没有误解德国和美国的理论家的话——似乎是

---

① 例如,关于德国境况的记录,见维斯巴赫(H. J. Weissbach),《计划科学》(*Planungswissenschaft*)。

② 阿格诺利和布鲁克纳在《民主的转变》中预见了这种发展。一般来说,关于政治科学和权力实践在这个领域上的重新定位,见奥菲和纳尔(Wolf-Dieter Narr)主编的《福利国家与群众忠诚》(*Wohlfahrsstaat und Massenloyalität*)。

对行政行为的确定性标准的坚持。① 合法性只能在实现堪比权利体系的处理能力(capacity of address)的实质性功能的基础上,事后得到重构,尽管从旧的法律视角来看,这是非常吊诡的。我们可以就这一现象提出有趣的诡辩说辞,但本文无意于此。更为重要的是,去强调在法律和行政的首创行为的基础上所逐步确立的不是旧的合法性形式,而是对新的行为和干预规范的安排。在这个框架中,资本及其国家倾向于让形形色色的"另类法理学"潮流所展开的乌托邦尝试成为自己的内容,并且使之产生效果,从而向它们的理论创立者展现了不同寻常的思想开明。②

无论如何,这只是初步的概括。当新的正当性原则被提出来——受到如此关注并且与其他原则都不兼容,秩序安排中开始出现的"空隙"是如此常见和持久,以至于对演化性和另类标准的广泛应用都不再允许对传统合法性领域进行重构。在合法性运作所表现出的紧迫性特征中,得到重组的是一个众所周知的法则:因为秩序安排的空隙和情况的紧迫,干预很少发生且非同寻常。在危机之中,这些功能使用得更加频繁,使用范围也更广。不同寻常的行政干预,预防性的恐怖行为,以及断然的主动出击都支撑并发展了演化与另类选择的观念,(这次是真正有效地)规

---

① 关于功能主义理论,见博比奥,《关于法律的功能性分析》("Intorno all'analisi funzionale del diritto")。关于德国和美国相关理论的发展,见卢曼(Niklas Luhmann)与威拉德·赫斯特(Willard Hurst)的作品。

② 从共产主义视角对这一现象的分析(其态度非常含混),见塞弗特(Jürgen Seifert),《为宪法立场而斗争》(Kampf um Verfassungspositionen)。

定了新的合法性领域。① 在这些领域、这些功能以及这些剧烈的断裂的基础上,形式主义的操控要扩展到新的立法生产以及法律管理的角色。在用令人震惊的信息破坏旧的行政流程后,正当性原则可以让自己与新的合法性安居于同一个掩护之下。②

资本主义操控对其职能部门的要求是,后者是对司法决定的内容进行理性化(使其合乎逻辑并具有连续性),无论这些决定何时何地出现,同时让其内容符合新的正当性原则,换言之,符合商业生产力确定的和物质性的标准。整个社会劳动的复合体都臣服于这个命令,且可能的时候还要使用强制性的社会规范加以保障,并且在多数情况下,还要使用司法性规范行为。因为反抗国家的斗争和工人暴动而确立的规范性体系,还剩下什么呢? 此时此地,剩下一切的都可以用来服务于资本主义操控的意志。

如果我们现在回到公共支出的主题,会因为其难题性所引发的新的反思而大吃一惊。如下行为总是大有益处的,即重新去发现新的场域,借此马克思主义与工人主义对于工资的分析可以找

---

① 有很多年轻的德国学者对此进行了有益的研究,见埃门拉尔(Rainer Emenlauer)主编,《国家组织中的公社》(*Die Kommune in der Staatsorganisation*)。尤为重要的是挑战了奥菲危机理论的克莱默-巴多尼(Thomas Krämer-Badoni)的论文《晚期资本主义的危机和潜在危机》("Krise und Krisenpotential im Spätkapitalismus")。

② 这里我们参考的是纽曼(Franz Neumann)于20世纪30年代所写下的惊人之语,见《民主国家与威权主义国家》(*The Democratic and Authoritarian State*)。同样有趣的是索恩-雷特尔(Alfred Sohn-Rethel)就这些问题所做的笔记与分析,见《德国法西斯主义的经济与结构》(*The Economy and Structure of German Fascism*)。

到新的适用空间——首先,去展示科学和资本的行为如何被最为严厉的压迫行为所限定,去否定社会工资所昭示的主体;其次,去指认斗争的领域,在此领域上,在社会工资的基础上,所有的敌对力量的行为从无产阶级的大众视角来看都趋向于统一,并且决定了工人表达仇恨的新的空间。

危机与重构时期新的无产阶级主体

在《大纲》具有关键意义的一个段落中,马克思提出了一系列关于阶级构成的推论。马克思强调说,"从直接生产过程的角度"来看,甚至人类——就他们是生产者而言——都可以被视为"**固定资本**的生产",被视为生产能力的积累和完善(第 711 – 712 页)。逐渐地,进入直接生产过程的主体被该过程所改造,如此一来,"对于正在成长的人来说,这个直接生产过程同时就是训练,而对于头脑里具有积累起来的社会知识的成年人来说,这个过程就是[知识]运用,实验科学,有物质创造力的和对象化中的科学"。马克思总结说,"正如资产阶级经济学体系在我们面前逐渐展开的那样,"

> 它的自我否定也是如此,而这种否定变回它的最终结果。我们现在研究的还是直接的生产过程。如果我们从整体上来考察资产阶级社会,那么社会本身,即处于社会关系中的人本身,总是表现为社会生产过程的最终结果。具有固定形式的一切东西,例如产品等等,在这个运动中只是作为要素,作为转瞬即逝的要素出现。

直接的生产过程本身在这里只是作为要素出现。生产过程的条件和对象化本身也同样是它的要素,而作为它的主体出现的只是个人,不过是处于相互关系中的个人,他们既再生产这种相互关系,也新生产这种相互关系。这是他们本身不停顿的运动过程,他们在这个过程中更新他们所创造的财富世界,同样地也更新他们自身。①(第712页)

这里我们无意对马克思的唯物主义定义在哲学传统中的位置进行深究,而是要将他对"被"资本"所推动"(being moved by)和"推动性的"资本(moving capital)之间所决定的辩证法(这种辩证法因为工人阶级的出现而出现)的考察与坚持,置于当下的语境。这里就是新的工资量以及工人需求、欲望和实践所具有的新的性质得到决定的地方。如果说如下论断的确属实,即无论如何,需求的体系总是在资本主义的发展中以交换价值的形式被给定,而且,只有空想家才会寄希望于以直接的方式来打破这种令人异化的关系,那么,劳动逐步的社会化、劳动的抽象化及其日益增长的生产力可以且必须打破社会剥削的确切形式。资本在这片领域上驱动阶级,反过来也被驱动:这是生产性社会潜能非同寻常的发展所具有的意义。从这个观点来看,剥削的形式越被赋予社会性,且工资对剥削的神秘化形式越被赋予社会性,否定就越发得到深化,且在资本主义社会体内就越

---

① 中译文见《马克思恩格斯全集》第2版第31卷,北京:人民出版社,1998年,第108页。——译注

发具有确定性。①

　　用更为具体的术语来说,似乎在公共支出(作为用于社会工资的支出)的扩张背后,存在着一些指向(在马克思意义上的)更为高级的阶级构成水平的实践。在发达资本主义国家中,在更大的程度上,工作与报酬并不相称,工人的觉悟发展了难以撼动的工资存在(wage presence)水平,尽管它们并没有在政治上得到组织。②"工人教育"的过程——这个主题已经为太多的修正主义和新葛兰西主义文献所处理③——当然并没有掌握在资本家和改良主义者手里,但是因为得到了斗争的重新组织,已经被结构性地植入只有一般化的社会工资水平和政治保障才能够回应和满足的实践与需求。④ 资本与工人阶级之间的辩证关系因为社会化而持续上升到更高的层级,并且在政治上的阶级构成的某一层级而得到决定,这种构成以绝对新颖且不可还原的方式成为我们时

---

① 关于这些主题,特别是关于阶级构成和需求辩证法等主题的重构,见奈格里,《无产阶级与国家》。

② 见西奥博尔德(Robert Theobald),《有保障的收入》(*The Guaranteed Income*);戈尔德索普(John H. Goldthorpe)等,《富裕的工人》(*The Affluent Worker*);以及朗西曼(W. G. Runciman),《相对贫困与社会正义》(*Relative Deprivation and Social Justice*)。

③ 见奥斯卡·内格特(Oskar Negt),《社会学想象与示范性教学》(*Soziologische Phantasie und exemplarisches Lernen*)。他关于"教育"的作品启发了意大利关于150小时工人教育立法辩论的一系列意识形态立场。

④ 有趣的是,在德国学者中再度出现了关于"阶级构成"的讨论,特别参见艾卡特(Christel Eckart)等,《劳工意识、阶级构成和经济发展》("Arbeiterbewusstsein, Klassenzusammensetzung und ökonomische Entwicklung")。

代的根本特征。

然而,资本主义公共支出的策略却试图去否定其所昭示的内容。如我们所见,它是迫不得已。如果如下情况属实,即国家的行为不仅压低了收入水平并且让压制边缘化,而且还成功地(在有保障收入的永久界限内)确立了新的相对差异化,那么这种策略就不能说是成功。我们将再次看到,国家会终结社会积累的职能与商业企业正当化的职能之间的关系(这是马克思所提及的用于反对懒散的工作习惯、旷工和"享受能力"的"共产主义"生产力和/或协作的神话①)。尽管如此,通过压缩公共支出的方式去否定新的阶级构成现实的尝试,却是非常有效的。

当间接具有生产性的服务性劳动、科学劳动以及社会知识所有构成要素都起到作用时——且不管直接在劳动过程中得到使用(或者暂时没有以这种形式得到使用)的活劳动,这就更为明显了。已经有大量文献讨论了马克思主义在这个领域中的发展趋势。② 社会知识总是以更为清晰和更为肯定的方式进入对确定的历史形态的综合之中。社会再生产的机制在其所有根本性的结构中——从经济结构到基础结构,从交往结构到政治结构——变得越来越科学。在社会对资本进行再生产的连续过程中,社会知

---

① 见奥菲《工业与不平等》(Industry and Inequality)的序言。

② 关于这些主题,见乌尔里希·罗德尔(Ulrich Rödel),《研究中的优先选择与经济发展》(Forschungsprioritäten und technologische Entwicklung);卡尔·罗尔肖森(Carl Rolshausen),《科学与社会再生产》(Wissenschaft und gesellschaftliche Reproduktion);以及曼德纳(J. H. Mendner),《技术发展与劳动过程》(Technologische Entwicklung und Arbeitsprozess)。

识在当下集聚起来,并成为现实的东西。然而,对间接具有生产性的人类活动的储存,这个在资本的生产与再生产领域中被用于与商品相交换的总的活劳动却被资本主义操控所统治、分化和区别对待。从剥削即从实现交换价值的社会流通的角度而言,它被当作总体性,但是就它被自己表征为生产性劳动而言,它被推向了在社会上无关紧要的边缘地位。当然,资本必须自愿去批准某些条件,从而实现对总的生产性社会劳动的"自发性"再生产,但是它日益是在再生产的"自然条件"的意义上采取如此策略,这种条件的价值被神秘化,同时也被贪婪地吸纳进资本主义对管控的重构之中(马西莫·卡奇亚里[Massimo Cacciari],《工作、发展与"社会大脑"》["Lavoro, valorizzazione e 'cervello sociale'"])。这种完全客观主义的对立反映了资本主义生产关系发展中的一个阶段,生产力和生产关系之间的一个阶段——这时我们将"生产力"理解为"科学、一般社会知识、劳动的质量、劳动的社会性、自然、机器、对劳动的组织等"(罗曼诺·阿尔夸蒂,《财团与政党》[*Sindacato e partito*],第165页)。这种对立因为生产力完全臣服于资本主义生产关系和操控,而彻底得到解决。在这个框架中,公共支出完全是资本主义性质的支出,是为了资本主义再生产而进行的投资。资本主义对具有创造性的总的社会劳动力的否定,不可能彻底实现。正是出于这个原因,在工资维度,在对社会劳动力进行再生产的部门,我们再度发现了资本主义对工资所采取行动的一般特征:坚持不懈地削减必要劳动,并且攫取最大量的社会剩余价值——其贪婪和残忍我们在任何工厂都能发现。

于是,在这个领域,争取相对工资的斗争再度开启:从争取直接工资的工人斗争转变为争取相对工资的工人斗争。也正是在这里,一系列传统的对斗争的区分——经济斗争与政治斗争,工团主义斗争和夺取权力的斗争——更为彻底地消失了(如果这有其可能的话)。然而,在这个领域,还有其他要素,如对工人反对国家的剥夺并重新夺回社会生产力作出的回应,以及重新组织新的生产主体,使其成为革命主体的需求。①

这个斗争的场域是作为言说(articulation)和总体性(totality)而得以开启的:有两种视角,即资本主义管控的视角和无产阶级的视角。从工人的视角来看,我们应该追问,是否存在"这样的可能性,即工人阶级利用生产力,从而让自己作为对抗性的阶级而变得强大,去对抗资本。另外,还有就是对高度发展的生产力的另类应用是否可能"(阿尔夸蒂,《财团与政党》,第165—166页)。更为重要的是,此时我们应该自问,阶级构成的概念在其作为描述性和分析性范畴的用途之外,是否能够被转译为一个有觉悟的工人阶级在重新夺回生产时可以采用的操作性范畴和组织性方案。② 然而,一如既往的是,这些问题已经有了一个片面的答案——而且只能得到片面的答案。这个进程还在展开,但是言说只能在力量对比关系的总体性领域中获得意义,因为在面对此起彼伏的工人阶级对生产力的再度剥夺过程中,资产阶级破坏工人

---

① 见瓦伦坎普(B. Vahrenkamp)主编的文集《技术与资本》(*Technologie und Kapital*),特别是索恩-雷特尔的文章《资本主义与社会主义之间的技术智能》("Technische Intelligenz zwischen Kapitalismus und Sozialismus")。

② 当我们谈及"生产潜能"时,我们所想到的并非斯威齐和巴兰的"剩余"概念——他们是在"消费不足"理论中提出这个说法的。我们的概念的指向有所不同。

阶级先锋以及工人斗争言说的全部力量都被释放出来。公共支出,对公共支出的言说,其趋势、其计划中的优先性以及贯穿公共支出的操控的理性构成了资本的一个根本性的武器。公共支出将资本主义商业公司的正当性——这种正当性奠基于利润率和国家对利润积累的保障上——引入社会积累(以及工人的社会斗争)之中。公共支出组织了劳动的共同体,为的是摧毁其可能的政治形式,并且让其完全臣服于利润率的正当性,最终结果是,有能力建造共产主义的新工人世界屈服于死去的不断下降的利润率拜物教。

我们只能立足于总体性的场域,去对抗国家压制新的生产主体的革命性重构所产生的后果。只有对无产阶级和活劳动(这个独一无二的独立的生产性力量)以共产主义为指导、重新夺回生产力的行动进行活生生与集体性正当化的行动,才能回应资本主义国家在其重构过程中所表现出的正当性。当国家的正当性迫于形势与针对工人阶级的恐怖与破坏力量接合在一起,只有夺取权力的斗争——用权力反对权力,以恐怖还击恐怖——才能够为工人斗争赋予尊严。整个资本主义重构都(不计代价地)聚焦于摧毁生产性社会劳动的新的构成及其政治潜能的计划。整个制度性重构的过程都同等程度地指向旧的、形式的合法性实例与新出现的功能性必然性之间的中介,以期让其自身产生效果。资本主义再规划过程的规范性灵魂就是利润率下降法则,以及对如下现实的认识:(如马克思所说)资本主义文明的丧钟敲响了。这里国家与新的无产阶级主体之间的张力关系只能是毁灭性的。在资本一方,如果说一切都从短期来看问题,且毁灭的意志散发出悲观和幻觉的气味,那么在工人一方,毁灭的意志就是可怖的,因为它与我们——长期来看——终将胜出的希望和笃定是接合在一起的。今天从阶级的视角对权力所进行的分析越来越乏味。根本是要注意新的无产阶级主体的实践及其日常行为永远也不可能获得的合法性。对权力的分析，即对老板在政治上所作"回应"的分析，在此任务完成之后才能开始。

对公共支出积累与正当化功能的进一步考量

"计划是大公司为了大公司利益而采取的行动"：这种观点在现在和过去都不成立。无论是**合营经济**(économie concertée)①还是各种形式的混合经济，都不支持这个观点。商业公司的逻辑主导计划过程，并且让后者得到正当化，这样一个事实并非意味着，这些只是大资本家直接利益的投射而已。相反，计划包括以下内容：对各种社会力量进行协调、决定生产的基础设施的物质性、推进体系的总生产力，以及把组织商品社会流通的（积极或消极的）权力归入国家的权力。公共支出是所有这些操作的成本，另外，在规划领域内，作为在工资方面对国家行为的回应的一个特征，公共支出当然不能简单被吸纳进大资本的意志之下。② 计划首要地包括通过组织化的协调方式，重新提出构成阶级冲突的场域。

---

① 指的是国家与企业合作的经济形态，双方共同作出经济决策。——译注

② 以政治科学术语提出的计划模式定义，见斯蒂芬·柯亨(Stephen S. Cohen)，《现代资本主义计划：法国模式》(Modern Capitalist Planning: The French Model)。

我们应该牢记,在阶级斗争的这些层级,内在于资本主义统治逻辑的双重发展得到了彻底的肯定。①

然而,当改良主义的希望——即冲突是可以协调的,且借由对生产性的社会功能和社会福利的中介调节,对劳动力市场的再组织能够在可预见且可控的比例内得到维持——出现时,所有这些似乎又想要回到过去。事实上,所有高度发达的资本主义国家都遭遇了这一计划的危机。新的无产阶级主体的经济潜能从没有得到计划的有效驾驭,虽然这个主体没有成功将自己昭示为持续的斗争,它在工资层面上以所表现出来的是质上和量上的拒不臣服。凯恩斯主义、凯恩斯式的乌托邦以及左派凯恩斯主义所提出的"另类选择"都被阶级斗争的这个趋势所摧毁。② 社会积累和商业正当化因此在相互敌对的意义上得到区分:公共支出为社会斗争,而非为社会积累与商业正当化之间的协调提供资金。

论述至此,且在这些预设的基础上,资本将危机转译为再结构化,或者更为准确地说,让危机披上再结构化的外衣。资本主义战略的根本要素就在于打破社会积累与正当化之间的关联,从而将公共支出转化为毁灭(或者如有可能,也可以遏制)无产阶级在社会中大量存在的计划,以及鼓励生产模式以满足必要利润率

---

① 注意到如下作者举足轻重的贡献会有所裨益:尼古拉斯·卡尔多尔(Nicholas Kaldor),《英国经济增长放缓的原因》(Causes of the Slow Rate of Economic Growth in the United Kingdom);以及森岛通夫(Michio Morishima),《马克思的经济学:价值与增长的两重理论》(Marx's Economics: A Dual Theory of Value and Growth)。

② 只要看看剑桥政治经济学小组所提出的可悲建议就够了,见《英国的危机:原因与对策》("English Crisis, Causes and Remedies")。

所需条件的计划。这项筹划意在通过减少社会必要劳动同时增加剩余社会劳动,去压低不断上升的社会劳动的成本,并且无须投入就可以实现大范围剥削(或许只是支付用于社会劳动"自然性"再生产的简单成本)。在这里,公共支出——因为工人阶级的压力以及资产阶级对一般社会勤奋的本质特征的承认,而以非同寻常的方式被迫增长——摧毁了自身的含混性。公共支出并非逐渐变成对价值理论的表达,而是变成对价值规律在资本主义中遭遇毁灭的表达;它必然成为资本主义操控行为的同时代要素。

如果我们以更为具体的方式来面对这种话语中的术语,这就意味着将讨论带向更高层级的抽象化,同时展示工人(以及资本家)在价值规律得到实现的环节,废弃价值规律障碍的核心路线(见罗斯多尔斯基,《马克思〈资本论〉的形成》序言)。换言之,生产性劳动的社会化以及价值规律对社会的彻底主导历史性地决定了一系列的国家行为,这些行为否定了价值规律的自发层级——在"社会主义"社会和高度发达的资本主义社会都是如此。① 在这两种情况下,价值规律只是在国家"强制的控制"(enforced control)下起作用。我们将社会主义社会的这种现象称为"官僚化",将资本主义社会的这种情况称为"极权主义",但结果

---

① 关于社会主义国家,见雷纳特·达姆斯(Renate Damus),《作为计划手段的价值范畴》(Wertkategorien als Mittel der Planung)。我们从关于工人斗争的报告中得知,在苏联这种"强加的控制"也源于计划过程。例如可见,霍卢班科(M. Holubenko),《苏联工人阶级:不满与反对》("The Soviet Working Class: Discontent and Oppositon")。关于资本主义国家的类似现象,见豪泽曼(H. Häussermann),《作为政治革新问题的行政组织》("Die administrative Organisation als Problem politischer Innovation")。

并无不同。我们不应该陷入韦伯式的幻象,以为卡里斯玛式革新的出现能够让价值规律顺利运行并且确保计划的顺利。事实是,在生产关系与生产力的辩证关系中,价值规律作为对剥削进行组织的根本条件而起作用。价值规律的实现过程也实现了剥削,并且决定了不服从的反抗行为绝对特别的条件,其所采用的方式让法律运作的自发性也受到了深刻的调节,其原因在于这不是一个确定的生产性安排,而是其自身的实现所决定的生产性力量扩张的障碍。因此只有操控——不大可能以社会劳动的表达呈现出来——在这里代表了价值规律的延续性,也正是在这里,新的无产阶级主体的全部实践表达了对这个阻碍生产能力的障碍的无可容忍和奋起反抗。

资本及其集体理性对此心知肚明,并且基于这一认识而行动。这就是公共支出在压迫性的资本主义操控的非理性中得到改良的地方。然而也正是在这里,对政治经济学的批判(和价值规律一起破产)让位于**简单的**(tout court)"对政治的批判"——并非单纯寄希望于政治强力的政治批判,而是首要去处理操控及其制度性组织问题的批判,且这种批判服务于社会生产。这里有可能去揭示,价值规律的消失以及用政治性的计划(以及重构)法则替代市场计算的做法,为工人阶级斗争所开启的功能性和结构性的矛盾。[1]

---

[1] 见奥菲,《理性标准和政治—行政行为的功能问题》("Rationalitätskriterien und Funktionsprobleme politisch-administrativen Handelns");弗雷博豪斯和施米德(Dieter Freiburghaus and G. Schmid),《政治计划的技术》("Techniken politischer Planung");威利·埃勒特(Willi Ehlert),《政治计划,以及剩下的内容》("Politische Planung – und was davon übrig bleibt");以及沃尔克·荣格(Volker Ronge),《研究政策的去政治化》("Entpolitisierung der Forschungspolitik")。

公共支出的难题现在成了工人批判得以展开的领域,因为争取相对社会工资的斗争可以直接服务于对制度性矛盾的深化以及对体制的斗争。对政治经济学的批判对立于对政治的批判,再对立于对行政、计划和再结构的批判——这就是我们所走过的道路。

另一方面,国家对抗工人阶级的行为的全部规定性——这些规定性在再结构的具体领域内得以发展,但是已然决定了中期未来的趋势——都汇聚在这一点上:摧毁关于(在实现价值规律的意义上)计划的全部幻象,另外,作用于内在路线,摧毁作为生产性和革命性力量的无产阶级的统一性潜能。公共支出必须通过如下方式从根本上确保对劳动力进行随意分化的过程:摧毁生产与限制条件(qualification)之间的所有关系,摧毁总的社会形态和价值生产之间的所有增殖序列,于是,公共支出所决定的与其说是劳动力与后备劳动力之间的分化,不如说是不同层级劳动力之间的残酷对立,他们因为工资差异彼此对立。① 公共支出的全面冻结——这已经获得允许——在这里必须根据操控(即再结构)的计划来重新阐述,但这并非是为了增加利润,而是为了永久延续资本主义生产方式。

---

① 见格斯滕伯格(F. Gerstenberger),《生产与限制条件》("Produktion und Qualifikation")。二元劳动市场(dual labor market)并非新近现象,但是在20世纪70年代有所转变,并且成为积极分化劳动市场的政治战略。见博林格与皮奥里(Peter Boeringer and Michael Piore),《失业与"二元劳动市场"》("Unemployment and the 'Dual Labor Market'");以及弗雷博豪斯和施米德,《劳动市场分化理论》("Theorie der Segmentierung von Arbeitsmärkten")。

在这种情况下，所有的改良主义操作——无论我们如何认识——很快就失去了可信度。再没有空间去反对国家以及工人关于社会工资的目标：这个空间已经因为公共支出完全被吸纳进商业公司正当化的标准中而被摧毁了。所有的改良方案都会导致资本主义对工人社会化的进攻，并且导致出现摧毁生产的社会形式的尝试。行政管理（改良主义实践在其中扎根越来越深）中所有的运作失灵和脱节并非在抽象的理性层面上，而是在起到作用的领域上得到规定的，**因为**这个领域是被具体的结构性必要条件所规定的，而这些必要条件又单独为阶级斗争所确立的关系所决定。[①] 行政性的行动绝对是非理性的，因为其理性不可能存在于价值规律在社会中的运作，而只能是存在于资本主义操控的实际权力。行政上的理性并没有成为恐怖活动，它本身就是恐怖活动。将资本主义社会唯一的理性拿走——这种理性处于剥削的贪婪之中，你就会看见这个四处挑事、破坏一切的巴洛克怪物。

再结构并没有解决，而是加剧了资本主义的危机。对公共支出的分析以最为清晰的术语证明了这一点。公共支出被置于如下两者的矛盾关系中：一方面是维持资本主义利润标准的压力，另一方面是以某种方式去回应总是要求更多的社会劳动力所提出的工资要求的必要性，从而以工资形式把握社会积累的过程。换言之，公共支出弥合了价值规律历史性障碍的崩溃与资本主义

---

① 在奥菲最新的著作《就业改革：改革政策的个案研究》（*Beru fsbildung-sreform. Eine Fallstudie über Reformpolitik*）中，他的结构主义概念和阶级视角似乎达到了新的平衡层级，在这种平衡中，社会化过程所独有的对抗环节能够更为有力地表达出来。

决心——即不惜一切代价,以一定比例去维持价值规律——之间的裂缝。这种关系无法维持下去,无论改良主义提供什么样于事无补的支撑。在新的生产方式的出现——这内在于新的工人阶级构成——和继续存在的资本主义操控的统治之间,调和的可能性变得越来越小。

应该在分析中优先处理公共支出的危机,因为它同时呈现了总危机中的积极(工人、集体的)要素和消极(资本主义操控)要素。然而,毫无疑问的是,这里对危机的分析将我们直接带回到了国家的形象以及国家作为资本主义生产调节者的尊严的坍塌。在这种情况下,马克思主义的悖论也实现了:国家越是成功地在自身之内解决市民社会与操控社会生产的强力之间的冲突,这个解决方案在辩证的意义上就越发变得不确定,工人阶级就越是现实地昭示出其对于社会所取得的领导权。为共产主义而奋斗的革命计划就存活在这个矛盾与可能性之中。

体制性工人运动在意识形态上的破产: 改良主义与压制

就其是一场体制性运动来说,当下的工人运动在意识形态上是修正主义的,在筹划上是改良主义的,而在实践上则是专家治国论的。让我们逐条来论述这种境况所造成的后果。

在意大利,体制性工人运动在意识形态上的修正主义有着漫长的历史。从某些方面来说,这是葛兰西主义所造就的历史。相较于马克思主义和列宁主义的国家概念,葛兰西关于在市民社会内取得凌驾于市民社会之上领导权概念,是一个实实在在的创新

（见博比奥，《葛兰西与市民社会概念》）。在这一概念的基础上，产生了最为关键的意识形态中介空间，这个空间根据全面坚持（comprehensive adherence）的模式被委托给工人运动的社会力量，将后者视为进攻社会生产力核心革命性进程的前提。所有这些都具有推翻这个提议的修正主义所无法否认的尊严。另外，这也与意大利生产力发展的一定阶段（即前法西斯主义阶段）存在着对应关系，后来被重新提出，用来回应反法西斯主义政治行动的必然性。葛兰西主义中所包含的修正主义并没有让体制性工人运动的主题在意识形态上具有危机性。真正危险的是当下对从葛兰西那里推导出来的论述的利用。对领导权的提议需要对市民社会进行定义，但是在今天，市民社会已经死掉：它被吸纳进资本主义发展中，并且被社会中生产性劳动的统一体所重构。在这种情况下，取得领导权的过程完全臣服于对社会掌控资本以获取利润的不懈坚持——这种掌控重新组织市民社会，并且让其变成生产过程和权力结构中的投影而已。在市民社会意象崩溃之后的废墟上，出现了联合执政的概念、在"混合经济"中动员的政治以及在意识形态上对中产阶级的施压。尽管如此，阶级斗争的现实证明了拒不服从的领域的连续性，以及无产阶级主体在对抗国家的斗争中日益统一起来的趋势。

另一方面，修正主义在制度性关系和中介的领域上所提出的，并且对于战术话语必不可少且具有补充作用的话语，还剩下什么？关于民主斗争和争取社会主义斗争的连续性的话语，以及关于支撑这些斗争连续性的当下宪政结构特性的话语，还剩下什么？社会关系以及制度关系的框架在晚期资本主义国家的危机中已经解体到如此程度，以至于宪政现实的领域已经被资产阶级的权力所取代和扭曲,民主共存的根本原则在共识的基础上被选择,而同意的问题已经在适用于具体行为准则的条件中得到系统性解决,无论这些行为准则是权威主义还是恐怖主义性质的。前所未有的是,今天正当性的框架、权威性来源以及对权力在物质上进行合法化的过程都被置于民主正当化的框架之外,其结果如卢森堡所预见的,是激进的民主斗争远未处于最初阶段,而是成为工人斗争的根本性原料。

工人阶级的斗争让价值规律的运作陷入明确无疑的危机之中,不仅是在其实践决定并强化利润率下降趋势运作的意义上,而且也在更为深刻的意义上,即撼动了法律所把持的条件,换言之,夺走了必要劳动与剩余劳动(正如马克思所说,归根结底,这是一切的基础)之间关系的意义。也正是在这个环节,社会主义成为不可能。社会主义和所有的社会主义乌托邦都想提出要让价值规律在现实中的实现,这就等于说让社会劳动完全被实质性地吸纳入资本中。然而,这只有在阶级辩证关系的意义上,只有作为阶级斗争的一个环节才有其可能。在这里,社会主义乌托邦的所有变体——无论是客观主义的(作为生产资料社会化和操控理性化的社会主义)还是主观主义的(新的生产、协作、参与、共同管理模式等)——都陷入危机中,因为价值规律从来没有实现,除非同时让其爆破,并且在非常高的层级上,在资本主义劳动、操控(无论怎样得到正当化)和无产阶级生产性社会力量之间确立新的对抗。

改良主义模式与有计划地实现价值规律的意识形态捆绑在一起,但这种模式的崩溃到底出现了,而且这里的崩溃更为彻底。回顾一下关于公共支出的问题就已足够,如这个问题如何从改良主义的角度被提出来,改良主义者会创造出什么样新的对抗。改良主义者将公共支出视为直接或间接具有生产性的支出。他们自然倾向于对公共支出的管理进行理性化,从优先考虑计划的角度对其进行规划,并且利用它去指导发展并影响发展的方向,这些都是正确的。然而正如我们已经认识到的,在这些形式性的标准之外,还存在着社会积累形式与其正当化来源(度量和比例)之间的矛盾——这是一个阶级矛盾,揭示了生产性社会主体趋向于统一化的趋势以及**从其自身标准来看**所提议的商业公司正当化标准的非理性。当矛盾在阶级的意义上成为主体性的,那它也具有了爆炸性。随着工人阶级关于相对工资所施加的政治压力以及——主要是在当前阶段——反对资本主义劳动的斗争成为工人对新出现的生产力(它也要求报酬)的期待,公共支出的压力变成工资压力。

在这个矛盾的网络中,试图让公共支出理性化的努力——这种理性化必然要服从商业规范并且解释国家的商业形象——必然直接具有压迫性。这之所发生,与其说是因为它利用国家的镇压性权力工具(及其所有不断滋生的各自独立的机构)以服务于这一目的,不如说是因为它在无法解决的结构性矛盾的紧张局势中利用了它们。如果社会主义不可能,那么改良主义则更加不可能。事实上,所有的改良主义实践都是压制性的。①

现在逐渐清楚的是,官方工人运动的修正主义和改良主义所

---

① 见卡尔·海因茨·罗特,《1880年至今的"另类"工人运动和资本主义压制的发展》;以及波尔布林克(C. J. Bolbrinker),《作为组织问题的阶级分析》(*Klassenanalyse als Organisationsfrage*)。

遭遇的不仅是它们所定义的阶级关系概念破产的冲击。在它们筹划的不合理之外,还有一种意志上的不合理,这种意志被不计代价地用于去实现旧的设计。改良主义一方对于资本主义再结构筹划的拥护源自如下的必要性,即去积极压制无产阶级主体,后者正在走向团结、给国家预算带来压力、要求向被攫取的社会劳动支付报酬并且向秩序的关卡施加压力,这个秩序被用来为让商业利润主导社会协作各个方面的帝国提供正当性。积极压制无产阶级,对生产性的社会主体进行再结构化,分化劳动力市场,为摧毁工人力量的流动性进程保驾护航,并且以恐怖主义的方式让所有社会阶层边缘化——这些行为在意大利以及所有在社会民主管理之下的资本主义国家,已经成为改良主义的基础和基本内容。改良主义"第一阶段"的内容正在得到拓展,并且已经成为重提毫无可能性的社会主义的意志的基础!在这里,这种意识形态筹划的失败与当下改良主义的压制性实践是完全无法分开的。

再次申明,这些正是不断增加的阶级分化实践的原因所在,而这些实践主要出现在生产性智能的部门,随着这种智能越来越具有社会性,并且日益集中于服务业,它开始代表资本的社会积累过程中真正的联结要素和中枢神经系统。否定或者掩盖这些新的角色与部门的阶级性质,并且通过将它们置于旧的"中产阶级"世界以神秘化它们的功能,这些是根本性的操作内容。然而这些并非顺利无碍的操作,因为尽管它们直接就是生产性力量的社会功能,它们的操作行为**从社会来说**越来越缺乏正当性,我们越来越能感受到对它们角色所进行的**威权主义**正当化。这就是他们的提议和实施办法,即成为带有威权主义面孔的社会主义官僚主义—恐怖主义中介的支撑,这种社会主义是一种再生产商业公司的僵死逻辑并且神秘化积累过程社会密度的生产理性,与此同时否定它们生产性劳动的性质并将其化约为操控的参数——这是从属性也是压制性的职能(the subordinated and subordinating function)。随着国家行政管理的角色日益被牵扯进它们所创造的矛盾中,改良主义的危机也日渐严重。随着国家行政管理的理性化实践的功能性日益显出直接的恐怖主义色彩,日益被归入国家行政管理的专家治国论形象也在主观层面遭遇了危机。

例如在意大利,"历史性妥协"完全代表了国家在管理资本主义危机时所表现出的社会民主形象的发达形式。意大利共产党(或许还有欧洲所有拉丁语系国家的共产党)进入欧洲社会民主权力机构的行为改变了阶级斗争中全部的政治词汇。至于说国家的形象,我们开始看到在何种意义上操控的要求越来越定义阶级斗争。

改良主义的发展和国家结构的交汇点或许已经出现。从现在开始,阶级视角必须牢记这个新的政治综合。长期来看,这当然是要发动进攻的敌人。

新战略的旧战术

为何我们应该将公共支出作为我们讨论关于国家的一般性问题时所要面对的主题?因为围绕着公共支出的议题,对客观矛盾的分析——这些矛盾会制约资本主义的再结构化和改良主义的国家——可以被转化到主观的领域内。之所以说这是一个潜在的主观领域,是因为它是工资斗争的领域,带有政治性,像卢森堡这样的理论家将这种政治性归因为围绕相对工资的斗争。公共支出一方面对应的是社会生产领域，另一方面对应的是社会工资领域。简言之，它在其内在的辩证关系中对应的是社会资本所表现出的（更为相关的）方面，并且在国家与社会之间关系内提出了工人对抗的问题。公共支出的难题既表明了资本主义对劳动吸纳的形式，也表明了对抗在其中得到主观性决定的构造。

坚持在成熟资本主义社会中开启的如下对立关系——对服务于剥削的统治关系的秩序安排与"工人社会"（以连续和日益完全的方式，创造出了社会财富的总体）之间的对立，换言之，即被塑造的经济（formed economy）和有塑造能力的经济（forming economy）（就像古代所说的**被自然产生的自然**［*natura naturata*］和**产生自然的自然**［*natura naturans*］①）之间的对立——已远远不够。两者都不足以去坚持直接或间接具有生产性的社会劳动的巨大进步，并且用其去对抗社会积累的进程，后者牢牢地掌握在资本家手里。马克思非常清晰地看到了这一点（《大纲》，第 690 – 711 页）。罗斯多尔斯基在阅读《大纲》的过程中注意到对机器体系的讨论，"尽管这些内容写于一百多年前，但依然会激起人们的敬畏与兴奋之情，因为它们包含了人类想象力所能够预见的最为勇敢

---

① 见索恩－雷特尔，《晚期资本主义经济的二重性》（*Die ökonomische Doppelnatur des Spätkapitalimus*）。关于雷特尔的作品，除了《资本主义与社会主义之间的技术智能》，可见《脑力劳动与体力劳动：认识论批判》（*Intellectual and Manual Labor: A Critique of Epistemology*），《商品形式与思维形式》（*Warenform und Denkform*），以及《唯物主义认识论和劳动的社会化》（*Materialistische Erkenntnistheorie und Vergesellschaftung der Arbeit*）。

的远景"(《马克思〈资本论〉的形成》,第425页)。马克思已然看到了价值规律的物质障碍的终结、生产力的自动化,以及创新力量的解放,这些都可以成为建设共产主义的物质和直接前提。

然而这还不够。在这里主体性成为,且不得不成为这一过程的重中之重。存在于共产主义可能性之内的,是大量开始得到解放的需求和欲望。马克思表示说,从个体来看,我们只能获得关于它们的"粗略"重构(见《1844年经济学哲学手稿》中的《私有财产与共产主义》一章以及《德意志意识形态》中的《共产主义》一章)。然而,我们能够集体性实现的唯一真实的重构要通过斗争。获取斗争的领域并没有也不可能穷尽总体性,也不可能指引人们认识到关键的得到实现的需求。参与斗争首先意味着内化对于毁灭的消极需求。工资是斗争的领域,这种斗争在各个层级都被重提,能够开启需求和欲望的爆炸性潜能。只有在这里,量才能转化为质,革新、倡议以及不安的渴望才能释放出来。我们的任务不是预见未来,而是指认出实现未来所依赖的矛盾。因为有了个体所无法取得的广度和强度,人民群众知道如何进行生产。因此,"反对国家的社会工资"并不是战略,而是对斗争领域的实际指认,这种指认基于改良主义和权力之间无法解决的矛盾的规定性之上,也是在如下理论上的确定性中,即任何一个开放且有意识的阶级斗争在今天就直接是且必然是争取共产主义的斗争。在公共支出的领域,围绕相对工资所展开斗争的旧战术开启了通向共产主义战略的提议。今天,每一个由斗争所构建的大众空间都只能是一个突破口,借由这个突破口,那些被服务于资本主义积累的社会生产模式所遏制和压迫的充满欲望的群众崛起了。每天我们都能看到:这些欲望是多么丰富,多么强烈;它们力量的表达是多么迫切,多么振聋发聩！所有这些都要归功于资本主义生产的形式、剥削的社会化以及资本主义对社会关系进行非理性化过程的重要性和总体性。然而,也要归功于更广大的劳工大众一方对普遍剥削的反抗和认识。工资是这样一种范畴,在这个范畴中,资本以根本性的形式掌握和神秘化无产阶级政治的、社会的、历史的以及人的方面所组成的复合体。今天,资本的任务被限于去调节工资,或者其很大部分是这样,以公共支出的形象出现。这里首要的是,矛盾会再度爆发——社会工资对抗国家的矛盾。

有种种要素表明,以新的形式出现的矛盾已经爆发。反抗剥夺社会生产的剩余价值的运动已经不再只是以旧的工会防御形式表现出来,且直接扎根在大工厂内;相反,新的政治站位和进攻形式直接面对社会积累的各个层面。例如,意大利"自我削减"(autoreduction)所采取的斗争形式首要来说,是工人工资斗争的延续。① 然而,这并非绝无仅有的新要素。随着阶级觉悟的增强,对贯穿了整个社会平面的新的斗争领域的认识也在发展。一直在工厂内展开的工人夺取劳动时间和自由时间的斗争,现在在重新夺回一切的斗争以及争取社会工资的斗争中得到展开。自我削减是大众工人所采取的最后的、最高形式的斗争,也是第一个

---

① 关于 20 世纪 70 年代意大利"自我削减"实践的叙述,见切瑞基和维沃尔卡(Eddy Cherki and Michel Wieviorka),《都灵的自我削减运动》("Autoreduction Movements in Turin")。关于意大利这段时期政治实践所波及的范围,见 Semiotext(e)出版社出版的《自治:后政治的政治》(*Autonomia*:*Post-Poltical Politics*)。

形象,在这个形象中,社会对财富的再度占有在阶级斗争中新的无产阶级主体的基础上得到决定——这个新的主体是对大众工人的否定和扬弃。①

  阶级构成的辩证法的演进在这里以主体性的形式被给出。反抗、自我削减、剥夺:这些斗争形式与阶级构成的转变经历的是同样的路径。这毫无疑问直接就是社会工资的领域。这些政治上的主动行动旨在加剧资本主义操控在这个领域所经历的矛盾。这三种斗争形式此起彼伏:第二种转变为对第一种形式制约因素的攻击,因而第三种形式成为对第二种形式制约因素的攻击。通过这些质的转变,阶级构成的要素被转变为现实,并且倾向于转变为政治觉悟和意志。工人阶级的财富变得显而易见,阶级觉悟将其自身的发展视为首要目标。因此辩证法的负面特征——其他情况下总是未完成且没有定论——就被解决了。当意识的中介的物质领域被引向对财富和力量的直接恢复时候,中介与直接性开始彼此接近。

  所有这些都有实际的价值,因为社会工人拓展了自身的力量,而资本主义社会化因为抽象劳动的主体化,在无产阶级于社会中的重新构成中被扭转了。然而,可以在大型工厂内,在最高级别的无产阶级觉悟与行动中,发现大量争取社会工资的共产主义斗争的案例。这里生产的社会力量与资本主义操控之间的关系位于劳动的组织和固定资本的结构所组成的轴线上。在这种

---

① 关于从大众工人向社会工人在历史中演进的分析,见奈格里,《考古学与计划:大众工人与社会工人》("Archaeology and Project: The Mass Worker and the Social Worker")。

情况下，在意大利最近的斗争与罢工期间，重新夺回的集体意志能够通过力量来表达自己：接管工厂，工厂运作的目的不是为了生产，而是肯定性地证明工人阶级联合起来的生产性力量，他们为不远的未来的破坏和斗争做了最好的准备。这就是取得的成就。工人的觉悟并没有生产出固定的模式，而是昭示出一个深化斗争的集体性、群众性道路。在社会层面以及工厂中，重新夺回的意志实现了工人争取共产主义的趋势，因为通过群众行动，这种意志消灭了社会主义对社会统治的中介所具有的难以平息的敌对力量。当这个计划的单一篇章在剥夺的领域内被巩固，那么争取社会工资的斗争就证明了工人具有如下趋势，即在夺取权力，争取共产主义的斗争过程中去改变对资本主义社会积累机制中具体的新矛盾的使用方法。

公共支出的政治性和结构性矛盾中另外一个极端重要的因素，与对国家的分析以及行政雇员在管理支出中所起到的作用相关。这涉及对行政的政治经济学批判的深化。正如我们所多次强调的，考虑到国家的作用越来越内在于积累的发展，我们应该考察哪些矛盾与国家对社会资本的管理相关联。将这些行政上的作用定义为具有生产性的趋势已经悖论性地因为如下因素而昭示出来：资本向这些作用施加很大压力以使它们具有生产性。这并非只是科层制的理性化。这里行政管理的运作具有了间接的生产性（在生产剩余价值的意义上），因为行政管理过程的运转将社会积累与商业正当化的过程勾连了起来。行政雇员的角色在这里直接就具有了矛盾性，因为一方面，这些人员构成了社会劳动过程的一个阶段，另一方面，他们被要求去管理那种劳动以获取利润。最终说来，扩大和确保公共行政管理的生产力意味着从彻底的资本主义效率的角度来解决这个矛盾。然而,这个矛盾是巨大的。首先,一旦意识到自己是生产性社会构架中的参与者,这种意识因为被完善国家机器的努力所驱动,总会不断进行扩张。其次,资本主义对于国家机器的操控缺乏合理性,这带来了危机的环节,而且有时还会带来拒不服从的要素。当然,参与、专家治国论、改良主义和官僚主义社会主义的意识形态对处于这些社会阶层的雇员们有着深刻的影响,然而也许这种影响还不够彻底,也许这种意识形态可能因为源自资本主义社会化的矛盾和对抗而受到挑战并最终被打败。无论如何,这种意识形态容易受到质疑并且从某种程度上来说,容易被无产阶级的组织和行动所推翻。

然而,在这种情况下谈论再度占有是没有意义的。这就等于是提出维持国家操控的社会主义选项!在这个层面上我们必须实现的是某种认识,即某些行政部门和人员也参与进工人生产的社会集体,以及甚至可能在敌人的领地上出现斗争的可能性。行政部门内部的斗争可能会更像是间谍和告密人员的行动,报告敌人的行动并且煽动动乱。这是避开提出对国家操控和国家机器进行"另类"应用的社会主义乌托邦的唯一方式,并且可以破除"自上而下革命"的神秘化。因此,真正得到提议的是拒绝操控的战略以及非正常使用行政功能的战术——以此作为在行政管理内部展开的阶级斗争实践。当然,只有当我们认识到行政职能在事实上具有生产性——没错,是间接具有生产性,但的确生产出了剩余价值——所有这些才有其可能。

最后,基于对公共支出的分析,我们可以着手将政治上的战术与战略路线统合起来,另外,我们可以着手对工人阶级的政治构成进行研究，并且特别关注如下新的阶层，这个阶层已经受到了生产方式的社会化以及他们生活与斗争条件的无产阶级化的影响。当公共支出作为社会控制体系而得到进一步扩张时，关于公共支出的政治一方面波及了新的社会部门，将它们带向与国家的潜在冲突中，另一方面也在国家机器之内，在国家的行政人员中，创造出了阶级矛盾。清晰地认识到这些现象，并且在研究与政治实践中深入挖掘——我们比过去能够进行更为深入的分析——可以在阶级分析方面带来重要的创新。在马克思主义中潜在的讨论或多或少已经给出，但是依然需要创造性的深入分析。在这个讨论中，我们必须给国家行政的主体——他们为国家工作，既是剥削的主体，也是资本主义操控的传达者——做出榜样。这项工程将需要对国家进行分析，对政治和行政进行批判，并且推进对工人阶级政治构成的分析，所有这些都与改良主义对权力、国家以及行政职能的认识相对立。

第三篇

Part Three

第六章

后现代法律与市民社会的消亡

Postmodern Law and the Withering of Civil Society

伴随着20世纪70年代的结束,关于工人主体性、阶级斗争以及一般意义上的左派政治的特定观念也都走向了终结。20世纪80年代——从20世纪80年代初期里根和撒切尔所推行的新自由主义经济革命到1989年以柏林墙倒塌为标志的"共产主义之死"——在很多方面看起来都是一场长时间的欢庆,迎接资本对劳动的最后胜利。劳动似乎从我们的视野中消失,而资本成为第一生产力。主人最终终结了那个令人厌烦的斗争,并且一举干掉了奴隶。

从很多方面来说,辩证法确乎终结了。我们无疑步入了一个新时期,这个时期或许不可逆转地由1968年的反抗所开启,但在接下来的70、80以及90年代初期昭示出日渐清晰的特定形式。我们步入新时期这个事实(为了彰显其新颖性,我们可以将其称为后现代时期)并不意味着社会领域各个方面的改变。例如,这并不意味着劳动不再是社会生产的焦点,或者阶级斗争业已熄灭。没有人会否认如下事实:资本主义生产依然在剥削劳动力,而且剥削的形式日益严酷。当然,只要存在对生产性力量的剥削,必然就会出现社会对抗,将诸多反抗联合起来,并且向另类权力的构成方向发展。这是共产主义理论首先要面对的挑战,而我们希望可以在本书余下的章节来面对这个挑战,来绘制这个新时期的图景,指出社会对抗的新焦点,聚焦新的主体性的形象,并追踪新涌现出的创构力量的世系。

面对这样的任务，我们不是直接提出一个筹划，而是像马克思那样，阅读并且批判资本的理论与实践。马克思是通过阅读亚当·斯密和李嘉图并且研究英国的工厂立法而展开自己的工作的；在本书前面的章节以及在其他地方，我们关注了像凯恩斯和凯尔森这样的作者，分析了从法治国向社会国家的转变；现在我们要提出，在约翰·罗尔斯，理查德·罗蒂和查尔斯·泰勒等人的作品的语境下，来解读当下国家的法律与经济行为。我们不是出于释经学的兴趣来解读这些作者，而是要考察我们能从他们那里——关于当代资本主义的国家—形式、国家对权力的配置、国家的剥削机制及其对社会对抗的生产等——学到什么。这会赋予我们以坚实的基础，来认识从这个新的领域所涌现出的社会主体性，并且提出当下的共产主义潜能。

罗尔斯与革命

罗尔斯将自己的作品定位为这样一种筹划：为正义和民主理论确立和阐述出一个合理的与形式的基础，如此一来其论断的效力只需要奠基于在一种理想的道德理论——一种"道德几何学"——的展开中所出现的必不可少的关联（《正义论》[A Theory of Justice]，第121页）。罗尔斯邀请我们基于哲学上的融贯性、奠基性契约时刻的道德必要性及其所启动的进程，来接受或者拒绝其关于正义社会的基本结构的观点。罗尔斯的很多批评者质疑"**在永恒的相下**"(*sub specie aeternitatis*)的普遍的道德理论的完备性，主要关注的是这种先验基础在哲学上的不完备性。① 还有批评者关注的是这样一个基础所隐藏的关键前提:他们论述说,奠基性的理性原则只不过掩饰了力(force)与统治的关系,正是这些关系在有效地组织社会。② 尽管对罗尔斯的唯心主义的禁欲主义的批判是合情合理且非常重要的,但对我们来说,罗尔斯筹划中令人激动的地方恰恰在于他对于自由和平等的**激情**,这种激情经常迷失在其抽象的论证段落中。我们提议对罗尔斯的"道德几何学"采取反其道而行之的态度,将其视为与时代同步,并且积极参与确立可行的法律安排来治理国家的政治筹划——以这样的方式来解读《正义论》。我们想要政治地阅读罗尔斯;也就是说,在最近几十年政治发展的语境中,将其置于其理论所反映的权力关系的烛照下。③

---

① 对罗尔斯道德理论中的唯心主义或者普遍主义的哲学方法存在很多批判。例如可见迈克尔·沃尔泽(Michael Walzer),《哲学与民主》("Philosophy and Democracy"),第393页。我们之后会看到,罗尔斯自己也反对这样一种"形而上学的"方法,试图将对自己作品的阐释从道德理论引向政治理论。

② 例如,卡罗尔·佩特曼(Carol Pateman)非常有力地论证说,罗尔斯式的契约预设了一个在逻辑上先于建构原初状态的性别契约,这个契约因为固化了女性在社会中的从属地位而削弱了主张平等的论述。见《性别契约》(*The Sexual Contract*),特别是第41-43页。

③ 当罗尔斯坚持主张他的正义理论不应该仅仅被视为或者主要被视为一种道德理论,而应该被视为一种政治理论时,他事实上是在欢迎这样一种方法。见《作为公平的正义:政治的而非形而上学的》("Justice as Fairness: Political not Metaphysical")第224页;以及《政治自由主义》(*Political Liberalism*)第xiv-xxx页。在《正义论》出版之后的诸多文章中,罗尔斯试图淡化对理想化理论的论断,想要赋予自己的论述以更为实际、更具政治性的基础。然而,他似乎认为政治是一个无须处理社会冲突问题的场域,能够轻易避开这些问题。我们在本章《弱主体与回避的政治》部分会详细处理这个问题。

一旦我们将罗尔斯的作品置于政治领域,事实上一旦我们打破其合理论说的魔咒,就会立即认识到这个文本并非铁板一块,并非在几何上排列有序的整体,而是由(能够支撑各不相同且通常是相互冲突的阐释的)政治方向与发展组成的含混的杂合体所构成。我们在本章会聚焦于在20世纪80年代占据主导地位的两种阐释——既关于罗尔斯本人的作品[1]也关于其各种各样批评者的作品:一种是后现代主义的阐释,这种阐释提出对弱国家(thin state)的体系性法律秩序安排,而这种安排是从社会的差异和冲突中抽象出来的;另外一种是社群主义的阐释,这导向了关于国家的强概念,这种国家能够有效地将社会场域吸纳进自己的秩序中。

　　让我们首先来处理一个乍看起来非常含混的问题,以此得出一个关于体系的崭新视角。在文本的诸多地方,罗尔斯都将自己的理论与关于正义的革命性命题和阐发相结合。在选择正义原则的行动中,罗尔斯想要实现的目标是对革命时刻的模拟或吸

---

[1] 库卡塔斯和佩蒂特(Chandran Kukathas and Phillip Pettit)在罗尔斯20世纪80年代的作品中指认出了两种截然不同的取向。一方面,他们识别出一种黑格尔主义的取向,我们认为这部分与社群主义式的阐释有关(《罗尔斯:〈正义论〉及其批评者》[Rawls: A Theory of Justice and Its Critics],第143－148页)。另一方面,他们识别出向有效性与可行性问题的实用主义转变,这与我们对罗尔斯体系的后现代阐释的解读是重合的(第148－150页)。对罗尔斯最近作品中的转变所进行的有所不同且更为全面的分析,见威廉·加尔斯顿(William Galston),《多元主义与社会统一体》("Pluralism and Social Unity")。我们还会回到罗尔斯的文章,这些文章主要在20世纪80年代写成,而且现在收录在《政治自由主义》中。

纳:"我们可以把自由、平等与博爱的传统观念与两个正义原则的民主阐释如此联系起来:自由相应于第一个原则;平等相应于与公平机会的平等联系在一起的第一个原则的平等观念;博爱相应于差异原则"①(第106页)。法国大革命在原初状态(original position)中成形,尽管它从理性选择的角度得到框定,但它是作为一种直觉、作为社会正义的突然显现而出现的。革命的时刻作为原初状态的假设性语境中的形象而被凝固。这个静止的时刻就是《正义论》第一编的核心,即理想的正义理论。

在第二编中,为了让革命继续前行,模拟其在历史中的展开,罗尔斯从法国转向了美国革命的经验。"四个阶段的序列的观念在美国宪法和美国历史中得到表现。"(第196页注释)原初状态相应于身份与原则的确立,如《独立宣言》和《权利法案》。在序列的第二阶段,制宪会议或宪法大会召开。于是制宪代表选择最能够代表正义原则的宪法。在第三阶段即立法阶段,会选定国家的社会与经济政策。在最后阶段,就是将规则应用于特定的案例中。在这个序列的每个阶段无知之幕都会部分掀起,这样当我们看到法官和行政人员在直接将法律应用于特定的案例时,没有信息会被排斥在外。这种对社会机构的遗传学机制的描述——同时追踪了美国宪法的发展——旨在用来展示从理想的和形式的理论向现实的政治实践的复杂转变的连续性。

一旦罗尔斯援引法国和美国的革命经验,他就削弱了它们的影响:革命时刻所引起的深刻断裂被碾平化为一个形式的结构,

---

① 中译文见罗尔斯,《正义论》修订版,何怀宏等译,北京:中国社会科学出版社,2009年,第81页。——译注

而动态的实践力量所主导的历史变迁被包纳或吸纳在形式性的转变中——简言之,革命的创构力量在一个理想的形式性进程中被规范化了。革命不再是一个事件。没有了对抗的爆发,有的只是被吸纳进稳定均衡秩序中的社会冲突。罗尔斯将革新性与创造性力量所引起的断裂去历史化了(detemporalize),并且将它们在假设性或理想性的契约进程中进行形式化:没有危机的转变。制定宪法并解放社会的并非实际的社会力量,而是进程的形式化动力,一个空无一人的制宪会议——这就是机构得以安排的地方。① 罗尔斯剥夺了革命的共时性断裂的物质性内容,同时也否定了历时性机制所有的实际运动。制宪进程的形式性机制用来驯服革命的野蛮能量,让其起到一定作用。

在罗尔斯的论述中,这些对法国和美国革命的具体引述或许是随机的,甚至是偶然的,但正义理论与民主的社会力量所具有的力量和创造性之间的关系是必要的,甚至是至关重要的。罗尔斯在他的"正义感"(sense of justice)概念中认识到社会的热切内核,即我们对于自由、平等和博爱的共同的渴望。我们的正义感是潜伏于社会中的革命,是推动社会前行的动力。那么对正义原

---

① 罗尔斯的论述因为援引现实的政治案例而获得说服力,如制宪会议,但他之后又补充说,他的案例只是对原初案例的抽象模拟,例如:"这些解释说明了原初状态并不是被设想为一种在某一时刻包括所有将在某个时期生活的人的全体大会(general assembly),更不是可能在某个时期生活的所有人的集会。原初状态不是所有现实的或可能的人的集合。以这两者方式的任何一种来看待原初状态都是离题万里"(《正义论》,第139页)。想象一下,如果我们按照字面意思来理解他的类比,将现实中的人民的普遍集合置于原初状态,那么正义理论会作出什么样的改变!

则的选择以及接下来程序性的发展,就表现为对基本的社会结构内的奠基性时刻的不断再造和革命经验的历史性展开。我们并非要说罗尔斯是支持革命的,而是说他的论述为民主的创构力量的观念或意象所支撑。这里就是罗尔斯对社会改良、自由和平等呼吁背后的修辞性力量。如果没有居于其理论核心的民主革命的愿景和动力——或者起码是作为整合进其形式体系的奠基性形象,关于权利的理性主义论述就不会有任何分量,其筹划所指向的理想也会轰然坍塌。通过将社会力量的制宪权吸纳进法律体系的宪定权,罗尔斯试图为权利渊源这个传统的法律问题提供一个内在性的解决方案。正义理论并非依赖一个超验性的规范生产渊源;也没有什么无条件的绝对命令或者**基本规范**(*grundnorm*)来为制度奠基;通过对创造性的社会力量一般化与形式化的借鉴,罗尔斯用内在性的生产渊源来提出权利体系。程序性的体系本身包含生产性的机制,然后让其在自身的形式结构中消失不见(我们会在《体系的天才:反思与平衡》中更为详细地处理这一过程)。

一旦我们从理想性的道德理论的高地走到地面就会发现,革命的现实无法被整个吞没然后轻松消化。罗尔斯的体系注定要被这种消化不良所困扰。作为正义性宪法的源泉的革命概念,对我们的正义感以及我们对自由、平等、博爱的激情的依赖,所有这些都表明,法律体系奠基于创造性的社会活动之上,即马克思所说的活劳动。然而,活劳动也给宪政主义制造了悲剧性的两难困境。一方面,活劳动是社会的创构力量。它将自身呈现为创造性的关键核心,是价值和规范的充满活力的工厂。然而,活劳动同时也是对所有宪定权力的和所有固定的宪定秩序的批判。在生产新的规范的过程中，活劳动撼动了僵死的社会结构，吞没了一切挡在路上的现存规范。因为活劳动是权利的渊源，因此从根本来说，它是对法律的彻底批判。宪政主义只得将这种创造性的社会活动视为一股野蛮的力量、一个凶猛强大的野兽——正如黑格尔所指出的，是必须被驯服的野兽。

这种两难困境造就了罗尔斯作品以及对其作品各种各样解读中的另类思路。我们可以识别一种论述思路：想要逐步将活劳动的社会力量从自由主义的法律体系中排斥出去，从而造就稳定的和职能性的秩序机器，但这种思路缺乏国家权威所需要的社会深度和主体性力量。另一方面，第二种趋势部分是作为对前面思路弱点的回应，它不再试图逃避，而是尝试主动驾驭、驯服活劳动的力量，将其约束在更为实质性的国家结构中；然而，这种努力又激发了创造性的社会力量所具有的危险的、具有颠覆性的力量。我们会从对罗尔斯的自由主义所进行的后现代主义阐释的角度来分析第一个趋势，在社群主义视角的语境中分析第二个趋势。这些不同的论述会让我们看到活劳动和创构力量在20世纪80年代的奇异旅程：先是被排斥出法律秩序的领域，但最后又不可避免地回到其核心处。

后现代法律和宪法中劳动的幽灵

将《正义论》视为对福利国家政策的辩护，这已成了老生常谈，几乎所有对罗尔斯作品展开政治分析的作者都要从这一点出发。与诺奇克（Robert Nozick）以市场为基础的自由意志主义的道德理论相比，这个论断自然看起来站得住脚。但是当我们仔细审视的时候,罗尔斯的理论与现代福利国家的趋势的关系,可以说存在着不清不楚甚至是相互矛盾的地方。罗尔斯提出了分配正义的理论,这个理论将补偿与应得(redress and desert)的问题视为公共政策与道德的问题,在这个意义上他的作品的确构成了对以国家为中心的社会救助政策的哲学辩护。例如,罗尔斯描述了分配正义所要求的政府的四个部门(第 276－277 页)。当然,要在非常宽泛的意义上来理解分配:国家在开始启动财富和商品的经济分配的同时,也推进了对权利、责任和义务的具体道德分配,以及对优势和劣势的直接的政治分配。[1] 于是罗尔斯通过这种方式处理政治趋势的问题——国家借以构建公共救助的体系,这个体系在某种程度上由俾斯麦所开启——然后将提升到道德理论的超验平面上:国家在分配体系中的角色不是基于处在特定历史语境中的政治选择,而是基于通过哲学原则而得出的道德选择。[2] 罗尔斯正义的社会基本结构的愿景在通过一系列常规的制度性进程而展开分配的国家内得到实现。

然而分配的职能并非构成现代福利国家的独一无二的要素,甚至也不是核心要素。福利国家的根本特征是,不仅要干预分配领域,而且更为重要的,也要干预生产领域。这个意义上,罗尔斯

---

[1] 分配概念的范围与罗尔斯赋予"基本善"(primary good)的范围相对应。利科指出了这一点,见《阐释的循环》("Le cercle de la démonstration"),第 79－80 页。

[2] 在这个意义上,罗尔斯的作品忠实于 19 和 20 世纪的新康德主义道德理论传统,其代表人物有文德尔班(Wilhelm Windelband)和李凯尔特(Heinrich Rickert)。

的作品似乎与福利国家的历史发展相冲突。伴随着新政和凯恩斯主义以及福特主义的运作机制——这些机制20世纪绝大部分时间内主导着国家—形式演变——而引入的政治机构,将生产作为资本主义社会经济与政治构成的中心。福利国家必须在社会与经济发展的稳固过程中对生产进行引导。正如我们在第三章试图说明的,20世纪内作为社会国家的福利国家首先是将劳动的宪法化进程包纳进来,即在国家的法律上的宪法内对生产性力量和对抗性力量进行调和和秩序安排,同时将这个宪法奠基在劳动的这些力量之上。现在人们普遍认识到,这个转变如此广泛,以至于在20世纪30或40年代的诸多国家内,它有效地决定了新的宪政体制。①

然而罗尔斯并没有处理国家需要去关注劳动并且介入生产的问题。事实上罗伯特·保罗·沃尔夫(Robert Paul Wolff)认为《正义论》的最大缺点是"没有能够明确聚焦于经济中**生产**的结构,而是关注另类的**分配**模式"(《解读罗尔斯》[*Understanding Rawls*],第207页)。我们可以拓展沃尔夫关于经济的论断,在更广泛的意义上来认识生产,就像我们在更广泛的意义上来看待分配那样:罗尔斯既忽视了经济上商品的生产,也同样忽视了法律上权利和规范的生产。他没有注意到劳动在经济关系或法律上的宪法中所扮演的根本性角色。沃尔夫认为罗尔斯关注点的

---

① 我们在第三章比较详细地考察了意大利宪法的个案。布鲁斯·阿克曼(Bruce Ackerman)也揭示了美国宪法所经历的类似转变,这是由在确立新政立法时期的社会力量的"二重性"以及宪政实践相应的改变所引发的转变。参见《我们人民:奠基》(*We The People:Foundations*),第47—50,103—130页。

局限是一种神秘化:"罗尔斯主要关注的是分配而非生产,从而让分配的真正根源变得含混不清"(第210页)。当罗尔斯忽视生产这个基础,那么他不仅触犯了传统政治经济学的一个首要戒律,而且也违背了福利国家政治安排的根本原则:他因为忽视生产性渊源而削弱和神秘化了自由主义的分配理论。从这个意义上说,罗尔斯的理论代表了与福利国家的构成彻底的分道扬镳。他的作品与其说是捍卫,不如说是削弱了福利国家的支柱,因为它忽视了劳动的奠基性作用,以及国家管理劳动的必要性。因此,当沃尔夫想要将罗尔斯的作品概括为"对打着平等主义标签的自由主义福利国家式资本主义的哲学辩护"时,他也将其置于"19世纪晚期和20世纪初期乌托邦式的政治经济学传统中"(第195页),即真正的现代福利国家出现之前。我们最终看到的是正义理论悖论性的愿景,既要拓展同时也要抛弃福利国家的原则。

尽管沃尔夫认为罗尔斯从关于福利国家传统的经济和法律原则出发是一种历史的倒退,但我们更愿意将这种做法视为对资本主义社会最新发展趋势的回应。换言之,沃尔夫将罗尔斯的作品置于福利国家之前的时期,而我们则是将其置于福利国家形成之后的时期。无论如何,对我们的研究来说应该提出的真正问题是,考虑到劳动的概念在20世纪大部分时期内的法律理论中所起到的核心作用,为何今天像罗尔斯这样忽视劳动与生产的权利理论不仅广为接受,而且还占据主导地位?我们的假设是,罗尔斯的权利理论不仅在美国而且也在欧洲取得成功,其原因在很大程度上在于如下事实:他的理论在功能上能够适应国家—形式、社会组织与从属的形式以及资本主义积累的现状——马克思称之为资本对劳动的实质吸纳阶段——的最新变迁。① 事实上,我们要说的是,罗尔斯理论的主导地位部分证实了马克思在 19 世纪所认识到的发展趋势——资本对劳动的形式吸纳转变为实质吸纳——在今天已经成为现实。

在深入论述之前,我们有必要澄清马克思的直觉对于当下的相关性。在马克思看来,在这两个阶段的前一阶段即形式吸纳阶段,劳动过程被吸纳在资本之中,也就是说,它是被包纳在资本主义生产关系之中,这时资本是主导者或管理者。然而,在这种秩序安排中,资本只是原原本本地吸纳劳动,并没有改变后者;资本接手在之前生产方式中发展而来的现有劳动过程,或者也有可能是外在于资本主义生产的劳动过程。这种吸纳之所以是**形式的**,是因为劳动过程存在于资本之内,听从作为**外在力量**的资本的命令,但却是在资本的辖域之外产生的。然而,通过生产的社会化以及科技创新,资本势必会创造出新的劳动过程同时摧毁旧的劳动过程,并且改变所有生产主体的境况。于是资本开启了真正带有资本主义性质的生产方式。对劳动的吸纳之所以说是**实质的**,是因为劳动过程本身在资本之内产生,而劳动不再作为外在于资本而是作为内在于资本的力量被资本所收编。当然,这两

---

① 关于马克思就资本对劳动的形式吸纳向实质吸纳转变所作出的最为详细的解释,见《资本论》第 1 卷 Vintage 版本的附录部分《直接生产过程的结果》,第 948 -1085 页,特别是第 1021 -1040 页(这一部分并未收在中文版《资本论》中,而是被单独翻译出版,见马克思,《直接生产过程的结果》,田光译,北京:人民出版社,1964 年。——译注);也可见《大纲》,第 704 -709 页。关于马克思作品中吸纳过程的详细分析,见奈格里,《超越马克思的马克思》,第 113 -123 页。

个阶段之间的转变过程是缓慢的,中间也会历经诸多过渡阶段。在 19 世纪,马克思只是在机器大工业的生产中认识到实质吸纳的特征,当时还只是全部经济的微小组成部分。经过不断的技术进步和工厂大门之外劳动过程的社会化,实质吸纳的特征在社会领域中所占比例越来越大。工厂——社会与实质吸纳同步扩张,以至于到今天社会生产已经彻底为资本主义性质的生产方式所主导。

  马克思关于这两个阶段的区分对我们的讨论至关重要,因为这为我们提供了理解劳动在资本主义社会的法律上的宪法中所起作用的术语。在形式吸纳阶段,无论劳动是多么深入地被纳入资本主义关系内,在本质上依然外在于资本主义的发展。劳动无法消除的外在性迫使资本认识生产中两个截然不同的角色:劳动是社会财富的源泉,而资本是社会财富的管理者。于是劳动的形式吸纳就在法学理论中对应我们在第三章中所称的社会国家中的劳动的宪法化,或者说对应这样的过程,通过这个过程,一方面,权利理论将劳动的范畴视为社会价值增殖和规范生产的独一无二的标准,另一方面,国家利用其调和性的法律与经济结构去修复和驯化在剥削劳动的过程中所产生的对抗。劳动作为对抗性的**基本规范**而起作用,一个充满敌意但却不可或缺的支撑点,在体系的外部产生,但却作为阐发体系并使之正当化的基点而起作用。然而,当我们转向实质吸纳阶段,马克思解释说劳动过程在演化,这样一来,生产就不再是一个直接的个体行为,而直接就成为社会活动:

    正如随着大工业的发展,大工业所依据的基础——

> 占有他人的劳动时间——不再构成或创造财富一样,随着大工业的这种发展,**直接劳动**不再是生产的基础,一方面因为直接劳动变成主要是看管和调节的活动,其次也是因为,产品不再是单个直接劳动的产品,相反地,作为生产者出现的,是社会活动的**结合**。① (《大纲》,第709页)

另外,这种社会化的劳动力本身似乎也要消失,因为其作为资本主义生产源泉的地位要被替代。

> 跟孤立程度较大或较小的个人劳动等相对立的**社会化劳动**生产力的发展,以及**科学**这个社会发展的一般成果随着社会化劳动生产力的发展在**直接生产过程**中的**运用**;所有这一切都表现为**资本的生产力**,而不表现为劳动的生产力,或者说只有在劳动跟资本同一的限度内才表现为劳动的生产力。② (《资本论》第1卷,第1024页)

资本主义生产的源泉从个体劳动转向了社会劳动,并最终转向社会资本,特别是以技术创新的形式表现出来的社会资本:"整个生产过程不是从属于工人的直接技巧,而是表现为科学在工艺上的

---

① 中译文见《马克思恩格斯全集》第 2 版第 31 卷,前引,第 105 页。——译注

② 中译文见马克思,《直接生产过程的结果》,前引,第 89 页。——译注

应用"①(《大纲》,第 699 页)。这并不是说,劳动就不再是资本主义生产和资本主义社会的创造性和革新性的源泉,而只是说,资本以新的方式获得了神秘化其自身作用的力量。在**特定的**资本主义生产方式中,在实质吸纳阶段,劳动——或者说生产一般——不再表现为规定和维系资本主义社会组织的支柱。生产被赋予客观的品质,就好像资本主义体系是一台自动运行的机器,一部资本主义自动机器。在某种程度上,这个意象是资本长久以来梦想的实现——让自己摆脱劳动,让资本主义社会不再需要将劳动作为自己的动力基础,从而打破以资本和劳动之间持续冲突为典型特征的社会辩证法。

随着生产的奠基性角色的弱化,随着资本主义"摆脱"生产主义的(productivist)模型和劳动的"拜物教"并且以自动机器的形式表现出来,流通和分配就变得至关重要,成为维持资本主义体系的命脉(《大纲》,第 517 页)。流通在实质吸纳阶段是激发资本主义体系的动力。杰姆逊已经指认出对于流通过程日益加深的依赖,或者说"流通对生产的替代",与之相伴的还有得到更新和强化的市场神话(《后现代主义与市场》["Postmodernism and the Market"],第 272 页)。自主市场的意象以及资本摆脱劳动获得自主性的梦想为当下资本主义的意识形态提供了一个支柱(正如我们很快将认识到的,这是一个虚幻的支柱),这个支柱引导经济分析聚焦于流通。

当资本主义经济学不再被迫将劳动视为首要的社会生产者,

---

① 中译文见《马克思恩格斯全集》第 2 版第 31 卷,前引,第 94 页。——译注

同理，法律理论也就不再需要将劳动视为规范生产的实质性渊源。然而法律理论上的这个转变有利有弊：一方面，无视作为社会与规范生产渊源的劳动会让体系摆脱对抗和动荡的核心焦点，但另一方面，这也让体系失去了根本性的实质支撑。劳动，具体说是抽象劳动，其起到的作用是充当铰链，连接形式宪法与物质构成；它作为**基本规范**发挥作用，整个体系的效力都奠基其上。既然法律理论无法再依赖于劳动，它就必须找到另一种解决方案来解决法律安排的统一性、阐发和正当性问题（见第三章《第一个法律上的后果》部分）。其中一个解决方案就是将对形式吸纳的神秘化、生产性劳动在资本主义社会秩序中的消失都当作现实，然后发展出后现代的法律概念——这里后现代的意思是，规范生产被提升至完全抽象的层级，提升为模拟的模式（a mode of simulation），这样一来法律体系就包含对等符号（equivalent signs）的一般性互动、流通或者交换。① 后现代法律认为自身是对基础主义（foundationalism）的批判：批判将社会价值增殖奠基于劳动的范畴，批判形式宪法奠基于社会的物质构成。后现代构成不能聚焦于生产，只能聚焦于法律体系中规范和权利的流通。

这里我们应该强调，我们是这样理解后现代社会的：在这个社会中，资本对劳动的实质吸纳导向了劳动在资本主义社会中的消失，或者更准确的说法是，导向了劳动在资本主义社会中的新的神秘化。后现代主义标志着辩证法的终结：就我们所说的情

---

① 将后现代主义的特征视为摆脱生产主义模式以及符号的自由游戏或流通，这种观点非常常见。除了杰姆逊的著作之外，可见鲍德里亚（Jean Baudrillard），《生产之镜》（*The Mirror of Production*），特别是第 111—129 页。

况,是社会国家的构成中劳动与资本之间社会辩证法的终结。这种社会辩证法并非由最终的综合阶段所约束和规定的具有确定后果的辩证法,而是关于劳动与资本之间冲突的开放的辩证法。在这种辩证法中的中介的游戏一直都是市民社会概念的主要特征。然而,这种辩证法因为劳动从构成中被排斥出去而遭到消解。后现代的、反基础主义的国家秩序拒绝了社会生产的"基础"即劳动。当然,这并不是说劳动不再存在,或劳动不再是财富与社会本身的生产性源泉,而是说,国家的法律秩序不再承认这个事实。当我们注意到后现代社会的这些特征,就会认识到罗尔斯的权利理论何以能够成为后现代法律丰富且恰当的源泉。

当沃尔夫认识到,罗尔斯的正义理论聚焦流通和分配而忽视生产,同时认识到这种关注构成了对体系本身渊源的神秘化,他并没有理解的是,这种神秘化在当下的社会组织阶段何以会成为真实的,并且起到作用。对罗尔斯的阐释——这种阐释应该适用于后现代的法律概念,并且聚焦在体系的反基础主义方面——应该定位在法律形式主义传统的发展中,然而,这种发展却构成了一种质的飞跃。① 形式主义传统总会被规范生产的基础和实证性渊源所纠缠。一方面,康德主义传统中的先验潮流想要通过将权利的基础置于理性的裁决中来解决这个问题。对基础的理性主义阐述构建了一个有序且普遍的法律体系。然而这些非常形式

---

① 之前我们注意到了罗尔斯作品与新康德主义道德理论传统之间的呼应关系,但是这里我们找到了与新康德主义形式主义传统相呼应的地方,后者强调的是形式主义逻辑和某种理性的"图式法"(Schematism)。这个传统突出的提倡者有柯亨(Hermann Cohen)和纳托普(Paul Natorp)。

化的理论最终无法摆脱独断、抽象和不切实际的指责。另一方面,法律形式主义的另一潮流论述说,法律可以作为完善的分析框架,去阐释市民社会,也可以作为对社会形式的忠实再现而起作用。这里,形式体系是基于实质的基础,并且得到相应阐发。尽管如此,这一潮流必须努力摆脱社会中的不一贯和无常的要素,赋予再现以相对自主性,而形式体系需要这种自主性以提出法律安排的秩序。当然,法律形式主义中很多最为成熟的阐发都结合了这两种策略,例如凯尔森将实质基础置于**基本规范**内,然后通过理性的科学的演绎来对其进行阐发——但这种结合或调和并没有解决基础的问题。

事实上,"反基础主义"的权利理论代表了潜藏在形式主义法律传统中的这些趋势的完全实现。我们在本章接下来的部分会论述,罗尔斯做到了在传统的基础主义解决方案的一对危险之间游刃有余:他既避开了社会的实质构成中的经验基础,也避开了理性准则中的先验基础。罗尔斯拒绝了这些基础,并且在合理的且循环的程序网络中寻求支撑,并借此建构了一个自主且实际的形式体系。这里法律形式成为发动机,成为规范生产和流通的抽象图式。程序的概念可以完美地扮演这个角色:程序是动态中的形式,一个动态的图式。于是程序共和国为我们提供了理解后现代社会——这是脱离生产与劳动的社会现实的拟象(simulacra)——的基本结构如何生成并维持自身的手段。

体系的天才:反思与平衡

尽管对罗尔斯的后现代阐释消解了我们之前在其文本中所

指认出的张力,但事实上这种张力在《正义论》以及最近收录在《政治自由主义》中的一些文章那里找到共鸣。具体来说在罗尔斯那里,形式性的法律体系的自主性由这样一条论述路线所支撑,这条路线从我们的正义感和我们的深思熟虑的信念延伸至反思的平衡观念,最后直达体系稳定性的观念。循环性和反思赋予了形式图式以深度和稳定性,从而置换了体系的基础以及规范生产的渊源问题。体系的天才之处就在于它发现了没有基础也可以有稳定性,没有运动也可以有程序,这从机构安排角度来看有效地置换了社会对抗和冲突。流通代替生产成为法律理论的中心,同时创造出相互交叉的支撑体系,并且确保秩序井然的民主政体的安全。

法律体系的循环性在罗尔斯的论证方法中得到展现或者说得到预设。他在《正义论》中所提出的"道德几何学"(第121页)与传统的几何学推论的概念有着根本的不同。例如,17世纪道德几何学论证的有效性在于从定义和公理演绎出命题和结论的单线性推论。然而,罗尔斯的几何遵循的却是循环性的论证形式,在这个论证中,论述的出发点和结论相互预设对方。只要看一看其文本第一编主题的推进,我们就能知道这种循环性是什么意思。其论述以极其复杂的顺序展开。在最开始罗尔斯提出一系列不确定的命题,这些命题在一系列校正或调整之后越来越具有确定性,最后这些命题的不确定性完全被消解,构成了论证的结论。这些假设的关联网络因为它们相互的支撑关系而"被证明"。事实上,在其任何要素能够站得住脚之前,所有的理论都要被摆出来;论述在正式展开之前,已经结束了。例如,保罗·利科指出,正义的两个原则在我们考察有可能选用这个原则的情境之前,已经被提出(第11节)且得到解释(第12节①)。将近100页之后我们才看到对选用这两个原则的情境的全面描述(第20—25部分)以及作出这种选择的解释(第26—30节)。"我们怎么能在阐明本应该确立如下事实——这些的确是原则,即最初的命题——的论述之前,就提出和解释这些原则呢(这些可是真正的原则)?"(《阐释的循环》,第81—82页)很显然,罗尔斯对构成原则的内容有着独特的认识。

因为罗尔斯的推论拒绝单线性论述,那么搞清某些要素是先于或者后于其他要素也就没有什么意义。"我们处理的不是线性论述,而是这样一种推论,这个推论的内容是对已经预设的内容的进一步的阐释。"(《阐释的循环》,第83页)既然这不是任何常规意义上的理性主义几何学,或许我们可以将其称为**合理的**(reasonable)论述。罗尔斯诉诸康德式的对理性与合理的区分,来强调他的论述并非形而上学性的,而是政治性的;换言之,他的理论并不指涉理性的先验秩序,而是指向实际的信念领域(《作为公平的正义》,第237页注释20;以及《道德理论中的康德式建构主义》["Kantian Constructivism in Moral Theory"],第528—532页)。理性的推论是用直接的、单一方向的运动来描述的,而合理的论述则是在可行性的条件内,通过往返运动而展开的。事实上,合理的论述的主要特征与其说是动态,不如说是通过逐渐消除动态

---

① 《正义论》(初版)全书共三编(Part),九章(Chapter),章下面还有次级内容,相当于节(全书共87节),但英文版只是用阿拉伯数字来引导章下面的次级标题,中译本一仍其旧。本译文为清晰起见,将章下面的次级内容称为节,如第11,12节。——译注

而达到静态点的平衡程序。

罗尔斯方法论的特殊性向我们表明,他不仅对理论框架内的几何式推论有特别的理解,而且对社会安排框架内的契约推论也有特别的理解。就像契约论传统内的诸多论说一样,罗尔斯的契约程序也是纯粹假设性的,但就他理解契约的发起人以及立约各方之间关系的方式来说,倒是很有新意的。在契约的现场,在原初状态,并没有多元的人格(the plurality of persons),甚至没有假设性或者代表性的多个人格。契约论述的背景不是社会差异和冲突的意象,好比说在很多早期契约论所论述的自然状态。事实上,有些评论者不无困惑地指出,罗尔斯的契约程序根本就没有处理差异:它是"非互动性的",而且也没有任何讨价还价、协商,甚至没有任何选择活动——事实上,这不是任何通常意义上的契约(见库卡塔斯和佩蒂特,《罗尔斯:〈正义论〉及其批评者》,第34页;以及迈克尔·桑德尔[Michael Sandel],《自由主义与正义的局限》[Liberalism and the Limits of Justice],第130–132页)。首先,罗尔斯的契约主义并不指涉任何现实的或者假设的协议,而是指向理论探讨的**前提**。"正是在这一点上,契约的概念具备了确定的作用:它示意了公共性的前提,并且确立了可能达成的协议的边界。"(《正义论》,第175页)因此看起来似乎"重要的并非可能缔结的实际的契约,而是契约的境况"(库卡塔斯和佩蒂特,第68页)。同时,契约境况的公共性质规定了该境况下的当事人。尽管罗尔斯本人注意到"契约"这个词意味着多元性(第16页),但在原初状态只存在一个主体,这个主体是公共性的,其意思并非代表了社会上的普通人,而是说它是一般性的(generic)。我们最好将契约境况中的主体理解为不在现场(displaced)的社会主体:

想象出来的知识上的局限——同时还有无知之幕——创造出了一个属于某个特定社会,但又对其在那个社会中的位置一无所知的主体。就其不在现场的现状来说,我们可以将这个主体理解为某种卢梭式的普遍主体(general subject),以区别于个别的主体,即许多人所组成的主体或者所有人所组成的主体。卢梭普遍意志(general will)①的概念由处于原初状态的主体所援引,但我们应该注意到,它不是作为民主意志或大众主体性的核心,而是作为逻辑追责(logical imputation)的中心而被援引。罗尔斯坚持认为,像卢梭那样有时想要将普遍意志与民主参与的力量联系在一起,将原初状态的普遍性与社会主体的实际处境联系在一起,是完全不合适的:

> 原初状态不能被设想为一种在某个时刻包括所有将在某个时期生活的人的普遍集合,更不是可能在某个时期生活的所有人的集合。原初状态不是一种所有现实的或可能的人们的集合。以这些方式的任何一种来理解原初状态都会离题万里。②(第139页)

从这个角度来看,罗尔斯的原初状态或许非常接近欧洲宪政思想的传统——这个传统强调作为体系基础的普遍意志的逻辑

---

① general will 一般翻译为"公意",代表的是普遍的公共的利益,不同于实际上只是代表私人利益的"众意",公意是全部私意重叠或交叉的那部分。这里根据语境翻译为普遍意志。——译注

② 中译文见《正义论》修订版,前引,第107页。译文有改动。——译注

（而非主观）品质，部分追随对卢梭的特定阐释。因此，罗尔斯契约主义的第一个要素就是将单个的不在现场的主体安置于契约境况之中。

一旦我们确立这种境况，就可以认识到，罗尔斯论述中所包含的协商和协议程序，不是存在于多个人格之间，而是存在于契约境况中的单个主体之内。这个过程的旨归是找到如下两者的契合点：一方面是我们的正义感，另一方面是现有的关于正义的理论原则。这两条线索的交汇会为原初状态的主体提供必要的支撑，从而提出社会协作的公平条件，并且确立一个良序且正义的基本社会结构。然而，我们应该更加仔细地考察这个契约程序所涉及的运动或进展。首先，罗尔斯将我们的正义感描述为我们共有的道德能力。就像乔姆斯基主义语言学理论中的合语法感（sense of grammaticalness）一样，我们的正义感也就充当了罗尔斯体系中的直觉性角色：是我们天生的能力在社会的道德符号场域中把握到了正义的基本结构（第47页）。我们的正义感为道德哲学提供了原材料，但这并非一定就是合理的。罗尔斯对我们的道德感提出了优化版本，来作为我们深思熟虑的判断，"在这些判断中，我们的道德能力最有可能得到充分且忠实的展现"（第47页）。这些判断代表了我们最为坚定的信念并且在最好的情况下，反映了我们天生的实现正义的能力。这些判断构成了某种自然的基座（substrate），即为体系奠定坚实社会基础的"事实"（第51页）。在平衡的另一端，我们看到的是对我们正义概念可能的理论上描述的组织备选方案。从一方面来看，这些备选的原则与我们的判断在一起加以比较权衡，并且基于它们的契合而被选定。从另一方面来看，我们的判断也要受到调整，并遵从被选定的原则。最终,这种来来回回的运动实现了平衡。"我将这种事态称为反思性平衡。它是一种平衡,因为我们的原则和判断最后达到了和谐;而它是反思性的,因为我们知道我们的判断所遵从的原则以及得到判断的前提。"①(第 20 页)反思性平衡是某种契约,在这种契约中,合理的信念与理性的原则抛开差异,达成协议。说某种正义概念会在原初状态被选定,其意思不过是,某些原则会与反思性平衡中的深思熟虑的原则相契合(第 138 页)。

这个特别抽象的契约概念并没有处理个体之间的差异,但似乎表明了一种通过对我们对合理协议中的信念进行理性化的方式,走向社会稳定性的运动。正是这一点让罗尔斯体系呈现出契约展开的表象。但是,如果我们仔细考察,这个契约性进程就像罗尔斯的论述进程一样,是由完全循环性的运动所构成的。事实上,正是这种循环性保障了稳定性。乍看起来,似乎我们在处理的是如下过程,这个过程处理的是经验基底(我们的正义感)中的差异,通过反思性平衡的契约摆平它们,从而最终实现对制度性结构的共识性构建。正如我们之前所注意到的,"契约"这个词内涵有多方或者多元主体的意思,在我们目前的情况中,似乎"正义感"这个术语就表达了将要在契约中得到组织的多元性与差异的开放领域的特征。有人或许会认为,这种导向反思性平衡的来来回回的运动会牵涉到不同的正义感之间的某种裁决或协商。然而我们却发现,并不存在真正的信念的多元性,体系中实际上只存在一种正义感,正如在原初状态只存在一个主体一样。若想理解罗尔斯体系中正义感的功能,我们不应该认为它与真实个体的

---

① 中译文见《正义论》修订版,前引,第 16 页,译文有改动。——译注

信念或欲望有所关联,甚至也不应该认为其与假设性或代表性的社会个体有所关联。恰恰相反,正义感严格奠基于民主政体的制度内:"假如一个人……形成了依恋关系,从而实现了他的友好情感能力(fellow feeling),假如一个社会的制度是正义的,并且所有人都知道它是正义的,那么当这个人认识到他和他关心的那些人都是这些安排的受益者时,**这个人就会获得相应的正义感**"①(第491页,黑体为引者所加)。在一个良序社会,各个机构会有效地给个体灌输正义感(第515页)。于是这种正义感所指向的就不是体系之外的社会多元性,也不是外部的"事实"或信息(inputs),而是对已然内嵌在体制结构中的信念的独特的推演。因此理论可以在分析上取近道,忽视个人的正义感,聚焦内嵌在机构内的"相应的(corresponding)正义感"。

这里论述的循环性是天衣无缝的,与社会差异与冲突会产生的不稳定效果完全隔离。正义感通过契约进程导向对正义的社会秩序的选择,而接下来,正义的社会秩序会灌输正义感。正如利科关于方法论所注意到的,我们处理的并非任何一种运动,而是"对已经预期到的内容的逐步的阐发"。民主政体或者说良序社会,不仅是契约进程的终点,同时也是其起点。自我指涉的循环运动赋予了体系以完美的平衡,因此社会契约的观念也化约为同义反复(tautology)。体系通过避开或者排除任何外来的信息而获得自主性。契约进程中协商、辩证和终结的中介的出现只是一个表象。事实上,没有差异能够破坏体系的平衡。于是,反思性平衡或许最为完美地描述了体系反观自身时所取得的稳定性。

---

① 中译文见《正义论》修订版,前引,第388页,译文有改动。——译注

政体之所以是民主的,正是因为体制自由地选举自己获得权力。

弱主体与回避的政治

这种对罗尔斯正义理论的后现代阐释赋予我们以对社会现实的模拟(simulation),一个没有任何社会内容的空无人烟的场地。这个自动前进的机器穿越社会的拟象。有两个对"去中心化的"后现代法律机器来说至关重要的要素出现了——这两个要素对没有基础的体系来说也是本质性的(吊诡的是,本质的概念在这里是被排斥的)。首先,尽管体系通常让人想到多元性,但它在自身的界限内却只接受抽象的一体化的(unitary)主体。这个后现代的一体化不是通过中介或者强迫杂多性(multiplicity)变得有序的方式而创造出来,而是通过从差异的场域中进行抽象,从而解放体系并且提出一般性的一体性。在契约境况中并不存在多元的个体,甚至没有单一个体,只有抽象的、非个人性的当事人。体系本身就是一个选定契约的单一当事人。其次,在体系中,时间因为无限的循环运动而被否定或者绕开。实际上,时间中的生产被剥离了,这让其变成了空洞的运动机制。后现代时间提供了运动的幻觉,不过是没有任何结果的忙乱。在这两个要素中,我们认识到活劳动在法律安排中被清除了:其创造性能量的社会差异以及其生产性动力的时间性(temporality)在权利体系中是缺席的。体系的天才将所有的本体论参照弃之一边,并且在社会存在那里获得有效的抽象,同时施加一个纯粹的**应然**(Sollen)。我们对当代法律理论中这些后现代要素的解读可以说确证了马克思关于实质吸纳时期机器作用的直觉,并且将这些直觉推向末世论的极端。机械活动已经让人类劳动力变得无足轻重,社会似乎成了无须我们控制的一个自我调节的自动机,从而实现了资本永恒的梦想之一。似乎体系也从人类判断中被抽象出来:一个机器人正义的理论(a theory of android justice)。

这种对罗尔斯的后现代解读似乎带着我们离开了政治理论,走向了科幻小说的世界。让我们将讨论带回到关于权力的实际问题,去理解罗尔斯的作品如何从其理论的高地走下来,并且把握实际的社会领域。事实上,罗尔斯最近作品的关注点就是让读者注意到他的用意,即他的作品是政治性的。在罗尔斯看来,《正义论》中推论的主要问题是,这本书依赖的是一个"关于良序社会的不切实际的观念"(《政治自由主义》,第 xvi 页)。一个良序的社会无法被假设出来,只能通过政治手段而被创造出来。他论述说,自由主义的法律体系之所以是政治性的,不是因为它处理了社会差异或者调和了社会冲突,恰恰相反,是因为它能够从社会关系的场域中抽离出来。在这种对"政治"的关注中,最为突出的是统治体系的效率问题。在库卡塔斯和佩蒂特看来,最近文章中"关注重点的转变在罗尔斯的如下做法中得到最为清楚的体现:越来越依赖**可行性**论述,这基本占据了他整本书的第三编;以及相应地忽视对**可欲性**(desirability)的考量"(第 142 页)。可行性的论述引导理论致力于发现一个能够维持长治久安的社会秩序的有效体系。罗尔斯现在强调说,"稳定的问题对政治哲学来说是根本性的"(《政治自由主义》,第 xvii 页)。这些论述的政治目标就是提出一个"重叠共识"——即便在当代社会中存在各种各样相互冲突的宗教的、哲学的以及道德上的法则,但依然会有一个共识存在(《重叠共识的观念》["The Idea of an Overlapping Consensus"],第1页)。然而,我们很快就会认识到,重叠共识的方法不是通过介入与和弥合社会差异而实现的,而是通过让法律体系抽离社会现实而实现的。罗尔斯将这个策略称为"回避(avoidance)的方法"(第12页)。通过这种方法,他希望提出一个进程,民主政体可以借此回避(而非解决)社会冲突,从而维持其秩序稳定的统一性。政体之所以说是自由的,是因为它向多元的目的开放,并且拒绝通过强制来实现秩序;但这是一种空洞的开放性,一个不确定且贫瘠的展开过程,因为体系已经完全脱离了其制约性的社会规范(parameters)。秩序、和谐与平衡都是通过将社会冲突从体系的运作中排斥出去的方式,而得以实现的。

理查德·罗蒂似乎抓住了这个进程的实质,然后对其进行了发展。他拓展了罗尔斯关于宽容和回避的概念,以至于完全无视对社会存在的规定。对罗蒂来说,在后现代的自由主义政治中,宽容的目标只需要关于社会主体性的弱概念,而回避的根本性方法就是实现这个目标的机制。罗蒂遵循罗尔斯的思想,也想要通过将美国革命的经验和美国宪法征用为参照体系,来确立论证上的权威。然而,在这一点上,革命不是作为权力和创造性的渊源,而只是作为一种限制,作为让体系摆脱社会内容的方式,而得到征用。在罗蒂看来,在现代政治理论的历史发展中,政治是逐步从社会中抽离的。抽离的第一步由托马斯·杰斐逊这位现代革命者所代表,他受到启蒙主义的启发,坚持认为公共事务不能受到宗教信念的影响,而只能由理性的哲学考量所引导。罗蒂认为后现代主义者罗尔斯代表了第二步:社会理论和规则应该不仅将宗教问题,而且也应该将哲学问题置之不理或者弃置一边(《民主相对于哲学的优先性》["The Primacy of Democracy to Philosophy"],第261–262页)。如果我们仔细考察,会发现相对于罗尔斯的立场,罗蒂有一个细微但又非常重要的偏离。罗蒂的文章基于罗尔斯的提议——"我们将宽容原则应用于哲学本身"——取得了"一个'重叠共识',即……**包纳**所有可能延续下去的相互对立的哲学和宗教学说"(《作为公平的正义》,第223,225-226页,黑体为引者所加)。罗尔斯所理解的"包容原则"是,体系在其结构内包纳相互冲突的观念。然而罗蒂认识到,后现代的法律体系没有调和或和解的手段。因此包纳的语言就不清不楚地转变为排斥的语言。毕竟,实现了宽容原则的回避方法属于排斥的机制,而非包纳的机制。在罗蒂那里,罗尔斯宽容体系的实现就有赖于其对社会冲突的无视和回避。① 因此后现代的自由主义宽容就并非奠基于对社会差异的包纳,而是对社会差异实际上的排斥。

---

① 如果我们单独考察《正义论》,我们就只能反对罗蒂的做法,因为这种发展扭曲了罗尔斯的原意。事实上我们可以在罗尔斯的文本中发现好几处与罗蒂的文章存在明显龃龉的地方:"良心和思想自由不应该建立在哲学或伦理学怀疑主义的基础上,也不应该建立在对各种宗教和道德利益的无视上。正义的原则在这两个极端中间开辟了一条合适的通道:一个极端是独断论和不宽容,另一个极端是把宗教和道德视为纯粹偏好的还原论。"(第243页)(中译文见《正义论》修订版,前引,第191页,译文有改动。——译注)。然而,在罗尔斯后来的文章中(如《作为公平的正义》《重叠共识的观念》《权利的优先性和善的观念》["The Priority of Right and Ideas of the Good"]以及《政治的领域和重叠共识》["The Domain of the Political and Overlapping Consensus"]),他的立场则没有那么清晰,在某些方面的确支撑了罗蒂的解读。对罗尔斯这一时期作品的概括和分析,见库卡塔斯和佩蒂特,《罗尔斯》,第133-141页,特别是第148-150页。

罗蒂小心翼翼地对自由主义思想中的这种进展进行历史化。尽管在18世纪，宗教是会产生出对稳定有着最大威胁的社会冲突领域，但今天，所有的社会冲突领域都要回避，从而创造和维持一个稳定的统治体系。在罗蒂看来，这"将会成为一个推动'意识形态终结'的社会，这个社会将反思性平衡视为讨论社会政策时唯一需要的方法。当这样一个社会进行协商，当其收集需要纳入平衡中的原则和直觉时，它会**抛开**（discard）那些从关于自我或者理性的哲学论述中得到的内容"（第264页，黑体为引者所加）。社会差异的表达要么被无视，要么被弃置一边，它们都被视为对公共领域无关紧要的事务；因而政治也就成为平衡抽象的社会输入的机械性与实用性的体系，其目的就在于确立秩序与正当性所必需的平衡。正如上一代的持民主立场的政治理论家所提出的，我们应该摆脱上帝观念这个前现代的宗教权威，今天罗蒂提出，我们应该摆脱主体观念这个现代的哲学权威（第264页）。劳动、生产、性别差异、种族差异、性取向、欲望、价值等问题都被弃置一边，因为它们都是个人私事，对政治来说无关紧要。民主要管好自己的双手。在罗蒂看来，这是源于如下的一般立场：自由主义的政治哲学是道义论的（deontological），因为它并非奠基于任何关于社会善（social good）的先验概念或任何关于人类主体和人类行动的必然的与目的论的结构之上。事实上，他将这种否定视为对对立面的肯定：如果自由主义伦理学和政治学并不必然地推导自一个先验的、理想性的秩序，那么它们就必须被视为绝对偶然性的，不能去参照真实的社会规定的深度和重量。排斥并忽视社会冲突的主体领域，将它们仅仅视为私人领域内的事务，那么剩下的就是洁净的、机械的、自足的政治平衡体系。我们已经看到，罗尔斯的反思性平衡概念能够胜任这个任务，因为从真实存在的多元个体（即原初状态）中抽象出的视角来看，反思性平衡让内嵌在现有社会体制中的正义感与同一体制中可能存在的原则实现了平衡。权利实现自我平衡体制的自主性使得对社会差异的回避或者排斥——这正是罗蒂民主概念的基础——成为可能。

事实上，在罗蒂对罗尔斯的阐释中我们能够认识到，这种法律形式主义传统中抽象化有被推向极端的趋势，以至于有些类似卢曼的系统论（systematism）。在卢曼看来，我们应该将社会理解为一个自我指涉或者自创生（autopoietic）的系统，这种系统有其"内在的总体性"，因此相对于其外在环境维持了一种封闭性或者自主性：

> 自创生的诸系统……不仅是自我组织的系统，它们不仅能生产而且还能最终改变自身的**结构**；它们的自我指涉也可用于其他组成部分的生产……甚至于**要素**——即至少对系统本身来说不可被分解的最后的组成部分（个—体）(in-dividuals)——也是由系统本身所生产出来的。因此被系统作为单位（unit）来使用的任何事物都是由系统自身将其作为单位生产出来的。（《论自我指涉》[Essays on Self-Reference]，第3页；也可参考第1–20页，第145页及其后，第228页及其后）

社会就是一个交往系统，这个系统不仅是自我调节和自我组织的，而且还是自我生产的。剩下的就是解决如下问题：在循环的、自主的世界内无限反射（specularity）的复杂性。事实上系统论是罗尔斯作品中理论趋势的逻辑延伸,其作品的目的就是在道德理论中确立可行性相对于可欲性的优先地位;或者说通过让可行性成为系统语境中唯一可能的事宜,让其优先细微变得无可置疑。这种对体系维持的关注只能将社会构成部分(constituent)视为弱主体。"在这个体系的运作所创造的世界中,每个具体的事物似乎都是**偶然的**,似乎都可能成为其他事物。"(第147页)在自由主义公共领域的观念内,系统占据了必然性的位置,让其所有的组成部分都成为偶然性的。系统是一个平衡机器,从社会冲突的激烈领域中抽象出去,因而摆脱了所有的社会内容。

自由主义治理不再是一种技艺(art),而是成了一种科学,一种对力的技术性运算,其目的就在于在一个没有政治的社会中实现系统性平衡。后现代自由主义理论中的"政治赤字"意味着将国家结构还原为光秃秃的骨架,一个机械性的统治的骨架。将社会中力量关系问题视为政治问题,这是不是已经毫无意义?这个弱势国家是否如罗尔斯所说(《权利的优先性和善的观念》,第260页及其后),实际上成为中立的或者中立化的,或者说,是外在于权力的?我们已经认识到,在后现代自由主义论述的发展中,国家权力不是以福柯所称的规训范式来运作的,也没有创造出一个昭示和掌握社会互动结构方方面面的"透明社会"(例如见贾尼·瓦蒂莫[Gianni Vattimo],《透明社会》[The Transparent Society])。这里的国家权力不需要暴露和驯化社会主体,并将其作为如下努力的一部分:在秩序的限度内介入、调和并组织冲突性的理论。弱势国家回避这种介入:这就是"自由主义"政治的特征。实际上,这种论述思路从关于国家的弱势概念延展至关于政治的弱势概念。换言之,政治不需要介入并调和社会冲突和差异,而只需要回避它们。

然而正是这种回避的政治表明弱势国家拥有两张面孔。回避问题以维持和谐的温和行为轻易就转向更为凶狠的政策。自由主义的宽容观念与非自由主义的排斥机制完美（且吊诡性地）契合，这可能的确很讽刺。在这个意义上，后现代自由主义的弱势国家实际上呈现为对德国治安科学（the science of the police）①传统的完善和发展。对支撑系统的抽象与孤立来说，警察是必不可少的："细蓝线"（thin blue line）②划定了界线，规定了哪些可以被接受为统治系统中的投入。罗蒂说，国家会将差异和冲突的要素弃置一边，但是当我们将弃置一边的行为置于真实的权力场域中时，我们只能将这种行为理解为对强力的预防性应用，或者说是最后终极力量的威胁。当罗尔斯回避的概念和罗蒂所珍视的无所用心（insouciance）用实际的政治术语来呈现的时候，就会表现出野蛮的排斥性的特征。后现代**治安科学**（Polizeiwissenschaft）所呈现出的关键发展是，社会不再是被渗透和被介入，而是被分离和被管控：不是一个规训社会，而是一个和平的管控社会（见德勒兹，《管控社会后记》["Postscript on the Societies of Control"]）。警察功能通过在平衡机器上预防冲突事件，创造和维持了一个和平的社会，或者和平社会的形象。有着虚假社会平衡与和谐的迪士尼乐园，地球上最欢快地方的拟象，这些必然要得到警察局

---

① 德语原文是 Polizeiwissenschaft，源自 18 世纪，约等于今天的公共政策，包括公法、行政科学、早期政治经济学、公共卫生和城市规划等，本文将其翻译为"治安的科学"。——译注

② 即警察。——译注

(LAPD)的支撑。罗蒂"民主的优先地位"事实上依赖于一直存在的威胁,即失序状态会侵犯体制,因此一直需要警察功能原地待命;民主的体制必须时刻对"恶棍"(thugs)保持警惕,无论这恶棍是苏联领导人、萨达姆、曼努埃尔·诺列加(Manuel Noriega)①,还是洛杉矶的非裔或拉丁裔年轻人(例如可见罗蒂,《恶棍与理论家:答伯恩斯坦》["Thugs and Theorists: A Reply to Bernstein"])。回避的方法隐蔽地包含了后现代**治安科学**,这种可以有效并且实际地将系统从潜在冲突的领域中抽象出来,从而让系统去维持一个有效的、秩序井然的社会。②

正如我们已多次注意到的,罗尔斯的作品由真正的民主精神所激发,且应该说明的是,他对警察功能处于自由主义秩序的核心这个论断必然会感到不满(例如他反对"对国家权力的压迫性使用",《重叠共识》["Overlapping Consensus"],第4页;以及《政治的领域》["The Domain of the Political"],第235页)。罗蒂的阐释当然是将自由主义的权利体系引向这个方向,但是瓦蒂莫真

---

① 诺列加(1934—2017),1983年出任巴拿马国防军总司令,成为巴拿马实权人物。美国1988年指控他有贩毒行为,并于次年对巴拿马采取军事行动。1990年,诺列加向美军投降,随后被带到美国迈阿密接受审判。美国法院1992年以走私毒品和敲诈勒索罪判处他40年监禁,后减刑至17年,2017年在医院过世。——译注

② 对"回避的方法"与城市发展以及洛杉矶1992年暴乱之间关系的实际分析,见迈克尔·哈特,《新洛杉矶》("Los Angeles Novos")。洛杉矶的建筑和区域规划为考察回避与排斥之间的关系提供了一个特别清晰的案例。见迈克·戴维斯(Mike Davis),《水晶之城:在洛杉矶考掘未来》(*The City of Quartz: Excavating the Future in Los Angeles*),特别是第223—263页。

正地完成了这个跳跃,并且以最明确的形式挑明了二者的关联。就像罗尔斯一样,瓦蒂莫让后现代自由主义的国家观念与霍布斯的利维坦之间的根本性关联大白于天下,同时瓦蒂莫也揭示了前者更为黑暗、非自由主义的面孔。瓦蒂莫写道:"国家最主要的身份就是警察,这种观念对那些一直认为自由的发展就是削减国家的压迫性力量的人来说是很难接受的。"(《没有警察就没有国家》["Senza Polizia Non C'è Uno Stato"])他指出,最小化或者弱势自由主义国家所涉及的真正削弱并非幼稚的、具有左派性质的对压迫性力量的削减,而是"削减到只剩下根本要素",而国家的根本要素就是警察:"国家……只有在其能保障秩序的时候才存在"。因此瓦蒂莫将后现代主义的弱社会主体理论与弱势国家理论之间隐而不彰但同时又至关重要的关联公之于众,并且高声欢呼。即便躲在暗处、不到最后时刻绝不会走到前台,警察力量依然是保障后现代自由主义国家秩序的关键。

新自由主义的强势国家:20 世纪 80 年代的危机与革命

我们可以看到,在这些后现代理论中,一个弱势但整装待命的国家机器出现了,这个机器从所有的物质性社会内容中抽象出来,因而在确立平衡与秩序的拟象时更为高效。自由主义的弱社会主体被从针对社会对抗的政治权力中抽象出来,因此将自由主义的治国术(statecraft)问题简化为一个平衡抽象的力量以维持政府的机械性或者工具性问题。作为社会代理人的国家形象在体系中、在平衡机制中消失了。最终,国家成为诸多弱势主体中的一个,成为中立的秩序守护者。面对后现代自由主义统治视野在理论上的完善性，面对其冷静的循环性和透明的简洁性，我们不能不惊叹。当我们将目光投向实际政治的平面，我们也会在那里发现弱势国家，这是 20 世纪 80 年代新自由主义的梦想，同时也是里根革命在修辞上的核心。让我们暂且粗暴地中止我们的理论论述，从而将这些自由主义理论放回到社会现实的语境中，并且评估这些理论在多大程度上有助于当下国家的实际需要和发展。

首先，我们应该注意到我们目前所展开的对罗尔斯的解读与 20 世纪 80 年代的危机之间所存在的深刻共鸣。我们强调过，罗尔斯的权利理论排除了生产与劳动的范畴，其社会契约的概念中没有主体之间讨价还价或谈判协商的位置。与之相契合的是，80 年代见证了社团主义（corporatism）与集体谈判的终结，后两者曾经是国家取得正当性和制订计划以确保社会和经济稳定而采取的手段。福利国家政治经济一直以来的三驾马车——生产中的泰勒制、政治计划中的福特主义以及经济计划中的凯恩斯主义——不再能够保障政治秩序和经济发展。① 经济危机首先是资本能力的危机，它不再能够通过社会与政治的辩证法来掌控其与劳动之间所存在的冲突性关系。劳动毫无止境的诉求（无论被认为是高工资、在生产过程中的不服从还是拒绝社会管控机制）将辩证过程推向断裂点，让中介调节失去可行性。于是危机管理的策略从中介调节变为排斥：既排斥传统的谈判过程，也将劳动从

---

① 关于福利国家三驾马车——泰勒制、福特主义、凯恩斯主义——在最近崩溃的研究不胜枚举。其中一本产生广泛影响的著作是迈克尔·皮奥雷（Michael Piore）和查尔斯·萨贝尔（Charles Sabel）的《第二次产业分化》（*The Second Industrial Divide*）。

生产场所排斥出去。

在我们看来,可以将排斥资本与劳动之间谈判机制的趋势视为反对社团主义的政治筹划,这种筹划在美国或许始于尼克松当政时期,到里根时期在一定程度上得以完成。这个筹划在根本上要致力于两个方向。首先是对社团主义的间接挑战,从而动摇劳动力市场的平衡并且弱化集体谈判的条件。作为紧缩运动(retrenchment)的一部分,社会救济项目遭到削减,失业率的上升也得到默许。社会中陷入贫困的人口在扩大,就业变得越来越不稳定,这些都严重削弱了工人在面对雇主时的集体谈判的力量(例如见弗朗西斯·皮文和理查德·克拉沃德,《新的阶级战争》[The New Class War],第13页)。里根政府致力于撤销反托拉斯法案,对工业去管制化和私有化,这些措施推进了如下运动:弱化劳动的位置,并且打破了自新政以来以某种形式存在的契约平衡。其次,国家对社团主义发起直接的攻击,怂恿企业彻底拒绝劳动的集体谈判。慢慢地,罢工最后面对的不再是谈判协商,而是悄无声息的武力展示和后备工人,最值得重视的先例就是专业空中交通管制员组织(PATCO)的罢工,后来还有东方航空、《纽约日报》、灰狗巴士、卡特彼勒公司(Caterpillar)等工人的罢工(见萨缪尔·鲍尔斯[Samuel Bowles]、大卫·戈登[David Gordon]与托马斯·韦斯科普夫[Thomas Weisskopf],《荒原之后》[After the Waste Land],第125-127页;以及最近出版的斯坦利·阿罗诺维茨[Stanley Aronowitz],《身份的政治》[The Politics of Identity],第1-9页)。在整个20世纪80年代,有组织劳工的力量和社团主义的代表力量在持续衰落。里根政府所宣布的新社会契约的正面内容依然模糊不清,其负面内容则一目了然:社会契约不会建基于集体谈判或劳动与资本之间被中介的平衡上,这些一度是福特主义政治平衡的典型特征。

对弱化劳工(作为谈判伙伴)所处位置的政治机制起补充作用的,还有另外一种趋势,那就是通过自动化和计算机化对工作场所进程重新组织,从而真正将劳动本身从生产场所排斥出去。这个过程既涉及资本的流动性,同时也涉及(用马克思主义的术语来表述)可变资本比例的降低和固定资本比例的提高。在此过程中,之前存在的劳动与资本间的平衡进一步发生倾斜,或者说,当工人在生产过程中被机器所取代时,平衡问题本身就变得越来越不相干了。汽车工业的变化为我们提供了一个完美的案例,让我们看到一度非常强大的工人力量如何因为自动化而被削弱、压制和击败。在密歇根的弗林特市(Flint),正如在意大利的都灵一样,工人主体性和力量爆发的历史场所成为马可·雷维里(Marco Revelli)所称的"工厂荒漠"。① 所有这些都与工会制度的普遍衰落步调一致。

正如劳动的范畴从后现代自由主义理论中的法律秩序的构成中被排斥出去,与劳动的谈判协商也在新自由主义实践的政治秩序的构成中遭到了边缘化。当然,劳动在法律秩序构成中遭到的排斥可以表现为被动的(仿佛只是自由主义理论的一个缺陷或

---

① 对都灵菲亚特工厂进行重构的历史,见马可·雷维里,《菲亚特的工作》(*Lavorare in FIAT*)。本杰明·科里亚特(Benjamin Coriat)关于工业自动化的后果以及所谓的日本生产模式也有非常精彩的研究,见《车间与机器人》(*L'atelier et le robot*)以及《反向思考:日本企业中的工作与组织》(*Penser à l'envers:Travail et organisation dans l'entreprise japonaise*)。

疏忽),但是在政治秩序构成中遭到的排斥则是主动的,有时甚至要求粗暴的排斥。尽管有这些非常现实的差异,但是将劳动从构成中排斥出去的行为却是相通的,这种相通性或许就是可以解释为何当下的政治语境让罗尔斯的理论——尤其是对其所进行的后现代阐释——在法律理论中取得一定主导地位,以及这种版本的自由主义理论如何可以用来推进新自由主义的政治筹划的核心要素。我们想要强调的是,在自由主义理论和新自由主义实践中,对社会对抗的置换或者疏散(dispersal)——而非介入和调节——通过作为一般社会行动者的弱势主体形象而起作用。

福利国家在20世纪80年代受到严重侵蚀,因为劳动日益被排斥出构成,国家也不再努力确保充分就业。如果我们采取另外一种视角,从国家支出以及国家对经济和社会机制的干预角度来考察福利国家,就会发现在这段时期福利国家并没有萎缩而实际上是在成长。从干预的范围和力量来看,新自由主义筹划涉及国家实质性强化。新自由主义国家的发展并没有造就一个"弱势的"统治形式,因为国家作为社会行动者并没有逐渐耗损或者消失。恰恰相反,国家非但没有变弱,反而变成了日益强大的主体。"自由化"并非意味着权力的去中心化或者国家的削弱——任何削弱或许都更加接近于瓦蒂莫所欢呼的对"本质性"国家权力的高度强调。尽管诉诸古典自由主义经济学的修辞,国家支出(即便是社会福利支出的大部分领域中)和国家对市场行为的干预实际上增多了(勒格朗[J. LeGrand]和温特[D. Winter],《中产阶级与对英国福利国家的捍卫》["The Middle Classes and the Defence of the British Welfare State"],第148页)。在这个意义上,福利国家的支出结构在面对新自由主义的攻势时,表现出了不可扭转的迹象以及令人吃惊的抵抗(弗朗西斯·皮文和理查德·克拉沃德,《新的阶级战争》,第 157 – 158 页)。新自由主义无法通过国家权力的分散或去中心化来应对经济危机,相反,它要求的是在社会和经济事务上的权力的集中和有效行使。宣称的削减其实非常微小,在新领域内国家支出的扩张却是大得惊人,尤其是在军事支出方面(萨缪尔·鲍尔斯,大卫·戈登与托马斯·韦斯科普夫,《荒原之后》,第 130 页及其后)。新自由主义国家展开行动,并非要削减福利国家的结构,而是要对其进行重新规划或再结构化。通过这样一种方式,20 世纪 80 年代的新自由主义构成了自上而下的革命,这场革命既维系了有着 50 年历史的福利国家政治所创造出的巨大的经济力量与结构,同时又让其服务于不同的意图。

维持和重构国家权力的同一过程也发生在法律领域,其手段既可以是通过行政机构直接占用权力,也可以是通过对司法机构的补充性改造来使其与行政部门的行动达成一致。宪法内的"里根革命"是通过在一系列举动而实现的,如对最高法院、司法部以及各级联邦法庭任命。尽管里跟政府有各种说辞,但这些人事上的变动并没有让司法脱离政治,也没有再造出对宪法进行纯粹解读的梦想,只是产生了一些新的带有倾向性的宪法解读范式以及"司法能动性"(judicial activism):自由主义的司法能动性只不过是被保守主义的司法能动性所取代(见德沃金[Ronald Dworkin],《里根革命与最高法院》["The Reagan Revolution and the Supreme Court"])。尽管这种新的能动性通常是在联邦主义的名义下运作,拒绝在联邦层面来处理案件,而是将它们推给各个州审判,但行政层面在通过司法层面来追求一贯的意识形态筹划方面,效力并没有减弱。这个转变最严重的后果在女性生育权的领域所产生的影响最大——从对医生提供堕胎信息的言论钳制令到堕胎权本身。其结果就是,正如福利国家的经济结构和公共支出得以维持和重新规划,同样地,尽管存在弱势的、非意识形态性国家的说辞,强大的法律权力也得到保存,并且指向新的目标。

将国家强化为强大臃肿的主体,让其成为经济和法律领域内主导性的社会行动者,这决定性地造就了新自由主义国家"非自由的"面孔。这或许在近些年公民自由遭到重大削弱的事实中表现得最为明显。在过去几十年所发动的一系列战争中,无论是国外的巴拿马和伊拉克战争,还是国内针对毒品和黑帮的战争,《权利法案》所遭到的侵犯是最严重的。国外的战争导致了临时性的半戒严状态,最明显地体现在对新闻自由和集会自由的钳制上,而国内战争带来了永久性的半戒严状态。例如,旨在禁止"无理"搜查和扣押的宪法第四修正案已经在很大程度上失效了,与此同时警察的权力却不断在强化。与毒品和黑帮相关的"形象"(profiles)现在通常就成为可以让警察叫停并搜查公民的充分标准。① 仅仅是种族和文化身份几乎就足以让警察产生充分的怀疑。因此在少数种族群体中,尤其是在非裔和拉丁裔群体中,有极高比

---

① 关于最近因为严打毒品而导致公民自由的萎缩所展开的讨论,尤其是关于宪法第四修正案的讨论,见斯蒂芬·萨尔茨伯格(Stephen Saltzburg),《非法毒品的另一个牺牲品:第四修正案》("Another Victim of Illegal Narcotics: The Fourth Amendment")。戴维斯讨论了洛杉矶警察局严打黑帮对公民自由所造成的后果,见《水晶之城》第五章《锤子与岩石》("The Hammer and the Rock"),第 265—322 页。

例的人口不仅无端被警察叫停和骚扰,而且还被逮捕、定罪甚至处决(见曼宁·马拉布[Manning Marable],《黑色的美国》["Black America"],第12页)。对宪法第四修正案的破坏在一定程度上与美国种族主义的(再)制度化是存在一致之处的。一般来说,最近《权利法案》①的衰落强化了传统的联邦主义筹划——强化国家的权力以遏制社会动乱的危险。国内与国外表现出的不断强化的军事主义,以及日益诉诸社会警报、恐惧与种族主义的政治,这些都表明国家的某些法西斯主义要素的出现,表明国家在走向警察国家:从**法治国**向**警察**国家的转变总是要途经恐惧、仇恨和种族主义。

里根革命所面对的核心问题就是如何在社会的实质构成中为一个自主与强大的国家的权力提供立足点,从而让其创造出真正的一体性和共识,换言之,在其秩序中挽回并且驯化社会基础。这项筹划的一个推手就是扩大国家干预的范畴的运动,将道德问题也包纳了进来。里根和布什政府的大多说辞不是将当下的危机首要地视为经济危机,甚至不是视为法律与秩序的危机,而是视为道德危机,国家方向的危机以及道德体系的危机。因此国家的干预不仅被视为经济福利的工具,而且也日益被视为公民道德福利的工具。像女性的生育能力、药物使用、宗教活动、家庭价值以及性取向等问题都日益成为国家直接干预的重要场所。国家需要道德引领和道德教育。因此,新自由主义国家的强势主体地位通过推行全民在道德上的一体性,在道德层面上得到了部分强

---

① 指的是美国宪法中第一至第十条宪法修正案,由詹姆斯·麦迪逊起草,1791年12月15日获得通过。——译注

化。我们应该指出,这是新自由主义行为另外一个"非自由主义的"侧面,而这与我们所讨论过的自由主义理论是不相兼容的。在罗尔斯自由主义论述的语境中,权利相对于善的优先性排除了确立这种道德一体性的可能性,正是因为摆脱了形而上学的基础和道德上的目的论,罗蒂这样的作者才可以实现自由主义与后现代主义筹划的合流。

概而言之,我们可以看到20世纪80年代的新自由主义政治筹划与后现代自由主义在如下问题上的重合,两者都致力于将劳动的范畴从宪法中排斥出去,置换在福利国家中处于中心地位的关于谈判和协商的社会契约。这个转变促使自由主义理论提出弱势国家概念和弱势政治主体,与此同时,新自由主义却反其道而行之,强化并且扩展了主宰社会领域的作为强大且自主主体的国家——不仅在公共支出领域,而且也在司法和警察活动的领域。国家主体形象的多重表现样态应该让我们明白,我们目前所论述的后现代自由主义理论的路线不足以说明和深化新自由主义行为的实际需求。里根—布什时期的国家行为要将自身表现为道德权威,有能力在道德上(不是经济上也不是在严格的法律意义上)将全民统合在一起,这可以为我们提供初步的线索,让我们可以更为充分地把握当代国家—形式的形象。

共同善与社会主体

我们暂且记住当下国家的这些需求,现在让我们回到我们理论论述的主线以及自由主义理论的领域内,来重新审视其发展。现在,在认识到20世纪80年代的国家所面对的实际压力后,我们想要追踪作为罗尔斯及其批评者的理论筹划问题的强势社会主体的出现。在发展后现代法律概念及相应的司法体系的发展过程中,我们意识到罗尔斯的论述与其正义论的工具化之间的紧张关系消失了。在某些方面,这种阐释掏空了自由原则中所包含的社会内容,将平等原则转化为对任何内容都漠不关心的原则(a principle of indifference),并且基于这些原则确立了一个形式性的程序框架,这个框架既保障秩序,同时也否定社会深度和运动。很明显,后现代法律的这种特别发展并没有说明罗尔斯视野的全部力量。

在《正义论》中,罗尔斯一直试图通过诉诸平等、博爱和共同善等概念为社会存在赋予现实的规定和内容。或许这种趋势的顶点就是将差异原则作为发展社会平等机制的提议。罗尔斯解释说,差异原则是表达了我们欲求博爱心理的正义原则,因此也是最为清晰地奠定了人类共同体并且用现实的规定构成社会存在的原则。这里我们可以最为清晰地看到罗尔斯对于民主的激情:"那些出身优越的人的更高期待唯有在他们加入如下计划中——提升社会中最为弱势成员的期待——才可以说是正义的"(第75页)。就差异原则来说,我们认为罗尔斯更接近耶稣的"登山宝训"而非康德的《道德形而上学》!那些关心我们中最不幸群体的人有福了。差异原则站在最弱势群体的立场上,奠定了我们在社会现实中对正义的考量。事实上,最大化最小值准则(maximin criterion)——借此我们基于社会中最底层如何在各种构型中得到改善的考量,来选择社会制度安排——有着明显的基督教色彩,尽管其论述是基于理性行动者的算计(见《正义论》,第153页及其后,以及《最大化最小值准则的某些理由》["Some Reasons for the Maximin Criterion"]）。如果我们选择某个宪法,然后在作政治决断的时候,一直将首要目的确立为改善最弱势群体的状况,以及制定有时有利于、有时不利于那些境况优越群体的政策,那么我们就确立了一个追求社会平等的趋势,从而构成了一个一体化且强大的社会主体。

  罗尔斯不仅将这个追求社会平等的趋势作为一种原则,而且试图将其在制度安排中确立下来。差异原则首先要坚持"机会的公正性平等"。他解释说,有管制的市场这个观念就是基于机会平等这个观念之上的,而自由市场则是奠基于能力或者才智的不平等之上的。平等的机会要求在社会互动中进行积极的制度性干预,从而纠正某些系统中先在的不平等。例如罗尔斯论述说,"学校体系——无论是公立还是私立——都应当设计得有助于拆除阶级之间的藩篱"①（《正义论》,第73页）。在得到管制的市场竞争机构内,差异原则面对着纠正突出的不平等问题,无论这些不平等是"自然抓阄"还是某些社会安排的后果——简言之,任何"从道德角度看来是任意性的（arbitrary）不平等"（第74页）。事实上,从道德角度来看唯一不具有任意性的不平等就是那些为弱势群体谋福利的不平等。因此就有了第二个正义原则的最终版本:"社会和经济的不平等应这样安排;使他们:（1）适合于最弱势群体的最大利益;（2）依系于在机会的公平性平等条件下职务和地位向所有人开放"②（第83页）。在罗尔斯的想象中,社会机构和改良主义的国家机器在将社会引向更大程度的平等并且在博

---

① 中译文见《正义论》修订版,前引,第57页。——译注
② 中译文见《正义论》修订版,前引,第65页。译文有改动。——译注

爱中走向一体化的过程中,会起到核心且积极的作用。差异原则因此起到了弥合理论事宜与宣传事宜(advocacy issues)之间鸿沟的作用,将理论付诸了实践。

在对差异原则的论述过程中,我们已经与对罗尔斯正义理论的后现代阐释拉开了距离。就社会不平等来说,罗尔斯并没有抬高偶然性所带来的自由,而是相反,试图通过改良主义的社会机制来消除所有偶然性的残余。这里罗尔斯似乎通过博爱的概念(在这个概念里,必然隐含着共同善的观念)想要提出一个具有一定深度和力量的集体性社会主体。对偶然性的消除导向了对必要的社会关系的构成,这是正义的**应然**内部固有的社会存在。

然而,一旦这种民主的社会趋势被提出来,在罗尔斯的理论中就不断遭到边缘化。事实上早在《正义论》中差异原则就有两次被推向从属地位:第一次是让位于自由的优先性(第250页),第二次是让位于权利或者公平机会的优先性(第392-393页)。在这两种情况下,差异原则的实际力量遭到削弱,这样一来尽管原则在抽象层面上还存在,其在现实中的实施变得越来越难。①

---

① 我们只要粗略关注差异原则可能得到实施的一些案例,就会认清其在现实中的无效性。桑德尔在平权法案政策的语境中评估差异原则,意在表明,即便提供了平等的理论视野,这种原则也无法为制度性机制提供坚实的实际基础来减轻社会不平等。他论述说,差异原则激发了对社会资产的集体所有权概念,但这个原则并非建立在共同体概念的基础上,因此在关于社会应得的实际政策决断的争论中没有任何实际性的说服力(《自由主义与正义的局限》,第135-147页以及第二章)。或许更具启示性的是罗尔斯给出的关于在凯恩斯思想中对差异原则的策略性利用,这让我们对其理论有了更为清楚的认识。罗尔斯解释说,在19世纪末和20世纪初,"正是财富分配的这

尽管差异原则和相应的"最大化最小值准则"在罗尔斯著作刚面世的时候占据了关于正义理论讨论的核心,但近些年来其体系的这一方面越来越遭到边缘化——不仅在罗尔斯自己的作品中,也在其批评者的作品中。于是,差异原则——最初在文本中出现的时候体现了社会改良者的民主精神——日益被弱化,其结果就是朝向其表面承诺的社会平等趋势依然是体系中的微弱暗影。

尽管差异原则最终只是罗尔斯自由主义正义理论的夭折的幼儿,但这个原则本身及其所包含的对于博爱的共同体的追求为罗尔斯持社群主义主张的批评者提供了明确的出发点。① 罗尔斯

种不平等使资本的急剧增大成为可能,使每个人的一般生活水准或多或少地稳定提高成为可能。在凯恩斯看来,正是这一事实为资本主义再度提供了主要的辩护……这里的核心问题是,凯恩斯的辩护——无论其前提是否成立——可能导致完全反对改善工人阶级的状况"(《正义论》,第299页)。(中译文见《正义论》修订版,前引,第235页,译文有改动。——译注)在一系列关于优先性的论述将正义体系中的社会平等问题边缘化之后,再生产不平等的一般化体系得到了正当化和理性化——而且更糟糕的是,这是以最弱势群体的名义得到支持的!这里我们能够看到,通过一系列的边缘化处理,罗尔斯成功地消灭了体制中的张力,并且将民主与平等的趋势削弱到徒有其表的程度。

① 尽管社群主义作为一种现象太过分散,很难称为一场运动或者一个学派,但其在批判罗尔斯和自由主义社会理论时却表现出了一定的一致性。与形式主义的权利概念、个人主义的道德基础以及随之而产生的弱势社会主体不同,社群主义因其强势而坚定的理论立场而得以突显。如果说在20世纪60年代晚期和70年代初期,即在罗尔斯写作《正义论》的时候,道德理论的焦点主要集中于福利国家自由主义与保守主义的自由放任主义(libertarianism)之间的争论,从那时开始,关注的焦点急遽转向了自由主义的权利理论与社

实际上希望我们去抢救他思想中的这个趋势,将其完成,从而补充自由主义关于社会存在的概念,并且提出能够赋予博爱、公民德性以及共同善以意义的强势主体概念。在对罗尔斯筹划的社群主义批判中,或许迈克尔·桑德尔的《自由主义与正义的局限》受到了最多的关注,得到了最深入的讨论。①在我们看来,桑德尔

群主义的德性和共同善概念之间的争论。然而我们应该强调,不应当将社群主义视为反自由主义的思想:社群主义虽然批判自由主义,但并没有拒绝自由主义,而是"完善了"自由主义,正如黑格尔对康德的批判完善了唯心主义体系。

① 在这里的讨论中,我们主要关注桑德尔、泰勒以及具有突出黑格尔主义色彩的社群主义思想,这并非因为这一脉思想具有代表性(事实上在这样一个具有多样性的学者群体中,很难说哪种立场具有代表性),而是因为我们认为这些学者对罗尔斯及自由主义理论的批判最具有一贯性,论述得也最为完备。很多人试图通过哲学师承来概括社群主义的特征:由泰勒代表的黑格尔主义学派,由麦金泰尔所代表的亚里士多德主义学派,以及由昆廷·斯金纳所代表的公民共和主义学派。这只是出于方便的概括,难免具有误导性,因为边界并没有那么清晰。例如,麦金泰尔本身就是优秀的黑格尔研究者,他在《德性之后》中对亚里士多德的解读当然也深受黑格尔的影响;泰勒则是公民共和主义坚定的拥护者(例如见《话不投机:自由主义—社群主义论争》["Cross-Purposes: The Liberal-Communitarian Debate"],第 165 页及其后)。我们希望我们对黑格尔主义版本的社群主义——虽然这个版本也不具有代表性——的解读至少可以让人们更为深入地认识社群主义思想的其他脉络。还有些学者经常被视为社群主义者,但当事人并不一定接受这个标签,如罗贝托·昂格尔(Roberto Unger)、罗伯特·贝拉(Robert Bellah)、威廉·苏利文(William Sullivan)以及迈克尔·沃尔泽。我们这里找到的有所裨益且具有批判性的评论文献有穆夫(Chantal Mouffe),《美国自由主义及其批评者》("Le libéralisme américain et ses critiques");艾米·古特曼(Amy Gutmann),

筹划的精彩之处在于他将过去25年中在英美学界对政治理论最具影响和实质性贡献的两本书引入了争论：罗尔斯的《正义论》（1971）和查尔斯·泰勒的《黑格尔》（1975）。罗尔斯的著作很明显是桑德尔的研究对象；泰勒在桑德尔作品中的出现即便没有那么频繁，但作为整个论述的坚实的关键基础，也非常重要。事实上阅读桑德尔的时候，我们会感觉好像被带回到了哲学史之中：从泰勒的视角来理解罗尔斯就像是在重复黑格尔对康德的著名解读。有作者写道："如果当下自由主义学者被引领去重新发现康德，那么自由主义的批评者就应该去再度发明（reinvent）黑格尔"（斯蒂芬·史密斯[Steven Smith]，《黑格尔对自由主义的批判》[Hegel's Critique of Liberalism]，第4页）。桑德尔的黑格尔主义立场不仅提供了批判的基础，而且有着一系列难以察觉的后果。换言之，桑德尔不仅采用了泰勒的术语去组织自己的论述，而且正如我们将要认识到的，在预设某种黑格尔主义立场的同时，他也造就了一个在接下来出现的论述的二律背反必然要走向某个前定的解决方案的语境：以普世共同体形式出现的黑格尔主义的综合。于是自由主义的弱势主体在作为主体的强有力的国家概念中得到了充实。

《自由主义的社群主义批评者》（"Communitarian Critics of Liberalism"）；沃尔泽，《社群主义对自由主义的批判》（"The Communitarian Critique of Liberalism"）；桑德尔，《〈自由主义及其批评者〉导言》（"Introduction to *Liberalism and it Critics*"）；泰勒，《话不投机》；以及南希·罗森布鲁姆（Nancy Rosenblum），《〈自由主义与道德生活〉导言》（"Introduction to *Liberalism and the Moral Life*"）。

桑德尔向罗尔斯提出的核心问题关系到自由主义道义论的（deontological）主体的性质和能力。他首先试图去揭示隐含在罗尔斯话语中的主体或自我理论，然后尝试去评估其能否完成道德任务。这个方法让罗尔斯的论述有了新的认识，并且让自由主义的正义理论突然显得非常虚弱且难以立足。自由主义主体的虚弱状态是桑德尔研究中的首要关怀和主题："自我在论述中的很多地方都有消解为彻底离身化（disembodied）的主体或者崩解为彻底情境化的（situated）主体的危险"（第138页）。在更为细致地考察对罗尔斯式主体的这种概括之前，我们目前应该充实桑德尔借以展开其批判的视角。桑德尔将现代的主体理论视为由一对危险所威胁的危险领域：必须跨过进退两难（Scylla and Charybdis）的通道才能提出道德哲学。一方面，因为主要从智识的视角来看待自我，主体理论会犯错——这是"彻底的离身化"因而也是彻底自由的主体；另一方面，主体理论可能因为过于物质的（material）视角而误入歧途——这意味着"彻底情境化"和由此得到规定的主体。然而，虽然道德理论的核心困境——关于自我的相悖的概念——在桑德尔的研究中起到了根本性的作用，但其本身并没有得到详细论述，只是被当作想当然的前提。

事实上，为了把握这种主体理论的整体发展，我们应该转向查尔斯·泰勒的作品。在其对黑格尔的研究中，泰勒以非常宏大和全面的术语提出了问题：（1）主体理论是现代思想的根本性场域；（2）现代哲学——事实上是现代文明本身——中存在两种主要的对立的思想和感知（sensibility）潮流；以及（3）黑格尔在其主体即具身化的精神理论中提出了这两种潮流的综合。① 第一种潮流——泰勒在赫尔德那里发现了最完善的表述——主要体现在宇宙表现性的一体性(cosmic expressive unity)的浪漫主义观念:"表现主义观念的一个核心追求就是人与自然融为一体,让人的自我—感受与对所有生命、对有生命的自然的同情相统一"(《黑格尔》,第25页)。因此人并非与客观世界相对立,而是被包纳在现实的宇宙主体之内。现代思想的另一个潮流——这在康德那里得到了最为充分的论述——关注的是启蒙主义的人类道德自由的概念,并因此提出了智识的理性的主体。"'我'为纯粹的形式性律法所规定,而这种律法只是**作为**理性的意志在约束我,在这个意义上'我'可以宣称,'我'独立于所有自然的考量和动机,独立于主导它们的自然因果律。"(《黑格尔》,第31页)这种激进的人类自由概念将人类呈现为具有自决能力的,这并非因为人类是物质性的存在,而是因为人类是由理性的、道德的意志所构成的智识性的存在。在泰勒看来,这两种潮流,这两种关于主体的概念,直到今天依然构成了现代思想和文明的关键参数。黑格尔哲学之所以至关重要且经久不衰,是因为他比其他任何思想家都更好地克服了这两者之间的对立,将"康德式主体理性的、为自己立法的自由,与时代所渴望的人与人之间以

---

① 泰勒在《自我的根源:现代认同的形成》中将这一问题又复杂化了。他考察了更为广阔的历史时期,讨论了更多的作者,并且对其所提出的历史趋势给予了更为详细的分析。值得一提的是,黑格尔不再是现代地平线中的主导性人物。尽管有这些转变,泰勒的论述依然聚焦于如下两者的综合:表现性—体性(expressive unity)的主体和作为现代性核心筹划的不受约束的(disengaged)理性的主体。

及人与自然之间形成的表现性一体性"很好地结合了起来(《黑格尔》,第539页)。泰勒作品中最为突出的特征是他对主体理论核心地位的关注。他将现代思想史解读为两个部分性(partial)主体之间所具有的无所不包矛盾,这种解读策略为黑格尔主义的替代方案——即"彻底的自由和整体性表达(integral expression)之间的统一"(《黑格尔》,第43页)——提供了基础,或者说创造了必要前提。考虑到其论述的出发点,其他任何解决方式都是部分性的。

对我们的研究来说一个重要的事实就是,在解读罗尔斯的过程中,桑德尔不仅采纳了黑格尔主义的视角,而且还采纳了泰勒阐释过的黑格尔主义视角:他既采用了泰勒的术语,也采纳了他的阅读策略,即将现代思想的核心问题视为由理性思想的自由所定义的主体与立足于物质现实的规定性之上的主体之间的矛盾。认识到这个框架之后,我们本以为桑德尔会批判罗尔斯自由主义筹划中的康德式的唯心主义。然而桑德尔的处理更为谨慎,并且认识到罗尔斯在某些非常重要的层面的确是从康德式的道德框架出发:"罗尔斯将自己的筹划确立为保存康德的道义论教导,同时用更不易被指责为具有偶然性且更适宜英美脾性的本土化形而上学去取代德国式的晦涩难懂"(第13-14页)。在桑德尔看来,罗尔斯通过拒绝先验的基础并采纳了一种合理的经验主义,优化了康德主义的道德。因此,桑德尔的论述策略不在于简单地从黑格尔主义出发,去对罗尔斯的康德主义进行批判,而是更为复杂细致。罗尔斯追随康德发展出了一种理想的道德理论,但桑德尔采纳的是对"对离身的主体"的"彻底自由"所进行的批判;另一方面,罗尔斯拒绝了康德主义的先验基础,建构了经验主义和程序性的社会体系,而桑德尔采纳的是对"彻底情境化"或得到规定的主体的批判。

桑德尔的分析依赖于他对支撑着罗尔斯论述的"占有的主体"(subject of possession)的重构,这是一个试图去回避现代道德理论双重危险的主体。① 事实上,桑德尔将罗尔斯式的主体视为两种现代主体的微弱结合,从而为一种强势的黑格尔式综合奠定了基础。在桑德尔看来,自由主义主体的复杂性主要源自自我及其目的、权利和善好之间的关系。在原初状态,我们看到的是脱离其目的或者对其目的一无所知的主体,这种主体因而能够以康德主义的方式对正义进行理性的道德选择。尽管如此,自由主义主体并非只是本体性(noumenal)或者没有任何基础支撑的(unconditioned)自我,甚至不是由对我们当下社会的一般知识所规定的类的(generic)主体。当无知之幕被揭开,我们发现的是拥有资产、属性和利益的经验中的自我。因此在桑德尔看来,罗尔斯式的自我拥有属性,但并非由这些属性所构成或决定:"自我的占有性层面意味着我永远不可能为我的属性所构成,意味着总是存在某些我**拥有**(have)的属性,而非我是(am)的属性"(第20页)。桑德尔赞许罗尔斯认识到康德本体基础的捉襟见肘,并且需要黑格尔的解决方式,泰勒的作品也达到了这样的认识。"在罗尔斯看来,任何关于自我和目的的论述都必须解决两个而非一个问题:自我如何与其目的区分开来,以及自我如何与其目的相关联。不解决第一个问题,我们面对的就是一个彻底情境化的主体;不解决第二

---

① 这里的概括是否说清楚了罗尔斯的观点当然有待商榷。托马斯·博格(Thomas Pogge)在《认识罗尔斯》(*Realizing Rawls*)第二章就桑德尔对占有的主体的解读展开了认真细致的批判。

个问题,我们面对的是一个彻底离身化的主体。"(第54页)在桑德尔看来,占有的主体提供了一个解决方案,即自我被给予相对的自主性,远离但又没有完全脱离其目的:因此主体既自由又得到规定。

一旦桑德尔成功地将《正义论》解读为一种黑格尔式的筹划,那么他的批判就可以毫无障碍地顺利展开,因为罗尔斯的解释不可能达到黑格尔主义的标准,罗尔斯的作品在此视角下,总是会呈现为黑格尔主义的弱势版本。① 例如,考虑到应得的概念,桑德尔最开始就将占有的主体问题化。致力于产品分配平等化——这体现在差异原则中——的改良主义社会需要社会应得观念而得到正当化。然而,"在罗尔斯的概念中,谁都不能当仁不让地宣称自己应该得到任何东西,因为谁都不能理所当然地说自己占有任何东西,至少不是强势和构成(constitutive)意义上的占有,只有这个意义上的占有才能支撑应得的概念"(第85-86页)。事实证明,在"占有的主体"中实现的自主性与具身性的结合是太过微弱的综合。当罗尔斯式的主体维护其自主性时,实际上则完全消解了对其属性与目的的全部所有权。

当桑德尔以这些术语提出问题,他找到了两个可以让自由主义主体更能符合已确立标准的改进方式。第一个改进方式是,主体必须认识到集体的维度,一个可以支撑更为实质性的共同资产

---

① 库卡塔斯和佩蒂特也坚持认为罗尔斯的作品中存在黑格尔主义的要素,并注意到了其所具有的经典意义上的保守主义侧面。"罗尔斯哲学所具有的黑格尔主义特征主要在于,他认为自己的筹划不是以某种理性的理想意象来重新塑造社会,而是试图通过揭示隐含在公共政治文化的(合理的)机构内的原则来理解自由民主的美国。"(《罗尔斯》,第145页)

和社会应得概念的社群身份(communal identity)(第 103 页)。第二个改进方式也许更为重要,那就是主体的目的和属性必须内化在主体自身中,同时也要成为主体的构成要素。尽管罗尔斯明确拒绝这种对主体的特征概括,但桑德尔坚持认为,这是在理路上理解并完成罗尔斯自身筹划的最为一贯的方式。例如这可以让我们认识到,为什么无知之幕背后不存在多元的个人,而是只存在一个单一主体,这个主体不是通过选择或讨价还价,而是通过对法律的承认和同意来订立契约。"在原初状态所发生的不是立约过程,而是对交互主体性的存在(intersubjective being)的自我认识过程。"(第 132 页)这里我们可以清晰地看到,《正义论》其实是一个旨在实现自我—认识(self-recognition)的黑格尔主义的现象学筹划,只是这个筹划展开得不够充分。

强势的"构成性的"共同体概念让桑德尔可以用更为实质的方式来提出主体的综合。对属性或品质的占有成为一个本体论的概念。"对(社会的成员来说),共同体所描述的不仅是他们作为公民**拥有**什么,而且还有他们**是**什么;不是他们所选择的关系(例如在自愿结社中),而是他们所发现的依附关系(attachment);不仅仅是一种属性,而且还是他们身份的构成要素。"①(第 150 页)共同体的构成,甚至是对正义原则的选择(好接受)必须由"深度反思"和自我—认识之间的辩证关系所定义。"这里相关的

---

① 泰勒也认同这种批判,即罗尔斯式的道德缺乏对本体论的关注,并且将这种批判拓展到了当下整个道德哲学领域:"这种道德哲学倾向于关注什么是正确的事情,而非什么是善好的事情。"(《自我的根源》,第 3 页,同时参见第 88 - 89 页)

行为主体(agency)不是唯意志论的,而是认知性的;自我获得其目的的方式,是通过反思而不是通过选择,正如认识(或探询)的主体是相对于(自我)理解的对象一样。"①(第 152 页)桑德尔将罗尔斯的康德主义向青年黑格尔的政治视野引申,直至来到了《精神现象学》的门槛。他把握到了致力于共同善和博爱的正义理论的流产可能,并试图赋予其以更为坚实的基础和更为强大的构成要素:"品格"与"友谊"(第 180 页)会将共同体构成为强大的社会主体。

国家的自主:道德福利

一旦我们确立并接受这个批判性的视角,桑德尔对罗尔斯的解读就以令人赞叹的清晰展开了。然而,不那么清晰的是在他对自由主义的批判中所隐含的替代性的道德或社会视野。桑德尔强调,为了让自由主义真正立住,我们需要为权利理论赋予一个本体性的维度,为我们关于共同善、身份与共同体的观念赋予实质性的内容。我们关于社会主体的理论不仅要关注我们所**拥有的是什么**,而且要关注我们**是什么**。换言之,我们关于**应然**的话语必须与**实然**的秩序统合起来。深度反思的过程以及之后的集体性自我—理解是走向我们所缺乏的强势身份的第一步。让我们从社会的角度来深入论述这一过程,从而去认识这种社群主义的政治本体论可能带来的真实后果。

这个社会纲领建基于社会批判之上。从社群主义的视角来

---

① 中译文见桑德尔,《自由主义与正义的局限》,万俊人等译,南京:译林出版社,2011 年,第 174 页。——译注

说,自由主义的危机不仅是理论危机,而且也是一种社会危机:身份的危机和价值的危机,它们的表现形式是社会整体结构的同质化和碎片化。泰勒将危机的一个面相描述为:在后工业民主政体中有意义的社会区分(differentiation)越来越匮乏,现代社会中出现了"越来越多的'无阶级现象'(classlessness)"(《黑格尔与现代社会》[Hegel and Modern Society],第111页)。自由民主政体摧毁了社群的基础,因此让当下的社会主体虚弱无力,无法去实现更强大的身份。"因此就有了黑格尔面对现代民主时的困境,最简单的概括就是:现代平等与全民参与的意识形态导致了社会的同质化。这让人们与他们传统社群的关系疏远了,但是却无法作为认同的焦点(focus of identity)来取代这些社群。"(第116页)如果说后工业自由主义社会成功做到将自己呈现为一个统一体,那么这个统一体不过是没有内在区分的和同质性的,缺乏身份,因此依然是虚弱无力的。泰勒所想到的黑格尔主义替代方案是彼此不同的、部分性的共同体的和谐一致的构形(formation),这些共同体可以统合成为一个单一且强大的总体:"现代民主政体的一大需求是恢复具有重大意义的区分感(sense of significant differentiation),这样其部分性的共同体——无论这些共同体是地理性的、文化性的还是职业上的——可以再度成为共同体成员重要的关切和活动中心,如此一来可以让他们与总体产生关联"(第118页)。同质化会产生一个空洞的总体,在这个总体中,在特殊与一般之间存在着弱关联,但是,部分性共同体中的社会区分提供了中介机制,让社会中的个体与总体可以形成强关联。

在社群主义对自由主义的分析中,社会差异的同质化总是与社会总体的碎片化连在一起的。同质化与碎片化是同一场危机的两个面相。桑德尔从历史的角度来看待美国社会的碎片化。美国自由国家的建构,至少就其20世纪所表现出的形式来说,是必不可少地建立在"强烈的民族共同体情感之上的,在道德上和政治上为现代工业秩序的不断拓展保驾护航"(《程序共和国与混沌无知的自我》["The Procedural Republic and the Unencumbered Self"],第93页)。作为整体的国民必须拥有一个和谐统一的身份,这样才可以"培养(在形成或构成的意义上的)对共同体来说必不可少的共有的自我—理解"(第93页)。国民共同体或国民身份会将社会的统一体呈现为一个整体,并且通过共同善的意象,个人和群体能够成为部分性的共同体,并且将自己安置于被构成的秩序中。然而自由主义社会的历史发展已经侵蚀国民身份与统一性的基础,并且让这些基础破碎不堪。"随着社会与政治组织的规模日渐扩张,我们的集体身份也变得越来越碎片化,而政治生活形式的发展将用来维持这些形式的共同目的远远地落在了身后。"(第94-95页)社会整体结构的不和谐一致最终成为国民虚弱无力的原因。自由主义为我们提供了一个失去力量的国家,就国内来说,无力形成一个和谐一致的共同体,就国外来说,无力在面对其他国家时实现自己的目标:"现代国家在经济和社会方面虽然起到了前所未有的作用,但是它本身却好像缺乏力量,无力有效地去控制国内经济,去应对挥之不去的社会问题,或者在世界舞台上贯彻美国的意志"(第92页)。国家为弱势身份和弱势构成所弱化,无法在国内或国际舞台上成为一个强大的行动者。于是,国家回应危机的筹划也就致力于道德上的和谐一致与整齐划一。泰勒和桑德尔在理论层面所注意到的道德体系的危机也在社群主义的社会学作品中产生了回响。"我们所提出的根本问题——这也是我们不断遇到的问题，"罗伯特·贝拉和他的同事们解释说，"是如何维持或者创造出一种在道德上和谐一致的生活"(《心的习惯》[*Habits of the Heart*]，第 vii 页)。

斯蒂芬·史密斯赋予针对自由主义的社会批判和社群主义的另类选项以更为具体的形象——通过将后者置于制度和法律层面的方式。他论述说，自由主义社会已经碎片化和原子化了，因为其制度结构太过虚弱，无法支撑社会中共同的意义感与价值感，其"基础过于薄弱，从中无法产生在道德或政治上令人满意的共同体形式"(《黑格尔对自由主义的批判》，第 4 页)。史密斯认为道德碎片化的危机源于制度上的缺陷，因此他提议将制度改革的策略作为解决方案。这里我们再度看到，社群主义的批判不是要拒绝自由主义，而是要尝试超越后者的局限，并且通过赋予其简单的形式性框架以更丰富的内容，通过填充其权利和正义的骨架，来让其变得更加"完满"。史密斯解释说，制度和法律结构必须为个体的发展提供完善的"伦理语境"，从而创造出一个和谐一致的社会共同体。我们不应该将伦理生活的机构视为"不过是对我们道德上自我实现的力量的约束，而应该视为必不可少的范畴框架，在这个框架中，我们的个人力量和能力能够茁壮成长"(第 130 页)。这种机构上的改良是超越自由主义危机的关键。"只要我们依然将国家视为仅仅是维持个人权利的执行机制，那么自由主义就无法令人信服地谈及诸如公民权和公共善这样真正的政治话题。"(第 x 页)

为了从不同的角度来看待国家，我们必须认识到，其机构上的结构事实上是内在于社会主体的。史密斯再度提出了黑格尔主义的法律概念，借由这个概念，国家的权力不再被视为强制，法制也不再被视为命令(command)。命令是异于或者外在于主体的,但法律是内在于主体的:"法律表达了主体的意志,它们就是为主体量身打造的。"(第147页)同理,社群主义的**法治国**(Rechtsstaat)与**权治国**(Machtsstaat)有所不同,因为前者"有能力创造出可以取代强力的政治性的机构和情感"(第160页)。法律和秩序内在于社会主体,因为社会机构是形成主体本身的"伦理语境"。传统的自由主义认为秩序外在于主体;因此自由主义的公共机构的角色就是调和源自社会主体的自主形成过程中的冲突。在这个意义上,黑格尔主义代表了一种更为彻底、更为丰富的自由秩序。它也能够将秩序视为内在于主体的生产,因为公共机构在主体本身的形成过程中起到了根本性的作用。因此,黑格尔主义对自由主义的改良是主体的法律化(juridicalization)——这不是说主体为法律所限制或约束,而是说法律条文本身就内在于主体,并且构成了主体。

这里国家就作为一种伦理上的统一体和强大的代理人出现了。刘易斯·辛奇曼(Lewis Hinchman)将社群主义对自由主义的批判,以及支持强势国家的论述带回到了美国传统,重启了与杰斐逊和汉密尔顿相关的两种理论模型之间的二元对立(见《黑格尔对启蒙的批判》[Hegel's Critique of the Enlightenment],第258-263页)。他论述说,杰斐逊主义的自由派坚信大众德性,因此认为人们可以通过观念和价值的自由市场而实现社会善:道德上的自由放任主义。这是无须国家强力,能够在市民社会中发展出的绝无仅有的一种道德。相反,汉密尔顿—黑格尔的立场则坚持认为,虽然在经济领域我们可以信赖市场,但是在道德领域,并不存在指引社会的"看不见的手"。和谐一致且道德的社会并不会自发产生,人们必须主动去推动;因此,既然"公共善不会自然而然也不会通过利益群体政治中的相互迁就而产生",那么必须进行干预,从而制定"有利于长久公共利益"的政策(辛奇曼,第260页)。史密斯在这一点上表示同意,即自由主义道德危机的答案在于国家的道德规划:"因此国家肩负阐明共同善概念的重任,而传统形式的自由主义似乎无法做到……国家不仅是相互竞争的利益群体之间的中间人,同时有着如下积极作用:提倡某种生活方式,推广某种更具实质性的人类繁荣概念"(第233页)。这种对待道德的实用主义的黑格尔主义方法似乎是在号召重新创建一个凯恩斯主义的国家,在这个国家中,道德条例要完全取代经济条例。道德性的计划者—国家(或者说,道德福利国家)的干预是避免自由主义以混乱的自由市场方式处理价值问题所带来的灾难的唯一方式;是生产出对大规模生产主体性、对发展出和谐统一的价值共同体来说必不可少的稳定性的唯一方式。

因此不足为奇的是,有好多社群主义者会欣赏里跟政府的说辞,如需要道德规划,需要国家干预,以统一全国人民的伦理生活。用里根自己的话说,他的任务是"与如下所有人确立一个新的共识,这些人都接受如下词汇所传达出的共同价值观:家庭,工作,邻里关系,和平与自由"(转引自《洛杉矶时报》[*Los Angeles Times*],1984年2月1日)。布什政府在1988年和1992年大选宣传时所表现出的对道德和家庭价值的关注证明了这个主题具有强大的连续性。桑德尔论述说,自由主义者要大力向"保守主义思想中的共同体观念"学习:"里根呼吁的内容中最为有力的部分就是他对于共同体价值——家庭和邻里关系,宗教和爱国主义——的强调。里根所激发的是对近些年日渐衰退的生活之道的渴望——对拥有更大意义的共同生活的渴望"(《民主党人与共同体》["Democrats and Community"],第21页)。当泰勒提倡

"爱国主义认同"(patriotic identification)的新精神以凝聚国民时,他也是在呼应这种情愫,只不过并没有直接提及里根的筹划(见《话不投机》,第165－176页)。尽管里根的说辞很有前景,但是这些社群主义者却注意到,政府的政策偏向个人主义,因此不足以培养这些"公共德性"(见贝拉等,《心的习惯》,第263页;以及桑德尔,《民主党人与共同体》,第21页)。因此社群主义者构思了一项能够最终实现里根关于国民道德共同体承诺的计划。

这些社群主义对自由主义社会危机的批判所展开的路线,与从《精神现象学》到《法哲学原理》(Philosophy of Right)的发展是一致的。正如主体的深度反思导向了自我—理解,正如它让主体认识到自己究竟是什么,得到发展的**伦理**(Sittlichkeit)也要求我们实现社会中的价值观,去实现已经存在的秩序,这样在**应然**与**实然**之间便不再存在鸿沟。在心理学和社会学的相关版本中,并没有呼吁转变,而只是呼吁承认与秩序安排的过程。如此产生的主体(无论是个体意识还是国家)则是对先前存在的身份的实现。理论上对情境化与自主性主体性探索的解决方案,与政治上对一个社会、一个国民共同体和谐一致的伦理生活的政治探索相辅相成,形成一个持续扩张的辩证论述中的同源性(homologous)过程。这些社群主义者所主张的反思性、情境化的主体性和共同体的概念最终走向了如下命题,即国家是得到充分实现的主体。在地方层面得到思考的共同体无法展现出全面的意义。社群主义者一直将共同体视为我们身份的表达,但从不对这个"我们"给予特别的具体说明。事实上,如果我们试图基于具体的共性(commonalities)——汽车工人共同体、男同性恋共同体,甚至是女性共同体——从地方层面来看待共同体,那么我们必须采用泰勒的术语将其称为"部分性的共同体"(partial community)。① 这样一个共同体无法扮演完全得到实现的主体的角色,只能在整体中(通过反思)发现自身的身份。这就是为何当桑德尔想要更加精确地论述共同体的性质的时候,只能谈及国民共同体。对"我们"进行定性的唯一方式就是通过对整体的认同——我们美国人,我们程序共和国的公民。国家作为必然性,作为共同体唯一真正的主体,作为对具身主体性的全面实现,而内在于这些论述中。"神自身在地上的行进,这就是国家。"(《法哲学原理》,对第 258 页的补充)最终说来,社群主义对主体理论的执着导向了如下命题:将国家视为唯一得到全面实现且具有自主性的主体。②

---

① 当然,我们应该牢记,这不是使用"共同体"这一术语的唯一方式。例如可以考察"黑人共同体"(泰勒可能会将其认定为部分性共同体)是如何被呈现为具有一定自主性的强大主体,或者在马尔科姆·艾克斯(Malcolm X)的话语中具有分裂可能的强大主体。我们会在下一章回到这个问题。

② 道德和政治理论中的这种趋势与以西达·斯考切波(Theda Skocpol)为中心的比较政治学研究存在契合之处。斯考切波将作为历史社会行动者的国家的(相对的)自主性作为自己经验研究在方法论上的公理,却没有任何规范性或政治性的价值。她的作品从不质疑国家是否自主于社会的力量,国家是否是首要的社会行动者,而只是断言,通过将国家视为自主的主体,我们就能够为社会的历史性转型构建出更好的解释模型。在斯考切波看来,国家自主性的命题不是一个政治问题,而是一个在政治上处于中立的科学研究问题,可以用经验数据进行测试和确证。即便我们接受这个断言,斯考切波的作品和黑格尔主义的命题——国家是自主的和首要的社会行动者——之间的不谋而合也只能创造出相互支撑的氛围。对斯考切波立场的概括,见《把国家带回来:当前研究中的分析策略》("Bringing the State Back In: Strategies of Analysis in Current Research")。

国家对社会的实质吸纳

我们追踪了罗尔斯的著作所启发的两条阐释路线,在过去 15 年中这两条路线产生了突出的影响。虽然两条路线在某些重要方面存在分歧,但是两者都共享同样的筹划,那就是对劳动在构成中的边缘化以及国家对社会的实质吸纳进行理论化。在第一个版本即对罗尔斯的后现代主义阐释中,国家法律秩序的自主性不是通过介入社会力量,而是通过从后者中抽离的过程而确立的。回避的政治方法将法律体系与社会现实分离开,这样权利的问题就可以在平衡抽象的投入以取得普遍平衡的机械过程中得到解决。这种对社会的抽象投射被自动地吸纳进国家内,因为社会拟象中的存在模式是体系自身的产物。因此后现代主义的吸纳具有人工性、机械性的品质。然而第二条路线提供了更为实质性的版本,但这个版本也指向同样的吸纳过程。在此情况下,法律体系不是从社会抽象而来,而是人们想象它会渗透到社会的方方面面。法律遵从国家秩序,构成社会主体,因此社会作为国家秩序安排内的稳定秩序而被创造出来。各种各样的社会主体,"部分性共同体",只不过是国家本身的某些样态(modes),并且只是因为身处整体,在整个共同体,在国家中,才能认识自身或者自身得到认识。在这种情况下,吸纳也是事先给定的,因为部分性社会主体不过是国家的产物。乍看起来,自由主义者和社群主义者之间的争论好像只是重复了法治国的支持者与社会国家的提倡者之间的历史冲突,但深入反思之后我们会发现,这两种立场不过是致力于同一个筹划——国家对社会的吸纳——的两种策略。

正如马克思所预见的资本对劳动的实质吸纳,国家对社会的实质吸纳也标志着社会关系的新时代,因此需要新的社会理论范式。在我们看来,当我们认识到市民社会的概念已经无法再占据其曾经在诸多现代国家理论中所处的核心位置时,这种理论境况的新颖性就最为明显。市民社会的概念在政治历史中可谓言人人殊,这里无法对其复杂的演化过程进行综述。① 对我们的论述意图来说,注意到黑格尔在这个概念中所引入的某些要素已经足够。在黑格尔的概念系统中,市民社会是无组织的社会——经济与法律交流、对抗以及冲突得到表达和组织的活跃场所。最为重要的是,它是组织劳动力和形成同业公会(laboring corporations)的场所(《法哲学原理》,第 250 – 256 页)。黑格尔认为同业公会这种组织具有直接的教育性,因为进入关系中的特殊利益能够进入或者被吸纳进普遍性之中。这是黑格尔在耶拿时期所见到的作为从具体劳动向抽象劳动转变的同样的教育过程,在这个过程中具有单一利益的野兽被驯化在普遍性之中,这样其力量就可以得到利用(《耶拿现实哲学》第 2 卷,第 268 页)。伴随着生产的过程,市场上的交换行为以及法律的应用和实施都执行了这种教育的职能——让个体遵从普遍性。市民社会中的法律与经济机构

---

① 关于政治理论史中市民社会概念更为详细的讨论,见奈格里,《巡视市民社会》("Journeys Through Civil Society"),收入《颠覆的政治:21 世纪宣言》(*The Politics of Subversion: A Manifesto for the Twenty-First Century*),第 169 – 176 页;以及《野蛮的反常》(*The Savage Anomaly*),第 136 – 143 页。这方面比较有用的文献还有博比奥的《葛兰西与市民社会概念》。

突出了如下的接合路线（lines of articulation），国家正是沿着这些路线，才可以处理并修补资本主义生产与资本主义社会关系所制造出的对抗；这也是开启了最终导向国家的社会辩证法的展开调和的公共空间。因此市民社会就是作为普遍利益的代表的国家，吸纳外在于其秩序的特殊（singular）利益的场所。从这个意义来说，市民社会是形式吸纳发生的地方，是国家进行调和、规训以及修补外在于其统治的社会对抗的场所。

然而，正如我们所考察的后现代与社群主义理论家所表明的，国家不再通过市民社会的机构来处理外在于它的社会力量。当我们考察制度性的工会——在黑格尔的分析中是市民社会最为突出的组成要素——的命运，这种转变就更为一目了然。在很多方面，在整个20世纪上半叶，制度性的工会并没有构成劳动与资本之间、社会与国家之间根本性的中介点。集体协商机制在体制和社会契约的再生产中有着优越的地位（见第三章《抽象劳动模式具体化的前提》部分）。制度性的工会和相关政党起到了双重作用：为工人提供影响国家以争取利益的平台（从而有助于国家统治的正当化）；同时对劳动力施行国家和资本的规训与管控。近些年来，国家与制度性劳工以及集体协商机制之间的辩证法已经逐渐退出舞台（见本章之前的部分《新自由主义的强势国家》）。在实质吸纳的社会，这种辩证法不再起到核心作用，而资本也不需要在生产的中心去处理或者代表（represent）劳动。社会资本似乎在自主地再生产自己，就好像它已经摆脱了工人阶级，而劳动在体系中隐而不见了。其实，真正被吸纳的是由国家本身所生产出来的社会的拟象。国家不再需要进行合法化并施行规训的调和机制：对抗消失了（或者说隐而不见了），正当化也成了同义反复。实现实质吸纳的国家不再关注调和,而是关注分离(separation),因此作为社会辩证场所的市民社会机构逐渐失去了重要性。① 不是国家消亡了,而是市民社会消亡了!

国家不再首要通过规训性手段,而是通过管控网络来进行统治。就这个方面来说,德勒兹在福柯作品中所识别出的从规训社会向管控社会的转变完美地对应了马克思所分析的从形式吸纳向实质吸纳的历史转变,或者说前者是后一种趋势的另一种表现形式(见《管控社会后记》)。管控社会的特征是封闭或机构,它们是市民社会的支撑骨架;这些封闭定义了社会空间的划分方式。如果说在之前的主权范式中,国家与社会生产维持了一定的距离,或者说保持了一定的区别,例如,通过对生产进行征税而进行统治,那么,在规训社会中,国家通过消灭与社会生产的距离,通过整合或者吸纳社会生产——也就是说不是通过征税,而是通过组织生产——来进行统治。从这个角度来看,工厂或许就是市民社会中具有范式意义的封闭机构。构成工厂的规训性部署既让工厂工人臣服,同时也将他们主体化,让他们同时成为统治与反抗的场所。社会中的工厂空间为国家在其结构内组织和修补外在的社会生产性力量提供了渠道。由机构所定义的社会空间划分像触角一样蔓延至整个社会,或者如德勒兹所说,就像是社会空间中田鼠的洞道。

---

① 吊诡的是,实质吸纳总是意味着一种彻底的分离。在实质吸纳而非形式吸纳的过程中,被吸纳的不是外在于体系而是体系所固有的内容。这个过程剥夺了体系用于处理外在于自身内容的机制,从而强化了体系的自主性或分离。我们会在第七章回到实质吸纳与分离之间关联的问题。

260　　然而德勒兹指出,这些社会封闭场所或机构普遍处于危机之中。我们或许可以将工厂、家庭以及其他社会封闭机构的危机理解为各种各样社会围墙的逐步坍塌,从而留下社会真空,就好像市民社会原本隔开的社会空间现在被抹平为一个自由空间。德勒兹提议说,或许应该将封闭机构围墙的坍塌理解为曾经在整个社会的有限领域内运作的逻辑的普遍化,这种逻辑像病毒一样传开。在工厂内得到完善的资本主义生产逻辑如今已贯彻到所有形式的社会生产中。这种逻辑同样也适用于学校、监狱、医院以及其他规训性的机构。社会空间是平滑的,但不是说已经没有了规训性的空间划分,而是说这些划分已经在整个社会普遍化了。① 不是说社会空间已经不存在规训性的机构,而是说到处都充满了管控的调节。国家对于社会的吸纳不是形式性的,而是实质性的;这种吸纳不再需要机构的调节和组织来达到规训和统治的目的,而是直接通过社会生产的永恒循环,来让国家运作起来。我们无法再使用结构和上层建筑的隐喻,虽然这个隐喻对市民社会中的调和机构的概念来说至关重要。田鼠犬牙交错的地洞形象(一度被视为规训社会结构的典型特征)在新的场域中已经无法说明问题。德勒兹写道,能够概括管控社会平滑空间特征的,不是田鼠结构化的通道,而是蛇的不断蠕动。很显然,在市民社

---

① 德勒兹和瓜塔里小心翼翼地指出,社会空间的平滑化并不会带来社会划分的消失;恰恰相反,在平滑化的过程中,社会划分的要素会"以最为完善和最为严厉的形式"重现(《千高原》[*A Thousand Plateaus*],第492页)。从某些方面来说,封闭机构的危机导致了社会的极度分化(hypersegmentation),并且与后者同步发展。

隔开的空间之间所展开的反抗,在这个新的统治模式的光滑表面上已没有了立足之地。

这个新境况的一个后果就是,当下我们认识得更为清楚,任何社会主义改良主义的策略都将是彻底的徒劳(见第七章《法律改良主义的幻象》部分)。例如,某些对葛兰西的流行阐释依然将市民社会视为解放的空间,视为约束并掌握国家镇压性权力以服务于"大众"或"社会主义"目标的空间。① 在此语境下,葛兰西的作品被视为对黑格尔关于市民社会概念的发展,这个概念强调在这个领域中开启的不仅有经济交换还有文化交流。然而葛兰西的市民社会概念并非对黑格尔概念的线性发展,而是有效地颠倒了黑格尔所认为的市民社会与国家之间的关系,如此一来,市民社会就不是被吸纳在国家内,而是对国家机器行使领导权,并将国家置于其统治之内。黑格尔让市民社会臣属于国家,如今这种关系被颠倒过来,这样国家得到保存,但是却臣属于市民社会相互关联的多元的利益。由此而产生的政治多元主义就相当于各种社会力量在文化—意识形态上的自由市场,这些力量因为交换的机制而欣欣向荣,同时维持着现在臣属于人民意志的国家结构。

---

① 之前我们探讨了在20世纪60和70年代,尤其是在英国和法国,非常流行的新葛兰西主义国家理论(见第四章《当下的理论状态:新葛兰西主义变体》部分)。前沿且简洁的对新葛兰西主义视角的应用,见鲍勃·杰索普,《资本主义国家》(*The Capitalist State*)。在20世纪80和90年代更为流行的葛兰西主义的版本是"后马克思主义"性质的,其最典型的代表作品是拉克劳和穆夫的《领导权与社会主义战略》(*Hegemony and Socialist Strategy*)。

这种阐释是否符合葛兰西思想的核心,这个问题我们暂不讨论,但应该清楚的是,从我们的理论讨论以及我们对政治事态的实际状况的分析来看,这种改良主义的政治视野严格来说是空想性的。换言之,没有其得以存在的空间和位置。这正是我们之前所分析的两种自由主义理论(后现代主义的和社群主义的)在它们对当下国家—形式进行概念化时,都坚决同意的观点:市民社会不再存在;国家不再需要它来调节和修补对抗,或让其统治正当化。更为准确地说,事实上,如果说市民社会还存在,那么它只是作为虚拟的投射而存在,存在于自创生的国家体系的循环性内,而外在于国家的现实存在的、对抗性的社会指涉物(referents)却被回避的手段排除在外。也就是说,市民社会的的确确被吸纳进国家之内。管控社会的平滑空间以及实质吸纳的紧密整体(compact whole)已经超越了为社会主义策略提供了立足点、让社会主义理念成为可能的渠道或调和性机构。

当我们宣称社会主义改良不可能,揭示资本主义国家不断增长的力量和自主性,并且追踪管控范式的逐渐浮出水面,我们绝不是在发出绝望的信息。通过对当下某些最为流行的理论家的解读,我们试图为当下国家—形式的形象描绘出一个清晰的轮廓。这只不过是等式的一边。马克思和恩格斯写道:"这个曾经仿佛用法术创造了如此庞大的生产资料和交换手段的现代资产阶级社会,现在像一个魔法师一样不能再支配自己用法术呼唤出的来自地下世界的力量了。"(《共产党宣言》,第39页)我们已经看过了魔法师的法术;现在我们必须下到地下的世界,把握到从其深处所释放出的力量所蕴含的主体性和生产性形象。

第七章

创构力量的潜能

Potentialities of a Constituent Power

现实存在的社会主义的危机：自由的空间

"现实存在的社会主义"（real socialism）——即在苏联和东欧国家现实存在过的社会主义——在其发展过程中，并没有构成与资本主义所发明的政体具有实质差异的政体形式。或者更为准确地说，仅仅就采纳这种政体的资本主义发展阶段与资本主义民主国家所主导的发展阶段有所不同而言，该政体才表现其特殊性。这种政体与很多第三世界国家的政体并无不同，尽管后者受到西方民主大国的保护——这是由"发展阶段论"（无论是斯大林还是沃尔特·罗斯托[Walter Rostow]所提出的）所提出的"发展的政府"（government of development）的典型形式。事实上，从资本主义发展的角度来看，现实存在的社会主义取得了成功：它将在经济发展边缘徘徊不前的全世界广阔地区带进了"后工业"世界的中心，并且极大地推进了世界市场的构建。现实存在的社会主义的兴衰所产生的主要结果之一就是逐步缩小了东西方世界的鸿沟。

我们应该搞清楚，这种经济发展同时也带来了沉重的社会代价。索尔仁尼琴在批判斯大林主义苏联时期的古拉格制度时，他是完全正确的，因为他是从最为彻底的反资本主义和保守的人本主义视角来进行批判的。另一方面，谁要是认为资本主义发展是经济与政治文明所能采取的唯一形式,那么他/她就没有绝对的资格去谴责古拉格。事实上,当资本主义的辩护士们去批判古拉格时,他们其实是在进行浩大的历史洗白工程,既遗忘了过去的资本主义积累,也忽视了当下施行剥削与隔离的"古拉格",越南和伊拉克的残局,以及被资本主义发展所毁灭的恐怖的、荒凉的空间。当罗斯托以其细致的注意力来比较 17 世纪英国原始积累所带来的一系列经济发展,与 20 世纪欠发达国家从欠发达状态向资本主义经济起飞的发展过程时,并没有忘记这一点。就经济发展所造成的破坏来说,这两种对立体系之间的区别也在逐渐缩小。

考虑到现实存在的社会主义带来的结果是缩小东西方之间的差异,令人困惑的是,当下用极权主义的范畴来解读社会主义政权已经司空见惯。当一个国家支持对生产力进行全面的动员并且所有的社会辩证关系都服务于这一动员目标时,这个国家就被视为极权主义的。在极权主义政权下,市民社会完全被国家所吸收和吞没,如此一来,其所有的自主潜能以及自由的权利不是被压制,而是被否定了。在现实存在的社会主义与纳粹主义共生的历史进程中,两者都代表了 20 世纪的极权主义范畴。然而,我们应该认识到,这个范畴在现象和描述上的能力在最好的情况下也是可疑的(事实上,将全面动员人口以开启经济发展与全面动员成熟的资本主义经济以展开扩张主义的战争等同起来,这似乎是种精神错乱),绝没有任何启发价值。事实上现实存在的社会主义在其解体的过程中,已经向提倡极权主义概念的理论家们昭示,它并非如他们所宣称的,是从市民社会变成了集中营,而是相反,意味着一个复杂的、动态的以及某种得到阐发的(即便还是组织混乱的)市民社会的出现(在很多方面是全新的),意味着生产性和民事的动乱状态导致了开放的、革新性的和创构性的事件序列与另类选择。事实上,即便极权主义的概念能够把握现实存在的社会主义中的某些压制性特征,但是它把这些特征普遍化了,而且对真正改变这些社会的现实的运动和革新完全视而不见。

因此我们的论点是,现实存在的社会主义代表了融入市场的过程,因为在这个过程中,市场得到建构,市民社会达到了欣欣向荣的程度。这是以加速和扩张的形式完成原始积累的过程,强有力地实现了资本对社会的"形式吸纳"。在70年的过程中,不考虑阻碍并且严重削减发展时间的激烈的国内国外战争,现实存在的社会主义国家已经脱离第三世界,跻身第一世界。这是一个实实在在、惊天动地的成功,这种迅猛发展是资本主义国家的历史所无可比拟的,也是资产阶级的经济学家和政治家不得不心生佩服的。在构建市场与市民社会方面,资本主义远没有"现实存在的社会主义"国家高效。举例来说,在短期内,从20世纪20年代中期到30年代末,从50年代到70年代中期,现实存在的社会主义国家所实现的经济增长速度,是20世纪70和80年代所谓的四小龙国家也无法相提并论的——尽管相较于苏联,这些国家的剥削水平更高,工资水平(包括福利)要低很多。

论述至此,当我们想到在1936年,即现实存在的社会主义发展中期,安德烈·维辛斯基(Andrei Vyshinsky)①改革正式将苏联的法律体制确立为法治国(a rights State)的时候,我们不知道是该惊叹还是该愤慨(见维辛斯基,《苏维埃国家的法律》[*The Law of the Soviet State*],特别是约翰·哈扎德[John Hazard]的"导言",第

---

① 维辛斯基(1883—1954),苏联法学家、外交家。——译注

vi–x页)。在这些年巨大的政治变动中,苏联领导层肯定早已将某些人的"幻象"和"空想"弃置一边,这些人——无论是在十月革命之前还是之后——在经济和法律领域,让"共产主义"的逻辑对立于社会主义的逻辑,同时用革命的创构力量对立于资本主义积累的逻辑。这些"空想家"认为,(在这场了解自由的欲望的殊死搏斗中)存在其他反对和对抗古拉格的手段。然而,索尔仁尼琴,坚持极权主义概念的理论家们,还有坚持资本主义、坚持资本主义一往无前的发展和法治国的哲学家、经济学家和政治家们,他们不知道还有其他手段。本章正是要致力于研究他们所"不知道"的反抗与表达自由的手段——致力于在雅典式民主的广场中间,在祭坛前重新定义"未知之神"(unknown god)。

我们的论题应该不会看起来自相矛盾。的确,当我们将现实存在的社会主义的危机视为在实现积累的过程中创构复杂市民社会的后果(这在我们看来是一个有力事实)时,却遭遇了一个处于后现代阶段的资本主义国家中同样重要的现象——这个现象也是在市民社会衰落的语境下出现的:例如,公民与政治的分离,通过拒绝参与民主国家的代议制与正当化过程而重新定义另类的社会空间,提倡新的自我价值增殖形式以及实现社会协作过程的新的场所。换言之,现实存在的社会主义的发展构建了具有政治性和生产性的主体性,这种主体性在缩小历史差距的同时,也表现出了与西方世界(在有着同样问题的法治国的中心)同样水平的制度危机。在两种制度危机中,现实存在的社会主义中的新公民是成熟资本主义旧公民的分身(doppelgänger)。

始于20世纪30年代的现实存在的社会主义与资本主义民主政体的合流是一个线性过程,虽然同时也是一个充满矛盾的过程。苏联创构力量的两难性——一方面为欠发达的境况所决定，另一方面为建设共产主义社会所决定——已经消失，至少部分是因为领导人的背叛、群众的厌倦、敌人的仇视、国内外战争以及世界市场的敲诈勒索。人们不再将过渡过程视为共产主义，而是社会主义性质的，而社会主义被化约为克服不发达状况以对抗成熟资本主义的简单任务。因为刑法和古拉格，共产主义被抛出了乌托邦的轨道。尽管在20世纪早先时候，苏联预见了资本主义国家的发展，将自己打造为一个计划者—国家，并且因为这种预见而抛弃革命的希望，而今天，是处于后现代时代的资本主义国家预见并且挑战了处于危机中的前苏维埃国家。无论如何，在这个新的对抗中，出现了等同的问题和境况的一致性。得到改写且超越稳定化框架的是革命的一般问题，这个问题早已与两种政权间的冲突毫无关系，而现在则是在两种社会境况内都得到新的发展。

为了恰当地评估这种转变，以及两种政权趋于等同的过程，我们必须更好地对东西方所出现的问题的共同性质进行定义，即澄清在我们对后现代法律分析的内容中，所出现的分离（separation）与自主的主题（见第六章）。东欧国家的社会斗争是制度危机中的基础、动力以及决定性要素。这些社会中的"极权主义"（即便有独裁性）是如此微弱，以至于社会斗争将它们推向了灾难，也许同时也是革新的边缘。我们的意思是，我们应该首先认识到，社会运动通过新的、非典型的实践——缺勤和拒绝，逃逸（flight）和出走（exodus）——表达了它们颠覆性的力量，然后才有可能理解危机。反抗——在其他时段积极涌现出来但后来被压制的反抗（如1956年和1968年的反抗）——在拒绝和出走的群众组织中变得所向无敌。这并没有表现出传统意义上的另类的肯定形式。斗争的有效性在独立与分离过程所表现出的动摇和解体（destructuring）的力量中得到展现。在现实存在的社会主义背景下，出现了没有记忆、没有意识形态的共产主义。群众协作的运动是在没有记忆的情况下得到组织的，有的是出走的决定和致力于解放的实用的秘密活动。是抽离（subtraction）、逃逸以及拒绝推倒了柏林墙。这是一种撼动了官僚机构和克里姆林宫的社会罢工。当这种政权的内核都撤走，且无产阶级的独立采取出走的形式，那么内爆就发生了。

在此语境①下，社会主义关于过渡的理论和迷思就完全打破了，恰恰因为这些理论和迷思奠基于处于生产过程中的资本主义发展的连续轨道；革命被视为一个阶级（和/或这个阶级的代表）替代另一个阶级的过程，目的是发展从而对权力和资本进行管理。从这个视角来看（1936年在苏联维辛斯基的宪法改革，或者1945至1948年之间的诸社会主义共和国的宪法改革，所表现的正是这个视角），在法律上可以将革命理解为对物质构成（material constitution）（无产阶级专政）的修正，而无须改变国家的形式宪法/构成（资产阶级专政）。在后来的若干年中，这种论断即持续性不是线性而是辩证性的，或者说这种强调（就对否定方面的压制来说），即对正当化的社会基础的所有修正都会让国家的性质完好无损，都不过是修辞上的粉饰而已。社会主义过渡的法律理论和实践所给出的最后一种神秘化为另外一种辩证预设所支撑：无产阶级（被赋予了普遍性和掌握领导权的能力）成为积极的动力，即成为参与改革和发展的当事人。然而，在这里，超载的骡子

---

① 指苏东剧变的语境。——译注

被压垮了——就在无产阶级掌握领导权的能力不是将自身表现为参与的意志,而是表现为自我价值增殖的独立性和分离的过程的时候。无产阶级肯定的不是参与向社会主义耀眼地平线的过渡,而是一种断裂,是对作为神秘化的参与的谴责,是对自主性的宣告,以及创构一个全新世界的意志。

如果我们现在考察西方,考察成熟的资本主义国家,境况并没有太大差别。在这种情况下,直到最近都在体制性的工人运动与资本主义制度之间的关系中得到表现的参与的辩证法——这种辩证法在国家政策的转变过程中引入了强大的改良主义动力——已经寿终正寝。这种对社会性"集体谈判"的仪式性重复在这里只能带上忧郁色彩。将政党定义为"左派"和"右派"的做法——这种做法辩证地构成了构成性平衡(constitutional equilibrium)——已经成为不知所云的东西,完全失去了作用。作为改良主义和向社会主义民主过渡的最后偶像,凯恩斯主义也寿终正寝。经济生活和政治代议的参与模式也彻底被摧毁。自1917年起,改良主义的正当化机制被用来回应社会主义,甚至在成熟资本主义的国家也是如此(见第二章)。分离的运动摧毁的不仅是当下对这种改良主义的应用,甚至还有对国家辩证性定义的可能性。

如前所述,后现代国家理论就像凯恩斯主义理论一样,也陷入这种困境中。对于时代性转变的感知——这些理论诉诸系统论(systematism)的技术,试图通过寻找一个基于弱势主体的平衡来进行阐释——在现实存在的社会主义的危机所昭示的出走形象的坚固性面前,实际上并不能成立。正当化的弱势实践现在遭遇的是出走——移民、转型的混乱机制以及群众拒绝。这里后现代理论清晰地展示了它们理论脚手架的不牢固。

那么,让我们抛弃在东欧的前社会主义国家和在西方的资本主义民主国内所最初体会到的"超越社会主义"的运动的印象。逃脱现代国家的危机——这种逃脱在历史上和理论上只能通过对国家和诸众创构力量之间的辩证关系进行组织才能得到建构——只有通过国家重构这种辩证关系的努力才能实现。但是,如果这次导致危机的不是被构成的力量,而是创构的力量,且这种力量能拒绝发展并且放弃辩证法,那会发生什么?群众摧毁了社会主义幻象,并且在面对国家的时候,让自己成为分离和自我价值增殖的力量,这意味着什么?当创构的力量的出现不是间歇性和反叛性,而是具有连续性、本体性且不可逆转,就法律和国家问题来说,这种灾难意味着什么?在我们的理解中,出走是当下根本性的政治现实。正如美国国父教导我们的,巨大的创造性能量在出走过程中得到积累。我们能否将出走中积极的内容、创造性的能量视为新的创构力量?在今天行使创构的力量/制宪权意味着什么?

现实存在的社会主义通过其崛起和危机将东方世界带进了西方的核心,并最终破除了对自由的可能替代选项的定义的根本性神秘化。当下东西方世界危机所呈现的形式被定义为从政治领域的出走,被定义为分离和社会性自我价值增殖。最后,存在着对出走的肯定性规定,这可以在法律领域得到定义:这就是创构力量/制宪权,出走的组织和制度。现实存在的社会主义的危机开启了自由的空间,这种空间主要存在于法治国和资本主义民主国。我们现在需要探索这个新的领域。

后现代国家的悖论

为了考察我们所勾勒出的问题,首先来把握后现代国家的某些悖论或许会有所裨益。第一个同时也是最根本的悖论(其他悖论都是来源于此)在于如下事实,即在这种国家形象的理想型中,市民社会的领导权需要在市民社会缺失的情况下起到作用。如前所述,尽管市民社会的现实组成要素已经消退,其意象在更高的层面被再度提了出来。为了肯定市民社会意象的观念的显赫地位,后现代国家取消了任何可能构成实实在在的市民社会的社会辩证关系。后现代国家让所有权力关系都成为扁平的,从而也消灭了所有的社会权力,并且让其只能在国家的形式中找到意义。

正如我们在第六章所见,后现代国家在其结构的所有构成性要素的循环性内,将自己呈现为最为完美的民主的地平线。这些要素得足够弱,这样才能在机构运作的封闭空间内持续得到重构和重新塑形。接下来的推论是,物质构成(由历史性的宪法所预设的一系列的物质与政治条件)与形式宪法(国家的法律与法律结构)之间所有的辩证性对立都消失了。用类比来说,社会中以及国家与社会体(social bodies)之间平衡的契约进程的所有序列都可以认为被耗尽了。后现代政治和法律取消了辩证法,并且将所有的危机形式都从国家—形式的现实运作的地平线中清除了。因此,随着社会辩证法的所有现实甚至是表象(semblance)的消失,政治完全摆脱社会,获得全面的自主性。市民社会只能在政治的形象中存在。尽管有人可能会将这种转变视为忧郁(如利奥塔)或游戏(如鲍德里亚)的经验,但社会域的消失以及政治域的全面统治化(totalization)被视为资本主义发展的必然结果。从这个视角来看,后现代性代表了对传统马克思主义愿景的奇怪且令人意外的重复,因为它在成熟的资本主义社会中看到了国家的消亡——或者更为准确的说法是,市民社会转变成了相安无事的政治形式。

后现代国家的核心悖论在定义国家—形式的所有单个概念中都会得到重复。这对无论是以系统性的(systematic)(或新契约性的[neocontractual])国家形式还是以社群主义形式得到呈现的国家来说,都是如此——在这两种情况下,"正当性""代表性"和"责任"的概念都受到了最大程度的抹平化(flattening),在完全扁平化的层面上被使用,从而被化约为循环的和自定中心的(self-centering)机制的功能。所有的社会辩证法都被取消了;民主实现了;历史终结了。

在国家与法律理论所处的后现代阶段,正当性的概念似乎成了权力理性化(在韦伯的意义上)的极端形象。所有传统的(或者说,社团主义的和契约性的)正当性的残余,同时还有所有卡里斯玛(或者说,帝王的和平民的)特征都失效了。法律义务——在政治思想史中总是被作为共识与权威之间的中介——不再构成问题:后现代民主正当化是对共识与权威的完美综合。如果异常的或者对抗性的社会行为出现,它们就会被纳入犯罪行为的观念。在相安无事的社会的法律之外,这些行为只能是病态和恐怖。至于说权力,它只能以民主的方式得到定义,只是民主性;什么也不能有所逾越,什么也不能逾越民主的理性。

对代议的概念而言同样也是如此。成熟的资本主义国家所知道的用于组织人民代议的两种体制,即政党代表的体制和社团主义代表的体制,已经完全失效了。由政党的社会中介所承担的政治代议已经完全失效了,因为它追求的是在社会(这是与国家不同的现实)中形成的、在国家(这是与社会不同的现实)中被垂直化的、选举政治人员(这是与理性的行政机制不同的现实)的代表机制。这种代议类型适用于现代的自由社会,在这种社会中,资本对社会的吸纳还没有彻底完成。通过社团、工会和游说团等社会中介的手段所实行的政治代议也失效了,因为这种代议依靠的是以线性的方式渗透社会与国家的契约机制,在政治上(不光是在行政上)阐述代议关系。这种代议的类型可以满足社会民主主义社会的要求,在这种社会中,资本和国家对社会的吸纳还只是形式的,而且并未彻底完成(换言之,社会并不是由资本和国家所事先规划的)。社团主义的代议依然会在国家与社会的关系中激发出垂直的维度;即,政治性还没有完全在后现代性的系统性、理性和行政性的领域中被抹去。然而,它正在逐渐消失。

　　责任的概念也经历了类似的转变。和正当性的概念一样,责任的概念也要在完全被抹平的、向心的理性范围内得以形成。在系统性和社群主义的意义上,责任并不是向外看,它并不会用多神的天堂来对抗由社会所决定的事实性或伦理性领域,而只是会往系统和社群的内部看,而且与其内部场所的规则相一致。责任的伦理完全从属于行政上的连贯性的体系和工具性逻辑后果。因此,在所有这些情况下,政治性的最大力量与社会空间的极端中立化携手同行。社会平衡的概念成为规范性的,并且被呈现为完全得到实现的政治空间。政治对社会的吸收变成社会性空间的撤离。

　　在后面的内容我们还需要深化对这些现象的分析,但目前我们可以观察到这些机制的某些后果,主要是就它们与代议主题的关系而言。"社会空间"的消亡,当下"政治市场"要在管理的强大必然性中得到解决的持续强化的趋势,这两者都要求提出替代的解决方案,或者更准确地说,提出对代议的过度决定和模拟的解决方案。如果政治代议持续运作,但是却在社会中缺乏坚实的基础,那么这种空白必须通过建构一个能够代替市民社会机制的人工世界来填补。所谓的信息社会的新的传播进程推进了这个目标。民主社会的发展所熟悉的机制在此得到了重复:从对群众的民主代议向代表们生产自己的投票者的转变。通过社会的中介性操控,如改良的民意调查技术,社会监视和管控机制等,权力试图预先规划好自己的社会基础。社会通过用于主导转型的动力和简化现实复杂性的中介性和传播性的操作,而被消毒(aseptic)了。集体身份的危机以这种方式被推向了极端;个人主义被作为最高的价值,而对抗则被压制或削弱历史与社会事件的补偿机制所操纵。社会必须根据权力的节奏而起舞,任何不和谐的声音,任何杂音都必须化约为和谐的中心,在其中权力在任何情况下都在制定自己的规则。共识的消极性成为根本性的法则;削弱社会空间是政治空间的常态;政治空间生产社会事件,后者生产社会动力并创造共识;最后,社会通过传播上的过度决定和替代而被消灭。正当化以及行政和政治责任的概念都在同一磨坊中被碾碎了。

综上所述,后现代的法律和国家规划是对民主进行神秘化的强大手段。当它假装将权力浸没在社会中,并且将市场作为政治的唯一基础时,后现代规划在国家的最高形象中将权力彻底化了。论述至此,我们需要进一步考察以发现这种有效的神秘化如何可能,并且认清是哪些社会基础制造出了这种神秘化以及它们如何让其产生效力。

后现代国家的社会基础和共产主义的现有前提

这些现象的基础到底是怎样的社会转变？我们该如何理解无产阶级的出走和后现代的国家形式？是否存在将阶级构成的转变与国家—形式的形成联系在一起的单一根源？为了回答这些问题，我们必须后退几步，立足于阶级间的斗争和社会构成的转变，去审视将我们引向当下境况的历史进程。

在我们看来，最近转变的历史应该以 1968 年的诸多事件为中心。在那一年，工人对工厂劳动的组织以及劳动的社会分工所发起的进攻达到顶点。工人们——直到那时他们在工厂和社会中，依然受到泰勒制、福特主义和凯恩斯主义生产方式的严格管制——在国际层面发起了一波又一波不断壮大的斗争，共同撼动了资本主义对社会再生产的兼容性和均衡性。我们可以化用黑格尔的说法：在 1968 年，活劳动这个凶猛野兽扯碎了所有规训性的制约。因此有必要去驯化它。1968 年过去不久，资本（同时还有国家，无论是资本主义性质还是社会主义性质的）与劳动之间的关系进入了新的时期。这个新时期具有四个特征：

1. 消费的规范开始脱离福特主义的工资计划，回归市场法则。在这个意义上，一种新型的个人主义登场了——可以选择用于再生产的商品的个人主义，但是在很大程度上为社会生产和交往组织的集体结构所决定，这种新的个人主义就是在这种结构中得到发展和承认。

2. 调节的模型超越了作为凯恩斯主义计划政策基础的国家边界。它们扩展到国际层面，并且持续受到世界市场的货币政策的调节。

3.因为工厂的自动化和社会的计算机化,劳动过程得到了根本性的改变。很快,生产性劳动从核心位置上被置换掉了,在资本主义组织社会的整个历史中它一直处于核心位置。

4.在新的机制中,劳动力的构成得到了彻底的改变。工人不再是资本家购买然后投入集体生产过程的个体;他们已然是个具有社会性的生产性共同体。他们的劳动的实体变得越来越抽象、越来越表现出非物质性和智识性,他们劳动的形式则表现出灵活性和多功能性(polyvalent)。社会完全臣服于资本生产的必然性,但同时社会也越来越被构建为劳动的社会——这种劳动在社会上互相勾连、各自非常复杂、能够自主增殖。

在1968年之后,我们步入了工人阶级的社会构成与政治构成的新时期。在生产领域中涌现出了新的形象,最开始还只是一种趋势,但在后来的岁月中,它占据了统领性的位置。新的生产条件和形式,同时还有新的劳动力构成,这一切推动了我们所称的"社会工人"的出现,这个主体的特征是同时从事物质和非物质的劳动活动,这两种活动通过高度发达的劳动协作而在社会和生产的网络中整合在一起。①

在这个社会关系的新时期到来之前,是围绕着"拒绝工作"而展开的工人斗争和社会斗争的漫长阶段。这种拒绝表现为:(1)在个体层面上,拒绝让劳动听命于机器大工业的规训和工资体制;(2)在群众层面上,拒绝泰勒制工厂内的抽象劳动与由福特制社会关系体系所操纵的需求体制之间的关系,(3)在一般层面

---

① 关于社会工人概念的详细探讨,见奈格里,《颠覆的政治:21世纪宣言》。

上,拒绝由凯恩斯主义国家所规定的社会再生产的法则。为了理解我们所步入的关键历史时刻,我们必须考察斗争的积极内容,以及在这些斗争内得到决定的"拒绝"的积累。换言之,正如在之前的历史危机中所表现的那样(见第二章),资本主义再度发现了其发展路线,并且通过其对社会斗争的理解,发现了其对生产方式进行重构的道路。它理解了工人阶级的拒绝,并且试图组织新的生产方式,以充分回应这种拒绝的特质。

事实上,资本主义在新时期的重构过程主要有如下三个回应方式:(1)对个体拒绝工作的回应,资本在工厂中引入自动化;(2)对集体拒绝、打破联合性劳动(associative labor)的协作关系努力的回应,资本推进生产性社会关系的计算机化;(3)对一般性的拒绝工资的社会规训的回应,资本引入消费体制,这种体制由将企业放在首要地位的货币流所控制。然而,这个新时期并不是由这些资本主义转变所决定的,而是如下事实所决定的,即这种再结构化——即便在对这种再结构化最为复杂的施行过程中——并没有再度成功地实现后工业生产的平衡性综合。生产性群众在1968年之前所展开的拒绝的强度,以及这种拒绝在社会或直接的政治领域中的影响,在再结构化时期还在延续。当下后泰勒制的、后福特主义的以及后凯恩斯主义的工业再结构化尚未终结。它尚未成功地制造出一种在强度上可以与之前的资本主义再结构化等量齐观的平衡,如其在20世纪30年代在面对专业工人向大众工人转变过程中所做到的。① 新时期的特征在于资本主义再

---

① 20世纪30年代资本主义重构涉及从"专业工人"向"大众工人"的转变,后者成为劳动主体的统领性形象,相关分析见第二章。

结构化与工人阶级新的构成即新的社会化劳动力之间的不相称。

在生产方式(作为不同且对抗的主体在其中产生关联的形式)于当下的发展境况中,我们可以描述我们所称的"共产主义的现有前提"的一系列行为。这是我们借以理解工人从资本主义统治关系和后现代国家形式中出走的唯一基础。共产主义的一个现有前提是生产方式内的集体决断,在这种决断的基础上,反对工作的斗争的后果和趋势为那些在劳动过程中受到剥削的人所汇集。在高度发达的社会中,在劳动过程和机构内,已经存在很多这样的现有前提。如果的确如我们前面所宣称的那样,即现实存在的社会主义死于其体制内的资本主义残余,那么资本主义社会似乎唯有通过阐明作为共产主义萌芽的要素而存活下去。但为何我们将这个显而易见的事实定义为趋势?为什么我们用"现有前提"以及"共产主义的现有前提"来命名在资本主义生产方式内所积累的集体斗争的后果?而这些斗争在资本主义的法律—政治结构和社会—经济结构内同时展开。在我们看来,将这些现象置于这个视角下是恰当的,因为它们似乎在结构上由如下三种属性所决定:集体性,不可逆性(irreversibility),以及对抗与危机的互动关系(a dynamic of antagonism and crisis)。我们所解读的趋势就是源自这三个特征,正如运动来自发动机——这里没有什么是绝对必然的。我们所说的集体决断,指的是工人诸众通过(劳动、利益和语言的)交往和协作这些更为严格的范畴而结合在一起。我们所说的不可逆性,指的是它们构成了表现为不可避免的社会生活的前提,即便在灾难的情况下也是如此。如此一来,历史的集体性集结的要素成为关键的制度环节,而一群矛盾性和冲突性的集体意志成为本体性的,成为存在的一部分。这些决断尽管在本体的层面上非常稳固,但依然充满矛盾。反抗剥削的斗争依然与这些决断相矛盾,虽然前者生产出了后者。斗争让它们保持开放,甚至于在整个体系的地平线上提出潜在的危机。

我们可以在福利国家的机构中,看到正在运作的现有前提的初步例证。正如我们在本书前面章节所论述的,福利国家的社会机构是社会斗争的产物,这些斗争逼迫国家通过制度性的妥协,在其核心处接受对有组织的集体利益的代表,有时这些利益与国家是对抗性的。① 这种代表用于推进社会收入平等分配的趋势,总是处于集体利益全面压力的监管下,已经成为坚实的制度现实。这些制度性现象对缩减的拒绝被如下要素进一步强化了:贯穿其开端的权力关系的网格,不断出现的利益冲突以及颇为吊诡

---

① 将福利国家的机构阐释为社会斗争的结果,这种分析在近年来争议很大。首要的挑战来自以斯考切波——她基于作为社会行动者的国家的自主性,提出以国家为中心的阐释——为核心的群体。例如见埃文斯(P. Evans)、鲁施迈耶(D. Rueschemeyer)以及斯考切波所编的文集《将国家带回来》。最近关于新政时期美国福利政策和机构的确立的辩论,就这方面来说非常具有启发性。这场辩论的主要贡献者包括:布洛克(Fred Block),《统治阶级并不统治》("The Ruling Class Does Not Rule");斯考切波,《对资本主义危机的政治回应》("Politcal Response to Capitalist Crisis");戈德菲尔德(Michael Goldfield),《工人起义、激进组织与新政劳工立法》("Worker Insurgency, Radical Organization, and New Deal Labor Legislation");以及斯考切波与芬戈尔德(Kenneth Fingold),《解释新政劳工政策》("Explaining New Deal Labor Policy")。对基于如下命题——福利国家是民主的阶级斗争的产物——所展开的理论视角的简洁清晰的解释,见米什拉(Ramesh Mishra),《资本主义社会的福利国家》(*The Welfare State in Capitalist Society*),第 114－116 页。

的、机构自身的惰性。简言之,这是整个体系中机器的全面性所造成的后果。我们在最近20年的新自由主义反革命进程中见证了资本主义国家中的这种不可逆性(见第六章《新自由主义的强势国家》部分),我们也能在现实存在的社会主义的危机中认出这一点。政治科学以及对民法和宪法的研究因为这些现象的关系,也不得不改变自身的科学地位,抛弃其传统的形式主义,并且让自身的分析过程去关注斗争和机构的持续渗透。随之而产生的控制动力被引向将社会与政治的可交换性和不可分辨性置于首要地位的领域。因此政治科学就不过是个人和集体主体的社会流动性与因为前者而产生的制度性本体论之间的交叉部分——治理过程就是建立在这个基础之上。全面性(comprehensiveness)和僵化性(rigidity)混杂在一起;任何一个治理行动都有改变社会生产与再生产整个体系的风险。这正是不断开启危机且定义不断强化的矛盾序列的运动。事实上,集体利益的确定矛盾——这种矛盾不可逆转地奠基于制度层面——只能通过集体手段得到解决。

就古典经济学及其批评者来说,我们可以说在生产方式发展的这一阶段,任何想要操控必要劳动比例的尝试都会以通过在社会中巩固的固定资本的再生产成本再度出现。当然,这个论断**超越**了马克思的分析(即便我们或许可以在其关于趋势的概念中推导出这个论断),但是它也超出了当下经济思想的范围,无论是新自由主义的还是新凯恩斯主义的经济思想。在这些经济流派中,所有社会与经济要素的流动性被假设为政府的前提。然而,我们的论断——如果从对政治机构的批判以及对福利国家分析的角度来看——是,维持社会再生产的政府只有从对资本的集体管理的角度来看,才是可能的。事实上,资本存在的前提不再仅仅是隐蔽地具有集体性,而是非常明显地具有集体性。也就是说,它们不再简单地与集体资本的抽象化相关联,而是成为集体工人的经验性和历史性存在的一部分。

福利国家及其不可逆性(就像乍看起来,现实存在的社会主义某些根本规定性的不可逆性)并不代表它们是资本主义发展中的偏离;恰恰相反,它们构成了新的社会协作、新的且强大的生产的集体条件的真实岛屿,并且在制度层面得到了承认。于是就出现了福利国家的残余存在不断在自由民主国家所催生的危机。因此也出现了这种不可逆性在当下的国家—形式下所持续开启的断裂机制,因为福利国家的规定性对社会共识和经济稳定来说都是必不可少的。这些是共产主义积极的现有前提吗?简单给出肯定的答案是愚蠢的。尽管如此,它们无疑是不断撼动自由主义式或社会主义式国家管理的系统轴心的现有前提。它们是消极革命的现有前提。

然而,更为重要的是可以在劳动形式和组织于当下的演化中识别出来的共产主义现有前提。我们在劳动主体新发展出的生产性协作能力中发现了第二个现有前提。在之前的资本主义演化时期——即在原始积累和"工厂手工业"(在宪法上由旧制度的国家所代表)时期以及接下来的"机器大工业"的组织时期(在宪法上由如下两种形式所代表:现代民主国家从自由主义向社会民主主义的形式转变;而在东欧,通过发展节奏的加速,是社会主义的国家形式),资本主义的历史及其历史功绩主要是对劳动的不断抽象化过程。在不久以前,泰勒制决定了劳动力抽象化的过程;福特制让这种抽象的主体性适应于消费的集体协商机制,将国家(及其公共支出)的基础置于生产机制内;而凯恩斯主义则在社会必要劳动和剩余价值之间提出了一个进步性的比例规划,从而完成了国家组织对抗性社会主体间的持续妥协的重大任务。今天,在有组织的劳动领域,这些关系已被推翻。实际上,在20世纪60和70年代斗争的发展过程中,劳动的抽象化已经超越其主体维度,并且渗透到颠覆的领域(terrain of subversion)中。接下来资本主义的回应必须通过有可能超越劳动抽象化的经济重构手段,来试图将这种新的主体化约为劳动过程的客观性质。

今天我们正处于这种重构的过程中。在从泰勒制向后泰勒制,以及福特主义向后福特主义的转变过程中,主体性和生产性协作不是被视为劳动过程的后果,而是其**前提**。为了优化资本的逻辑、流通的逻辑以及促进产品价值的实现,福特主义所确立的生产与消费间的关系被内化(internalized)了。新的批量生产当然要求全面的灵活性,而工人阶级的"自我制作"(self-making)必须被化约为生产与流通的直接要素。然而在此过程中,生产上的效率事实上从属于工人阶级的自主性和自我激活(self-activation)。"日本模式"的各种变体及其在全世界的命运最终说来,不过是清楚认识到工人主体性具有直接的价值增殖功能。与之形成明显对比的,是在泰勒制处于统领地位的整个时期,主体性只能被当成对抗性的疏离(estrangement)。的确,这种在劳动的组织内对主体生产性功能的接受不是没有强制性的前提的。这种生产性的功能只有从资本主义的视角才能识别出来,即从对传统工人主体性在产业上的整合与否定的角度,无论这种主体性采取的是工团主义还是阶级的形式。然而,只有这些——它们带有对过去不可救药的崇拜(以至于过去被视为无限辉煌的)——才能否定由工人阶级主体的转变所带来的确定性的积极的修正。新的工人的形象是历史性失败的后果,是 20 世纪 60 和 70 年代斗争周期的后果,然而在劳动过程和劳动协作中,新的工人形象已经昭示出对集体性主体性的高度强化。

我们并不忽视难以否认的消极方面,同时也可以追踪劳动协作的进展——从抽象劳动力的对抗到集体劳动力的具体性,后者尚不具有对抗性,但在主体上已比较活跃。在抽象对抗的领域中,工人阶级在其日常生存中维持了协作的价值,后者是在之前阶段中就经历到的。今天,这种协作性和主体性的活动仿佛还处于潜伏状态,主要在劳动过程中展开。矛盾很尖锐,只有当再结构化的过程有所进展时才会变得更为强大。一般来说,我们可以得到结论:活劳动在资本主义企业中得到组织,独立于资本家的操控;只有在后来,而且是在形式上,这种协作才会在操控中得到系统化。生产性协作被置于先于且独立于企业职能的位置。其结果就是,资本的角色不是组织劳动力,而是记录并管理劳动力自主性的自我组织。从这个意义上说,资本的进步职能已走向终结。

在这种情况下,我们也远远超越了只将吸纳进资本的劳动视为具有生产性的古典经济学(甚至及其批评者)的共识。注意到经济学的各种流派如何心力不足地去以不同方式表述后福特主义社会中前所未见的真理——活劳动以独立于资本主义对劳动的组织方式而得到组织——会很有意思。即便有流派把握了这种新的规定性,如调节学派,但也很难更进一步,去理解在升级的对抗的理论中工业整合理论的颠倒。在盲目的客观主义中,有些经济学家依然等待某种神奇的力量将"自在的"活劳动转化为"既自在又自为的"工人阶级——就好像这种转变是个神秘事件,而不是一种过程一样。另一方面,是这一过程中的信息(intelligence）让理论可以摆脱我们用来解释于20世纪70年代初期（与再结构化同时展开）开始的危机的持久性的唯一场所：这也是劳动的政治解放过程得以开始的场所。正是在这里——而且仅仅是在这里，所有生产出的价值得到积累。资本主义企业家的形象逐步后退，越来越成为外部性和带有寄生性质的行为，因此最终集体资本家无法介入到危机之中。尽管在之前的时期，劳动抽象化的发展和生产力的社会协作过程的形成是生产性和政治性的资本主义机器发展的后果，但在今天，协作已经成为发展的独立前提，且先于资本主义机器。在资本主义对社会的生产和再生产进行组织的新时期，主导性的要素是新出现的劳动主体性，这种主体性要求群众自主性，争取自身独立的集体增殖的能力，即相对于资本的自我价值增殖。

为了分析共产主义第三个现有前提，我们必须直接转向主体性的领域，并且触及生产方式转变过程中的消极方面与在这个过程中变得活跃的潜能之间更高程度的关联。众所周知，创造价值的过程不再以工厂劳动为中心。工厂对整个社会的主导地位，其处于价值形成各个过程交汇处的位置，以及直接具有生产性的（男性的、体力的和雇佣的）劳动在客观上的中心位置都正在消失。资本主义生产不再束缚在工厂的高墙内，反抗工厂的力量自然也不再局限于此。认识到这些显而易见的事实并不是要否定劳动价值论，恰恰相反，这意味着通过把握到劳动价值论运作方式彻底转变的分析，来重新考察其有效性。另外，认识到这些显而易见的事实并不意味着对剥削的现实一笑了之，假装在所谓的后工业社会，社会剥削已经不复存在——恰恰相反，这意味着去识别剥削在当下所呈现出的新形式并且指认出阶级斗争的新构型。这意味着首先要追问我们自己,是否转变关乎的并不是剥削的性质,而是剥削的蔓延以及剥削得以发生的场域的性质。只有通过这种视野我们才能见证剥削性质的最终改变,这几乎是从量到质的转变。

新的生产方式的根本性特征似乎由如下事实构成——即技术—科学的劳动是第一生产力,因为它是全面的且在质上更高级的社会劳动综合的形式。换言之,活劳动首先表现为抽象的和非物质的劳动(从质的角度说),复杂的和协作性的劳动(从量的角度说),以及越来越具有智识性和科学性的劳动(就形式的角度说)。这无法还原为简单劳动——恰恰相反,人工语言、控制论技术附件的复杂组合、新的认识论范式、非物质性的规定以及通信机器之内的技科学劳动之间存在着越来越明显的相互融合。这种劳动的主体即社会工人,是一个赛博格,是一个不断穿越物质劳动与非物质劳动边界的由机器与有机体组成的杂合体。① 这种工人的劳动应该被定义为社会性的,因为生产与再生产的关键过程所依赖的一般前提就处于这种劳动的控制之下,而且也要有所调整来适应它。整个社会都被活劳动的这种新构型所开启的价

---

① 多娜·哈拉维的《赛博格宣言:20世纪晚期的科学、技术与社会主义女性主义》是一篇关键文本,在理论上发展了非物质的、技科学劳动主体的概念。这个新的劳动主体也可以在各种各样的社会运动中识别出来,这些运动整合了高端的科学知识和生产能力。其中具有代表性的是抗议对女性身体进行生物医学治疗的女性运动以及质疑艾滋病研究和治疗方法的艾滋病行动。见爱泼斯坦,《民主的科学?艾滋病行动主义和遭到挑战的知识建构》;以及特雷切勒(Paula Treichler),《如何在流行病中生产理论:艾滋病治疗行动主义的演化》("How to Have Theory in an Epidemic: The Evolution of AIDS Treatment Activism")。

值生产过程所渗透和重构;在这个过程中渗透的程度如此之广,以至于剥削表面上好像消失了——或者说,看起来剥削只限于当下社会那些不可救药的落后地区。然而这种表象很容易破除。在现实中,资本主义力量彻底控制了活劳动的新构型,然而它只能从外部进行控制,因为它无法以规训的方式侵入新构型。于是,剥削的矛盾被置换到非常高的层级,在那里,受剥削程度最深的主体(技科学的主体、赛博格、社会工人)因为其创造性的主体性而得到承认,但同时也在其所表达力量得到管理的过程中被管控。正是从这个非常高的管控点,矛盾渗透到整个社会。也正是因为与这个非常高的管控点的关系,整个社会中剥削的场域趋向于联合,从而将所有的自我价值增殖的要素(无论这些要素是从什么样的层级出现的)都置于对抗性的关系中。

于是,冲突就具有了社会性,恰恰是因为技科学的活劳动是劳动的知识人(intelligensia)以及赛博格和黑客的越来越整一化的质(massified quality)。然而,"知识人"不是什么得到重构的先锋队或者领导团体;它是一种在扁平层面上穿越整个社会生产光谱以及生产各个部门的质和主体性。冲突之所以具有社会性,其原因还在于其他所有被剥削的社会阶层的拒绝工作的全部努力都越来越以对抗性的方式,趋同于技科学的劳动,并且与后者相融合。在过去的工人主体性的场所,新的文化模范和新的社会运动在此潮流中得到构成,而过去**通过**劳动获得解放(emancipation *through* labor)的方针也被**从**雇佣和体力劳动**中**摆脱(liberation *from*)①出来所替代。最后,冲突之所以是社会性的,是因为它越

---

① 字面意思为"从雇佣和体力劳动中解放"。——译注

来越处于一般的语言场域中,或者说处于生产主体性的场域中。在社会工人的疆界内,没有资本主义管控的空间。资本所赢得的空间只不过是控制语言的空间,其中既包括科学语言,也包括普通语言。但这并非不相干的空间。它由对正当强力的垄断所保障,而且在没有止境的加速中不断得到再组织。然而由资本主义发展所决定的对工人阶级过去和现在的主体性形式吸纳,以及在密集和极权主义的控制领域内对这些形式进行削减的加速并没有成功。它们不仅没有对旧的阶层的规训性规定实现重构——这反而重新阐明了新的阶级关系组成结构内部的对抗性构型,而且也没有将最高层级的吸纳稳定住,在这种吸纳中,臣服的语言和活劳动所生产出的语言之间的对立可以越来越清晰地构型为独裁和自由之间的对立。

为何在今天,我们在历史中所体验到的资本主义辩证法好像崩溃了呢?对此问题的回应主要由在现象学上得到支撑的确证所决定:在这时候,资本将对联合起来的生产性劳动的控制转交给社会工人,它不再能够负责对发展的综合。社会工人生产出了一种从资本主义发展——这种发展被理解为业已完成的辩证运动——的角度来说无法把握的主体性。对以新旧形式出现的有组织的资本主义剥削的拒绝开启了新的空间,在这些空间中,联合性的活劳动自主地表现自己的生产能力,而自我价值增殖越来越积极地远离管控,直到最后管控得到更新。资本主义管控的组织职能越来越成为寄生性的。社会生活的再生产不再需要资本。在资本主义生产方式之前发展的各个阶段,资本一直主导着协作的形式。当资本不是真正内在于剥削形式,即当资本没有直接推进协作时,它是剥削形式的一个职能。只有在此基础上,并通过资本对生产的安排调度,劳动可以被定义为生产性劳动。即便在原始积累时期——那时资本介入并推进先前存在的劳动联合形式的协作,资本也处于生产过程的中心。这个阶段所推行的协作形式根本上在于切断了传统的劳动主体之间先前构成的纽带。协作,或者说生产者之间的联合,现在在没有资本的组织能力的情况下得到确立;协作和劳动的主体性已经在资本的诡计之外找到了接触点。资本只不过是成为捕捉(价值)的机器,一个幻影,一个偶像。在其周围的,是彻底自主的自我价值增殖过程,这一过程不仅构成了潜在发展的另类基础,而且实实在在地代表了新的创构基础。出走,即这种新的主体性的空间运动和时间上的灵活移动,成为最为根本的反抗形象,这种反抗锐不可当,一往无前,直到自己成为创构力量——成为对新社会的构成。

这里剩下的任务就是重新审视对国家的后现代定义,从而去考察它是如何在根本上奠基于对我们截至目前所描述内容在智识上的承认和在实践上的否认,即奠基于一种有效的神秘化。后现代国家是资本主义的寄生性组织,这种国家无力再组织劳动,不再能够通过市民社会的机构介入和规训劳动。这是用虚构的国家来取代现实的国家。社会范式的转变决定了这种国家的形象,在这种国家内,权力自我中心化的神秘化替代了群众的自我价值增殖与中央集权化的管控之间缺席的关系,替代了两种主体之间明确的分离。

对现代性内部另类选择的反思

让我们暂且将对当下国家形式——后现代国家以及在社会

主义政权解体后剩下的国家——的分析放在一边,将注意力转向去理解这种对现代国家范式的实际修正——这可能看起来是全新且不可逆转的事件——如何由漫长的历史演进所铺垫。当下的革新在现代性的最深处得到滋养。革新之所以产生,是因为对危机的持续调节机制出现了断裂,而现代性正是这种断裂作为自身的根本特征。

现代性并不是西方理性主义的线性展开;它也不是西方理性的天命。这个定义对很多后现代主义者、对庸俗韦伯主义的国家理论家、对实证主义马克思主义的辩证唯物主义者来说是自然而然的,然而却是错误的。从我们在本研究所试图阐发的视角来看,现代性是一个不断革命且永远无法完成的革命的历史:一种矛盾性的发展,在这种发展中,总是存在着可选择项,要么是自由生产力的发展,要么是资本主义生产关系的统治。自文艺复兴革命以降,现代性的主要特征就是对生产力的极大解放,以及对凌驾在人类活动之上所有超验性目标的摆脱,与之相对立的则是对生产力的剥夺,私人财富以及工具理性。翻译成马基雅维利的术语就是,"力量"(virtue)的普遍性对立于"运气"(fortune)独断的特殊性。翻译成斯宾诺莎的术语就是,诸众的力量(potentia, power)对立于国家的权力(potestas, Power)。① 现代理性主义不是可以基于科学进步来描述的持续进程;它是不同合理性之间矛盾的产物,例如,一种合理性坚持在构建历史和生活本身的过程

---

① 奈格里对现代性内部所蕴含的持续冲突进行了分析,见《野蛮的反常》和《制宪权》。关于斯宾诺莎与现代性特别是与海德格尔思想的关联,见奈格里,《斯宾诺莎的反现代性》("L'antimodernité de Spinoza")。

中,强调人类协作所具有的生产能力,而另一种合理性则坚持权力的秩序,以及为了再生产这种权力而对劳动的社会分工所进行的组织。应该在这种斗争的内部来对现代性进行定义,这是关于人类命运本身,关于自由与臣服的逻辑的和伦理的斗争。在现代性最为成熟的形式中,还被定义为一种辩证过程,或者说被定义为对工具性地利用自由来构建组织权力的结构——这些结构越来越具有效力和包纳性——所采取的系统性形式。这种辩证过程是强加在持续冲突之上的超验性压制,而群众、联合起来的劳动所具有的集体的创构力量不断对受创构的权力/宪定权力制造持续的冲突。这个辩证过程将现代性理解为危机状态,而它在超越的层面上对其进行了升华。

我们应该回到危机,在那里我们可以识别出处于持续衰落过程中的超验性解决方案的有效性。我们必须参考现代的政治形而上学,因为这个领域让我们可以在其多重形象中把握现代性定义的难以定论性(inconclusiveness)。在从马基雅维利到霍布斯、从斯宾诺莎到卢梭、从黑格尔到马克思的国家理论中,现代性呈现为二中择一的境况,一条路线是基于活劳动的本体性力量,认识到民主(在绝对的意义上)是唯一适用于在历史中所发展出的生产社会化进程的政治形式,而另一条路线试图在超验性的领域(无论是主权的神圣性,法律上普遍意志的非个人性还是辩证性绝对[dialectical absolute])去剥夺人类协作的活生生的生产性。这个逻辑斗争是实实在在的斗争。协作和民主实实在在地对立于统治和主权。在现代时期,超验性选项的胜利——采取的形式有极权主义国家,也有自由主义国家——依然没有成功消灭贯穿于历史的实质性危机:尽管一直被压制,另一个选项一直都存在。

它不断从灰烬中重生,并且在现代资本主义主权国家的发展中制造了不可化约的断裂性。主权路线的每一场胜利都被迫为协作让出更多空间。从一场革命到下一场革命,现代性的关键进程在这两种选项之间展开。资本的每一次胜利都要为作为其根本性替代选项的联合起来的活劳动留下更多的空间。社会主义革命就是这个过程的象征,同时也是其发展的顶点:这里生产性的群众被给予了主权,而非民主——这对东欧的社会主义和西方的社会民主主义来说都是如此。最后,在今天的现代性的危机中,最为关键的是民主与主权的对立。这个危机并没有否定现代性,而是确凿无疑地解放了其潜能之一,其活生生的生产性的另类选项。后现代国家就其是更新了的对宪定权力和主权的辩护来说,是资本主义所作出的如下努力:承认其危机的前提同时又不用付出任何代价;这是想要摆脱注定失败的战争后果的努力。在现实中,在这种危机中,**另外一种后现代被释放出来**:活劳动的力量,协作的生产力——这种协作在内在性和逻辑的直接性中找到了发展自身的力。这是群众的自主性,同时也是一群生产性和政治性的主体性。

尽管现代性的历史以及我们对于现代性各种各样的概念认识使得我们能够理解这个二中择一的境况,但看起来依然难以把握住这个事件,这个关键点,民主的、生产性的以及协作性的选项正是在这个关键点中得到解放。在我们看来,应该将注意力集中于两场社会性爆炸:1968年轰动整个西方世界的爆炸,它开启了当下资本主义再结构化的进程;另一场是20年之后1989年的爆炸,通过苏联的再结构化进程,颠覆了社会主义世界。在这两场事件中,现代性四分之三个世纪的历史沉淀了下来,展现了这两个理念上的选项所发生的断裂,昭示了新的政治主体确定无疑的出现:通过非物质劳动而得到组织且通过协作而具有生产性的社会无产阶级。这种主体最终具有了享受自由的能力,具有了摆脱主权行使民主的能力——不需要用宪法来对自由进行组织,因为自由就是且一直都是创构力量。这种主体摆脱了神秘化,这种神秘化遮蔽了集体理性让自身拥有自由的能力——因为理性是在协作中和对集体自由前提的持续建构中得到体验的。马基雅维利描述了共同体民主(communal democracy)的运动;斯宾诺莎将民主视为绝对的、完全内在性的治理,这种治理摆脱了所有超验的规范;马克思在其关于历史的著作——主要是在《大纲》——中,在已经具有统领性的劳动力的智识性协作中指认出了新的政治主体性。这个历经好几个世纪的概念从来都不是空想;它总是置身于实实在在的主体性中,并且总是遭遇失败。然而今天它的胜利已不再是空想。

压制性的选项意味着不幸。它直接就具有神秘化的功能而且毫无用处,我们已经认识到了这一点。当诸众在本体层面上被组织起来,统治还有什么用处?

本体论与创构

我们已经宣称了某种社会主义过渡概念以及某种关于历史发展的辩证式前进概念的终结,也定义了在历史进程中动摇现代国家正当化基础的两个选项,现在我们必须重新审视我们的方法论原则并且重估我们理论武库中的库存。在我们的武器中,是否存在着在分离过程中进行构建的方法?是否存在关于集体性主体性和社会关系的非辩证性的创构理论？这些考量直接将我们引向如下问题,即审视过去30年在反黑格尔主义旗帜下所发展出的各种理论在政治上的相关性。① 在现代性的核心,我们找到一个构成了不同于辩证法选项的激进批判传统——从斯宾诺莎和尼采到福柯和德勒兹,这个传统为我们提供了另类政治方法论的开放地域。

这个传统反对辩证法的否定运动,提供的是一个肯定性的创构过程。因此创构的方法论与自由主义哲学传统的方法论存在共同之处,那就是两者都批判辩证法的如下方面:总体性、历史的线性发展和目的论、超验性的共同善主张,以及将个体和自主的主体性吸纳进中央集权化的权威主体内。也许自由主义政治理论最为重要的一个主张就是社会目的不确定性,因此社会的运动应该取决于其构成成员的意志。在这一意义上,肯定性的创构和自由主义的方法论都提供了开放的理论;向另类发展、另类目的开放。

然而,两者的相似性仅限于它们有着共同的敌人。自由主义在政治上和道德上对目的论的拒绝,以及肯定权利相对于善的优先性主张很快就导致在哲学上对本体论的拒绝,因为在自由主义看来,伴随着本体论的是对善的超验性规定以及事先构成的人类行动的结构。因此"道义论"被推举为唯一的可以支撑向多重目的开放的自由社会的哲学立场。这一点标志着自由主义与后现代政治理论之间的真正合流。以这种方式进行论证的自由主义

---

① 对反黑格尔主义一般问题的论述,特别是其与当代法国思想的关系,见哈特,《德勒兹:哲学学徒期》,特别是第 ix – xv 页。

和后现代思想家实质上太过轻易地接受了柏拉图主义和黑格尔主义关于本体论和社会目的论必然存在关联的论断,尽管他们都非常注意拒绝二元对立,但他们却轻易地滑向了另一极相反的立场(关于这个问题见福柯在《何为启蒙》中对"启蒙的'绑架'的拒绝",第42－45页)。拒绝存在理念上的、必然的秩序并不一定要求接受彻底的偶然性;拒绝规定了一个保守、封闭的社会的本体论视界并不一定要求一个道义论的视界。我们不必跳向相反的一极,彻底拒绝本体论,以便去肯定社会目的的开放性。如前所述,现代形而上学和政治的传统并非一个整体,它不是铁板一块,而是包含着两个选项。

若要认识到这个创构性的选项,我们必须从福柯所称的我们自身的历史本体论即社会存在构成的谱系学出发,追问我们如何被构成为知识的主体,我们如何被构成为权力的主体,我们如何被构成为行动的道德主体(《何为启蒙》,第45－49页)。本体论不是关于基础的理论,它是关于我们沉浸在存在以及存在持续的构建的理论。海德格尔在带出(bringing-forth)的操作中,在去蔽或者说在他称之为座架的逼索—集置(challenging-gathering)的过程中指认出了存在(见《技术的追问》,第10－23页)。然而我们关于本体论的概念需要把握这种本体论进程的观念,并且要(避免任何可能的展开的秩序的图式)指明存在展开性的构成所具有的真正的创造性方面。我们对存在的概念认识必须向断裂、不可预见的内容以及事件的生产保持开放。当斯宾诺莎将概念定义为共同概念(common notion)时,他认定它是一种对认识现实的手段的构建——从唯名论的角度来看,但是他在这种逻辑结构中,也认出了导向作为装配(assemblage)、作为筹划的存在的成长之路。构建现实之名也构成了一个认知空间,在这个空间内,存在推进了从欲望(存活的欲望)向协作、爱以及与存在活生生的源泉相融合的转变。主体的装配在逻辑以及科学和艺术中,构建了我们存在成长的参数,构建了存在本身成长的参数。这就好像世界在一系列的思想、行动和直觉——它们在通过世界的欲望和力量对其进行组织的个体和集体的独一性中得到确立——中被毁灭并得到重建。现实的模糊性并没有完全肃清;但乌托邦的时代早已走远。然而,将主体置于与共同性的关系,将共同性置于与超验性的关系,将超验性置于与想象的关系中,而将想象置于与伦理构成的关系中的过程不是空想性的,而是实实在在的。正如罗蒂所言,民主可能优先于哲学,但不是在民主否定哲学的普遍性、肯定了偶然的和相对主义的规范的意义上;恰恰相反,是因为民主肯定了欲望和现有主体的实践本体论重量,并且通过构成共同体、协作和集体主义的不知疲倦、不可还原的过程而推动了社会存在。本体论是民主的展开过程,而民主是一系列行动,是本体论的实践。

因此,关于构成的本体论理论动摇了主导政治理论绝大多数话语的传统选项:如果我们试图将其置于自由主义与社群主义或者现代主义者与后现代主义者之间的争论,那么我们必须认识到,构成理论处于中间,但这不是一种妥协,而是对争辩术语的拒绝——它事实上置换了讨论。或许我们在批判的马克思主义分析的传统中可以更为清晰地认识这种政治的构成方法论。构成问题主要在 20 世纪 70 年代成为马克思主义讨论的组成部分。在以爱德华·汤普森的作品——他在方法论上主要关注工人阶级的自我制造——为中心的英国传统中,在德国的汉斯－尤尔根·克拉尔的作品中,以及意大利工人主义的传统中,构成问题都被提出来,作为对共产主义民主筹划和对工人阶级和生产性劳动转变的分析所进行的新的综合。① 在其中任何一个传统中,对所有辩证方法论(尤其是正统的辩证唯物主义)的拒绝都伴随着如下努力,即试图在斗争的发展中,不仅把握资本主义体系转变的动力,而且首要是认识到要构建一个不同于资本主义的历史的、具体的和具有规定性的另类选项。

这里有两个成问题的探索路线同时启动了。第一个路线是批判关于社会主义过渡的话语,这种话语本来要求将社会主义视为通往共产主义的一个发展阶段。从这个角度来看,在政治上对现实存在的社会主义的批判,与对成熟的资本主义国家中社会民主的批判同样重要。在这种话语方面,社会主义过渡只是资本主义发展的一个变体。第二个成问题的路线被用来复兴过渡主体的积极要素。方法论的探讨通过将活劳动的力量视为财富唯一的基础,视为欲望表达的唯一形式,视为民主构建的唯一手段,而抵达这一点。当我们认识到活劳动是非物质劳动,归根结底是协

---

① 在英国我们主要指的是汤普森,《英国工人阶级的形成》。在德国见克拉尔,《构成与阶级斗争》;卡尔·海因茨·罗特,《1880年至今的"另类"工人运动和资本主义压制的发展》。关于意大利工人主义的文本,主要有特龙蒂的《工人与资本》以及奈格里翻译成英语的文章选集《被找回的革命》。关于意大利工人主义的有益介绍,见克里弗(Harry Cleaver),《政治地阅读〈资本论〉》(*Reading Capital Politically*),第51—66页;瑞恩(Michael Ryan),《政治与文化:后革命社会的权宜假说》(*Politics and Culture: Working Hypotheses for a Post-Revolutionary Society*),第46—61页;以及布当为奈格里的《颠覆的政治》所写的导言。

作性的力，是主体化的强大残余，很明显，全球的方法论视角可以被描述为共产主义的视角。共产主义不需要外在于——协作性的、非物质的活劳动所构成的——生产力的当事人（agents）。过渡不需要国家。20世纪70年代批判的马克思主义对过渡问题只有一个回应：转变不需要借助什么，只存在构建的力、创构力量。无论如何共产主义社会的法律形式不会是资产阶级法律的投射或残余——它们只能是对新的制宪力量的建构，这是在斗争中昭示出来，也是在能动的独一性的民主和集体性的建设性关系中得到历练的创构力量。

尽管新的马克思主义方法论的第一次大规模试验在20世纪70年代之后惨遭失败（在政治层面而非理论层面被打败），但构成的方法论在政治哲学中，以不同的术语在不同的语境中得到了持续的发展。如前所述。"我们自己的本体论历史"及其所包含的哲学—社会研究将很多作者的工作引向伦理和政治筹划。对社会存在构成机制的分析为我们提供了无数的可能,去介入本体性构成的进程中：认识到我们如何被构成为主体，这会让我们认识到我们如何将自己构成为主体，以及这种构成可以走出多远。德勒兹和瓜塔里追踪了独一的主体的游牧运动，欲望去辖域化的流动以及政治装配在内在性的容贯平面（immanent planes of consistency）的进程（见《千高原》，特别是第351－500页）。这些创构性的力量并没有完全逃脱纹理空间和国家机器的辖域化的捕捉装置，但它们无疑撼动了国家这个被构成的世界，并且与它们自己的自由活动的创造性和革新性，它们自身的创构能力共同合作。主体的装配构成了它们自身社会组织的机制，自下而上地构成了它们自己独一的共同体，只是从其内在性社会平面吸取力量。它们提出民主的愿景,这是一个绝对扁平化的社会平面,社会身体在上面释放自己,摧毁了前定的社会形式的束缚,并且发现了自己的目的,发明了自己的构成。扁平化的社会是推进实际的创造和构成以及毁灭和解体的开放场所。这种构成的模型是一般的力的集合,是对整个内在性社会平面的绝对和平等的包纳:正如斯宾诺莎所乐于陈述的,民主是绝对的政府形式(政体)。

世界被颠倒了过来,毫无疑问。相较于在斗争中,我们在危机中能更好地理解我们自己如何建构了笼罩着我们存在的权力的牢笼,让那些没有任何生产力的寄生虫般的资产阶级掌控这些铁笼。我们认识到了理论的和实践的方法论的一般特征,这个方法论在那个我们共同编织的对本体论红线的构建中,直接被投入存在中。对现实的本体性构成对我们来说一目了然,而所有那些没有根据其标准进行构建的内容变得模糊不清。清晰与模糊的比例取决于我们是否有能力将我们的希望,或者说将我们的共产主义欲望委托给创构性的智能和生产性的想象。

从实践出发对暴力的批判

我们可以清楚地看到,用于分析当下政治场域的理论工具极为丰富。然而当代政治实践的可能领域却模糊不清。显而易见的是,随着市民社会的消亡,集体反抗的传统渠道不再能像过去那样起作用了。例如,我们都承认,随着大规模工厂生产的危机及其在社会中的蔓延,产业性的工会运动失去了其在25年前所拥有的强大力量。关于市民社会的其他机构如学校和教会,我们或许能以不同的方式,在不同的程度上认识到类似的现象。一般来说,规训性的市民社会机构的消失(flattening)带来的是制度性反抗形式的消失。向管控社会平滑空间的转变移除了传统的反抗机构,让它们在其冰冻的表面上跟跄滑行。在此新的语境下,必须重新思考传统的集体社会行动概念。

在实践的层面上,当我们审视当代的激进运动形式时,似乎随着传统机构的消失,可能的政治实践的领域也被压缩了,剩下来的只有行动的两个极端:非暴力和恐怖主义。面对这两个极端的选项,并且认识到恐怖主义只会带来自杀和适得其反的后果,绝大多数激进分子都选择非暴力的道路。例如,在海湾战争时期,美国的左派活动家都被非暴力行动的话语所主导。这种话语主要来自甘地和马丁·路德·金的思想,而且也吸收了20世纪60年代的反种族隔离运动的经验、抗议越南和中美洲战争的经验以及反核运动的经验。非暴力话语所主导行动的典型过程是,抗议形式旨在争取媒体曝光,揭示抗议者的牺牲(通常会被警察逮捕、侵犯甚至是殴打),而抗议者会扰乱公共秩序的象征进程(例如,阻塞去往征兵站、联邦办公大楼或核试验基地的去路)。这种扰乱之所以是象征性的,是因为它们的主要目标不是直接的后果,而是它们的表征所带来的间接效果。与劳工罢工——这会给管理者和国家造成直接的经济和政治压力,因为这会削减利润,而且在极端的情况下甚至会让国民经济岌岌可危——不同,这些非暴力行动通过间接的行为——要么争取公众对某一特定目标的支持,要么更为常见地,激发公众对于政府行为或政策的谴责——而运作:它们的目标是传达信息(如果没有媒体曝光,非暴力行动几乎毫无用处)。

这种非暴力行动的话语在市民社会的崩溃之后,提出了关于社会实践的两个紧密相关的问题:权力问题和暴力问题。由非暴力行动的视角所提出的权力观念是非常含糊不清的。对暴力的拒绝——这是其立论基础——非常容易混同于拒绝所有权力/力量。事实上,非暴力行动主要通过激发同情无权无势之人的道德义愤来获得力量,因此主要聚焦于受害者在媒体上的表征。非暴力的抗议者通常不是受害者本人,但是却将自己置于受害的位置,从而去表征无权无势者所受到的不公正待遇。抗议者虚弱的身体被警察抬走的媒体形象意在造成戏剧效果,去表征另外一个加害行为(如对萨尔瓦多或巴格达的轰炸)。吊诡的是,这些行为试图利用表征无权无势者时所产生的道德力量。恐怖主义也通过象征性姿态而运作;它也是想通过媒体表征来传递信息,但是恐怖主义行动反其道而行之,试图表征自己的力量和其对手即国家的虚弱无力。表征的平面将非暴力行动和恐怖主义置于对立的两极。

非暴力行动的话语所引起的第二个问题与第一个问题紧密相关:对暴力的批判和对作为其基础的正义的命题。这个传统中无疑包含着一个非常强大的脉络——其中包括不可否认的宗教要素,如甘地、托马斯·默顿①和马丁·路德·金的宗教思想,他们都认为暴力行动本质上就是不正义的,而非暴力行动本身就是正义的。这种道德的视角必须聚焦于非暴力主义活动家的纯洁性,从而确保他们能够当之无愧地去代表正义的立场。例如甘地苦口婆心地论述说,我们必须采取非暴力的立场,并非因为它在

---

① 托马斯·默顿(Thomas Merton,1915—1968),美国作家及天主教特拉普派修道士,是20世纪最著名的基督教神秘论者之一。——译注

政治上非常有效（因此当它看起来收效甚微的时候也不能将其弃置一边），而是因为它是正确的，放之四海而皆准。这种远离暴力以保持纯洁性的态度在美国各种各样的活动家团体（通常不包含宗教内容）中影响甚广，而且通常与各种活动中被视为政治正确的内容相一致，如饮食、观影、性关系等。从这个视角来看，任何暴力形式本身就是非正义的，而且会将抗议者与他们所反对的国家都置于同样的道德范畴中。

在理论层面上，应该显而易见的是，完全从外部对暴力进行批判的尝试在最好的情况下也是难以站得住脚的。我们可以引用不计其数的作者，他们考察了难以轻易切割而是完全渗透进我们的世界和我们自身的暴力形式：詹姆斯·鲍德温（James Baldwin）和弗朗茨·法农关于种族的论述，马克思关于阶级的论述，伊万·伊里奇（Ivan Illich）关于贫穷的论述，凯瑟琳·麦金农（Catharine MacKinnon）关于性的论述，等等。只有对暴力的构成持一种非常还原论观念的人才会认为我们能够完全置身其外：我们都参与了暴力，这是我们社会实存的前提。另外，在道德上将暴力与非正义等同起来也是站不住脚的。唯物主义传统长期以来都将作为世界本质的权能的行使视为暴力的一种形式。在斯宾诺莎和尼采等思想家看来，生命本身就包括暴力，将权利、正义或者善的概念置于行使我们自身权能的语境之外，是毫无意义的。其结果只能是某种否定生命，或者更确切地说，否定我们权能的道德或苦修主义。这种表征的政治所包含的怨恨恰恰是将非暴力与恐怖主义联系在一起的内容，将非暴力与其坚决反对的行为相提并论（因此，非暴力观念对恐怖主义的批判是站不住脚的，因为它试图反对**全部的**暴力，从而无法认识到恐怖主义暴力的具体性,同时也因为它在表征政治的平面上,与恐怖主义有着根本性关联,在表演性的行为和它们的目的之间确立了外在的关系)。

尽管在这个理论语境下它是站不住脚的,但最近非暴力行动在活动家群体中广泛传播,其原因应该是可以理解的。首先,它其实是一种症候,表明了市民社会的消亡所导致的正当化政治行动形式的稀缺。市民社会的机构为正当的政治抗议提供渠道,并且让不同形式的政治暴力得到正当化。最为突出的例子就是赋予制度性工会的罢工权。因为 20 世纪 30 年代所颁布的《瓦格纳法案》(Wagner Act)①和《全国工业复兴法》(National Industrial Recovery Act),工会有了组织和罢工的权利,并且成为国家之外有权动用暴力的最大机构。通过市民社会各种机构而展开的政治抗议形式也涉及对某种形式的暴力进行正当化的问题。然而,随着市民社会的消亡,对暴力性的政治抗议进行正当化的结构也消失了,现在似乎没有什么抗议性的暴力能够得到正当化。抗议性实践的场域似乎成为两个极端之间的不毛之地,一边是非暴力行动,一边是恐怖主义。在这两个都让人无法接受的立场之间,似乎并不存在我们的立足之地。

显而易见的是,我们必须重新思考政治实践和暴力的相关术语,从而抵达新的、富有更多可能性的层面。我们不应该将对暴力的批判视为从最开始就限定生活中或我们所处世界中暴力的

---

① 为了缓和阶级矛盾,美国参议员罗伯特·瓦格纳提出了《瓦格纳法案》,该法案规定雇员有组织工会、同雇主集体谈判的权利;雇主不得干预、压制雇员行使此种权利,不得禁止罢工,不得歧视工会会员;设立全国劳工关系局,负责该法案的实施。——译注

边界，而是应该将其视为一种尝试，这种尝试从内在的视角辨别暴力内部和权能的行使内部所存在的分化。在对暴力的批判中，福柯反复强调，他的论述并非要争取一个没有权力关系的社会，而只是探索一种从最开始就质问各种权力形式的分析："我并不是说所有形式的权力都不可接受，而是说没有什么权力是必然可以接受或者不可接受的。这是无政府主义。但是因为在最近时期无政府主义让人难以接受，我将其称为考古学——这种方法认为没有什么权力是必然要被接受的"(《论对活人的治理》["Du Gouvernement des Vivants"])。将福柯的考古学作为理论基础，我们可以着手考察对暴力的批判，这种批判认为没有什么暴力必然是可以接受或者不可接受的，关键是要考察我们生活中暴力的各种不同形式和例证，从而对它们进行辨别。

这就是瓦尔特·本雅明着手暴力批判时所秉持的精神。本雅明进行区分辨别的标准是暴力和法律之间的关系。我们在世界中所体验到的主导性的暴力形式就是与法律紧密相关的暴力，它们主要服务于两个职能：立法职能和护法职能。国家的各种机器（警察、军队、法院等）都服务于其中一个或全部两个职能，而很多对抗国家或者与国家目标不一致的暴力形式也是如此。这些形式的暴力试图确立法律，即便新的法律意味着摧毁已有的法律。"所有作为手段的暴力要么是立法性的，要么是护法性的。如果它宣称还有其他目的，那它就不具有任何可信性。"(《暴力批判》["Critique of Violence"]，第 287 页) 将这种暴力形式进行正当化的逻辑需要将手段与目的、原因与效果结合起来。本雅明这里所指的并非全部的因果性形式，而是特定的**外在**(external)关系——外在于其原因的效果，外在于其手段的目的。这种类型的暴力需要在行动（暴力）及其表征（法律）之间确立起外在的关系。本雅明将这种立法和护法暴力命名为神话（mythical）暴力，利用神话的观念来把握表征的主导效果。

我们如何认识和确立与支持法律的暴力有所不同的暴力类型，显然这对本雅明来说也是问题。我们如何理解如下暴力——这种暴力并非外在于其目的的手段？我们如何能理解一种非表征性的或不可表征的暴力？本雅明在论述最开始提出了关于革命运动的区分，一边是旨在掌控国家的革命运动概念，另一边是旨在摧毁所有国家权力并且拒绝与法律全部关联的运动（第291-292页）。第二种形式的暴力即革命暴力，是"纯粹的"（unalloyed）或者说"直接的"（immediate），因为它并没有为了效果而寄希望于外在于自身的任何内容，寄希望于任何表征。然而这种作为替代性的暴力形式的无政府主义主张只是提出了一种消极的定义。本雅明试图从神圣暴力的角度来把握第二种形式的暴力。"神话暴力是为了自身利益而对区区生命（mere life）所行使的血腥权能，而神圣暴力则是为了生者（the living）的利益而对所有生命所行使的纯粹权能。"（第297页）神话暴力执行法律，因此表征了其对区区生命的统治；神圣暴力以非中介的方式，在法律之外，以生者的形式，在自身中表达了生命。"我们必须拒绝所有的神话暴力，立法暴力，或许可以将它们称为治理暴力（governing violence）。我们也必须拒绝护法暴力，服务于治理行为的被治理暴力（governed violence）。神圣暴力……是神迹和封印，但从来不是神圣执行的手段。"（第300页）我们将这种神圣暴力称为创构力量。

诸众的创构实践并不是什么目标的手段，而是其自身的力量。这种实践不是表演;它不指望自己的表征会造成效果,也不将精力全部聚焦于传递信息。这个另类实践在与表征的平面完全不同的平面上进行运作。(于是创构实践为我们提供了最为强大的工具,来批判恐怖主义的表演以及表征性政治的整个平面。)德勒兹也许会说,这种构成性实践确立了一种内在于——而非脱离——其能力的力量;目的和手段被置于动力因果性(efficient causality)的内在关系中。创构实践所遵循的唯一逻辑就是诸众力量的扩张性节奏。这种实践之所以是神圣的,恰恰是因为在斯宾诺莎的意义上,其野蛮的行动摧毁并构成了存在。① 它是纯粹且不可表征的,肯定着自身的力量。构成性实践正是我们之前在共产主义的现有前提中所看到的新出现的要素。诸众从国家秩序的束缚中所展开的出走就是不可表征的共同体的征途。通过技科学的、非物质的和情感的劳动,社会工人的生产性协作创造出了激发创构能力的自我价值增殖网络(我们会在《创构性主体的谱系》部分对这个主题进行深入论述)。

---

① 德里达在阐释本雅明的"神圣暴力"过程中,试图将神圣与人类相分离,用完全神秘的术语来对前者进行描述,如"对人来说完全不可理解的""全然他者性的"(《法律的力:权威的"神秘"基础》["Force of Law: The 'Mystical Foundation of Authority'"],第55,57页)。但是在我们看来,将本雅明的神圣解读为渗透人类世界的领域或许更有神益。如果我们接受德里达颇为有趣的提议,即应该首先将神圣暴力理解为一个犹太教的观念(与具有希腊特征的神秘暴力相对立),那么我们所遵循的就不是列维纳斯的犹太教——如德里达所推崇的,而是斯宾诺莎异端的犹太教。

后现代国家在规范方面的发展和巩固

我们已经深入阐发了当下已经出现的共产主义选项的潜能在理论和实践上的基础,现在我们可以再度回到对当下国家—形式的分析中。后现代国家将自己呈现为现代性、规范性(normativity)与主权之间的辩证概念所产生的突发性(paroxysmal)形象。在其克服永恒危机的努力过程中,它表现为对现代性的升华。

在对后现代国家悖论的分析中,我们已然强调:(1)正当化的概念如何被引向集权化的向心的主权准则和规范的生产,(2)政治代表的概念如何被化约为模拟代表(simulated representation)的范畴,以及(3)责任的概念和行为如何变得愈发功能化——它们由系统论所强行推行。在对后现代性的社会基础(以及既能阐释后现代性同时也为其所生产出来的后现代国家)的分析基础上,我们现在可以大胆提出如下命题,即后现代国家将分离绝对化,以作为宪法的**基本规范**,作为其现实的正当化和功能性基础。后现代国家表现为现代性辩证概念的突发性形象,其原因在于在规范性和主权中,它通过自身升华的虚构,即自身的压制,将辩证法的断裂推至极端:后现代国家组织了国家从社会中的分离过程,同时假装这种分离并不存在。我们之前提及的市民社会的消亡恰恰是这种结缔组织(connective tissue)的消亡,后者是将国家与生产性的社会力勾连在一起的调和网络。随着市民社会的衰落,这种分离势所难免。这种分离的实施,同时还有分离并不存在的虚构,这两者的结合定义了后现代性的范畴和后现代国家。

构成后现代性的物质基础就其是政治性与治理性的现实而

言,源自资本不再与社会生产存在任何关系这一事实。就其与社会生产的关系而言,可以将后现代国家的概念定义为通过命令而进行的商品生产。换言之,用政治经济学批判的术语来说,后现代国家超越了对现代国家的一般定义(通过对劳动的剥削而进行的商品生产),一如它超越了对凯恩斯主义国家的定义(通过经济计划和调节、供求平衡、工资和投资的平衡以及资本主义国家与有组织的劳动力之间的改良主义关系,而进行的商品生产)。后现代国家作为外在的观察者而在社会生产中确立自己的利益,并且只关注如下事实,即自主的社会生产可以再生产出(或者被迫再生产出)命令的前提,或者说再生产出作为凌驾于社会之上的具有完全自主的处置权力的国家和资本的前提。

如果我们现在从政治经济学批判的范畴转向国家—形式批判的范畴,并且批判性地考察后现代国家的结构所出现的变动,那么我们就能清楚地认出已然出现的趋势。新的国家形式——或者说,对国家与社会分离的实质关系的新的形式构成——在如下领域中以在趋势上具有同质性的方式得到表征:国际法、从社群的角度对市场进行的新的秩序安排、国内的宪法和社会法。在任何一种情况下,出现的趋势都表现出了同样的形式上的特征。

国际法被展示为一种新的秩序。全球支配的统一化进程——这个过程主要通过经济规范的推广(主要是通过世界银行和国际货币基金组织)而得以发生,最开始是在第一和第三世界的资本主义国家——在现实存在的社会主义危机之后,已经真正在全球范围展开。俄国和苏联加盟共和国为世界银行和国际货币基金组织所接受,这意味着问题得到最终解决。对第一、第二和第三世界的经济支配现在可以被呈现为全球性的政治支配。一旦对经济规范的应用有效地弱化和规避这种支配,那么被视为形式上平等的主体的权利的国际法就可以完全被推翻。一旦通过国际经济组织的权力而得到展示,并且伪装在政府和非政府项目(如进步联盟①)的人道主义利益背后,资本在全世界范围进行干涉的权利现在就可以被确立为一种法律权力。国际关系所具有的契约结构被带回到法律生产的单一渊源,在这个渊源中,法律支配/命令可以同时对资本主义的逻辑和战争手段的最大化积累进行组织。资本的中央集权化支配与人民的政治和社会组织的进程、与斗争与创构力量的独一性表达之间的分离,在这里处于极端状态。国际法的基础和新的世界秩序的逻辑一方面由资本主义安排世界市场的必要性所表征,另一方面由核武器的致命力量(对所有人类来说是致命的)所表征。从法律的角度来看世界得到了一体化。启蒙运动的梦想——哎,结果的异因生成(heterogenesis of ends)②!——令人激动地实现了。"通过命令而实现的商品生产"的范畴从未得到如此完美的实现。通过在全球的支配,国际秩序再生产了对生产的组织和全球范围的劳动分工。此前这个过程从没有在法律上得到调节,成为警察的工具和行政

---

① 系1961年8月由美国与22个拉丁美洲国家于乌拉圭所签订的一项国际经济发展方案,旨在确保拉丁美洲国家的民主政治、经济与社会发展的达成,提高国民所得,进行土地改革并稳定出口及国内价格。——译注

② 这个概念的德文是 Heterogonie der Zwecke,由德国心理学家威廉·冯特(1832—1920)所提出,指的是目标导向的活动通常会导致修正原本动机模式的结果。——译注

机构。核能代表了神圣性,对生死的最终裁决,以及主导新的世界秩序的权力。权力与带有社会的辩证法的分离程度从未如此之大。单一治理体系的正当化、代表性以及责任和单一宪法只有联系它们在新的世界秩序中的位置,才能进行定义。法律上的**基本规范**的置换定义了各个方面的法律秩序安排——无论是形式的还是实质的——的新的空间性,并且通过对如下分离的绝对主导地位而对其特征进行定义:支配与自我价值增殖,国家与社会,资本与无产阶级。这个事实引发了一系列意义重大的后果,这些后果在多元性的国际和国内的法律安排中得到定义。处于中心位置的总是对支配与生产性社会分离进程的统治,这是强制性越来越突出的统治。

共同体对市场的确立变得越来越关键,不仅体现在已经在欧洲发展非常成熟的超国家性(supernationality)的历史进程中,而且也体现在苏联正在展开的超国家实体的重构和美洲的自由贸易区的构建中。然而,这些"自由市场"的确立并没有带来经济支配的广泛扩散或者去中心化。从支配新的国际秩序的框架的发展视角来看,共同体性的市场被视为不可或缺的对话者以及全球组织中必不可少的等级制层级。定义这些新的国际主体之间关系的政治和法律上的等级和关联由中央集权化的支配所决定。这些合作计划得到确立的形式已经由中心所预先决定。这种支配所采取的形式是技术专家统治性质的调节和工具理性,这种形式推行民主的政治规范,同时却拒绝任何让规范得到施行的可能。难以改变的技术专家统治性质的机制主导着共同体性质的市场中事先存在的政治现实和经济结构一体化进程。技术专家统治性质的规范性优先于任何一个民主正当化的机制,或者说排斥了后者。资本家的利益取代了民主正当化;法律的有效性或可欲性领域从属于其可行性和效率;技术专家统治性质的期望得到正当化,并且排斥了全部的民主性质的政治控制。简言之,技术专家统治性质的规则替代了政治规范。

在国内的宪法领域,我们发现了类似的现象,这种现象再生产新的国际秩序的至高无上地位和新的技术专家统治性质的资本主义统治。越来越清楚的是,议会正在成为人民主权被转让的场所:人民越来越明显地感到失去了决断权,这些权力越来越多地集中在政府的行政职能和形象中。事实上,法律的这种形象正在得到修订,同时执行与行政过程的至高无上地位被置于保障主义的(guarantist)、一般的和抽象的规范定义之上。从这两个不同的视角我们可以看到,议会的行动受到限制,而行政机构的行动得到扩张。首先,我们可以注意到——就与政治的、经济的和军事的权力关系来说——代表的决议的依赖性或从属性。由技术专家的权力和新的世界秩序的警察力量所决定的新的规则主导了共同体团体的内部运作。其次,政府系统越来越受到行政和执行对具体事务干预的影响,在某些特别的案例中,这就使得抽象的和一般的规范的生产受到边缘化。大众代议的机构越来越受两种持续增加的压力的制约和主导:一种来自外部,来自新的世界秩序;另一种来自内部,来自行政的要求(在美国的情况是,这两种压力有所重合)。我们不能在演绎的、严密的法律概念框架中处理这两种压力。法律生产的渊源与人民主权的场所越来越远,尽管高度复杂的冲突偶尔也会通过诉诸技术性的规范、行政连续性的规则以及世界市场的主权决断,而得到简化和解决。两个例子就足以说明问题:始于20世纪70年代的公共支出的危机,这个危机首先出现在大城市的资产负债表中，继而出现在福利国家的全国预算中；始于20世纪80年代初期的第三世界债务危机。在这两种情形下，通常在国家议会中得到广泛代表的民主的、大众的力量受到了决策场所转移的手段的压制，这种手段一方面青睐世界市场的规则和国际干预的机构，另一方面将关于压制性规范的决策（如削减公共支出和重组［reordering］债务）置于调节社会劳动的行政机制的权威下。规范性和法律性决策的地位得到了提升，其应用范围也得到了全面的扩张，同时其有效行动就像毁灭性的阴影，笼罩于行政干预最为精细的机制上。委托给大众代议和持续生产宪法秩序安排的场所不断为支配的约束性逻辑所渗透，剩下的只不过是空洞的躯体，而在传播上对"民主媒体"的传播模拟（communicative simulation）还试图以美学上的装束来对其进行掩饰。

最后，在社会法中，后现代国家的新形式，或者说国家与社会分离的现实关系的新的形式构成呈现为这些压制性发展的集中，但同时也呈现为新的潜能的场所。事实上，这其实是一切得以诞生、一切得以回归的场所：社会斗争与阶级斗争的场所，现代国家找到其发展手段并遭遇危机的场所，同时也是不同主体因为与权力、劳动分工和财富分配相关的根本性决策而产生冲突的场所。这里技术规范和权威是一方，社会集体谈判是另外一方，两者之间的对立达到极端。在这里"社会契约"的两个方面——联合的环节（associative moment）和权威主义的环节——以最为清晰的形式分离开来。最为根本的问题是通过否定劳动力的活动是社会财富的一个源泉，而否定市民社会（被视为劳动社会）。在后现代国家，劳动——正如在马克思之前的时代——再度成为市民社会的谜题。资本对劳动的实质和完全吸纳对整个社会关系的体系都有所影响——例如,遮蔽社会关系,表现为剥削关系的崩溃或耗尽。从法律的角度来看,资本主义再生产的法则就其最为抽象、最为正常的方面来说,已变得自然而然。金钱替代了法律规范。市民社会变为行政机制,变为对纯属技术性的协作所进行的再生产性补偿体系——其目的是对现有社会关系进行再生产。具体来说,法律被呈现为两种形式:一种是作为调节再生产过程规范性的程序性规范,一种是再次稳定生产过程规范性的一系列例外性规则。在程序性和例外性之间,市民社会的法律存在及其在作为正当权威形成手段的法律机制中的参与被否定了。在后现代国家,在谁服从与谁命令的问题上,社会构成性条款的分离是彻底性的,正如古代和传统对权威的定义那样(在这方面后现代性看起来很像前现代性,这未免让人吃惊)。现代国家从未实现这样彻底的分离,也从不存在成熟的合适的规范性条件来推行它。凯恩斯主义国家的法律创新——从承认社会主体为法律层面上直接具有当事人地位的主体到对规范关系的程序化——都因为紧急政策和例外干预的冲击而遭到破坏并最终被废止。这些政策和干预将制定和执行法律的程序性技术有效地从社会场域和契约场域转移到了行政的、国家的场域。社会主体的觉醒与对社会行政安排的推行携手并进,这种觉醒虽然表现为程序性的,但实际上是系统性的。在社会法中,后现代国家越来越像是一个名副其实的警察国家,而警察看起来则像是至高无上的行政系统。

法律改良主义的幻象

在对社会法进行考察之初我们曾说过,尽管社会法的演化是一贯和包纳一切的,但是也开启了新的潜能:通过消灭矛盾的社会空间,它将矛盾带回到法律体系,带回到其所有的层面以及其所组织的所有关系的内部。社会主体性无序的、社团主义的扩散,对身份的非典型的追求,腐败和黑手党行为的泛滥,还有自我价值增殖和独一性的出现,所有这些都在这里混杂在一起,以暴力侵夺的方式——这些是与出走和再辖域化既相一致又相矛盾的压力,无法诊断的动荡——自下而上地破坏法律体系。资本对社会的实质吸纳将社会与国家相分离:被吸纳的不过是由国家所制造出来的市民社会的拟象,并且与社会力量的真实平面相分离。然而,这种分离让国家面临着社会所有层面的矛盾。

这个框架——通过后现代国家在面对内嵌于其结构中的一系列矛盾所展开的发展而得到线性的定义——是当下诸多法律研究的焦点。进步的法律研究潮流——这是我们唯一感兴趣的研究方向,试图去对抗法律与国家的去社会化(desocialization)效果,从而试图在后现代性的构成中重构法律可以为社会再度掌握(reappropriated)的空间。然而这项筹划能否成功目前还不甚清楚。在我们所描述的情况下,是否还有可能去设想有效的法律改革?或者,考虑到当下的条件,是否所有另类的、改革法律的尝试都只是幻觉?在尝试回应这些问题的过程中,让我们考察当下法学研究的四种思潮,我们是根据激进程度来进行排序:(1)民主演化学派;(2)新马克思主义和新社团主义学派;(3)解构方法;

(4)批判方法。

民主演化学派主要活跃在欧洲。自从二战以来,他们代表了欧洲法律思想中的改良主义潮流,主要针对的是两个根本问题:一是从法西斯主义政权向宪政国家结构的过渡;二是宪政国家和(法团主义与社会主义的)复兴力量之间的妥协,后者从战后的劳工世界的新的自由组织中涌现出来。这种法律思潮中处于核心地位的反法西斯主义思想直接被采纳为民主化的要素,并被作为开启法律与行政领域的辩证法以包纳社会领域的手段。在这个历史框架中,社会领域被定义向社会平等转变的源泉。从这个视角来看,必须让公民权和自由权能够满足平等权和团结权的要求。因此法律思想的逻辑从法理学的方法中获得启发,认为这些是由进步的趋势所推动的。通过这种方式,这些学派在二战之后的欧洲维持和发展福利国家方面,起到了重要的作用。同样是在这个社会领域,我们看到法律社会学以及宪法权利和行政权利理论的发展。①

---

① 关于欧洲的民主演化学派,存在大量文献。这些学派将诸多政治取向熔于一炉,其中包括自由主义—进步主义、劳工主义、法团主义、改良主义的天主教、民主社会主义,甚至(主要在地中海沿岸欧洲国家)改良主义的共产主义。这个传统的核心文本包括乔治·比尔多,《政治科学的特点》(*Traité de Science Politique*);卡尔·罗文斯坦(Karl Loewenstein),《政治权力与治理进程》(*Political Power and the Governmental Process*);佛斯托夫,《过渡中的法制:宪政条例,1950—1964》(*Rechtsstaat im Wandel: verfassungsrechtliche Abhandlungen, 1950—1964*);莫塔蒂,《公法》(*Istituzioni di diritto pubblico*);以及拉尔夫·达伦多夫(Ralf Dahrendorf),《工业社会中的阶级与阶级冲突》(*Class and Class Conflict in Industrial Society*)。关于地中海沿岸欧洲国家的改良主义共产主义潮流,见马西莫-赛维洛·贾纳尼(Massimo-Severo Giannani)和朱塞佩·瓜里诺的作品。

近些年来，民主演化学派对现代的宪政国家、法治国转变为后现代国家的现象作出了回应，主要聚焦于法律的规范性和社会性方面的循环性（circularity）。换言之，这一视角的前提在于考察这样的时代，在这个时代中，社会学上的事实（公民提出被法律所承认的要求）只有在被正式纳入宪政结构之后才能被认为具有法律上的相关性。法律的演化应该从如下两者之间功能上的连续性内部来考察：全新的社会学事实（公民的要求）的出现和这些事实的制度化。规范性机制在社会层面上是开放的：国家必须对其予以保障，行政也必须持续对其进行解释和形式化。

新马克思主义和新社团主义学派在欧洲法律理论的发展中也占有重要的位置。战后马克思主义法学理论主要源自20世纪20年代苏联的争论以及关于社会主义社会中权利性质的讨论（帕舒卡尼斯是从共产主义角度对斯大林主义国家结构进行批判的代表性理论家，在1968年左右得到复兴的也主要是他的观点）。从这个角度来看，权利的建构以及权利理论本身都指向国家的消亡，同时确立总是更为广泛且有效的主观性公共权利。① 在20世纪70年代，马克思主义权利理论中的革命锋芒走向终结。伴随着20世纪80年代的危机以及在那个时代成为思想界主要特征的共产主义视角的普遍衰落，新社团主义立场逐渐占据上风。从马克思主义危机的这个视角来看，可以对新社团主义的立场进行如下解释：尽管推进革命筹划的组织和社会力量衰落了，依然存在

---

① 很多欧洲期刊发展并最终穷尽了这些主题，其中包括意大利的《法权批判》（*Critica del diritto*），法国的《法权批判》（*Critique du droit*），以及德国的《权力与阶级斗争》（*Recht und Klassenkampf*）。

想要改造阶级关系境况的主体(尽管是在少数派、契约性和妥协性的基础上);尽管无产阶级的领导权已走向终结,无产阶级无法再取得多数派的位置,但依然可以存在某种工人抵抗,这种抵抗是基于现实存在的主体,他们有能力在多元主义的宪政体制内制约法律制度的发展——即便是以少数派的方式。"社团"这个词(一般指的是工人的社团)展现了残余性的但是具有强大象征意义的反抗,并且也暗指"弱势"阶级有能力在自由主义体制内制约力的辩证关系。诸多社会团体因此在新社团主义中发现一片场域,在这片场域上可以表达他们对具体权利的诉求,同时参与进法理体系。①

在对后现代国家形成的回应中,新马克思主义和新社团主义学派从也从在民主演化视角中起作用的同样前提出发,即从后现代国家机构的制度连续体中的法律规范的动态概念出发。然而新社团主义学派与民主演化学派也有所不同,后者为国家的转变

---

① 在此无法给出所有与新马克思主义和新社团主义法学倾向相关的参考文献。但是给出一些英语文献——这些文献旨在调和马克思主义在法律理论方面的危机与从社团主义角度对社会冲突和/或反抗的主体(这些主体以各种方式追随社会主义运动的遗产)再定义——应该就足够了。见:米利班德,《资本主义社会的国家》;麦克弗森(C. B. Macpherson),《民主理论:论自由民主的夺回、生命与时代》(*Democratic Theory: Essays in Retrieval and Life and Times of Liberal Democracy*);哈贝马斯,《正当性危机》;奥菲,《福利国家的矛盾》(*Contradictions of the Welfare State*);吉登斯(Anthony Giddens),《社会理论的核心问题:社会分析中的行动、结构和矛盾》(*Central Problems in Social Theory: Action, Structure, and Contradiction in Social Analysis*);戴维·赫尔德(David Held),《民主的模型》(*Models of Democracy*);以及拉克劳与穆夫,《领导权与社会主义战略》。

性机制和规范性安排构思了一个均衡中心,而前者则坚持转变的主体性维度,同时也坚持认为有必要在定义主体并且组织他们诉求的契约关系中找到的规范性均衡点。从阶级的角度对社会进行描述这种做法的式微(这是新马克思主义学派的出发点)并不意味着社会主体之间的契约性和互动性结构的式微。他们好像在说,即便共产主义终结了,历史唯物主义还会继续存在。如果工人阶级的改良主义——被视为从雨果·辛茨海默①到美国新政时期的进步主义法学家的法律改良的发动机——达到其历史限度,那么(作为由利益所动员的法律诉求的承载人)社会主体的动力依然会是法律的发展,以及更为重要的,宪法的体系性均衡在实践上被交托、在理论上被验证的场所。

从我们先前的分析来看,应该很明显的是,这两种法理学立场只是引出了后现代国家新的法律构型的问题。尽管所呈现的形式有所不同,两者都假定在国家和社会**之间**(au milieu)存在法律规范理论的可能性。它们没有认识到,后现代对这个**环境**(milieu)的重构是纯粹被模拟出来的。实际上基础已经从这种传统的法律改良概念之下被抽离出来。社会性现象与规范性现象之间的混淆,并不是规范性化约为社会性所导致的后果,恰恰相反,是社会性被吸纳进规范性的产物。事实、价值和社会主体所组成的圈子的相对非决定性(indetermination)并没有否定,而是肯定并且强化了国家决定它们"价值"并且生成规范的排他性权力。在社会与国家之间的规范行为的相对摆动,绝没有阻碍将体系性均

---

① 雨果·辛茨海默(Hugo Sinzheimer,1875—1945),德国法学家,魏玛宪法起草人,社会法概念的主要倡导人。——译注

衡(以及决定规范的性质、推动规范特征的可能性)的决定集中在国家的重心这一过程。这个过程越是有活力,后现代国家的构成就越是成为内在于国家的均衡,越是成为内在于服务资本再生产的统治逻辑的均衡。从这个视角来看,民主演化学派和新马克思主义社团主义学派都表现为法律市场滞后的、过时的理论。在这里,市场不过是个体性和集体性主体自由的拟象而已,不过是国家所赋予的市民社会的空洞形象。因而我们处于一个纯粹且单纯的神秘化领域:法理学伪装为市民社会及其法律性和规范性权力的自主性,但考虑到国家的自主性,这种自主性并不存在也不可能存在。这些学派建基于一个幻象——这个幻象支撑了传统的法律和国家概念,同时却遗忘或者忽视了后现代国家所推动的根本转变。

法理学中各种各样的后结构主义潮流都斥责法律改良主义的歪曲,且在我们看来,这种斥责是正确的。然而依然需要搞清的是,后结构主义潮流能否让法律理论超越改良主义的层面以及随之而来的神秘化效果,同时赋予法律理论以新的且更为强大的章程。解构主义法律理论和批判法学研究的实践者们一直拒绝被作为法律解释与实践的学派或方法而被相提并论,但是它们几乎所有的作品都在激进的反形式主义中共享着共同的出发点。①

---

① 关于在批判法学理论和解构主义理论中,将激进的反形式主义作为出发点的论述,见昂格尔,《批判法学研究运动》(*The Critical Legal Studies Movement*),第 9—11 页;以及斯坦利·费什(Stanley Fish),《顺其自然》(*Doing What Comes Naturally*)中的《导言:沿反形式主义之路而下》("Introduction: Going Down the Anti-Formalist Road")。德里达在《法律的力》中也指向了解构筹划与批判法学理论之间根本性的可兼容性,见第 8—9 页。

让我们权且用这个共同的原初计划来将这两种方法结合起来,以展开我们的分析。两者所共享的统一化计划包括认识到在主导性的法律概念中,在文本和语境即规范的体系和社会与政治表达的结构脉络之间所确立的距离。他们宣称,语境之外没有意义,或者说意义都摆脱不了阐释,换言之,所有的法律形式和行动都必须理解为内嵌于社会和政治框架中。① 对法律形式主义在法律文本及其语境之间所设立的距离的解构或颠覆是规定着解构主义和批判法学方法的首要任务。

这些方法提出了一个关键的前提,在我们看来,这个前提对开启对后现代国家的法律性质进行去神秘化的进程至关重要。在很多情况下,通过对文本和规范性系统的自主性进行去神秘化,这些作者能够得出关于后现代社会真实结构的完善定义,从而对文本和语境、规范性和社会性之间的持续的循环在方法论上进行彻底的否定——这种循环没有真正得到预示时,是虚幻性的。在方法上进行否定的过程中,批判性的视角就变得非常有效。定义语境的自主性,脱离规范性的独裁并且从国家释放出社会表达的新空间,这些努力就会作为真实的可能性而出现。这些行动得以完成,并没有幻想要决定新的(在此可是不可能的)规范性进程,而只是想要夺回新的自由领域。从这个观点来看,法律

---

① 这样的陈述在文献中比比皆是,代表性的例子见费什,《顺其自然》,第 4 页;马克·凯尔曼(Mark Kelman),《实质性刑法中的阐释性建构》("Interpretive Construction in the Substantive Criminal Law"),第 670 页;邓肯·肯尼迪(Duncan Kennedy),《布莱克斯通评注的结构》("The Structure of Blackstone's Commentaries"),第 210 页。

规范理论本身就彻底遭到了质疑。受到争议的是将社会性转译为规范性的可能性,得到肯定的则是就与社会性的关系来看,规范性的连续赤字(continual deficit)。

并非偶然的是,民主演化和新社团主义的概念主要是在欧陆封闭的法律体系内被提出来的,而后结构主义和解构主义视角则主要影响的是有着开放的(法理学的)法律结构的英美国家中的法律方法论。在有着封闭的法律体系传统的国家内,法律研究中的后结构主义视角在哲学层面上质疑后现代体系之后,已经被置于法律人类学假设的位置,而这种人类学则被置于实证的法律领域之外。在这种情况下,欧洲法律后结构主义好像是某种自然法理论,或者说是另类的现象学法学领域,尽管作为批判是有效的,但在建构性的领域上却是无效的。恰恰相反,在有着开放的法律结构的国家,"自由主义的"、解构主义的潮流把握了对实证法领域的入侵。在这种语境下,规范的体系从历史上来看,被视为是意义不明的,渊源的体系是一直开放的,阐释的方法则具有潜在的建构性。另类逻辑的根本性计策在这个视角中是有活力的,因为它把握并且积极利用了后现代的如下原则:社会性与规范性之间完全可逆性原则或可交换性原则。这种批判的激进主义是一种健康的补药,是法律思想沼泽中的新鲜空气。

然而,在这里当我们面对建构性司法筹划的可能性时,我们必须抛弃试图将各种解构与批判法学研究的趋势杂糅在一起的努力。一般来说,通过另一方对这一方所发起的批判,来指认每一方的根本性要素,这是最为容易的:在其批判者看来,解构在面对权利和正义问题时,只能采取一种怀疑主义的犬儒主义立场,因此其方法论就堵塞了任何以积极的、构建性的方法去面对正义和社会变革问题的路径①；另一方面，当批判的法学研究试图进行构建性或重构性的尝试时，就会被指责破坏了其批判性和反形式主义的前提，并且偷偷摸摸地重新引入了去语境化、超验性和奠基性的概念。② 然而这些特征概括和区分是不够全面的。虽然有些解构主义者似乎在方法论层面上被堵住了去路，但是在解构主义名下的很多作品实际上都旨在对正义问题进行积极的建构（或重构），并且引发社会变革。这些尝试——同时还有批判法学研究——所面对的首要问题，是在激进的批判让传统领域站不住脚之后，如何去发现能够提出或者识别出建构性筹划的领域。有些作者在这里滑回到需要超越性或神秘性基础的（通常带有宗教意

---

① 反击犬儒主义的"罪名"，证明解构主义关于正义与社会变革也有积极的内容，这是在卡多佐法学院（Cardozo School of Law）所举行的会议的存在理由，论文集以《解构与正义的可能》（*Deconstruction and the Possibility of Justice*）为题出版，由杜希拉·康内尔（Drucilla Cornell）、迈克尔·罗森菲尔德（Michel Rosenfeld）和戴维·卡尔森（David Gray Carlson）主编。见主编的序言，第 ix - x 页；以及康内尔的论文《界限的哲学：系统理论和女性主义法律改革》（"The Philosophy of the Limit: Systems Theory and Feminist Legal Reform"），特别是第 69 - 70 页。关于正义是解构筹划的核心，即"解构即正义"这一论断，见康内尔，《界限的哲学》，第 132 页及其后。尽管迈克尔·瑞恩的方法与康内尔截然不同，但他也认为解构主义的法学研究推进了实质或者现实正义的计划，"隐含在对法律所进行的解构性批判中的，是一种另类的法律制度，该制度——跟随无法再被理想的替代物所限制的参考——必须成为另类的经济和社会制度"（《政治与文化》，第 198 页）。

② 对批判法学研究破坏其自身批判前提的批评，见费什，《顺其自然》，第 266, 496 - 497 页。

味的)自然权利概念。① 然而,更具有成效的方法关注的是社会运动和机构。解构主义或者批判的技巧所指认出的新的法律空间,或者说只是通过另类社会运动的现象学而得到强调的新的法律空间,被置于制度语境中,而法学研究可以让这种语境摆脱历史视角(开启其活跃的谱系的变体),并且从阐释的角度进行重构。用更接近我们自身的语言来说,我们可以将这种激进—自由主义法理学尝试视为如下筹划:通过谱系意义上的历史来解构规范的领域,并且通过新的集体性制度装配,对其进行重构。

如果这些构建性的筹划最终失败,我们会认为,这要么是因为分离的性质和程度没有得到充分认识,要么因为另类的构成运动的力量没有得到充分把握。我们应该牢记,后现代国家所确立的社会与国家的分离、联合的主体的生产能力与由国家所阐释的资本主义控制的分离,并非消极性而是积极性的:国家制造社会,并且制造社会实践与行为的仿真模拟。在这种情况下,诉诸另类社会,诉诸在谱系上得到翻新的自然法(其中不是单纯的自然,而是运动的历史性自然会构成基础),这种过去的美好的批判性虚构已经成为完全的幻象。作为其展开行动基础的市民社会不再

---

① 例如,费什宣称,昂格尔版本的批判法学研究的构建性筹划最终来说是宗教性的,"救赎是神学性的,而非政治性的"(《顺其自然》第416页,一般论述可见第十八章《昂格尔和米尔顿》)。迈克尔·瑞恩同意如下判断:"形而上学—神学的理解模式驱动着昂格尔的社会理论,也说明了其明显的局限。"(《政治与文化》,第183页)这种诉诸宗教或者神圣性的趋势在德里达处理正义问题的论述中也可以辨识出来。我们之前在德里达《法律的力》对本雅明"神圣暴力"的解读及其关于权力神秘基础的概念中,也注意到这一点。

存在,或者说,存在的不过是由国家所投射的对市民社会的仿真模拟而已。开放的宪政主义本身的历史,即在这个领域上所发明出来的最为强大的框架,迫使我们抛弃这个批判性筹划中的自由主义和社会主义要素:麦迪逊主义的多元主义和杰斐逊主义的民粹主义都没有成功提出一种有效抵抗汉密尔顿主义的中央集权的论述,换言之,都没能成功抵抗国家中央集权化的垂直游戏以及规范制造中心的相应的构成。在后现代时代的国家内,这种生产性压力达到顶点。正如过去的宪法理论所教导我们的,这样的时代——在这个时代中,宪政平衡在制衡机制中得到决定,而该机制利用社会力量来支持自己——早就过去了。在后现代国家,均衡是事先被构成的,因为社会力量是被模拟出来的。不再存在能够回避主权严格且向心性强制——即国家将社会对规范的共识制造成共识的能力——的平衡性力量的模式,无论这种模式表现为垂直的、扁平的还是对角线性质的。国家的规范性生产摧毁了所有批判具体规范或者成套规范生产的另类的可能性,剩下的只有针对生产规范本身能力的批判。这是唯一能够说明真实分离境况的激进批判。

我们发现的另一个陷阱就是,当人们理解这种彻底的他异性时,有些作者无法认识到另类立场所具有的力量,因此让批判变得无力且无效。当我们从诸众的立场提出正义问题并且批判权利体系的时候,绝不应该将自己与边缘人或者无权的人联系在一起(这种认知似乎不可避免地将会进入代表的领域内,提出象征性的解决方案)。我们也许会将诸众视为少数的或臣属性的,或者更准确地说,视为被剥削的,但诸众已然处于社会生产机制的核心;诸众总是已然掌握力量。然而诸众所被赋予的力量与国家的权力有着质上的区别。将差异哲学应用于法律和规范体系的做法,会让我们直接认识到诸众这个不可代表的共同体的独一性。换言之,提出彻底的他异性不是为了让弱者去对抗强者,也不是为了号召第三种力量(在这里就是改良主义彻底的虚幻概念)的介入,而是为了在一种权力面前,去肯定另一种权能:与国家被创构的权力相对立的诸众的创构力量。真正的另类选择必然会将主体性的另类生产和力量的另类构成,作为核心且排他性的难题。这种批判性的视角必须认识到,社会运动的谱系以及新出现的主体性并非只是对现存秩序所施加的改良主义压力,而是新的创构力量的组成要素。

除了"现实存在的社会主义"确定无疑的危机,以各种形态出现的法律社会主义和自由主义改良主义的冒险都宣告结束了。不再存在任何空间,能够将这种类型的另类选择变得具有效力。权力体系在全球范围内对世界市场以及在国内范围内对主体性的社会生产,取得前所未有的操控水平,它能够让自己分离出去,并且自主地让新的社会秩序得到正当化。我们只有通过回到现代性的唯物主义、形而上学的母体,回到其激进的人类学上的另类选择,从而在形成其结构和巩固其力量的场域上,生产出对后现代秩序的批判,才能重新获得一个有力的重构性的法律视角。只有通过对后现代国家中分离的社会维度进行重新阐释,我们才能够把握这些主体性的生产机制,而这些机制在分离中,被置于主权独立性的对立面。对法律国家展开全面批判的强有力主体是一个创构性主体,这个主体在分离的平面上,提出了一个激进且有效的另类选择。

创构性主体的谱系

在现代思想史中,在规范性路线(其最终气急败坏的表现就是后现代的法律及其国家概念)之外,还存在一条创构性的、自由意志主义的(libertarian)和生产性的路线。这条路线不断提出一系列的问题:将共同体视为外在于主权的独立且自主的实体,这是否可能? 不再将"一"(one)作为诸众的基础的法律和政治理论是否可能? 因此,将"一"作为诸众表现自己的单纯平面,这样的法律和政治理论是否可能? 今天,在我们所描述的资本主义的危机和社会主义过渡的终结两方面都明显出现的情形下,这些问题再度成为核心问题。在现实中,危机所导致的大范围的混乱似乎只能重启政治上的思量,走向一个绝对原初性的奠基点,走向绝对原初性的持续再奠基的点——**回归原则**(ritorno ai principi)。如前所见,在这里再试图去让一个不确定的、颠倒的循环呈现出新的意义,这种做法已经显得捉襟见肘。重构意义的唯一可能性就在于重新对过程进行奠基,从头开始对其进行构造。我们的问题不再是去证明改良主义的路不通——不仅不通,而且无聊、变态、重复且残忍。国家已无可辩护,哪怕是反讽性的辩护都已不可能。另一方面,如果创构性的、自由意志主义的和生产性的路线现在在理论上取得统领地位,如果——在认识论和法律领域内上——只有它可以为事件赋予意义,如何可能在行动中展现这条路线呢? 不仅将其视为理论的路线和筹划,而且也视为主体和权力,这如何可能? 在这里,一劳永逸地抛弃在推出宪法的时候就否定自己的制宪权概念,并认识到存在着这样一种创构力量,这种力量不再生产出与自身相脱离的构成,而且本身就是构成,这如何可能?我们所提出的对后现代国家阐释的批判性要素现在积淀为积极建构这种另类选择的可能性。

我们只能通过下到社会领域,并且在那里开始描述在当下的后现代世界中运作的创构性主体的谱系,才能够着手对我们所提出的问题来进行回应。这个主体是一个劳动的主体——一个具有创造性、生产性和肯定性的主体。其社会存在已经由我们之前对非物质劳动和生产的协作性本质的主体性综合的论述,所勾勒出来。在我们于当下社会所注意到的发展中,生产性劳动的趋势是提出意义所具有的完全内在性的社会维度,且这种意义独立于任何强制性的协作——这种强制从外部施加在劳动之上。劳动越来越具有的非物质性维度在社会生产的核心确立了劳动协作的协议和网络。资本作为生产协作指挥者的传统身份被替换,因此其趋势是表现为捕捉装置的形式。生产性的社会劳动逐渐摆脱所有直接的资本主义控制形式——因此更为明显地摆脱了资本主义对劳动的间接操控形式,这种形式的主要表现是国家的规范性。资本和资本主义国家的作用最后就变成掠夺和控制在根本上具有自主性的社会生产流。其结果就是,一旦国家将主权确立为最为极端的自治和分离形式,主权概念的任何社会或辩证功能似乎就变得无济于事、毫无意义。在这两种自主性的分离中,完全不剩共同的内容。持续定义社会生产力的生产性劳动和被孤立为非生产性形象的控制(或主权)绝对是毫不相干的。

与如下问题——即与后现代主权诸维度相决裂的新的主体的构成问题——相关,对社会的批判分析为我们所提供的第一个回应方式是,将我们再度带回到坚持分离从而坚持自主的、独立的场所——这是这种主体诞生的场所。然而，在这种反思中还存在另外一种回应，这种回应不再指望场所，而是坚持这个主体表达自己所采取的形式。这种形式必须在本体论层面上满足今天为社会价值增殖确立范式的非物质性和协作性生产力——所谓在本体论上满足的意思是它能够充分把握主体的力量和独一性。这种主体的形式是生产性、非物质性和协作性的形式，先于所有的规范性构型，或者说排斥后者，同时在一个动态的、开放和持续的制度进程中消灭后者。如果规范的内容紧随本体论的内容之后，而本体论的内容是绝对的内在性，那么规范性内容（及其自主性的存在）就不可能孤立存在，除非是以神秘化、欺骗、一团乱麻的形式表现出来，或者最多是作为旧的权力的残留物而存在。因此法律规范性的特征就不可能延续：规范性不可能再作为赋予行动以资格的框架而存在。行动只有在与行动自身的创构性、社会相关性和协作性的机制的关系中，才能够得到定义并被赋予资格。

摧毁规范性的论断：似乎我们可以且必须着手接近这个目标。将规范性化约为社会性和协作性主体在其中表现自己的制度性进程：这似乎是种手段，或者说是存在论的基础，借此对规范性的化约成为可能且对制度性（institutionality）的重新激活成为现实。一旦这些条件得到满足，我们就处于一个表层的、平面的领域，在这个领域中，生产性力量的独一性表达的无限性以及不计其数的协作网络被呈现出来。没有其他领域能凌驾于这个肯定的、历史性的领域之上。在这个平面上，"一"就是诸众。形而上学的一元论是主体的历史多元论和自由生命的独一无二的基础。我们如何能够在一元论的自由领域上发展出这种多元性的生命？

当凌驾于自由之上的一切都无法对其施加秩序,我们如何能够肯定自由?

在这个领域上,除了其分离和生产性,新的主体还必须生产出更进一步的表达环节。这个主体必须表达生产的内在秩序的设计以及社会的构成性网络系统。然而,这些表达如何在构成上保持一致?诸众如何能够构建出一个有效且绝对的领域?这是马基雅维利、斯宾诺莎以及他们身后成千上万思考者所提出的问题,他们总是从诸众和被剥削阶级的立场出发。马基雅维利、斯宾诺莎以及他们身后的所有人在斗争中所发明的回应是,"诸众"之名不过是民主之名:平等者之间的民主,建立在主体的生产性能力的绝对性之上的、建立在权利与义务的绝对对等性之上的、建立在权利有效性之上的民主。很多人都试图将民主奠基在这三个原则之上,但成功者甚少。除了社会的分离或自主的概念以及社会生产力的概念,我们还有第三个旨在处理这个难题的概念。这个概念就是"创构力量",它将社会的自主性与生产性都置于生产性劳动的公民身份之内。换言之,新的协作性和非物质性社会主体在根本上通过创构力量来表达自己。创构力量对立于被创构权力,而作为独一的主体性、作为生产力与协作的创构力量询问如何被安置在社会中——以及如何去发展自身的创造性。

因此民主就表现为创构力量。这是由排斥所有权力转让的独一的主体构成的诸众所表现出的力量。创构力量否弃任何外在于诸众进程的基础的存在。并不存在任何超越的基础或在本体论层面铭刻在人类独一性之上的自然法形式,来规定或限制人类独一性的协作行动。并不存在任何固定的逻辑形式——在这种形式中,协作的独一性的创造性自由会得到修复,这是一个会阻碍构建永远新颖的共居假设以及协作装配可能性的界限。创构力量拒绝将任何外在于如下内容——即诸众在诸众的日常经验中有意识地建构起来的内容——的不可改变性强加于历史性和构建性的人类行为所表现出的自由之上。因此，这是一个没有基础、没有逻辑或现实制约、没有目的论的民主。"一"就是诸众，而诸众的生命就是民主。共和国和法律本身就成了程序。没有什么先在于程序：对暴力的垄断属于主体的集合，在他们的行动中，在他们程序性协议的整体中，且只有在这个框架中，对暴力的使用才具有正当性。创构力量是一种民主交往，在这种交往中，社会再生产的机构不断得到塑造和重塑。

这种分析和视角植根于生产性社会的真实的自我—制作。当主体成为财富、知识和协作的自主的生产者，无须外在的命令，当他们自己组织生产和社会再生产时，一个外在于他们自身力量的包纳一切的主权权力已经没有存在的必要。阻碍这些主体进行建设或者操控新的主体的构造性力量的意义，这些做法已经没有存在的必要。在这种情况下，组织诸众生命的制度进程只能内在于诸众自身的生命。创构力量是唯一的一种形式，在这种形式中，民主能够得到理解，从而其定义不会受到否定。

我们并非在描绘乌托邦。我们的分析和研究，就像推动这些分析与研究的政治意志一样，清醒地认识到，这种将民主定义为创构过程的方式是我们必须途径的道路，另外，作为主体所组成的诸众必须构建自身的制度性。我们也清楚，创构力量的解放，以及民主真实的建构过程，与摧毁被创构的权力的过程是同步的，被创构的权力是在宪法、社会和经济层面奴役诸众的实实在在的牢笼。正因为这个过程并非目的论的，而是一个对自由的境况进行持续的和形而上学式的构建过程,我们认识到,解放的进程和摧毁的进程之间的关系并非机械性的,也非消极意义上的相互补充。事实上,在将内在性的创构力量与主权性的被创构的权力区分开来的分离中,不再存在一种辩证关系,甚至也不存在否定的辩证关系。生产性的出走成为诸众创构进程的主要特征:追求制度性建构和协作的构成的过程是独立于被创构的权力的灭绝进程的。这两条路线作为无法把握的他异性在世界的地平线上前行。但是依然会存在一个环节,在这个环节中,这两个独立的进程会彼此对立,因为会出现这样一个环节,在这个环节中,后现代国家内爆进其本体论层面指涉物的空虚性过程将会以毁灭和死亡的时刻威胁整个世界。没有任何保障来确保这个威胁会失去效力;且无论如何,诸众对民主的建构在死亡的阴影下展开。这个死亡的阴影推动了构成的进程——去破解滋生其统领性权力的语言性和交往性的符码,去要求事件得到决定。我们生活在革命中,这场革命已经展开,只有死亡才能制止人们宣告革命的消息。如果说在后现代国家权力的谵妄和诸众对民主的建构之间还存在辩证关系的话——唯一可能的辩证法,那么这个辩证法就存在于死亡的威胁中。

或许,这就是新的主体的谱系——当在它的自主性、生产性和扩展的民主多元性中得到展示之后——所明确被给定的地方;换言之,当面对死亡的时候,新的主体既展现了自身的有限性,也展现了激发自己的、对生命不可压抑的欲望。因此,在这种难以平息的对抗死亡的斗争中,在对抗有限性本身的斗争中,有限性的力量得以昭示。在这种集体性的实存中,新的主体领会了直面其界限的自身行动的自主性和生产性——这个界限总是非常牢固的,但是新的主体必须将其超越。

今天,在对灾难的假设中,共产主义在具有彻底建构性的"回归原则"中得到了复兴,并消除了以为社会主义或成熟资本主义能够昭示自由之路的幻象。只有厘清现代性的各种选项,并且选择这种厘清界限所带来的道德风险,才能实现真正的自由。如果处于恶托邦(disutopia)的选择之外,处于复兴构成过程的自主性、生产性和多元性所表现出的人类建构性之外,任何法律秩序安排都是不可能的。创构力量就是这样一个过程——在潜能的表面上的绝对内在性。唯一具有超越性的力量只能是人类有限性的力量,因其全部的力量而丰沛。在那里,在有限性中,创构过程的形式和创构力量的主体合二为一。

参考文献

Ackerman, Bruce. *We The People: Foundations*. Harvard University Press, Cambridge, 1991.

Agnoli, Johannes. "Die bürgerliche Gesellschaft und ihr Staat". *Das Argument*, Berlin, no. 6, 1970.

——. "Strategia rivoluzionaria e parlamentarismo". *Sviluppo economico e rivoluzione*. De Donato, Bari, 1969.

Agnoli, Johannes, and Peter Bruckner. *Die Transformation tier Demokratie*. Voltaire Verlag, Berlin, 1967.

Alquati, Romano. *Sindacato e partito*. Edizioni Stampatori, Turin, 1974.

——. *Sulla FLAT e altri scritti*. Felteinelli, Milan, 1975.

Althusser. Louis. *For Marx*, translated by Ben Brewster. Vintage Books, New York, 1969.

——. "Ideology and State Ideological Apparatuses". *Lenin and Philosophy*. Monthly Review Press, New York, 1971.

Althusser, Louis. and Etienne Balibar. *Reading Capital*, translated by Ben Brewster. New Left Books, London, 1970.

Altvater, Elmar. "Notes on Some Problems of State Intervention". *Kapitalistate*, no. 1, 1973, pp. 96 -116, and no. 2, 1973, pp. 76 -83. A shorter version appears as "Some Problems of State Intervention", in *State and Capital*, edited by John Holloway and Sol Picciotto, University of Texas Press, Austin, 1978, pp. 40 -42.

Arendt, Hannah. *The Human Condition*. University of Chicago Press, Chicago, 1958.

Arndt, Heinz Wolfgang. *Economic Lessons of the Nineteen-Thirties*. F. Cass, London, 1963.

Aronowitz, Stanley. *The Politics of Identity: Class, Culture, Social Movements*. Routledge, New York, 1992.

Ascarelll, Tullio. "Intervento". *Diritto dell'economia*, no. 3, 1956.

——. "Ordinamento giuridico e processo economico". *Rivista trimestrale di diritto pubblieo*. A. Giuffrè, Milan,1956.

——. *Autonomia: Post-Political Politics*. Semiotext(e), vol. 3, no. 3, 1980.

Azzarltl, Giuseppe. "La nuova costituzione e Ie leggi anteriori". *Foro Italiano*, vol. 4. Rome, 1948.

Bachrach, Peter, and Morton Baratz. *Power and Poverty*. Oxford University Press, Oxford, 1970.

Balibar, Etienne. "Plus-value et classes sociales". *Cinq études du materialisme historique*. Maspero, Paris, 1974.

Balladore-Pallieri, Giorgio. "Appunti sulla divisione dei poteri nella vigente Costituzione". *Rivista trimestrale di diritto pubblico*. A. Giuffrè, Milan, vol. 2, 1952.

——. *Diritto costituzionale*. A. Giuffrè, Milan, 1953.

Balierstedt, Kurt. "Über wirtschaftliche Massnahmegesetze". *Festschrift zum 70. Geburtstag von Walter Schmidt-Rimpler*. C. F. Müller, Karlsruhe, 1957.

Balzarini, Renato. *Studi di diritto del lavoro*. A. Giuffrè, Milan, 1957.

Baran, Paul, and Paul Sweezy. *Monopoly Capital: An Essay on the American Economic and Social Order*. Monthly Review Press, New York, 1966.

Battaglia, Felice. "Alcune osservazioni sulla struttura e sulla funzione del diritto". *Rivista di diritto civile*. CEDAM, Padua, 1955.

Baudrillard, Jean. *The Mirror of Production*. Telos Press, St. Louis, 1975.

Bellah, Robert, Richard Madsen, William Sullivan, Ann Swldler, and Steven Tlpton. *Habits of the Heart: Individualism and Commitment in American Life*. University of California Press, Berkeley, 1985.

Benjamin, Walter. "Critique of Violence". In *Reflections*. Schocken Books, New York, 1978.

Benvenuti, Feliciano. "Funzione amministrativa, procedimento, processo". *Rivista trimestrale di diritto pubblico*, A. Giuffrè, Milan, vol. 2, 1952, pp. 118 –145.

Berardi, Franco (Bifo). "Anatomy of Autonomy". *Autonomia: Post-Political Politics*. Semiotext(e), vol. 3, no. 3, 1980, pp. 148 –171.

Bergmann, Uwe, Rudi Dutschke, Wolfgang Lefèvre, and Bernd Radehl. *Die Rebellion der Studenten oder Die neue Opposition*.

Rowohlt, Hamburg, 1968.

Bernstein, Irving. *The Lean Years: A History of the American Worker*, 1920—1933. Houghton Mifflin, Boston, 1960.

Blank, Hans Joachim, and Joachim Hirsch. "Vom Elend des Gezetzgebers". In *Der CDU-Staat. Analysen zur Verfassungswirklichkeit der Bundesrepublik*, edited by Gert Schäfer and Carl Nedelmann, Suhrkamp Verlag, Frankfurt, 1967, vol. 1, pp. 133 −175.

Blaustein, Albert, and Gisbert Flanz, eds. *Constitutions of the Countries of the World*. Oceana Publications, Dobbs Ferry, N. Y., 1992.

Block, Fred. "The Ruling Class Does Not Rule: Notes on the Marxist Theory of the State". *Socialist Revolution*, no. 33, May-June 1977, pp. 6 −28.

Bobbio, Norberto. "Gramsci and the Conception of Civil Society". In *Which Socialism?* University of Minnesota Press, Minneapolis, 1987.

———. "Intorno all'analisi funzionale del diritto". *Sociologia del diritto*, 1975, no. 1.

———. *Lezioni di filoso fia del diritto*. Giappicelli, Turin, 1946.

———. *Which Socialism?* University of Minnesota Press, Minneapolis, 1987.

Boerlnger, Peter, and Michael Piore. "Unemployment and the 'Dual Labor Market' ". *The Public Interest*, no. 38, 1975.

Bogs, Walter. "Autonomie und verbändliche Selbstverwaltung im modernen Arbeits-und Sozialrecht". *Recht der Arbeit*, vol. 9, Beck, Munich, 1956.

Bolbrinker, C. -J. *Klassenanalyse als Organisationsfrage*. Focus Verlag, Giessen, 1975.

Bologna, Sergio. "Composizione di classe e teoria del partito alle origini del movimento consiliare". In *Operai e Stato*. Feltrinelli, Milan, 1972, pp. 13 −46.

Bologna, Sergio, Paolo Carpignano, and Antonio Negri. *Crisi e organizzazione operaia*. Feltrinelli, Milan, 1974.

Bologna, Sergio, Luciano Ferrari-Bravo, Ferruccio Gambino, Mauro Gobblnl, Antonio Negri, and George Rawick. *Operai e Stato*. Feltrinelli, Milan, 1972.

Bonnard, Roger. "La théorie de la formation du droit par degrés dans l'oeuvre d'Adolf Merkl". *Revue du droit public*, vol. 35. Paris, 1928, pp. 668 −696.

Bowles, Samuel, David Gordon, and Thomas Weisskopf. *After the Waste Land: A Democratic Economics for the Year 2000*. M. E. Sharpe, New York, 1990.

Brachet, P. *L'État-Patron. Théories et réalités*. F. Cujas, Paris, 1974.

Bullock, P. "Categories of Labour Power for Capital". *Conference of Socialist Economists Bulletin*, London, Fall 1973.

——. "Defining Productive Labour for Capital". *Conference of Socialist Economists Bulletin*, London, Fall 1974.

Burdeau, Georges. "Le plan comme mythe". In *La planification comme processus de décision*. Colin, Paris, 1965.

——. *Traité de Science Politique*. 10 vols. Librairie générale de droit et de jurisprudence, Paris, 1966—1986.

Butler, Judith. Gender Trouble: Feminism and the Subversion of Identity. Routledge, New York, 1990.

Cacclari, Massimo. "Lavoro, valorizzazione e 'cervello soeiale'". *Aut-Aut*, nos. 145 −146, January-April 1975, pp. 3 −40.

Cafagna. Luciano. "Classe e Stato nello stato di transizione leninista". *Politica e Diritto*, nos. 4 −5, 1971, pp. 503 −529.

Cambridge Political Economy Group. "English Crisis, Causes and Remedies". *Leviathan*, Düsseldorf, no. 3, 1975.

Cardoso, Fernando Henrlque. "Althusserismo o marxismo? A proposito de concetto di classe in Poulantzas". In *Sul concetto di classe*, edited by Fernando Henrique Cardoso and Nicos Poulantzas. Feltrinelli, Milan, 1974, pp. 53 −72.

Carlassare Calani. Lorenza. "Sulla natura giuridica dei testi unici". *Rivista trimestrale di diritto pubblico*. A. Giuffrè, Milan, 1961.

Carnelutti. Francesco. *Sistema di diritto processuale civile*. 3 vols. A. Milano, Padua, 1936.

——. *Teoria del regolamento collettivo dei rapporti di lavoro*. CEDAM, Padua, 1928.

Caro. Gaspare de. "L'esperienza torinese dei consigli operai". *Classe operaia*, vol. 1, no. 1, January 1964.

Cereti. Carlo. *Corso di diritto costituzionale*. G. Giappechelli, Turin, 1949.

Champernowne. D. G. "Expectations and the Links between the Economic Future and the Present". In *Keynes' General Theory*, edited by Robert Lekachman. St. Martin's Press, New York, 1964, pp. 174 -202.

——. "Unemployment, Basic and Monetary: The Classical Analysis and the Keynesian". In *Keynes' General Theory*, edited by Robert Lekachman. St. Martin's Press, New York, 1964, pp. 153 -173.

Cheli, Enzo. "L'ampliamento dei poteri normativi dell'esecutivo nei principali ordinamenti occidentali". *Rivista trimestrale di diritto pubblico*. A. Giuffrè, Milan, vol. 9, 1959, pp. 463 -528.

Cherki, Eddy. and Michel Wieviorka. "Autoreduction Movements in Turin". In *Autonomia*: Past-Political Politics. Semiotext (e), vol. 3, no. 3, 1980.

Churchill, Winston. *The World Crisis*. 6 vols. Butterworth, London, 1923—1931.

Cleaver, Harry. *Reading Capital Politically*. University of Texas Press, Austin, 1979.

Codacci-Pisanelli, Giuseppe. "Fonti di cognizione e fonti di produzione". *Rivista italiana per le scienze giuridiche*. E. Loescher and Co., Rome, 1947, no. 1, pp. 224 -271.

Cogoy. Mario. "Werttheorie und Staatsausgaben". In *Probleme einer materialistischen Staatstheorie*, edited by Claudia von Braunmühl et al., Suhrkamp Verlag, Frankfurt, 1973.

Cohen, Stephen S. *Modern Capitalist Planning: The French Model*. Harvard University Press, Cambridge, 1969.

Comité Central du PCF, ed. *Le capitalisme monopoliste d'Etat*. Editions sociales, Paris, 1971.

Coriat, Benjamin. *L'atelier et le robot*. Christian, Paris, 1990.

———. *Penser à l'envers: Travail et organisation dans l'entreprise japonaise*. Christian Bourgois, Paris, 1991.

Cornell, Drucilla. *The Philosophy of the Limit*. Routledge, New York, 1992.

———. "The Philosophy of the Limit: Systems Theory and Feminist Legal Reform". In *Deconstruction and the Possibility of Justice*, edited by Drucilla Cornell, Michel Rosenfeld, and David Gray Carlson. Routledge, New York, 1992, pp. 68 −91.

Cornell, Drucilla, Michel Rosenfeld. and David Gray Carlson, eds. *Deconstruction and the Possibility of justice*. Routledge, New York, 1992.

Crisafulli, Vezio. "Appunti preliminari sui diritto del lavoro nella Costituzione". *Rivista giuridica del lavoro*, Rome, 1951, pp. 161 −163.

———. *La Costituzione e le sue disposizioni di principio*. A. Giuffrè, Milan, 1952.

———. "Gerarchia e competenza nel sistema costituzionale delle fonti". *Rivista trimestrale di diritto puhblico*. A. Giuffre, Milan, vol. 10, 1960, pp. 775 −810.

———. *Lezioni di diritto costituzionale*. 2 vols. CEDAM, Padua, 1961.

Crosa, Emilio. *Corso di diritto costituzionale*. Unione tipografico-editrice torinese, Turin, 1951.

Dahrendorf, Ralf. *Class and Class Conflict in Industrial Society*. Stanford University Press, Stanford, 1959.

Dalla Costa. Mariarosa. "Women and the Subversion of the

Community". In *The Power of Women and the Subversion of the Community*. Falling Wall Press, Bristol, 1972.

Damus, Renate. *Wertkategorien als Mittie der Planung. Zur Widerspriichlichkeit der Planung gesamtgesellschaftlicher Prozesse in der DDR*. Politladen, Erlangen, 1973.

Davis, Mike. *The City of Quartz: Excavating the Future in Los Angeles*. Verso, London, 1990.

Deleuze, Gilles. "Postscript on the Societies of Control". *October*, no. 59, 1992, pp. 3 −7.

Deleuze, Gilles. and Felix Guattari. *A Thousand Plateaus: Capitalism and Schizophrenia*, translated by Brian Massumi. University of Minnesota Press, Minneapolis, 1987.

Derrida, Jacques. "Force of Law: The 'Mystical Foundation of Authority'". In *Deconstruction and the Possibility of Justice*, edited by Drucilla Cornell, Michel Rosenfeld, and David Gray Carlson. Routledge, New York, 1992, pp. 3 −67.

Di Leonardo, Micaela. "The Female World of Cards and Holidays: Women, Families, and the Work of Kinship". *Signs*, vol. 12, no. 3, 1987, pp. 440 −453.

Djuvara, Mircea. "Sources et normes du droit positif". *Le problème des sources du droit positif*. Annuaire de l'Institut de Philosophie du droit et de sociologie juridique, first session, 1934—1935, Sirey, Paris, pp. 82 −101.

Draper, Theodore. *American Communism and Soviet Russia*. Viking Press, New York, 1960.

Dubois, Pierre. *La mort de l'État-Patron*. Editions Ouvrieres, Paris, 1974.

Dworkin, Ronald. "The Reagan Revolution and the Supreme Court". *The New York Review of Books*, July 18, 1991, pp. 23 –27.

Ebblghausen, Rolf, ed. *Monopol und Staat. Zur MarxRezeption in der Theorie des staats-monopolistischen Kapitlllismus*. Suhrkamp Verlag, Frankfurt, 1974.

Eckat, Christel, et al. " Arbeiterbewusstsein, Klassenzusammensetzung und ökonomische Entwicklung. Empirische Thesen zum 'instrumentellen Bewusstsein'". *Gesellschaft*, no. 4, pp. 7 –64.

Ehlert, Willi. "Politische Planung-und was davon übrig bleibt". *Leviathlln*, Düsseldorf, no. 1, 1975.

Einaudi, Mario. *La rivoluzione di Roosevelt*. Einaudi, Turin, 1959.

Eisenstein, Zillah. "Developing a Theory of Capitalist Patriarchy and Socialist Feminism". In *Capitalist Patriarchy and the Case for Socialist Feminism*, edited by Zillah Einsenstein. Monthly Review Press, New York, 1979, pp. 5 –40.

Elson, Diane. "The Value Theory of Labour". In *Value: The Representation of Labour in Capitalism*, edited by Diane Elson. Humanities Press, Atlantic Highlands, N.J., 1979, pp. 115 –180.

Emenlauer, Rainer, ed. *Die Kommune in der Staatsorganisation*. Suhrkamp Verlag, Frankfurt, 1974.

Emmanuel, Arghlri. "Le taux de profit et les incompatibilités Marx-Keynes". *Annales, économies, sociétés, civilisations*, vol. 21, A. Colin, Paris, 1966, pp. 1189—1211.

Engels, Friedrich, *Anti-Dühring*. Progress Publishers, Moscow, 1969.

Epstein, Steven. "Democratic Science? AIDS Activism and the Contested Construction of Knowledge". *Socialist Review*, vol. 21, no. 2, 1991, pp. 35 −64.

Esposito, Carlo. *La Costituzione italiana*. CEDAM, Padua, 1954.

Esser, Josef. *Einführung in die materialistische Staatsanalyse*. Campus Verlag, Frankfurt and New York, 1975.

Euchner, Walter. "Zur Lage des Parlamentarismus". In *Der CDU-Staat. Analysen zur Verfassungswirklichkeit der Bundesrepublik*, edited by Gert Schäfer and Carl Nedelmann. Suhrkamp Verlag, Frankfurt, 1967, vol. 1, pp. 105 −132.

Evans, P., D. Rueschemeyer, and Theda Skocpol, eds. *Bringing the State Back In*. Cambridge University Press, Cambridge, 1985.

Fabrs, Paul. "15 ans après Bretton Woods". *Le monde de l'économie*, July 8, 1969.

Fauvel-Rouif, Denise, ed. *Mouvements ouvriers et dépression économique*. Van Gorcum, Assen, 1966.

Fechner, Erich. *Rechtsphilosophie*. Mohr, Tübingen, 1956.

Ferrari Bravo, Luciano, ed. *Imperialismo e classe operaia multinazionale*. Feltrinelli, Milan, 1975.

Filene, Peter G. *Americans and the Soviet Experiment* 1917—1933. Harvard University Press, Cambridge, 1967.

Flne, Ben. "A Note on Productive and Unproductive Labour". *Conference of Socialist Economists Bulletin*. London, Fall 1973.

Flnzi, Roberto. "Lo Stato del capitale, un problema aperto". *Studi Storici*. Rome, 1970, no. 3.

Fish, Stanley. *Doing What Comes Naturally: Change, Rhetoric, and the Practice of Theory in Literary and Legal Studies*. Duke University Press, Durham, N. C., 1989.

Flatow, Sybille von, and Freerk Hulsken. "Zum Problem der Ableitung des bürgerlichen Staates". *Probleme des Klassenkampfs*, no. 7, 1973, pp. 83 −153.

Forsthoff, Ernst. "La Repubblica federale tedesca come Stato di diritto". *Rivista trimestrale di diritto puhbtico*. A. Giuffrè, Milan, vol. 6, 1956.

——. *Lehrbuch des Verwaltungsrechts*, vol. 1. C. H. Beck, Munich and Berlin, 1951.

——. *Rechtsstaat im Wandel: verfassungsrechtliche Abhandlungen*, 1950—1964. Kohlhammer, Stuttgart, 1964.

——. "Über Massnahme-Gesetze". *Gedächtnisschbrift für Walter Jellinek*, edited by Otto Bachhof, Isar Verlag, Munich, 1955.

Foucault, Michel. " Du Gouvernement des Vivants". Course given at the Collège de France, January 30, 1980; cassette recording available at the Bibliothèque du Saulchoir, Paris.

——. "What is Enlightenment?" In *The Foucault Reader*, edited by Paul Rabinow. Pantheon Books, New York, 1984.

Frelburghaus, Dieter, and G. Schmid. "Techniken politischer Planung: vom Markekalkül zum Plankalkul?" *Leviathan*, Düsseldorf, no. 3, 1974.

———. "Theorie der Segmentierung von Arbeitsmärkten". *Leviathan*, Düsseldorf, no. 3, 1975.

Freund, Julien. *L'essence du politique*. Sirey, Paris, 1965.

Galgano, Francesco. *Le istituzioni dell'economia capitalistica*. Zanichelli, Bologna, 1974.

Galston, William. "Pluralism and Social Unity". *Ethics* 99, 1989, pp. 711 −726.

Gerstenberger, F. "Produktion und Qualifikation". *Leviathan*, Düsseldorf, no. 2, 1975.

Gerstenberger, Heide. "Class Conflict, Competition, and State Functions". In *State and Capital*, edited by John Holloway and Sol Picciotto. University of Texas Press,

Austin, 1978, pp. 148 −159.

Giannini, Massimo-Severo. "Profili costituzionali della protezione sociale". *Rivista giuridica del lavoro*, Rome, 1951.

———. "Rilevanza costituzionale del lavoro". *Rivista giuridica del lavoro*, Rome, 1949—1950, no. 1, pp. 1 −20.

Giddens, Anthony. *Central Problems in Social Theory: Action, Structure, and Contradiction in Social Analysis*. University of California Press, Berkeley, 1979.

Giugni, Gino. *Introduzione allo studio dell'autonomia colleniva*. A. Giuffrè, Milan, 1960.

Goldfield, Michael. "Worker Insurgency, Radical Organization, and New Deal Labor Legislation". *American Political Science Review*, vol. 83, no. 4, December 1989, pp. 1257 −1282.

Goldthorpe, John H., David Lockwood, Frank Bechhofer, and Jennifer Platt. *The Affluent Worker.* 3 vols., Cambridge University Press, London, 1968—1969.

Gough, Ian. "Marx's Theory of Productive and Unproductive Labour". *New Left Review*, no. 76, November-December 1972.

——. "State Expenditure in Advanced Capitalism". *New Left Review*, no. 92, July-August 1975.

Gough, Ian, and J. Harrison. "Unproductive Labour and Housework, Again". *Conference of Socialist Economists Bulletin*, London, February 1975.

Grandi. Mario. "La risoluzione delle controversie di lavoro in Gran Bretagna". *Rivista di diritto del lavoro*, Milan, vol. 11, 1959, Part I, pp. 42 −104.

Grosso, Giuseppe. "Distinti complessi giuridici e varietà di rapporti fra norma giuridica e fatto economico". *Diritto dell'economia.* A. Giuffrè, Milan, 1955.

Guarino, Giuseppe. *Scritti di diritto pubblico dell'economia e di diritto dell'energia.* A. Giuffrè, Milan, 1962.

Guastini, Riccardo. *Marx, dalla filosofia del diritto alla scinza della società.* II Mulino, Bologna, 1974.

——. "Teoria e fenomenologia dello Stato capitalistico". *Politica del diritto*, December 1971, no. 6, pp. 781 −806.

Gündel, Rudi, Horst Heininger, Peter Hess, and Kurt Zieschang. *Zur Theorie des staatsmonopolistischen Kapitalismus.* Akademie-Verlag, Berlin, 1967.

Gutmann, Amy. "Communitarian Critics of Liberalism". *Philosophy and Public Affairs*, Summer 1985, pp. 308 -322.

Haberler, Gottfried. "Sixteen Years Later". In *Keynes' General Theory*, edited by Robert Lekachman. St. Martin's Press, New York, 1964, pp. 289 -296.

Habermas, Jürgen. *Legitimation Crisis*, translated by Thomas McCarthy. Beacon Press, Boston, 1975.

——. *Strukturwandel der Öffentlichkeit: Untersuchungen zu einer Kategorie der bürgerlichen Gesellschaft*. Luchterhand, Berlin, 1962.

Hansen, Alvin Harvey. *Fiscal Policy and Business Cycles*. Norton, New York, 1941.

——. Full Recovery of Stagnation? Norton, New York, 1938.

Haraway, Donna. "A Cyborg Manifesto: Science, Technology, and Socialist-Feminism in the Late Twentieth Century". In *Simians, Cyborgs, and Women: The Reinvention of Nature*. Routledge, New York, 1991.

Hardt, Michael. *Gilles Deleuze: An Apprenticeship in Philosophy*. University of Minnesota Press, Minneapolis, 1993.

——. " Los Angeles Novos". *Futur antérieur*, Paris, nos. 12 -13, 1992, pp. 12 -26.

Harrison, J. "The Political Economy of Housework". *Conference of Socialist Economists Bulletin*, London, Winter 1973.

——. "Productive and Unproductive Labour in Marx's Political Economy". *Conference of Socialist Economists Bulletin*, London, Fall 1973.

Harrod, R. F. *The Life of John Maynard Keynes*. Macmillan,

London, 1951.

——. "Mr. Keynes and Traditional Theory". In *Keynes' General Theory*, edited by Robert Lekachman. St. Martin's Press, New York, 1964, pp. 124 -138.

Hartsock, Nancy. *Money, Sex, and Power: Towards a Feminist Historical Materialism*. Northeastern University Press, Boston, 1985.

Haupt, H. B. , and Stephan Leibfried. "Anmerkung zur Kontroverse Poulantzas-Miliband". *Kritische Justiz*, vol. 4, no. 2, 1971.

Häussermann, H . "Die administrative Organisation als Problem politischer Innovation". *Leviathan*, Düsseldorf, no. 2, 1974.

Hegel. G. W. F. *Jenenser Realphilosophie*. 2 vols. Meiner, Leipzig, 1932.

——. *Phenomenology of Spirit*, translated by A. V. Miller. Oxford University Press, Oxford, 1977.

——. *Philosophy of Right*, translated by T. M. Knox. Oxford University Press, Oxford, 1952.

Heidegger, Martin. *The Question Concerning Technology*. translated by William Lovitt. Harper and Row, New York, 1977.

Held, David. *Models of Democracy*. Stanford University Press, Stanford, 1987.

Herz, Ernst. *Anspruch und Norm in Arbeitsrecht*. BundVerlag, Cologne, 1958.

Hinchman, Lewis. *Hegel's Critique of the Enlightenment*. University of Florida Press, Gainesville, 1984.

Hirsch, Joachim. "Elemente einer materialistischen Staatstheorie". In *Probleme einer materialistischen Staatstheorie*, edited by Claudia von Braunmühl et al.

Suhrkamp Verlag, Frankfurt, 1973, pp. 199 -266.

——. *Wissenschaftlich-technischer Fortschritt und politisches System. Organisation und Grundlagen administrativer Wissenschaftsforderung in der BRD.* Suhrkamp Verlag, Frankfurt, 1970.

——. "Zur Analyse des politischen Systems". *Gesellschaft*, vol. 1, 1974, pp. 78 -131.

Hochberger, Hunno. "Probleme einer materialistischen Bestimmung des Staates". In *Gesellschaft. Beiträge zur Marxschen Theorie*, vol. 2. Suhrkamp Verlag, 1974, pp. 155 -203.

Hofstadter. R. *The Age of Reform.* Jonathan Cape, London, 1962.

Holubenko, M. "The Soviet Working Class: Discontent and Opposition". *Critique*, Glasgow, Spring 1975.

Horvath, Bama. "Les sources du droit positif". *Le problème des sources du droit positif.* Annuaire de l'Institut de Philosophie du droit et de sociologie juridique, first session, 1934—1935, Sirey, Paris, pp. 132 -142.

Huffschmid, Jorg. *Die Politik des Kapitals, Konzentration und Wirtschaftspolitik in der Bundesrepublik.* Suhrkamp Verlag, Frankfurt, 1969.

Institut für Gesellschattswissenschaften beim ZK der SED, ed. *Der Imperialismus dey BRD.* Verlag Marxistische Blätter, Frankfurt, 1971.

——. *Imperialismus heute. Der staatsmonopolistische Kapitalismus in Westdeutschland.* Dietz, Berlin, 1967.

Jalée, Pierre. *Imperialism in the Seventies*, translated by Raymond and Margaret Sokolov. Third Press, New York, 1972.

Jameson, Fredric. "Postmodernism and the Market". In *Postmodernism, or, the Cultural Logic of Late Capitalism*. Duke University Press, Durham, N. C., 1991.

Jellinek. Georg. *Gesetz und Verordnung, staatsrechtliche Untersuchungen auf rechtsgeschichtlicher und rechtsvergleichender Grundlage*. Scientia Verlag, Aalen, 1964.

———. *Veifassungsänderung und Verfassungswandlung*. O. Häring, Berlin, 1906.

Jeliinek, Walter. *Gesetz, Gesetzesanwendung und Zweckmässigkeitserwiigung*. Scientia Verlag, Aalen, 1964.

Jessop, Bob. *The Capitalist State*. Martin Robertson, Oxford, 1982.

Kahn-Freund, Otto. "Intergroup Conflicts and their Settlement". *British Journal of Sociology*, vol. 5, 1954, pp. 193 −227.

Kaldor, Nicholas. *Causes of the Slow Rate of Economic Growth in the United Kingdom*. Cambridge University Press, London, 1966.

Kelman, Mark. "Interpretative Construction in the Substantive Criminal Law". *Stanford Law Review*, vol. 33, no. 591, April 1981, pp. 591 −673.

Kelsen, Hans. *General Theory of Law and State*, translated by Anders Wedberg. Harvard University Press, Cambridge, 1945.

———. "Théorie du droit international coutumier". *Revue internationale de la théorie du droit*. R. M. Rohrer, Brunn, new series, vol. 1, 1939, pp. 253 -274.

Kennedy, Duncan. "The Structure of Blackstone's Commentaries". *Buffalo Law Review*, vol. 28, no. 205, 1979.

Kergoat, Danièle. "L'infirmière coordonnée". *Futur antérieur*, no. 6, Summer 1991, pp. 71 -85.

——. *Les Ouvrières*. Editions Le Sycomore, Paris, 1982.

Keynes, John Maynard. "Am I Liberal?" In *Essays in Persuasion*. Macmillan, London, 1931.

——. "Dr. Melchior: A Defeated Enemy". In *Essays in Biography*. Macmillan, London, 1933.

——. *The Economic Consequences of the Peace*. Macmillan, London, 1919.

——. "The End of Laissez-Faire". In *Essays in Persuasion*. Macmillan, London, 1931.

——. *Essays in Biography*. Macmillan, London, 1933.

——. *Essays in Persuasion*. Macmillan, London, 1931.

——. *The General Theory of Employment, Interest and Money*. Macmillan, London, 1936.

——. "Liberalism and Labour". In *Essays in Persuasion*. Macmillan, London, 1931.

——. "*Newton the Man*". In Essays in Biography. Macmillan, London, 1933.

——. *A Revision of the Treaty*. Macmillan, London, 1922.

——. *A Treatise on Money*. 2 vols. Harcourt, Brace and Company, New York, 1930.

Koulicher. A. M. "La multiplicité des sources, en droit constitutionnel". *Le problème des sources du droit positif.* Annuaire de l'Institut de Philosophie du droit et de sociologie juridique, first session, 1934—1935, Sirey, Paris, pp. 208 −227.

Krahl, Hans-Jürgen. *Konstitution und Klassenkampf: Zur historischen Dialektik von bürgerlicher Emanzipation und proletarischer Revolution.* Verlag Neue Kritik, Frankfurt, 1971.

Krämer-Badoni, Thomas. " Krise und Krisenpotential im Spätkapitalismus". In *Die Kommune in der Staatsorganisation*, edited by Rainer Emenlauer. Suhrkamp Verlag, Frankfurt, 1974.

Kukathas. Chandran. and Phillip Pettit. *Rawls: A Theory of Justice and its Critics.* Stanford University Press, Stanford, 1990.

Laclau. Ernesto. and Chantal Mouffe. *Hegemony and Socialist Strategy: Towards a Radical Democratic Politics*, translated by W. Moore and P. Cammack. Verso, London, 1985.

Lebowitz. Michael. *Beyond Capital: Marx's Political Economy of the Working Class.* Macmillan, London, 1992.

LeGrand, J., and D. Winter. "The Middle Classes and the Defence of the British Welfare State". In R. E. Goodin and J. LeGrand, *Not Only the Poor.* Allen and Unwin, London, 1987.

Leibholz, Gerhard. *Staatsformen.* Walter de Gruyter, Berlin, 1965.

Lekachman, Robert, ed. *Keynes' General Theory: Reports of Three Decades.* St. Martin's Press, New York, 1964.

Loewenstein, Karl. *Beiträge zur Staatssoziologie.* Mohr, Tübingen, 1961.

——. *Political Power and the Governmental Process*. University of Chicago Press, Chicago, 1957.

Löwith, Karl. *From Hegel to Nietzsche*, translated by David Green. Holt, New York, 1964.

Luhmann, Niklas. *Essays on Self-Reference*. Columbia University Press, New York, 1990.

Lukacs, Georg. *History and Class Consciousness*, translated by Rodney Livingstone. MIT Press, Cambridge, 1971.

Luxemburg, Rosa. *Ausgewählte Reden und Schriften*. 2 vols. Dietz, Berlin, 1955.

——. *Politische Schriften*. Europa Verlag, Vienna, 1966.

Lyon-Caen. Gerard. "Fondamenti storici e razionali del diritto del lavoro". *Rivista giuridica del lavoro*, Rome, 1951.

Macintyre. Alasdair. *After Virtue: A Study in Moral Theory*. University of Notre Dame, Notre Dame, 1984.

Macpherson. C. B. *Democratic Theory: Essays in Retrieval*. Clarendon Press, Oxford, 1973.

——. *Life and Times of Liberal Democracy*. Oxford University Press, Oxford, 1977.

Mantoux. Etienne. *The Carthaginian Peace, or the Economic Consequences of Mr. Keynes*. Oxford University Press, London, 1946.

Marable. Manning. "Black America: Multicultural Democracy in the Age of Clarence Thomas and David Duke". Open Magazine Pamphlet Series, Open Media, Westfield, N.J. 1992.

Marcuse, Herbert. "Über die philosophischen Grundlagen des

wirtschafts-wissenschaftlichen Arbeitsbegriffs". *Archiv for Sozialwissenschaft und Sozialpolitik.* H. Laupp, Tubingen, 1933, no. 3. Reprinted in Schriften, vol. 1, Suhrkamp Verlag, Frankfurt, 1978, pp. 556 –594.

Marx, Karl. *Capital*, vol. 1. Vintage Books, New York, 1977.

———. *Capital*, vols. 2 and 3. International Publishers, New York, 1967.

———. *The Civil War in France.* International Publishers, New York, 1940.

———. "Critique of the Gotha Program". In *Basic Writings on Politics and Philosophy*, edited by Lewis Fener. Anchor Books, Garden City, N. Y., 1959, pp. 112 –132.

———. *Economic and Philosophic Manuscripts of 1844.* International Publishers, New York, 1964.

———. *The Eighteenth Brumaire of Louis Bonaparte.* International Publishers, New York, 1963.

———. *Grundrisse.* Vintage Books, New York, 1973.

———. *Theories of Surplus Value*, Part I, translated by Emile Burns. Lawrence and Wishart, London, 1969.

Marx, Karl. and Friedrich Engels. *The German Ideology.* Progress Publishers, Moscow, 1976.

———. *Manifesto of the Communist Party.* Foreign Languages Press, Peking, 1965.

———. *Selected Correspondence.* International Publishers, New York, 1942.

Mattick, Paul. *Marx and Keynes: the limits of the mixed economy.*

P. Sargent, Boston, 1969.

Mazzarelll, Bruno. *La norma collettiva nella teoria generale del diritto.* A. Giuffrè, Milan, 1957.

Mazzoni, Giuliano. "Intervento al convegno degli amici deldiritto dell'economia". *Diritto dell'economia*, Milan, 1956.

Medlobanca, ed. *La finanza pubblica.* 2 vols. Mediobanca, Milan, 1968—1972.

Mendner, J. H. *Technologische Entwicfthmg und Arbeitsprozess.* Fischer, Frankfurt, 1975.

Mengonl, Luigi. "Recenti mutamenti nella structura e nella gerarchia dell'impresa". *Rivista delle società.* A. Giuffrè, Milan, 1958, pp. 689 −724.

Merkl, Adolf. *Allgemeines Verualtungsrecht.* J. Springer, Vienna and Berlin, 1937.

Miele, Giovanni. "Profilo della consuetudine nel sistema delle fonti di diritto interno". *Stato e diritto*, vol. 4, no. 1, 1943, pp. 24 −29.

Mlglioranzi, L. A. "Il rappono di lavoro nella sua evoluzione". *Scritti giuridici in onore di Antonio Scialoja*, vol. 4. N. Zanichelli, Bologna, 1953, pp. 291 −306.

Millband, Ralph. "The Capitalist State: Reply to Nicos Poulantzas". *New Left Review*, no. 59, January-February 1970, pp. 53 −60.

——. *The State in Capitalist Society.* Basic Books, New York, 1969.

Mishra, Ramesh. *The Welfare State in Capitalist Society.* University of Toronto Press, Toronto, 1990.

Mommsen, Wolfgang J. *Max Weber und die Deutsche Politik, 1890—1920.* Mohr, Tübingen, 1959.

Morishima, Michio. *Marx's Economics: A Dual Theory of Value and Growth.* Cambridge University Press, London, 1973.

Mortati, Costantino. "Il lavoro nella Costituzione". *Il diritto del lavoro*, Milan, 1954, pp. 149 -212.

——. *La Costituzione in senso materiale.* Milan, 1940.

——. *Istituzioni di diritto pubblico.* CEDAM, Padua, 1969.

Mouffe, Chantal. "Le libéralisme américain et ses critiques". *Esprit*, March 1987, pp. 100 -114.

Moulier, Yann. "Introduction". In *The Politics of Subversion: A Manifesto for the Twenty-First Century by Antonio Negri*, translated by James Newell. Polity Press, Cambridge, 1989, pp. 1 -44.

Müller, Wolfgang. "Die Grenzen der Sozialpolitik in der Marktwinschaft". In *Der CDU-Staat. Analysen zur Verfassungswirftlichfteit der Bundesrepublilt*, edited by Gert Schafer and Carl Nedelmann, Suhrkamp Verlag, Frankfurt, 1967, vol. I, pp. 14 -47.

Müller, Wolfgang, and Christel Neusüss. "The Illusionof State Socialism". *Telos*, no. 25, Fall 1975, pp. 13 -90. A shorter version appears as "The 'Welfare-State Illusion' and the Contradiction between Wage Labour and Capital", in *State and Capital*, edited by John Holloway and Sol Picciotto, University of Texas Press, Austin, 1978, pp. 32 -39.

Musil, Robert. *The Man Without Qualities.* 3 vols. Picador Classics, London, 1988.

Napoleoni, Claudio. *Economic Thought of the Twentieth Century.* Wiley, New York, 1972.

———. "Sulla teoria della produzione come processo circolare". In *Il dibattito su Sraffa*, edited by Franco Botta. De Donato, Bari, 1974, pp. 37–62.

Navarra, A. "Le speranze (sinora) deluse". *Rivista di diritto del lavoro*, Milan, 1953, pp. 139–157.

Negri, Antonio. *Alle origini del formalismo giuridico.* CEDAM, Padua, 1962.

———. "L'antimodernité de Spinoza". *Les Temps Modernes*, no. 539, June 1991, pp. 43–61. An Italian version appears in *Spinoza Sovversivo: Variazioni (in) attuali*, Antonio Pellicani Editore, Rome, 1992, pp. 129–151.

———. "Archaeology and Project: The Mass Worker and the Social Worker". In *Revolution Retrieved*. Red Notes, London, 1988, pp. 203–228.

———. *Constituent Power.* University of Minnesota Press, Minneapolis, forthcoming.

———. "Crisis of the Planner-State: Communism and Revolutionary Organisation". In *Revolution Retrieved*. Red Notes, London, 1988, pp. 94–148.

———. "Interpretation of the Class Situation Today: Methodological Aspects". In *Open Marxism*, vol. 2, edited by Werner Bonefeld, Richard Gunn, and Kosmas Psychopedis, Pluto Press, London, 1992, pp. 69–105. Also appears as "Twenty Theses on Marx: Interpretation of the Class Situation Today", *Polygraph*, no. 5, 1992, pp. 136 −170.

———. "Is There a Marxist Doctrine of the State?" In Noberto Bobbio, *Which Socialism?* University of Minnesota Press, Minneapolis, 1987, pp. 121 −138.

———. "Lo Stato dei partiti". In *La forma Stato*. Feltrinelli, Milan, 1977, pp. 111 −149.

———. *Marx Beyond Marx: Lessons on the Grundrisse*, translated by Harry Cleaver, Michael Ryan, and Maurizio Viano. Bergin and Garvey, South Hadley, 1984.

———. "Marx on Cycle and Crisis". In *Revolution Retrieved*. Red Notes, London, 1988, pp. 47 −90.

———. "Partito operaio contro il lavoro". In *Crisi e organizzazione operaia*. Feltrinelli, Milan, 1974.

———. *The Politics of Subversion: A Manifesto for the Twenty-First Century*, translated by James Newell, introduction by Yann Moulier. Polity Press, Cambridge, 1989.

———. *Proletari e Stato*. Feltrinelli, Milan, 1976.

———. *Revolution Retrieved*. Red Notes, London, 1988.

———. "Rileggendo Pasulcanis: note di discussione". In *La forma Stato*. Feltrinelli, Milan, 1977, pp. 161 −195.

———. *The Savage Anomaly: The Power of Spinoza's Metaphysics and Politics*, translated by Michael Hardt. University of Minnesota Press, Minneapolis, 1991.

Negt, Oskar. *Sozioiogische Phantasie und exemplarisches Lernen*. Europäische Verlagsanstalt, Frankfurt, 1968.

Neumann, Franz. *The Democratic and the Authoritarian State*. Free Press, Glencoe, Ill. , 1957.

Neuy, Erich. *Das rechtsphilosophische Relativismusprohlem in der Sicht des Neupositivismus*. Dissertation, Mainz, 1951.

Nietzsche, Frederick. *The Will to Power*, translated by Walter Kaufman. Vintage Books, New York, 1967.

Nuti, Domenico Mario. "Economia volgare e distribuzione del reddito". In *Il dibattito su Sraffa*, edited by Franco Botta. De Donato, Bari, 1974, pp. 261 –271.

O'Connor, James. *The Fiscal Crisis of the State*. St. Martin's Press, New York, 1973.

Offe, Claus. *Berufsbildungsrefonn. Eine Fallstudie übe,. Reformpolitik*. Suhrkamp Verlag, Frankfurt, 1975.

——. "Crisis of Crisis Management: Elements of a Political Crisis Theory". In *Contradictions of the Welfare State*. MIT Press, Cambridge, 1984.

——. "Dominio politico e struttura di classe". *Rassegna Itliana di Socioiogia*, vol. 12, no. 1, 1971, pp. 47 –82.

——. *Industry and Inequality: The Achievement Principle in Work and Social Status*, translated by James Wickham. St. Martin's Press, New York, 1977.

——. "Rationalicätskriterien und Funktionsprobleme politisch-administrativen Handelns". *Leviathan*, Düsseldorf, no. 3, 1974,

——. *Strukturprobleme des kapitalistischen Staates, Au fsätu zur politischen Soziologie*. Suhrkamp Verlag, Frankfurt, 1972.

Offe, Claus, and Wolf-Dieter Narr, eds. *Wohlfahrtsstaat und Massenloyalität*. Kiepenheuer und Witsch, Cologne, 1975.

Ohlin, Bertll. "Mr, Keynes' Views on the Transfer Problem". *The Economic Journal*, vol. 39, September 1925.

——. "The Reparation Problem". *The Economic Journal*, vol. 39, June 1925.

Olalqulaga, Celeste. *Megalopolis: Contemporary Cultural Sensibilities*. University of Minnesota Press, Minneapolis, 1992.

Olivecrona, Karl. *Der Imperativ des Gesetzes*. Munksgaard, Copenhagen, 1942.

Paci, Massimo. *Mercato del lavoro e dassi sociali in Italia*. Il Mulino, Bologna, 1973.

Panzieri, Raniero, *La riprera del marxismo-leninismo in Italia*, edited by D. Lanzardo. Sapere, Milan, 1972.

Pashukanis, Eugenll, *Law and Marxism: A General Theory*, translated by Christopher Aurther. Ink Links, London, 1978.

Pateman, Carol. *The Sexual Contract*. Polity Press, Cambridge, 1988.

Pergolesi, Ferruccio. *Saggi sulle fonti nonnative*. A Giuffrè, Milan, 1943.

Pierandrei, Franco. "La corte costituzionale e le 'modificazioni tacite' della Costituzione". *Scritti giuridici in onore di Antonio Scialoja*, vol. 4. N, Zanichelli, Bologna, 1953. pp. 315 −362.

Piore, Michael, and Charles Sabel. *The Second Industrial Divide*. Basic Books, New York, 1984.

Piven, Frances Fox, and Richard Cloward. *The New Class War*. Pantheon, New York, 1982.

——. *Regulating the Poor*. Random House, New York, 1972.

Pizzorno, Alessandro, "Sul metodo di Gramsci (dalla storiografia alla scienza politica)". *Quaderni di sociologia*, vol. 16, no. 4, Turin, 1967.

Pogge, Thomas. *Realizing Rawls*. Cornell University Press, Ithaca, 1989.

Poulantzas, Nicos. *Political Power and Social Classes*, translated by Timothy O'Hagan. New Left Books, London, 1973.

——. "Préliminaires à l'étude de l'hégémonie dans l'Etat". *Les Temps Modernes*, nos. 234–235, 1965.

——. "The Problem of the Capitalist State". *New Left Review*, no. 58, 1969, pp. 67–78.

Predieri, Alberto. *Pianificazione e costituzione*. Edizioni di comunirà, Milan, 1963.

Preuss, Ulrlch Klaus. *Legalität und Pluralismus, Beiträge. zum Verfassungsrecht der BRD*. Suhrkamp Verlag, Frankfurt, 1973.

Pribicevic, Branko. *The Shop Steward Movement in England*. Oxford University Press, Oxford, 1955.

Prosperetti, Ubaldo. "Lo sviluppo del diritto del lavoro in relazione alle modificazioni della vita economica". *Rivista di diritto del lavoro*, Milan, vol. 14, 1962,

——. "Preliminari sull'autonomia sindacale". *Rivista di diritto del lavoro*, Milan, vol. 7, 1955, pp. 158–168.

Pucelle, Jean. *La nature et l'esprit dans la philosopbie de T. H.*

Green. 2 vols. Nauwelaerts, Louvain, 1965.

Rancière, Jacques. *L'ideologia politica di Althusser.* Feltrinelli, Milan, 1974.

Rawls, John. *A Theory of Justice.* Oxford University Press, Oxford, 1971.

———. "The Basic Liberties and Their Priority". In *Liberty, Equality, and Law*, edited by M. McMurrin. Cambridge University Press, 1987, pp. 1 −88. (Essay originally published in 1982.)

———. "The Domain of the Political and Overlapping Consensus". New York University Law Review 64, 1989, pp. 233 −255.

———. "The Idea of an Overlapping Consensus". *Oxford Journal of Legal Studies* 7, February 1987, pp. 1 −25.

———. "Justice as Fairness: Political nor Metaphysical". *Philosophy and Public Affairs*, vol. 14, no. 3, Summer 1985, pp. 223 −251.

———. "Kantian Constructivism in Moral Theory". *The Journal of Philosophy* 88, 1980, pp. 515 −572.

———. *Political Liberalism.* Columbia University Press, New York, 1993.

———. "The Priority of Right and Ideas of the Good". *Philosophy and Public Affairs*, vol. 17, no. 4, Fall 1988, pp. 251 −276.

———. "Some Reasons for the Maximin Criterion". *American Economic Review* 64, 1974, pp. 141 −146.

Recueil d'études sur les sources du droit en l'honneur de François Geny. Sirey, Paris, 1934.

Reddaway, W. B. "Keynesian Analysis and a Managed Economy". In *Keynes' General Theory*, edited by Robert Lekachman. St. Martin's Press, New York, 1964, pp. 108 −123.

Redman, John R. , ed. *The Political Theory of T. H. Green*. Appleton Century Crofts, New York, 1964.

Reichelt, Helmut. "Some Comments on Sybille von Flatow and Freerk Huisken's Essay 'On the Problem of the Derivation of the Bourgeois State' ". In *State and Capital*, edited by John Holloway and Sol Picciotto. University of Texas Press, Austin, 1978, pp. 43 −56.

——. *Zur logischen Struktur des Kapitalbegriffs bei Karl Marx*. Europa Verlag, Vienna, 1970.

Reinhardt, Rudolf. "Die Vereinigung subjektiver und objektiver Gestaltungskräft in Verträge". *Festschrift zum 70. Geburtstag von Walter Schmidt-Rimpler*. C. F, Müller, Karlsruhe, 1957, pp. 115 −138.

Revelli, Marco. *Lavorare in FIAT*. Garzanti, Milan, 1989.

Reviglio, Franco. "La crisis della finanza pubblica (1970—1974): indicazioni per una diagnosi e una terapia". *Rivista di diritto finanziario*, 1975, no. 1.

Ricoeur, Paul. "John Rawls: de l'autonomie morale à la fiction du contrat social". *Revue de Métaphysique et de Morale*, no. 3, 1990, pp. 367 −384.

——. "Le cercle de la démonstration". *Esprit*, 1988, no. 2, pp. 78 −88.

Riva Sanseverino, luisa. "Il lavoro nella nuova Costituzione italiana". *Il diritto del lavoro*. CEDAM, Padua, second edition, 1948.

Robertson, Dennis Holme. "Review of *The Economic Consequences of the Peace". *The Economic Journal*, March 1920.

Robinson, E. A. G. "John Maynard Keynes 1883—1946". In *Keynes' General Theory*, edited by Robert Lekachman. St. Martin's Press, New York, 1964.

Rödel, Ulrich. *Forschungsprioritäten und technolagische Enrwicklung*. Suhrkamp Verlag, Frankfurt, 1972.

Roishausen, Carl. *Wissenschaft und gesellschaftliche Reproduktion*. Suhrkamp Verlag, Frankfurt, 1975.

Ronge, Volker. "Entpolirisierung der Forschungspolitik". *Leviathan*, Dusseldorf, no. 3, 1975.

Rorty, Richard. "The Primacy of Democracy to Philosophy". In *The Virginia Statute of Religious Freedom*, edited by Merrill Peterson and Robert Vaughan. Cambridge University Press, Cambridge, 1987, pp. 257 - 282. Reprinted in *Reading Rorty*, edited by Alan Malachowski, Basil Blackwell, New York, 1990, pp. 279 -302.

——. "Thugs and Theorists: A Reply to Bernstein". *Political Theory*, November 1987, pp. 564 -580.

Rosdolsky, Roman. *The Making of Marx's "Capital"*, translated by Peter Burgess. Pluto Press, London, 1977.

Rose, Hilary. "Hand, Brain, and Heart: A Feminist Epistemology for the Natural Sciences". *Signs*, vol. 9, no. 1, 1983, pp. 73 -90.

Rosenberg, A. *Histoire du bolchevisme*. Grasset, Paris, 1967.

Rosenblum, Nancy. *Introduction to Liberalism and the Moral Life*. Harvard University Press, Cambridge, 1989, pp. 1 -17.

Ross, Alf. *Theorie der Rechtsquellen, Ein Beitrag zur Theorie des pos-*

itiven Rechts auf Grundlage dogmenhistorischer Untersuchungen. F. Deuticke, Leipzig and Vienna, 1929.

——. *Towards a Realistic Jurisprudence*, translated by Annie Fausboll. Munksgaard, Copenhagen, 1946.

Roth, Karl Heinz. *Die "andere" Arheiterbewegung und die Entwicklung der kapitalistischen Repression von 1880 bis zur Gegenwart*. Trikont Verlag, Munich, 1974.

Rovatti, Pier Aldo. *Critica e scientificità in Marx*. Feltrinelli, Milan, 1973.

Rowthorn, Bob. "Skilled Labour in the Marxist System". *Conference of Socialist Economists Bulletin*, London, Spring 1974.

Runciman, W. G. *Relative Deprivation and Social Justice*. University of California Press, Berkeley, 1966.

Ryan, Michael. *Politics and Culture: Working Hypotheses for a Post-Revolutionary Society*. Johns Hopkins University Press, Baltimore, 1989.

Ryder, A. S. *The German Revolution*. Cambridge University Press, Cambridge, 1966.

Saltzburg, Stephen. "Another Victim of Illegal Narcotics: The Fourth Amendment". *University of Pittsburgh Law Review*, vol. 48, no. 1, 1986.

Samuelson, Paul A. "The General Theory". In *Keynes' General Theory*, edited by Robert Lekachman. St. Martin's Press, New York, 1964, pp. 315 -330.

Sandel, Michael. "Democrats and Community". *The New Republic*, February 22, 1988, pp. 20 -23.

——. *Liberalism and the Limits of Justice*. Cambridge University Press, Cambridge, 1982.

——. "Morality and the Liberal Ideal". *The New Republic*, May 7, 1984, pp. 15 –17. Also published as the Introduction to *Liberalism and its Critics*, edited by Michael Sandel, Basil Blackwell, Oxford, 1984, pp. 1 –11.

——. "The Procedural Republic and the Unencumbered Self". *Political Theory*, vol. 12, no. 1, 1984, pp. 81 –96.

Santoro Passerelli, Francesco. *Saggi di diritto civile*. Jovene, Naples, 1961.

Sardei-Biermann, S., J. Christiansen, and K. Dohse. "Class Domination and the Political System: A Critical Interpretation of Recent Contributions by Claus Offe". *Kapitalstate*, no. 2, 1973, pp. 60 –69.

Schattscheider, E. E. *The Semi-sovereign People*. Holt, Rinehart and Winston, New York, 1960.

Schlesinger, Arthur M., Jr. *The Crisis of the Old Order* 1919—1933. Houghton Mifflin, Boston, 1957.

Schlesinger, Rudolf. *Central European Democracy and Its Background; Economic and Political Group Organisation*. Routledge and Paul, London, 1953.

Schwab, George. *The Challenge of the Exception*. Duncker-Humbolt, Berlin, 1970.

Schwarz, W. "Das 'Kapital im Allgemeinen' und die 'Konkurrenz' in ökonomischen Werk von Karl Marx. Zu Rosdolskys Fehlinterpretation der Gliederung des 'Kapital'". *Gesellschaft*, no. 1, 1974, pp. 222 -247.

Seifert, Jürgen. *Kampf um Veifassungspositionen. Materialien über Grenzen und Möglichkeiten von Rechtspolitik.* Europäische Verlagsanstalt, Frankfurt, 1974.

Serafini, Alessandro. "Gramsci e la conquista dello Stato". *Compagni*, vol. 1, nos. 2 -3, May-June 1970, pp. 39 -40.

——, ed. *L'operaio multinazionale.* Feltrinelli, Milan, 1974.

Shackle, G. L. S. *The Years of High Theory: Invention and Tradition in Economic Thought, 1926—1939.* Cambridge University Press, Cambridge, 1967.

Sinzheimer, Hugo. "La théorie des sources du droit et le droit ouvrier". *Le problème des sources du droit positif.* Annuaire de l'Institut de Philosophie du droit et de sociologie juridique, first session, 1934—1935, Sirey, Paris, pp. 73 -79.

Skinner, Quentin. "The Idea of Negative Liberty: Philosophical and Historical Perspectives". In *Philosophy in History*, edited by R. Rorty, J. B. Schneewind, and Q. Skinner. Cambridge University Press, Cambridge, 1984, pp. 193 -221.

Skocpol, Theda. "Bringing the State Back In: Strategies of Analysis in Current Research". In *Bringing the State Back In*, edited by P. Evans, D. Rueschemeyer, and T. Skocpol. Cambridge University Press, Cambridge, 1985, pp. 3 -37.

——. "Political Response to Capitalist Crisis: Neo-Marxist Theories of the State and the Case of the New Deal". *Politics and Society*, vol. 10, no. 2, 1980, pp. 155 −201.

Skocpol, Theda, and Kenneth Fingold. "Explaining New Deal Labor Policy". *American Political Science Review*, vol. 84, no. 4, December 1990, pp. 1297 −1315.

Smith, Steven. *Hegel's Critique of Liberalism: Rights in Context*. University of Chicago Press, Chicago, 1989.

Sohn-Rethel, Alfred. *Die ökonomische Doppelnatur des Spätkapitalismus*. Luchterhand, Darmstad, 1972.

——. *The Economy and Class Structure of German Fascism*, translated by Martin Sohn-Rethel. Free Association, London, 1978.

——. *Intellectual and Manual Labor: A Critique of Epistemology*. Humanities Press, Atlantic Highlands, N.J., 1978.

——. *Materialistische Erkenntnistheorie und Vergesellschaftung Der Arbtit*. Merve Verlag, Berlin, 1971.

——. "Technische Intelligenz zwischen Kapitalismus und Sozialismus". In *Technologie und Kapital*, edited by B. Vahrenkamp, Suhrenkamp Verlag, Frankfurt, 1973.

——. *Warenform und Denkform, Aufsätze*. Europa Verlag, Vienna and Frankfurt, 1971.

Sraffa. Piero. *Production of Commodities by Means of Commodities*. Cambridge University Press, Cambridge, 1960.

Sweezy, Paul M. "The First Quarter Century". In *Keynes' General Theory*, edited by Robert Lekachman. St. Martin's Press, New York, 1964, pp. 305 −314.

——. "John Maynard Keynes". In *Keynes' General Theory*, edited by Robert Lekachman. St. Martin's Press, New York, 1964, pp. 297 -304.

——. *The Present as History*. Monthly Review Press, New York, 1953.

Swoboda, Ernst. "Les diverses sources du droit: leur équilibre et leur hiérarchie dans les divers systèmes juridiques". *Archives de philosophie du droit*, Sirey, Paris, 1934, nos. 1 -2, pp. 197 -207.

Tammelo. Ilmar. "Contemporary Developments of the Imperative Theory of Law, A Survey and Appraisal". *Archiv für Rechts-und Sozial philosophie*, vol. 41, nos. 2 -3, 1963, pp. 255 -277.

Taylor, Charles. "Cross-Purposes: The Liberal Communitarian Debate". In *Liberalism and the Moral Life*, edited by Nancy Rosenblum. Harvard University Press, Cambridge, 1989, pp. 159 -182.

——. *Hegel*. Cambridge University Press, Cambridge, 1975.

——. *Hegel and Modern Society*. Cambridge University Press, Cambridge, 1979.

——. *Sources of the Self: The Making of Modern Identity*. Harvard University Press, Cambridge, 1989.

Theobald, Robert. *The Guaranteed Income: Next Step in Economic Evolution?* Doubleday, Garden City, N. Y., 1966.

Thompson, E. P. *The Making of the English Working Class*. Vintage Books, New York, 1963.

Treichler, Paula. "How to Have Theory in an Epidemic: The Evolution of AIDS Treatment Activism". In *Technoculture*, edited by Constance Penley and Andrew Ross. University of Minnesota Press,

Minneapolis, 1991.

Tronti, Mario. *Operai e capital*. Einaudi, Turin, 1966.

Unger, Roberto. *The Critical Legal Studies Movement*. Harvard University Press, Cambridge, 1986.

Vahrenkamp, B., ed. *Technologie und Kapital*. Suhrkamp Verlag, Frankfurt, 1973.

Varga, Eugen. *Die Krise des Kapitalismus und ihre politischen Folgen*, edited by E. Altvater. Europäische Verlagsanstalt, Frankfurt, 1969.

——. *Politico-Economic Problems of Capitalism*, translated by Don Danemanis. Progress Publishers, Moscow, 1968.

Vattimo, Gianni. "Senza Polizia Non C'è Uno Stato". *La Stampa*, September 22, 1991.

——. *The Transparent Society*, translated by David Webb. Polity Press, Oxford, 1992.

Vyshinsky, Andrei. *The Law of the Soviet State*, translated by Hugh Babb, introduction by John Hazard. Macmillan, New York, 1948.

Wahl, Nicholas. "Aux origines de la nouvelle Constitution". *Revue Française de Science Politique*, 1959, no. 1, pp. 30 -66.

Walzer, Michael. "Philosophy and Democracy". *Political Theory* 9, 1981, pp. 379 -399.

——. "The Communitarian Critique of Liberalism". *Political Theory*, February 1990, pp. 6 -23.

Weber, Max. *Economy and Society*, edited by Guenther Roth and Claus Wittich. 2 vols. University of California Press, Berkeley, 1968.

Wee, Herman van der, ed. *The Great Depression Revisited: Essays* on the Economics of the Thirties. Marinus Nijhoff, The Hague, 1972.

Wehr, F. "La doctrine de M. Adolphe Merkl". *Revue internationale. de la théorie du droit*, vol. 2, 1927—1928, pp. 215 -231.

——. "La notion de 'processus juridique' dans la théorie pure du droit". *Studi filosofico-giuridici per Del Vecchio*, vol. 2. Società tipografica modenese, Modena, 1931.

Weissbach, H . J . *Planungnswissenschaft. Eine Analyse der Entwicklungsbedingungen und Entwicklungsformen der Arbeitsmarkt*. Achenbach, Biessen-Lollar, 1975.

Wirth, Margaret. *Kapitalismustheorie in der DDR, Entstehung und Entwicklung der Theorie des staatsmonopolistischen Kapitalismus*. Suhrkamp Verlag, Frankfurt, 1972.

——. "Towards a Critique of the Theory of StateMonopoly Capitalism". *Economy and Society*, vol. 6, no. 3, August 1977, pp. 284 -313.

Wolff, Robert Paul. *Understanding Rawls*. Princeton University Press, Princeton, 1977.

Wygodskl, S. L. *Der gegenwärtige Kapiralirmus, Versuch einer theoretischen Analyse*. Pahl-Rugenstein Verlag, Cologne, 1972.

Yaffe, David. "The Crisis of Profitability". *New Left Review*, no. 80, 1973.

——. "The Marxian Theory of Crisis, Capital and State". *Conference of Socialist Economists Bulletin*, London, Winter 1972.

Zolo, Danilo. *La teoria comunista dell'estinzione dello Srato*. De Donato, Bari, 1974.

索引

(页码为原著页码)

abstract labor 抽象劳动,8,59 −60,258,274,and class conflict 和阶级冲突,134 −135,278 −279;and right 和权利,66,92,104,106 −107,114 −117,119,125,126。see also concrete labor 也可见具体劳动;labor 劳动

Ackerman,Bruce 布鲁斯·阿克曼,223

Agnoli,Johannes 约翰内斯·阿格诺利,54,157

AIDS activism 艾滋病行动主义,13 −14,281

Allorio,Enrico 恩里克·阿洛里奥,68,133

Althusser,Louis 路易·阿尔都塞,18,143,158

Altvater,Elmar 埃尔玛·阿尔特瓦特,163 −164,176

Arendt,Hannah 汉娜·阿伦特,7

authority 权威,84 −87,126 −134,270,299 −300

Bellah,Robert 罗伯特·贝拉,253

Benjamin,Walter 瓦尔特·本雅明,293 −294,295

Bobbio,Norberto 诺伯托·博比奥,3 −4,84,86

British general strike 英国1926年大罢工, 27, 35

Burdeau, Georges 乔治·比尔多, 40

Bush administration 布什政府, 244-245, 255-256

capital 资本, social 社会的。See social capital 见社会资本

capitalist reformism 资本主义改良主义, 43, 49-50, 58-63, 74, 82。See also New Deal 也可见新政; social capital 社会资本

capitalist valorization 资本主义价值增殖, 6-9, 61-62, 75-82, 120-122, 127-128; and political domination 以及政治统治, 155-158, 173

Carlassare Caiani, Lorenza 洛伦扎·卡亚尼, 85

civil society 市民社会, 142-146, 149-151, 157, 205-206, 227-228, 264-265; and violence 和暴力, 290-293; withering of 的消亡, 17, 258-261, 269-272, 300-301, 304, 307

class conflict 阶级冲突, 37, 125-126, 142-143, 171-175, 201-202, 206-207; and collective contracts 和集体契约, 95-102; in postmodern era 在后现代时期, 15, 227, 280-281

collective contract 集体契约, 240-241, 258-259; and production of right, 和权利的生产, 96-97, 99-100, 116, 119

communism 共产主义, 140, 161, 174-175, 209-212, 217-218, 265-268, 289; as method 作为方法, 5-7, 17-18; prerequisites of 的现有前提, 275-283

communitarianism 社群主义, 247; critique of liberal society 对自由主义社会的批判, 252-257; critique of liberal subject 对自由主义主体的批判, 248-252

concrete labor 具体劳动,114-119,125,134-135,258,279。See also abstract labor 也可见抽象劳动;labor 劳动

constituent power 制宪权/创构力量,220-222,268-269,283-285,295,308-313;and Soviet Union 和苏联,265-266

constitution 宪法/构成/创构:Italian 意大利的,55-57,65-66,70;material 物质,63-68,71-75,131,226-228,267,270;as method 作为方法,268-290

constitutionalization of labor 劳动的宪法化,76,81,88-93,103-105,223

contract 契约,contractualism 契约主义,230-233,258-259,270,303。See also collective contract 也可见集体契约

cooperation 协作,10-14,76-78,266-267,274-285,309-312

Crisafulli, Vezio 维齐奥·克利萨弗里,133

critical legal studies 批判的法学研究,304-308

cyborg 赛博格,10,281

deconstructive juridical theory 解构的法学理论,304-308

Deleuze, Gilles 吉尔·德勒兹,259-260,295;and Félix Guattari 和菲力克斯·瓜塔里,54,289

democratic evolutionary juridical theory 民主演化的法律理论,301-304

Derrida, Jacques 雅克·德里达,295

Elson, Diane 戴安·艾尔森,9

Engles, Friedrich 恩格斯,17,145,154-155,164-165,175,183。See also Marx, Karl 也可见马克思

Epstein, Steven 斯蒂芬·爱泼斯坦,13

equilibrium 均衡/平衡:economic 经济的,8-9,28-29,35-37,43-45,159-160;juridical 法律的,118,237,303-304。See also Rawls, John 也可见约翰·罗尔斯,reflective equilibrium 反思性平衡

exodus 出走,267-269

factory council movement 工厂委员会运动,25,30,33

factory-society 工厂—社会,9-11,15,36,63,70,79-80,193,224-225

Fish, Stanley 斯坦利·费什,306

Fordism 福特主义,26,222;transition to post-Fordism 向后福特主义过渡,20,240-241,273-275,278-279

Foucault, Michel 米歇尔·福柯,12,259,287,293

Giugni, Gino 基诺·朱尼,133

Gough, Ian 伊恩·高夫,186

Gramsci, Antonio 安东尼奥·葛兰西,18,149-151,205,260-261

Guattari Félix 菲力克斯·瓜塔里。See Deleuze, Gilles 见德勒兹

Habermas, Jürgen 尤尔根·哈贝马斯,155

Haraway, Donna 多娜·哈拉维,281

Hegel, G. W. F. 黑格尔,59,84,93,135,248-259

Heidegger, Martin 马丁·海德格尔, 287
Herz, Ernst 恩斯特·赫茨, 118
Hinchman, Lewis 刘易斯·辛奇曼, 255
Hirsch, Joachim 约阿希姆·赫施, 159–160, 185, 190, 191
historic compromise 历史性妥协, 179, 189, 208
Horvath, Barna 巴尔纳·霍瓦特, 84
hybridization 杂交化, 13–14, 274, 281

immanence 内在性, immanentism 内在主义, 6–7, 285, 289, 310–313
immaterial labor 非物质劳动, 10, 21, 285, 289; and new subjectivities 和新的主体性, 12–14, 274, 280–281, 309–311。See also cooperation 也可见协作

Jameson, Fredric 弗里德里克·杰姆逊, 226
juridical reformism 法律改良主义, 301–308

Kant, Immanuel 伊曼纽尔·康德, and Kantianism 和康德主义, 84, 227–230, 248–250
Kelsen, Hans 汉斯·凯尔森, 109–112, 169–170, 228
Keynes, John Maynard 约翰·梅纳德·凯恩斯, 19, 167–170; critique of laissez-faire economics 对自由放任经济学的批判, 28, 32–33, 37, 43; effective demand 有效需求, 43–45, 50; *General Theory* 《通论》, 36–46; on the October Revolution 论十月革命, 30–34
Keynesianism 凯恩斯主义, 202, 240, 268, 272, 278

Koulicher, A. M. 库里切, 86

Krahl, Hans-Jürgen 汉斯－尤尔根·克拉尔, 288

Kukathas, Chandran, and Philip Pettit 库卡塔斯和佩蒂特, 219, 234, 251

labor 劳动, 7 –11。See also abstract labor 也可见抽象劳动; concrete labor 具体劳动; constitutionalization of labor 劳动的宪法化; immaterial labor 非物质劳动; living labor 活劳动

labor right 劳动权利, 81 –82, 97, 99 –100, 115 –116

law 法/法律, 72, 107, 294, 301 –306; domestic 国内, 298 –299; Hegelian conception of 黑格尔主义概念的, 254 –255; international 国际, 296 –298; postmodern 后现代, 226 –228, 257 –258; 社会, 299 –300; and the sources of right 和权利的渊源, 89 –92, 109, 128

legitimation 正当化, 169 –170, 266 –268, 270, 298; and labor right 和劳工权利, 65 –66; and social accumulation 和社会积累, 189 –193, 201 –205; and State planning 和国家计划, 158, 160, 162 –163

Lenin, Vladimir 列宁, 31, 149

liberal and liberalism 自由和自由主义, 221 –223; deontological 道义论的, 236, 248 –250, 286 –287; theory of subject 主体理论, 248 –252; postmodern 后现代, 235 –239; social theory 社会理论, 252 –257。See also Keynes, John Maynard 也可见凯恩斯, critique of laissez-faire economics 对自由放任经济学的批判; neoliberal economics 新自由主义经济学

living labor 活劳动, xiii –xiv, 5 –6, 182, 198 –199, 221 –222,

234; in postmodern production 在后现代生产中, 21, 279–282, 285, 289

Luhmann, Niklas 尼克拉斯·卢曼, 237

Luxemburg, Rosa 罗莎·卢森堡, 151, 283, 206, 209

Lyon-Caen, Gerard 杰拉德·里永-卡恩, 81

Machiavelli, Niccolò 尼科洛·马基雅维利, 284–285, 311

Marx, Karl 马克思, 19, 35–36, 67–71, 218; definitions of the State 国家的定义, 144–147, 152–153, 183; and Friedrich Engels 与恩格斯, 144–145, 261; General Intellect 普遍智能, 10, 21; on labor 论劳动, xiii, 8–9, 76–80, 182, 186–188; on subjectivity 论主体性, 11–12, 197–198, 209–210, 285–286。See also subsumption 也可见吸纳

Marxism 马克思主义, 17–19, 47, 143, 283, 288–289, 302–303

Materialism 唯物主义, 17–21。See also immanence 也可见内在性, immanentism 内在主义

Mattick, Paul 保罗·马蒂克, 164

Merkl, Adolf 阿道夫·梅克尔, 112

Miliband, Ralph 拉尔夫·米利班德, 147–150

modernity 现代性, 17, 20–21, 283–286, 295–296, 308, 315。See also postmodernism 也可见后现代主义

morality 道德, 244, 252–256。See also State planning 也可见国家计划, moral 道德的

Müller, Woflgang 沃尔夫冈·穆勒, 164; and Cheistel Neusüss 和克里斯戴尔·奈苏斯

Musil, Robert 罗伯特·穆齐尔,14

Napoleoni, Claudio 克劳迪奥·纳波莱奥尼,167-168
neocorporatist juridical theory 新社团主义法律理论,302-304
neoliberal economics 新自由主义经济学,239-245
New Deal 新政,48-49,167,169
nonviolent action 非暴力行动,290-293
Nurses' struggles in France 护士在法国的斗争,12-13

O'Connor, James 詹姆斯·奥康纳,160,181-182,185-187
Offe, Claus 克劳斯·奥菲,155-158,161-163,185,204
Ohlin, Bertel 贝蒂尔·俄林,32
ontology 本体论,251-252,276,286-290,310-313。See also liberal and liberalism 也可见自由和自由主义,deontological 道义论的

Panzieri, Raniero 拉尼埃洛·潘齐埃里,153
Pashukanis, E. B. 帕舒卡尼斯,18
Pateman, Carol 卡罗尔·佩特曼,218
planner, State 国家计划者。See State planning 见国家计划
postmodernism 后现代主义,14-17,227-228,233-239,285,287。See also liberal and liberalism 也可见自由和自由主义,postmodernism 后现代;subsumption 吸纳
postmodern State 后现代国家,269-272,295-300
Poulantzas, Nicos 尼科斯·普兰查斯,18,147-150

Public spending 公共支出: and fiscal crisis 和财政危机, 179 – 184, 193 – 195; and legitimation 和正当化, 189 – 193, 201 – 205; and productive labor 和生产性劳动, 184 – 189; as social wage 作为社会工资, 182 – 184, 192 – 193, 197 – 201, 209 – 213

Rawls, John 约翰·罗尔斯, 12, 218 – 222; difference principle 差异原则, 245 – 247; original position 原初状态, 219, 230 – 232, 250 – 251; overlapping consensus 重叠共识, 234 – 246; reflective equilibrium 反思性平衡, 228 – 233, 236 – 237; sense of justice 正义感, 220 – 221, 231 – 233; and Welfare State 和福利国家, 222 – 224。See also liberal and liberalism 也可见自由和自由主义; communitarianism 社群主义

Reagan administration 里根政府, 240 – 245, 255 – 256

real socialism 现实存在的社会主义。See Soviet Union 见苏联

reformism 改良主义。See capitalist reformism 见资本主义改良主义; juridical reformism 法律改良主义; socialist reformism 社会主义改良主义

refusal of work and exploitation 拒绝工作和剥削, 21, 60 – 61, 274 – 275, 281 – 282。See also exodus 也可见出走

relative wage 相对工资, 183, 188, 199, 207, 209 – 210

representation, political 政治代表/代议, 157, 270 – 272

responsibility 责任, 157, 271

revolution 革命: 1848 年的, 24 – 25, 33, 60 – 61; 1871 年的, 24, 28; 1968 年的, 217, 273 – 275, 285。See also Soviet Union 也可见苏联, October Revolution 十月革命

Ricoeur, Paul 保罗·利科, 229, 233

right, sources of 权利的渊源, 83-88, 98-102, 132-133, 221, 227-229。See also labor right 也可见劳动权利

rights state (*Rechtsstaat*) 法治国, 27-28, 71-74, 107-109, 169-170

Robertson, Dennis Holme 丹尼斯·霍尔姆·罗伯逊, 32-33

Rorty, Richard 理查德·罗蒂, 235-239

Rosdolsky, Roman 罗曼·罗斯多尔斯基, 183, 209

Ross, Alf 阿尔夫·罗斯, 113-115, 126, 133

Rostow, Walter 沃尔特·罗斯托, 263-264

Rowthorn, Bob 鲍勃·罗森, 186

Ryan, Michael 迈克尔·瑞恩, 306

Sandel, Michael 迈克尔·桑德尔, 247-253, 256

Say's Law 萨伊定律, 34-36, 40

Self-valorization 自我价值增殖, 6, 8-9, 266, 267, 269, 281-283。See also cooperation 也可见协作

Serafini, Alessandro 阿里桑德罗·塞拉费尼, 149

Skocpol, Theda 西达·斯考切波, 257, 276

Smith, Steven 斯蒂芬·史密斯, 254-255

social capital 社会资本, 41, 46-48, 58-63, 103-105, 129-133, 154, 160; and postmodernism 和后现代主义, 15-16, 225-227; and public spending 和公共支出, 181, 209, 212

socialism 社会主义, 57-58, 62-63, 66, 212-213, 285; impossibility of 的不可能性, 206-208, 260-261, 267-269, 288-289

socialist reformism 社会主义改良主义,174, 188-189, 204-209, 246-247, 260-261。See also historic compromise 也可见历史性妥协

Social State 社会国家,45-51, 71-74, 90-91, 103, 108-110, 120-123

Solzhenitsyn, Alexander 亚历山大·索尔仁尼琴,263-265

Soviet Union 苏联,4, 263-269, 285, 297-298; October Revolution 十月革命,24-27, 30-34

Spinoza, Baruch 斯宾诺莎,16-17, 284-285, 287-288, 311

Sraffa, Piero 皮埃罗·斯拉法,167-168

Stalin, Joseph 斯大林,140, 263

State 国家:relative autonomy of 的相对自主性,147-148, 150-155, 257; withering of 的消亡,95, 98, 99, 103, 259, 270。See also postmodern State 也可见后现代国家; rights state (*Rechtsstaat*) 法治国; social state 社会国家; Welfare State 福利国家

State monopoly capitalism (Stamokap) 国家垄断资本主义,140-143, 180-181

State planning 国家计划,29, 40, 120-123; crisis of 的危机,158-159, 162, 164-165, 168, 171-172, 175-176, 201-204; moral 道德的,255

stock market crash of 1929 1929年的股市崩盘,27-28, 30, 38-39, 45

subjectivity 主体性,11-14, 236-237, 248-252, 254-256, 280-282。也可见自由与自由主义 liberal and liberalism,主体理论 theory of subject; Marx, Karl 马克思, on subjectivity 论主体性

subsumption 吸纳:formal and material 形式与实质,15,206,224－226,257－261,271,301

Swoboda, Ernst 恩斯特·斯沃博达,85

Taylor, Charles 查尔斯·泰勒,248－249,252－253,256

Taylorism 泰勒制,26,240,273－275,278

terrorism 恐怖主义,290－293,295

Thompson E. P. 汤普森,288

trade unions 工会,30,35,38,122,240－241,258

Tronti, Mario 马里奥·特龙蒂,16,18,153

value 价值:labor theory of 劳动价值论,7－11,46－47,280;law of 规律,9－11,46－47,163－164,175－176,202－204,206－207。See also capitalist valorization 也可见资本主义价值增殖; self-valorization 自我价值增殖

Vattimo, Gianni 贾尼·瓦蒂莫,239

Versailles peace agreement 凡尔赛和约,31－33

violence, critique of 暴力批判,290－295

Vyshinsky, Andrei 安德烈·维辛斯基,265,267

Welfare State 福利国家,179－180,222－224,240,242－245,276－277

Wolff, Robert Paul 罗伯特·保罗·沃尔夫,223－224,227

working-class autonomy 工人阶级自主性,24－25,27,35,37,43,174－175,278

译后记

据哈特回忆,他于1986年夏天(那时他还只是博士候选人)赴法,向流亡中的奈格里请教《野蛮的反常》英译的相关问题(哈特是此书的英译者,英译本出版于1991年)。在几番会面之后,奈格里建议哈特搬到巴黎,这样他们就可以每周会面一次,讨论哲学。哈特在安排好美国的学业之后,于第二年夏天毅然搬到法国——没有资助、没有奖学金、没有工作,甚至没有住处。在奈格里和意大利流亡团体的帮助下,哈特在法国愉快地安顿了下来。

此后没多久,奈格里就向哈特提议合写一篇关于马克思的论文,但是哈特认为自己学养不足、力有不逮,婉言拒绝了。在法期间,哈特注册成为巴黎八大的博士生,并且加入了《先将来时》(*Futur Antérieur*)杂志的编委会。

1990年哈特获得博士学位。奈格里再度提出合作的建议,这次哈特接受了。这次合作的成果就是《狄俄尼索斯的劳动》——两位作者合著的第一本专著。这是一本颇为奇特的著作,既有两位作者共同合作的篇章,同时也收录了奈格里早期几篇重要的论文(由哈特翻译成英语)。本书是研究奈格里思想的重要参考,同时也是理解哈特与奈格里后来合作成果的关键。

值得一提的还有两位作者的署名问题。当时无论从资历,还是从写作篇幅来看，奈格里都理所应当是第一作者。但是出于平等意识，奈格里坚持按照姓氏首字母排序来署名，两位作者的学术合作就以这种形式开始了（关于两位作者合作的渊源，见哈特为庆祝奈格里八十华诞所写的文章《如何四手联弹》["How to Write with Four Hands"]，*Genre*, Vol. 46, No. 2 Summer 2013）。

与"帝国三部曲"、《宣告》(*Declaration*, 2012)和《集会》(*Assembly*, 2017)相对清晰流畅的语言风格相比，本书语言晦涩繁复，内容涉及政治经济学、政治哲学和法理学等诸多学科，这为翻译带来了巨大的困难。张雪琴和孟捷教授校对了第二章的译文（本章内容发表于《政治经济学报》第17卷，2020年），李诚予校对了第三章的译文，吴子枫老师、陈越老师、田雷教授和孔元也对译文提出了宝贵意见。哈特教授耐心回答了译者在理解上的疑问。在此谨表谢忱。同时也感谢罗岗老师推荐译校者。感谢高鑫源将"参考文献"部分转录为word文档格式。当然，翻译上的舛误由译者承担。

最后，感谢陈越老师的信任，感谢西北大学出版社，尤其是任洁女士的耐心。译者水平有限，望读者方家不吝赐教。

王行坤
于北京
2021年7月15日

著作权合同登记号:陕版出图字 25-2016-0243

图书在版编目(CIP)数据

狄俄尼索斯的劳动:对国家—形式的批判 /(美)迈克尔·哈特,(意)安东尼奥·奈格里著;王行坤译.--西安:西北大学出版社,2022.4
(精神译丛 / 徐晔,陈越主编)
书名原文:Labor of Dionysus:A Critique of the State-Form
ISBN 978-7-5604-4919-7

Ⅰ.①狄… Ⅱ.①迈… ②安… ③王… Ⅲ.①劳动-研究 Ⅳ.①F014.2

中国版本图书馆 CIP 数据核字(2022)第 070292 号

狄俄尼索斯的劳动:对国家—形式的批判

[美]迈克尔·哈特 [意]安东尼奥·奈格里 著
王行坤 译

出版发行	西北大学出版社
地　　址	西安市太白北路 229 号
邮　　编	710069
电　　话	029-88302590
经　　销	全国新华书店
印　　装	陕西博文印务有限责任公司
开　　本	889 毫米×1194 毫米　1/32
印　　张	17
字　　数	380 千
版　　次	2022 年 4 月第 1 版　2022 年 4 月第 1 次印刷
书　　号	ISBN 978-7-5604-4919-7
定　　价	136.00 元

本版图书如有印装质量问题,请拨打电话 029-88302966 予以调换。

Labor of Dionysus: *A Critique of the State-Form*
by Michael Hardt and Antonio Negri
Copyright © 1994 by Mr. Antonio Negri
and the Regents of the University of Minnesota
Chinese simplified translation copyright © 2022
by Northwest University Press Co., Ltd.
ALL RIGHTS RESERVED

精神译丛（加*者为已出品种）

第一辑

*从莱布尼茨出发的逻辑学的形而上学始基	海德格尔
*德国观念论与当前哲学的困境	海德格尔
*正常与病态	康吉莱姆
*孟德斯鸠：政治与历史	阿尔都塞
*论再生产	阿尔都塞
*斯宾诺莎与政治	巴利巴尔
*词语的肉身：书写的政治	朗西埃
*歧义：政治与哲学	朗西埃
*例外状态	阿甘本
*来临中的共同体	阿甘本

第二辑

*海德格尔——贫困时代的思想家	洛维特
*政治与历史：从马基雅维利到马克思	阿尔都塞
论哲学	阿尔都塞
*赠予死亡	德里达
*恶的透明性：关于诸多极端现象的随笔	鲍德里亚
*权利的时代	博比奥
*民主的未来	博比奥
帝国与民族：1985—2005年重要作品	查特吉
*政治社会的世系：后殖民民主研究	查特吉
*民族与美学	柄谷行人

第三辑

*哲学史：从托马斯·阿奎那到康德	海德格尔
布莱希特论集	本雅明
*论拉辛	巴尔特
马基雅维利的孤独	阿尔都塞
写给非哲学家的哲学入门	阿尔都塞
*康德的批判哲学	德勒兹
*无知的教师：智力解放五讲	朗西埃
*野蛮的反常：巴鲁赫·斯宾诺莎那里的权力与力量	奈格里
*狄俄尼索斯的劳动：对国家—形式的批判	哈特 奈格里
免疫体：对生命的保护与否定	埃斯波西托

第四辑

*古代哲学的基本概念	海德格尔
怎么办	阿尔都塞
卢梭三讲	阿尔都塞
*野兽与主权者（第一卷）	德里达
野兽与主权者（第二卷）	德里达
黑格尔或斯宾诺莎	马舍雷
第三人称：生命政治与非人哲学	埃斯波西托
二：政治神学机制与思想的位置	埃斯波西托
领导权与社会主义战略：走向激进的民主政治	拉克劳 穆夫
德勒兹：哲学学徒期	哈特

第五辑

基督教的绝对性与宗教史	特洛尔奇
生命科学史中的意识形态与合理性	康吉莱姆
哲学与政治文集（第一卷）	阿尔都塞
疯癫，语言，文学	福柯
与斯宾诺莎同行：斯宾诺莎主义学说及其历史研究	马舍雷
事物的自然：斯宾诺莎《伦理学》第一部分导读	马舍雷
感性生活：斯宾诺莎《伦理学》第三部分导读	马舍雷
拉帕里斯的真理：语言学、符号学与哲学	佩舍
速度与政治	维利里奥
《狱中札记》新选	葛兰西